U0853639

新编21世纪教育学系列教材

课程论

Curriculum Theory

杨明全 著

中国人民大学出版社
·北京·

作 者 简 介

杨明全 教育学博士，现为北京师范大学国际与比较教育研究院副教授，主要研究领域包括课程理论研究、学校课程建设与校本课程开发、课程改革与教师专业发展、比较教育学科发展等。主讲课程有“课程论”、“教育学原理”、“教育科学研究方法”和“比较课程与教学论”等。2014—2015 年获得国家留学基金委资助，到美国中佛罗里达大学（UCF）访学一年。校外学术兼职主要有：第一届“全国教师教育课程资源专家委员会”专家、“全国小学课程改革联盟专家委员会”专家、“民族贫困地区中小学教师综合素质培训项目”专家等。主持过多项省部级以上课题，发表学术论文百余篇，代表著作有《革新的课程实践者——教师参与课程变革研究》、《课程概论》、《国际视野下的 STS 课程研究》、《世界著名教育思想家：泰勒》等，译著《教育知识的哲学》、《情境中的课程——课程与教学设计》等。

内 容 简 介

课程论是教育学的一个重要分支学科，是系统研究学校教育中的课程现象和课程问题的专门理论。本书是课程论学科领域的最新研究成果，体现了作者十余年来对课程问题的系统研究和深入思考。它从三个层面全面阐述了课程论的学科发展状况，包括上篇“课程的基础与原理”、中篇“课程的思潮与流派”、下篇“课程的实践与变革”。上篇阐述了课程论学科的历史发展脉络和专业知识基础，探讨了课程论的学科发展概况、中外课程的历史发展、课程的基本概念和范畴以及课程论的学科基础等；中篇对近现代以来的主要课程理论进行了系统梳理，包括经验主义课程理论、要素主义课程理论、结构主义课程理论、实践性课程理论、概念重建主义课程理论、批判课程理论、后现代主义课程理论等；下篇则从课程实践的角度阐述了如何设计、开发、实施和革新学校课程，包括课程开发的基本模式和基本环节、学校课程建设与创新、课程管理与课程领导、课程变革与教师专业发展等。本书是新时期我国课程论教材建设的优秀成果，它体系完整、体例新颖，而且视野开阔、可读性强。它既充分吸收了国际上前沿的学术研究成果，能够发挥理论引领作用，又体现了对实践问题的关注和理论应用，有助于引领学校课程创新、丰富课程实践、提升教育工作者的课程意识与专业素养。

前言

1998年秋天，笔者从山东偏远的一个小村庄来到繁华的大都市上海，进入华东师范大学国际与比较教育研究所读研究生。两年之后，师从著名课程论专家钟启泉先生攻读博士学位，研究方向为比较课程与教学论。从此，与课程论学科结缘。当时，在实践界，我国新世纪的基础教育课程改革正在酝酿，随后在全国范围内推开，大潮涌动，如火如荼；在理论界，我国的课程论学科得以重建，成为众多教育理论工作者关注的焦点，气氛活跃，方兴未艾。在这样的一个时代，课程论领域的实践创新和理论繁荣对年轻人来说无疑具有莫大的吸引力，课程论学科所拥有的话语体系和学术内涵也让笔者深深着迷。这十几年的学术探索让笔者一次次体会到：课程论学科维系着笔者的学术生命，笔者在课程研究领域的作为已经成为一把衡量自我的标尺。时光荏苒，如今年近不惑，回首年轻时走过的路，留下了哪些印记？这本教材算是十几年来笔者对课程问题进行思考、学习和研究的一次系统总结。本书撰写时恰逢笔者在美国访学，这使笔者可以更便捷地搜集到国外最新的文献和相关资料。笔者倾尽所能，努力将自己的所学、所知和所悟展示给读者。

那么，课程论的价值体现在哪里呢？从学校教育实践的角度来看，课程论探讨的是如何安排教育内容和学生经验的问题，这是学校教育的核心和关键。课程代表了社会的期望，为了让未来一代成长为符合社会需求的公民，要通过课程对儿童和青少年进行教育。因此，课程既折射出社会的教育理想，又为这些教育理想的实现提供了载体和平台。显然，要实现这些教育理想，就必然需要设计良好的学校课程，并最终通过教育的努力将这些课程转化为学生的学习成果。作为教育工作者，不了解课程问题、不懂得如何设计课程，就很难说他具备了必要的专业素养。

从教育学科体系的角度来看，课程论沟通教育理论与实践，是教育学知识体系的内在构成部分。教育学的知识建构是围绕如何培养人而进行的，其知识谱系包含了宏观的教育哲学观、中观的对具体教育领域的探讨，以及微观的教育方法和技术。在这一谱系脉络中，课程论的知识范畴具有很强的包容性：它既融合了教育哲学观的内在要求，又体现了对某一具体教育领域的实践探讨，同时具有自己的方法和技术，体现出很强的实践性和可操作性。课程论学科的出现和发展是教育学科体系自身完善和发展的必然结果，它增强了教育学知识体系的完整性和科学性，已经成为我国中小学教师获得教师资格、提升专业素养的必修课程。

从当前中小学教师的实际情况来看，课程论领域的知识和技能是教师们相对欠缺的，他们需要强化课程论的学习和研究。我国的中小学教师对课堂教学得心应手，是教学领域的行家里手；但他们对于课程事务则相对陌生，缺少必要的课程专业知识，从而难以应对课程改革、校本课程开发、学校课程建设等方面的挑战，甚至一筹莫展、无所适从。可以说，课程论专业知识和技能的缺乏是当前我国中小学教师专业素养中的短板。这一短板在很大程度上使得教师专业自主权缺失，在专业发展领域难以获得突破。

基于上述分析，新时期的课程论教材需要体现课程论的学科价值、拓展教育学的知识诉求、引领学校课程的改革和创新，并切实提升教师的专业素养。为此，本书试图从三个层面全面阐述课程论的学科发展状况，即课程的基础与原理、课程的思潮与流派、课程的实践与变革。

上篇：课程的基础与原理。这一部分具有导入性质，也就是对课程论领域的总体状况进行介绍。具体包括：第一章“课程论学科概况”，主要阐述课程论诞生的历程，课程论的性质、对象和方法，以及我国课程论学科发展的状况；第二章“中国课程的历史发展”，主要阐述课程的起源、中国古代教育家的课程思想、中国传统儒学课程和蒙学课程，以及中国课程的近代化等；第三章“西方课程的历史发展”，主要阐述西方课程的起源与“七艺”课程的提出、西方古典人文主义课程的兴衰、西方中世纪的课程，以及西方课程的近代化等；第四章“课程的内涵、形态与范畴”，主要阐述课程的内涵、课程的基本形态、课程研究的基本范畴等；第五章“课程论的学科基础与课程知识谱系”，主要阐述课程论的哲学基础、社会学基础、心理学基础，以及课程知识谱系等。

中篇：课程的思潮与流派。这一部分从课程知识谱系分类的角度对近现代以来出现的主要课程理论进行全面、系统的梳理，以为读者奠定坚实的专业知识基础。具体内容包括第六章“经验主义课程理论”、第七章“要素主义课程理论”、第八章“结构主义课程理论”、第九章“实践性课程理论”以及第十章“当代课程理论的繁荣”。对每一种课程思潮与流派的介绍都会对其提出背景、代表人物、基本的课程主张、影响及评价等方面进行阐释和分析，力图为读者提供一个立体化的课程理论图谱。

下篇：课程的实践与变革。这一部分从课程实践的角度阐述如何设计、开发、实施和革新学校课程，具体包括：第十一章“课程开发的基本模式”，主要阐述“目标模式”、“过程模式”和“情境模式”；第十二章“课程开发的基本环节”，主要阐述确定课程目标、选择课程内容、组织课程内容、实施与评价课程等；第十三章“学校课程建设与创新”，主要阐述学校课程设置的分析与调整、课程的设计与组织、不同形态的课程组织与实例分析等；第十四章“课程管理与课程领导”，主要阐述制度创新与课程管理的转型，课程领导的内涵、原则与职能，以及校长课程领导的主要课题等；第十五章“课程变革与教师专业发展”，主要阐述课程变革的原理及实践、我国新世纪课程改革的实践举措、课程改革对教师专业发展的促进、教师参与课程变革等。

显然，这一框架庞大而宽泛，颇有“宏大叙事”的味道。但本书的一个基本的写作原则，就是“从大处着眼、从小处入手”：既要立意高远，全面反映课程论学科的理论面貌，又要深入情境，结合案例，帮助读者将理论转化为实践能力。笔者衷心希望，不同的读者群体可以在本教材中实现自己的学习诉求。比如，对将来从事中小学教育的师范生来说，本教材可以为他们提供基本而又丰富的课程知识，培养其课程意识并使其初步掌握一定的课程实践技能；对在职的一线教师和校长来说，本教材可以启发他们深入分析学校中的课程问题，引领他们参与学校课程建设，推动学校层面的课程创新；对立志从事教育科研和学术研究的读者来说，本教材则可以为他们提供宽泛的学术背景、理论方法和问题范畴。

壁立千尺，唯攀登不能停歇；跬步虽小，足以致千里之遥。愿以此书与读者分享课程论的新图景，期待我国的课程研究和学科发展渐入佳境。最后，限于笔者学识，本书难免存在一些不足，敬请读者批评指正！

杨明全
北京师范大学国际与比较教育研究院
2016 年 1 月

目　录

上篇：课程的基础与原理

中篇：课程的思潮与流派

下篇：课程的实践与变革

上篇

课程的基础与原理

第一章

课程论学科概况

导 读

课程研究有着久远的过去，但只有短暂的历史。说课程研究由来已久，是因为课程是教育的核心问题，有了人类就有了教育，有了教育就有了课程；说课程研究的历史短暂，是因为系统化、科学化的课程研究是近现代以来的事，是近代学校教育实践和教育研究发展的结果。1918 年，美国课程论专家博比特（John Franklin Bobbitt，1876—1956）出版了《课程：关于课程理论发展的总结》（*The Curriculum*：*A Summary of the Development Concerning the Theory of the Curriculum*）一书，一般认为这是课程论作为一个学科诞生的标志。从此以后，课程论成为人文社会科学的一个具体学科门类，教育科学体系大家庭增加了一个新的学术成员。本章致力于为这一成员画一幅“素描”，在梳理近代以来课程研究的历史发展脉络的基础上，详细介绍课程论的性质、研究对象和研究方法，让读者更好地认识它。阅读和学习本章的关键在于，抓住课程论发展为一个学科的历史必然性，掌握课程研究的基本问题领域，领会课程研究在学校教育中的重要价值。

第一节　现代课程研究的起源与发展

“课程被教育工作者所思考有很多个世纪了……但是，专门的、系统的课程研究，以及可以称为课程专家的人，一直到 20 世纪才真正出现。”[1] 美国课程论专家蔡斯（Robert

---

① Zais，R. S.(1976). *Curriculum*：*Principles and Foundations*. New York：Harper & Row，Publishers，Inc.，4.

S. Zais）的这句话很好地说明了现代课程研究的起点问题。20 世纪前后席卷全球的进步主义教育运动，以及 20 世纪初出现的科学管理理论、行为主义心理学等众多的合力共同促成了现代课程论的萌芽，现代课程论在随后的社会改造和教育改革运动中得以发展和壮大。

一、现代课程论诞生的社会文化和教育背景

世纪之交往往是社会思想大变革甚至大动荡的时代。19 世纪末 20 世纪初，处于世界发达水平的欧洲和北美各国在教育和社会文化思想领域掀起了改革的思潮，一时间革新遍地、风起云涌。这些思潮和运动主要有如下几个方面：

（一）新教育运动

新教育运动兴起于欧洲。19 世纪末，欧洲主要列强已经进入垄断资本主义阶段，新的经济和政治发展对人才培养提出了新的要求，而传统的学校只重视书本知识，不能培养视野开阔、敢于创新、能够拓展资本主义事业的人才。新教育运动的主要内容是建立与传统的旧式教育不同的学校，在教育目的、内容、方法等方面进行改革，通过教育实验的方式对传统的学校进行改造。

新学校大多设在城市的郊区或农村，风光优美、环境优雅，重视体育、工作和园艺，强调自然科学知识的讲授，培养学生的观察能力、审美能力和独创精神，要求学生掌握实用的知识。1889 年，英国人雷迪（Cecil Reddie，1858—1932）在英格兰的乡村创办了第一所新学校，这是欧洲新教育运动的开端。随后，德国、法国、比利时、意大利等国的不少教育家也热衷于建立新学校，新学校如雨后春笋般在欧洲大陆上发展起来。新教育运动在欧洲流行了半个世纪，对欧洲现代教育产生了深远的影响。

（二）进步主义教育运动

当欧洲的新教育运动蓬勃开展的时候，在大洋彼岸的美国，另一场教育改革运动正在酝酿并很快流行起来，这就是进步主义教育运动。19 世纪末 20 世纪初，美国面临重大的社会转型问题。为回应这种挑战，美国需要通过教育改革来适应社会发展的需求。但当时美国的教育仍然沿袭欧洲的传统教育：注重记忆，学生处于被动的学习地位。这已经不能满足美国对新时期人才培养的要求。加上欧洲自然主义教育思想的传入，美国在教育领域开始酝酿自己的教育改革。早在 19 世纪七八十年代，被称为“进步主义教育之父”的帕克（Francis W. Parker，1831—1902）就曾到德国学习教育学，他深受卢梭（Jean-Jacques Rousseau，1712—1778）和裴斯泰洛齐（Johann Heinrich Pestalozzi，1746—1827）的影响，将新的教学方法引入学校教育，提出“教育要使学校适应儿童，而不是儿童适应学校”的基本教育原则，倡导以儿童为中心设计活动性课程，以加强学习内容与社会生活的联系。

以此为起点，美国多位教育家投身于这场改革的洪流，提出了独特的教育主张。除了帕克提出的“昆西教学法”（Quincy Plan），还有约翰逊（Marietta Johnson，1864—1938）

倡导的“有机学校”（Organic School）、沃特（William A. Wirt，1874—1938）倡导的“格雷制”（Gary System）、帕克赫斯特（Helen Parkhurst，1887—1973）的“道尔顿制”（Dalton Plan）、克伯屈（William H. Kilpatrick，1871—1965）的“设计教学法”（Project Method of Teaching）等等。需要特别指出的是，在进步主义教育运动的实践中，出现了一位美国现代教育改革的旗手、进步主义教育运动的精神领袖和标志性人物，他就是著名教育家约翰·杜威（John Dewey，1859—1952）。杜威以其实用主义哲学、机能主义心理学和社会互动理论为基础，构建了完整的教育哲学观和课程与教学理论体系，确立了“儿童中心主义”、“从做中学”和“学校即社会”等一系列基本的教育原则与主张。他还身体力行，在芝加哥大学实验学校进行了八年的实验研究，颠覆了旧有的枯燥刻板、机械训练式的传统教育，被称为美国教育实验的典范。

进步主义教育运动声势浩大，除了提出主张、进行教育实验之外，这些教育学家还积极建立学术组织以扩大影响。1919 年，进步主义教育协会（The Progressive Education Association）在华盛顿成立，并创办了自己的学术刊物。20 世纪 30 年代，进步主义教育运动进入鼎盛时期，会员达到万人以上。但第二次世界大战之后，随着要素主义等保守的教育思潮的崛起，进步主义教育被批判为降低学业质量而屡遭非议，由此快速衰落。1955 年，进步主义教育协会解体，随后其会刊停刊，宣告了美国教育学一个时代的终结。

（三）教育领域的“赫尔巴特运动”

赫尔巴特（Johann Friedrich Herbart），德国近代著名的哲学家、心理学家和教育家，1806 年出版《普通教育学》，书中明确提出，教育学作为一种科学，是以实践哲学和心理学为基础的。前者说明教育的目的，后者说明教育的途径、手段与障碍。他被西方教育学者誉为科学教育学的奠基人。19 世纪末，赫尔巴特的教育思想开始传入美国并受到了热烈的欢迎。当时对美国教育界影响最大的是赫尔巴特关于教学阶段的理论。“毫无疑问，赫尔巴特对教学阶段的清晰阐述要比 1890—1905 年的任何心理学家和哲学家对教学实践的影响更大。”[①] 赫尔巴特在阐述教学与学习的理论的时候强调系统关注学科知识的选择和组织问题，这引起了美国教育界对课程内容的关注。“赫尔巴特运动”的一个直接后果，就是使得课程问题成为美国教育界流行的话题，也为专门的课程研究领域的出现奠定了基础。

在 19 世纪的最后 10 年里，对课程问题的关注导致了一些有影响的教育事件的发生。例如，为了改革当时的高中教育，美国教育协会（The National Education Association）成立了“十人委员会”（The Committee of Ten），时任哈佛大学校长的埃利奥特（Charles W. Eliot，1834—1926）担任主席。1893 年，该委员会签署了一个著名的报告。它涉及如下方面：需要修习的课程、选修的课程、大学预备课程和实践性科目。这些都关涉课程问

---

① Tanner，D. & Tanner，L.（2007）. *Curriculum Development：Theory into Practice*（fourth edition）. New Jersey：Pearson Education，Inc.，15.

题。此外，1895 年，赫尔巴特学会成立。在接下来的 20 多年里，这个组织的成员继续关注课程内容和课程组织等方面的问题，这也为美国课程研究的专门化积累了经验。当然，进步主义教育运动开展期间的一些教育改革措施也是跟学校课程问题密切相关的。例如，杜威在芝加哥大学实验学校开展的教育实验的很重要的一个方面是改变学校中课程的形式和内容，倡导“经验课程”和“活动教学”，最终形成了经验主义的课程思想。

二、独立的课程研究领域的出现

作为专门学术领域的现代课程研究出现在美国，这是与美国 20 世纪初推行的大量学校课程改革的实践分不开的。一方面，课程改革的实践需要相关理论研究的支撑，由此提出了专门化、系统化研究课程的需求；另一方面，学校课程改革的丰富实践和经验又为课程研究提供了素材和土壤，众多教育工作者的参与还为随后的课程研究提供了人力资源的基础。课程研究领域的诞生再次证明，在教育领域“理论联系实践”是多么可贵的一条基本原则。

（一）19 世纪末 20 世纪初美国学校课程领域的实践探索

（1）“十人委员会”的报告。中学（secondary school）下接小学、上通大学，在学校教育体系中至关重要。但有意思的是，在学段划分上，中学作为一个专门学段在世界教育史上出现得比较晚，而将中学划分为初中（junior middle school）和高中（high school）则更晚。1821 年，波士顿学校委员会决定为男孩建立一所高中，这是美国历史上第一所公立高中。① 美国课程改革的实践就是与这些成立不久的高中密切相关的。1827 年，马萨诸塞州通过了一项法案，要求凡是拥有超过 500 个家庭的城市都要建立公立高中。从此，关于高中建立在美国全国推广开来。到 19 世纪末，美国公立高中的建立呈现加速发展的趋势，并一直持续到 20 世纪初的前 20 年。高中的大发展为当时的美国教育带来了一个新的课题：如何为高中开设课程？这困扰着当时的美国人。不少高中制定了两个课程方案：一个方案是为了使年轻人完成教育、为年轻人参加工作作准备；另一个是为了让一部分人为升入大学作准备。这种状况显然不能让美国人满意，至少没有彻底体现教育领域的民主化。于是，1893 年“十人委员会”成立，由该委员会负责拟订高中课程框架，为全国的高中提供参考。“十人委员会”的成员主要是大学教授，主席就是时任哈佛大学校长的埃利奥特。由此可见，大学在高中课程设置中扮演了重要的角色。但是，高中绝对不能成为大学的附属品，因为高中教育的目的不仅仅在于学术发展，还有职业、社会、道德和个性发展。于是，如何平衡不同的课程类型就成为“十人委员会”必须考虑的重要课题。

---

① Tanner, D. & Tanner, L. (2007). *Curriculum Development: Theory into Practice* (fourth edition). New Jersey: Pearson Education, Inc., 16.

1893 年，“十人委员会”正式公布了《十人委员会报告》(*Report of the Committee of Ten*)。该报告尽管在课程设置上还是突出了学术性，但总体上更具有可选择性和弹性。该报告将九个学术性科目作为中学的主修科目，包括：1）拉丁语；2）希腊语；3）英语；4）其他现代语言；5）数学（代数、几何、三角学和高等代数）；6）物理科学（物理、天文和化学）；7）自然历史或生物科学（生物、植物学、动物学和心理学）；8）社会科学（历史、国家政府和政治经济）；9）地理、地质学和气象学。① 除了主修科目之外，该报告还确定了一系列选修科目的内容和标准，允许学生在主修科目之外选修其他科目（见表 1—1）。这一课程框架影响了美国一代人，其内在精神也为美国今天的高中教育所借鉴。

表 1—1　　1893 年“十人委员会”对高中课程设置的建议

中学第一学年	中学第二学年
拉丁语……5 学分 英语文学……2 学分 英语写作……2 学分　……4 学分 德语（或法语）……5 学分 代数……4 学分 历史（意大利、西班牙和法国）……3 学分 应用地理学……4 学分 合计：25 学分	拉丁语……4 学分 希腊语……5 学分 英语文学……2 学分 英语写作……2 学分　……4 学分 德语（承接一年级德语）……4 学分 法语（起始）……5 学分 代数*……2 学分 分几何……2 学分　……4 学分 植物学或动物学……4 学分 1688 年之前的英国历史……3 学分 合计：33 学分 *可以选择簿记或商业算术。
中学第三学年	**中学第四学年**
拉丁语……4 学分 希腊语……4 学分 英语文学……2 学分 英语写作……1 学分 修辞学……1 学分　……4 学分 德语……4 学分 法语……4 学分 代数*……2 学分 几何……2 学分　……4 学分 物理学……4 学分 历史（英国和美国）……3 学分 天文学……1.5 学分 气象学……1.5 学分　……3 学分 合计：34 学分 *可以选择簿记或商业算术。	拉丁语……4 学分 希腊语……4 学分 英语文学……2 学分 英语写作……1 学分 分英语语法……1 学分　……4 学分 德语……4 学分 法语……4 学分 三角学……2 学分 高等代数和化学……4 学分 历史和公民政府……3 学分 地质学或地文学……2 学分 解剖学、生理和卫生学…2 学分　……4 学分 合计：33 学分

资料来源：Committee of Ten (1893). *Report of the Committee of Ten on Second School Studies*. Washington, DC: The National Education Association, 4。

---

① 参见［美］奥恩斯坦：《课程：基础、原理和问题》，87 页，南京，江苏教育出版社，2002。

（2）杜威的实验学校。1949年在庆祝杜威90寿诞之际，时任英国驻美大使的弗兰克斯（Oliver Franks）写下了如下祝词：

> 50年来，杜威博士要求我们将学校与生活相联系，尤其是要与孩子们的生活相联系。今天，英国的孩子们在学校里积极向上、目标明确、快乐幸福，毫无疑问，他们应该感谢那位积极向上、目标明确而且健康长寿的美国伟大哲学家。①

1896年，杜威在芝加哥大学建立了实验学校。正如其他教育实验一样，这所实验学校也致力于检验教育理论、创新教育实践。他认为，只有让儿童努力去解决来自实际活动的问题，才能促进其认知的发展。他要在实验中验证这一原理。"随着儿童在学校中不断进步，杜威和实验学校的教师们希望把儿童的当前直接经验从组织化了的知识中鉴别出来，这是杜威所认为的最难的课程问题。多年后，杜威承认，我们没有完成这个任务，它根本不可能被完成。"② 这个不可能完成的任务最终让杜威确信，经验与知识是不可能完全被分离的，由此他提出"从做中学"、"经验课程"和"活动教学"等一系列主张。1902年，杜威出版了《儿童与课程》（*The Child and the Curriculum*）一书，系统阐述了儿童的经验的重要性以及儿童经验与课程的关联问题。该书成为教育史上经典的课程著作之一。

（3）部分城市学校的课程开发活动。在20世纪初的前20年，美国一些城市学校积极推进课程开发，这为美国课程实践和课程研究积累了丰富的经验。这些城市有丹佛、芝加哥、圣路易斯等，其课程开发活动赋予课程问题更加实践化和应用性的新视角。不少州（如印第安纳州、亚拉巴马州）的教育部为学校的课程开发提供了指南。

在此期间，美国的中小学教师对课程问题也非常关注，他们在更宽泛的意义上对课程研究和课程开发产生了影响。在学校里，不少教师致力于开发和引入不同的课程，以传递不同的知识和实践技能，从而满足不同学生的需要。美国学者海威特（Thomas W. Hewitt）认为，当时的课程实践体现出两种特征："第一，课程已经发展为视野宽广的领域，它不再仅仅是选择'知识'，组织和开发课程还有其他的目的和可能；第二，课程与课堂教学之间的差别日趋明显，有关教学、学习和学校教育的研究需要将课程与教学予以关联和整合。"③ 正是这些实践探索提出了对专门课程研究的需求，从而在很大程度上促成了课程论学科的诞生。

（二）理论探索与课程论学科的诞生

任何一个专门的研究领域，但凡被称为学科，都必须有一定的学术成果和专门知识积淀作为支撑。因此，尽管20世纪前后世界范围内的学校改革风起云涌，就美国而言其课

---

①② Tanner, D. & Tanner, L. (2007). *Curriculum Development: Theory into Practice* (fourth edition). New Jersey: Pearson Education, Inc., 35.

③ Hewitt, T. W. (2006). *Understanding and Shaping Curriculum: What We Teach and Why*. California: Sage Publications, Inc., 28-29.

程改造的实践也非常活跃，但尚未出现系统的专门理论成果，那时没有人被称为“课程专家”，教育理论界也没有特别地界定一个课程研究领域。这一状况到 1918 年得到改观，其标志性事件是博比特出版了《课程》一书。“这本书被认为是一个里程碑，标志着课程作为一个特定研究领域的诞生。”① 放在当时的社会背景下，博比特也许只是对那个年代的有关教育问题和课程改造运动进行了一些系统思考，而且该书大篇幅地以职业教育、公民与道德教育、体育、闲暇教育和社会交往教育等为切入点讨论了课程编制的问题，与今天我们所理解的课程论专著在内容体系上有很大差异。但这种思考是以课程作为立论的主旨，而且以“课程”二字作为书的标题，从而促成了一个学科的诞生。如今，历史的烟云逐渐遮蔽了先驱的身影，但这一成就会永留史册而不会褪色。博比特《课程》一书的内容框架如表 1—2 所示。

表 1—2　　博比特《课程》一书的内容框架

第一部分　结果与过程	第二部分　为职业教育的效率而训练
1. 教育经验的两种水平 2. 游戏水平的教育经验 3. 工作水平的教育经验 4. 工作经验中的观念 5. 进行到哪里算是完成教育了 6. 课程编制的科学方法	7. 职业教育的目的 8. 特定的技术训练 9. 对工人小组的特殊训练 10. 职业教育的社会因素
第三部分　公民与道德教育	第四部分　为体育的效率而训练
11. 好公民的特征 12. 大规模人群公民意识的启迪与开发 13. 道德与宗教教育	14. 体育的功能性任务 15. 身体训练 16. 体育的社会因素
第五部分　闲暇教育	第六部分　社会交往教育
17. 人类生活中游戏的功能 18. 闲暇时的阅读	19. 母语 20. 外语训练 21. 结论与思考

资料来源：Bobbitt，F. (1971). *The Curriculum* (reprinted edition). Boston：Arno Press，Inc.。根据该著作的目录整理。

当然，一个学科的创建绝对不是个人之力所能及的。20 世纪 20 年代也往往被认为是独立的课程领域形成的年代，一些被称为课程专家的教育学者开始出现，他们为课程论的继续发展作出了巨大的贡献。例如，俄亥俄州立大学的查特斯（Werrett W. Charters，1875—1952）于 1923 年出版了《课程编制》（*Curriculum Construction*），博比特在 1924 年出版了《如何编制课程》（*How to Make A Curriculum*）。1926 年，美国教育研究学会（The National Society of the Study of Education）出版了《课程编制的基础与方法》（*The Foundations and Technique of Curriculum Construction*），对当时的课程编制进行了系统探讨。

---

① Zais，R. S. (1976). *Curriculum：Principles and Foundations*. New York：Harper & Row，Publishers，Inc.，6.

学者简介

约翰·富兰克林·博比特，美国当代课程论专家，现代课程论创始人之一，美国早期社会效率运动的先驱人物。1903—1907 年在菲律宾师范学院（The Philippine Normal School）任教。1909 年在克拉克大学（Clark University）获得博士学位。随后进入芝加哥大学（University of Chicago）任教，直到 1941 年在该校退休。1918 年撰写的《课程》一书标志着课程研究作为独立的学术领域诞生。1924 年其著作《如何编制课程》出版。他提出了课程开发的五个步骤——分析人类经验、工作分析、确立目标、选择目标、规划课程细节，代表了早期科学化课程开发的最高成就，对后来"泰勒原理"的提出产生了深刻的影响。

三、课程论初创时期美国的课程研究与实践概况

课程论学科出现之后，理论层面的系统研究与实践层面的课程改造相得益彰，在随后的 30 年里不断改变着美国教育研究和学校实践的格局。1922 年，丹佛市启动了系统的课程改进计划，根据新的课程编制理论改革既有的学校课程。1925 年，圣路易斯市组织了多位课程专家和上百名教师，启动了一个综合性的课程修订项目，这引起了全美的关注。课程实践的勃兴也带动了大学里学科建制的发展。1926 年，哥伦比亚大学师范学院率先建立了课程实验室（curriculum laboratory）。"以哥伦比亚大学师范学院为开端，大量教育学院和大学的教育系建立了课程实验室，以此作为自身业务规划中一项创新的、责无旁贷的工作。"①

20 世纪三四十年代，美国的课程研究领域得到进一步发展。在中小学层面，不少州教育局日益对课程修订感兴趣，开始实施一些大范围的课程改革项目。在大学层面，不少大学和学院开始建立课程系。1937 年，哥伦比亚大学师范学院建立了课程与教学系。在学术层面，课程工作者成立了全国性组织——督导与课程开发协会（The Association for Supervision and Curriculum Development）。这是一个专门由课程研究者组成的专业组织，该组织的成立使课程研究作为一个独立的学科领域的地位得到确认。

在此期间，经济大萧条带来了巨大的社会危机，对学校教育提出了重大挑战，也为课程研究与实践提供了新的契机。1933 年，进步主义教育协会启动了一项全国性的大规模调查研究，历时八年，史称"八年研究"。"八年研究"的最初动因，是对那些贯彻进步主义教育原则的学校的毕业生和传统学校的毕业生在大学的学习情况进行对比研究，以了解两种不同类型的课程、教法的优劣，以及大学入学考试科目对于大学学习是否必不可少，

---

① Zais, R. S. (1976). *Curriculum: Principles and Foundations*. New York: Harper & Row, Publishers, Inc., 5.

进步主义学校的课程、教法是否同样能为学生升入大学作准备等问题。“八年研究”的结论似乎不被世人关注，但它在长达八年的研究中产生的两个重要的理论性成果却广为人知，即“课程原理”和“评价原理”。作为“副产品”，这两个原理在随后的课程开发和评价领域独领风骚若干年，由此也成就了一位课程论领军人物——拉尔夫·泰勒（Ralph Tyler，1902—1994）。他在1949年出版了《课程与教学的基本原理》（*Basic Principles of Curriculum and Instruction*），对美国现代课程论的发展产生了深远的影响。

从1918年博比特出版《课程》，到1949年泰勒出版《课程与教学的基本原理》，这30余年的发展可以看作现代课程论的初创期。至此，课程论学科终于在教育理论界确立了其合法地位，其学术价值逐步得到认可。究其原因，除了一些课程专家卓有成效的努力之外，课程论回答的问题恰恰是学校教育必须面对的核心问题，诸如知识的性质与本质、课程的范围和界限、课程原则向实践的转化等，这使得课程论学科研究具有不可取代的独特价值，由此取得了教育界的认可。

第二节　课程论的学科属性

课程论是教育科学的一个独立分支学科，是研究学校教育中的课程现象和课程问题的专门理论。自创建以来，现代课程论所探讨的就是如何对教育内容和学生经验进行安排的问题，这是学校教育的核心和关键。因此，课程论在教育学科体系中扮演着重要的角色，有着自己特定的研究对象，而且博采多种人文社会科学的研究方法，体现出独特的学科属性。

一、课程论在教育学科体系中的地位和作用

在学科分类中，课程论归属于教育学一级学科。而从更宽泛的知识类别的角度来看，教育学又是社会科学的一个具体门类，是研究人类教育现象和问题、揭示一般教育规律的科学。作为一门古老的学问，教育学是在总结人类教育实践经验中逐步形成，经过长期积累而发展起来的。我国古代的思想家如孔子、孟子、荀子、墨子、朱熹等和古希腊的柏拉图、亚里士多德等在长期教育实践中所作出的经验总结，为教育理论的产生奠定了基础。随着社会和教育实践的发展，教育经验、教育思想和教育理论日益丰富。1632年，捷克教育家夸美纽斯（Johann A. Comenius，1592—1670）的《大教学论》出版，该著作是教育学理论化和系统化的重要标志。1806年，德国教育家赫尔巴特的《普通教育学》出版，该著作直接以教育学命名，是教育学学科发展中的重要里程碑，被不少西方学者称为科学教育学的开端。从此之后，教育学作为一个大的学科，不断得到丰富和发展，出现了越来越多的分支学科，如教育哲学、教育社会学、教育经济学、教育政治学、教育管理学，以及教学论、

课程论、学科教学法等这些更具有实践性的学科。因此，当代教育学已经发展成为一个庞大的学科体系，这个体系出现了越来越多的分支学科和研究领域，不同的分支学科在其中发挥着不同的作用。

尽管课程论作为教育学的一个分支学科出现得比较晚，但它对于教育学的丰富和发展具有重要的作用。主要表现在：

第一，课程论的研究领域和范畴探讨的是教育的内容及其安排，尤其是知识的传承与学生经验的发展，这是教育学的核心问题。教育不是一个空洞的话题，而是有着丰富的内容。课程论研究的主要问题就是围绕学校教育的内容而展开的，这是任何学校教育都无法回避的问题。课程论的研究有助于提高教育内容设置和安排的科学化水平，丰富教育学研究的内涵。

第二，课程论对知识性质及其选择的探讨丰富了教育学微观层面的研究。要让未来一代掌握科学文化知识，就必须首先对既有的文化知识进行研究和探讨。这正是课程论的重要使命之一。知识与课程的关系从来就是课程研究领域的一个重要范畴，而传统教育学的研究更倾向于宏观研究，因而课程论在这方面的研究弥补了传统教育学研究的不足。

第三，课程论研究的理论创新和实践探索往往是推动教育变革的重要力量。纵观教育发展史上历次大的教育变革，几乎都是首先来自对课程的调整和变革。例如：20 世纪初美国进步主义教育运动的核心举措，就是推行杜威提出的经验课程，为配合经验课程的实施则强调活动教学；美国 20 世纪 60 年代的科学教育改革则源于布鲁纳（Jerome S. Bruner）的结构主义课程改革；英国 20 世纪 80 年代的教育改革的核心内容是推动国家课程的实施；我国在 2001 年开始推行的基础教育课程改革，也被看作新世纪素质教育改革的核心和深化教育改革的重大举措。

总之，由于课程论的研究领域和范畴关系到学校教育的核心问题，因此课程论作为教育学的分支学科在教育学科体系中占有重要的位置，发挥着重要的作用。

二、课程论的研究对象

课程论的研究对象就是那些为了实现研究目的和完成研究任务而要解决的相对明确的课程问题。对于这些课程问题，我们可以从宏观、中观和微观三个层面来分析。

（1）宏观层面的课程问题。这类问题指的是课程研究领域的一些理论问题，这些理论要对课程的原理和课程的本质作出回答。宏观层面的课程问题属于课程论研究的基本问题，对这些问题的研究有助于界定自身的学科性质和研究范畴，深刻剖析本学科的基本概念和理论框架。

具体而言，针对宏观层面的课程问题，课程论研究所形成的研究领域包括课程哲学研究和课程本体论研究。前者主要是在各种哲学流派的影响下人们对课程问题进行的哲学层面的思考；后者主要涉及对“课程”概念本身的追问与反思，由此形成了不同的理论和知识谱系。除此之外，课程论与其他学科的关系问题也属于宏观层面的课程问题的范畴。

（2）中观层面的课程问题。这类问题处于宏观层面的课程问题之下，主要涉及课程的理论流派以及其他课程理论和观点。理论流派是在学科发展过程中形成的，任何一个理论流派都有鲜明的哲学和其他学科的理论基础，归属于同一个理论流派的学者有着共同的理论追求和学术观点，能够形成一个相对明确的学术共同体。而且，一个成熟的课程理论流派必定对课程实践产生深远的影响。

在学术界，大家公认的课程理论流派主要有经验主义课程理论、要素主义课程理论、结构主义课程理论、概念重建主义课程理论等。除了这些理论流派之外，还有一些理论尚未体现出明确的理论流派特征，但在学术观点上也能自成体系，有明确的理论框架，这些理论和观点也属于中观层面的课程问题，如“泰勒原理”、实践性课程理论等。

（3）微观层面的课程问题。这类问题主要是围绕课程实践而产生的，譬如课程的编制、课程开发的技术等。微观层面的课程问题要对一些具体问题展开讨论，特别是要形成一些指导课程实践的基本规则和规范。这方面的问题主要有：如何形成有效的课程开发的基本模式？如何确定课程目标，有哪些技术要求？如何组织课程内容？如何实施课程？如何评价课程？

微观层面的课程问题是宏观层面的课程问题和中观层面的课程问题向实践层面的自然延伸，体现了课程论的实践性，使课程论研究有了更高的指导实践的价值。当前，学校课程建设过程中所要解决的课程问题大部分集中于微观层面，因此，微观层面的课程研究对推动学校课程改革具有重要意义。

三、课程论的研究方法

课程论是教育学的分支学科，并没有自己独特的研究方法，很多人文社会科学甚至自然科学的研究方法都可以用于课程论的研究。在此，我们将重点介绍课程研究常用的几种方法，主要有文献研究法、调查研究法、比较研究法和实验研究法。

（一）文献研究法

文献指的是录有知识和信息的一切载体，是记载知识的最重要手段。它把人类积累下来的知识用文字、图形、符号、音像等手段记录下来，形成有价值的典籍，包括书籍、报刊、文物、录音录像等。作为情报资源和信息资源，文献对于科学研究有着不可取代的价值。而文献研究法，就是利用各种文献进行科学研究的方法，对于课程研究来说，则是对各种记载有教育教学、课程信息和知识的典籍进行分析、梳理和提炼，从而发现问题并解决问题的研究方法。

在课程研究中，人们可以利用的文献多种多样，文献的来源非常广泛，主要有两大类：一是各种类型的书籍，包括历史典籍、专著、教科书、词典等。二是各类报纸和期刊，它们是连续出版物，而且发行量大、传递信息及时，但容量不大，且不易保存；各类期刊发表了大量的学术论文，特别是一些重要的期刊会发表一些权威性和理论性比较强的学术论文，具有重要的参考价值。随着信息技术的发展，电子文献也成为研究课程问题的重要资源，包括各种期刊网、数据库等网络资源也成为课程研究的重要文献平台。

运用文献研究法开展课程研究需要经过文献检索的过程。“文献检索大致有三个步骤：分析和准备阶段、搜索阶段、加工阶段。”① 分析和准备阶段主要包括分析研究课题，确定要研究的主要问题并由此确定文献的关键词，明确获得文献的途径；搜索阶段就是根据第一阶段确定的关键词和检索范围，对相关的文献进行搜索，在剔除无关文献后对有用的文献进行初步阅读，必要时进行摘录或复印；加工阶段的工作是对获得的文献资料进行去粗取精、去伪存真，抽取需要的信息，对文献进行编码或建立目录索引，必要的时候可以建立文献数据库。

运用文献研究法开展课程研究还需要对文献进行梳理、归纳和提炼。在完成了文献检索和初步整理之后，要让所获得的文献发挥最大的贡献，还必须运用理性的思维对文献进行分析和研究，对文献中的理论和观点进行梳理、归纳和提炼。其目的主要有：一是发现新的问题，通过文献研究确定课题研究的起点和尚未解决的问题；二是通过对文献中的理论进行梳理，为课题研究提供理论支撑和依据；三是通过文献研究学习他人研究的方法和思路，从而为自己的研究提供启发。

（二）调查研究法

调查研究法是指用观察、问卷、访谈等手段搜集信息资料，从而对教育教学现状进行科学分析并解决问题的方法，包括对现状的研究，以及确定和解释社会的或心理的变量之间的关系的研究。所谓“社会变量”，指的是个人在其所属社会团体中所具有的特点，如性别、年龄、受教育程度、收入等；所谓“心理变量”，主要包括个人的态度、动机以及其他各种行为等。“调查研究含有调查与研究两个有机联系的过程：调查是用科学的手段和方法搜集有关研究对象的客观事实材料；研究是对所搜集得来的事实材料进行整理和理论分析。”② 因此，调查研究并不是仅仅靠观察来记录有关事实，而是要综合运用观察、谈话、问卷、测验及阅读有关文献资料等手段，使认识经验深入理论层次，进一步把握所研究的问题，从而获得更科学的研究结论。

调查研究法属于实证性研究方法，是通过对原始资料的观察，有目的、有计划地搜集信息资料而形成科学认识的一种研究方法。它在获得经验性资料的基础上展开，具有如下特点：一是它着重研究的是现实情况，可以为研究者提供一手的研究资料和素材；二是它

---

① 裴娣娜：《教育科学研究方法导论》，97～98 页，合肥，安徽教育出版社，1995。

② 同上书，159 页。

搜集的是自然状态下的真实材料，对研究对象不进行干涉；三是它可以运用问卷等工具，在很大范围内获得有效数据。

调查研究的一般步骤包括：拟订调查计划并撰写调查方案，包括明确调查的目的和任务、确定调查对象和调查地点、确定所适用的调查工具以及抽样的方法等；调查前的准备，包括培训参与人员、准备相关器材，以及设计调查问卷或访谈提纲、编制题目或选择调查工具等；实施调查，也就是根据调查计划展开调查活动，有的课题研究需要预调查，主要活动有发放问卷、进行访谈、回收问卷等；整理调查材料并撰写调查报告，也就是回收调查问卷等，对调查数据进行统计分析，完成调查报告。

在运用调查研究法进行课程研究时，最常用的方法是问卷调查，即借助问卷这一工具，根据一定的原则进行抽样，然后对样本进行调查。因此，问卷调查是以书面提出问题的方式搜集资料的一种研究方法。其优点在于：方便、实用、省时、花费低；获得的信息比较准确，研究结果比较客观；能搜集大样本的信息资料，效率高；一般用标准化的问卷，便于进行数据统计处理。由于有这样的优点，问卷调查被广泛用于课程研究领域。

（三）比较研究法

“他山之石，可以攻玉。”比较是认识事物的基础，是人类认识、区别和确定事物异同关系的最常用的思维方法。比较研究法现已被广泛运用于科学研究的各个领域，包括教育科学研究及其各个分支学科。在课程论研究中，比较研究法就是根据一定的标准，对不同课程理论、课程实践和课程形态等的相似性或差异程度进行研究与判断，从而更好地揭示课程规律、解释课程现象的方法。其实质是从比较中认识课程原理和课程现象，从而探索课程发展的规律。

需要注意的是，我们谈论的比较研究法，主要是指国家和地区之间的有关课程理论与实践的比较，其目的是通过比较找出异同，获得可资借鉴的理论或实践经验，从而揭示事物的本质，加深对课程本质的认识和理解。作为一种思维方法，比较研究贯穿于课程论研究的全过程，发挥着重要的作用。这些作用主要表现在：

一是比较研究法可以帮助我们更好地认识事物的本质，把握教育教学和课程发展的普遍规律。比较是认识事物本质的最基本的也是最重要的方法之一。教育科学研究和课程研究都是复杂的认识过程，进行比较研究可以帮助我们更好地认识教育教学和课程发展的客观规律。通过对处于不同的社会政治、经济和文化环境中的课程问题和课程现象进行比较分析，可以发现课程领域中那些最基本、不会因外部环境的不同而呈现根本差异的决定性因素，从而为揭示课程现象内在的规定性、为认识课程的本质而提供重要的线索和根据。

二是通过对各种课程理论和各国课程实践的比较分析，可以扩大眼界，增长见识，加深对本国课程理论和实践的认识。通过比较教育研究，可以了解广泛的课程理论和实践状况，可以借鉴别国的教育经验，开阔视野，扩大知识面，加深对课程发展规律的认识。这有助于本国的课程决策者作出决策或预测，进而提出适合自己的课程理论、改善本国的课程设置。

三是比较研究法能使人们更好地认识本国、本地的教育状况和课程研究状况。古人云："不识庐山真面目，只缘身在此山中。"在课程研究的过程中，通过跨国比较、跨文化比较、跨学科比较、跨地区比较，可以找出一些共同的问题，发现哪一些是本国、本地的特殊问题，因而能更好地认清本国或本地的课程理论和实践状况，有效地推动课程的改革和完善。通过对别国教育的研究和比较，可以从中发现一些带有规律性的普遍原理，这些普遍原理对所有国家的教育都有指导意义。同时，对别国教育进行研究和比较，可以加深对本国教育的理解，发现本国教育中存在的问题及其解决的方法。

四是通过课程领域的比较研究，促进国际交流与合作。比较研究法可以在不同民族、不同国家的课程理论和实践之间发挥着交流与合作的主渠道作用，这些不同文化间的交流，是课程研究创新和进步的重要动力之一。开展比较研究，可以增进不同国家和民族对彼此课程理论和实践的了解，促进国际交流与合作，有助于消除民族中心主义，减少文化偏见，加深国际理解。

（四）实验研究法

实验研究是人类探索自然、揭示事物之间关系的重要手段。科学实验萌芽于人类早期的生产活动，后来逐渐分化出来，从16世纪开始成为独立的社会研究形式。大约在19世纪末，实验研究被引入教育研究中来，对提升教育学的科学化水平发挥了重要的作用。"教育实验研究法是研究者按照研究目的，合理地控制或创设一定的条件，人为地变革研究对象，从而验证假设探讨教育现象因果关系的一种研究方法。"① 教育实验必须揭示变量之间的因果关系，必须主动变革研究对象，必须控制条件，因此，实验研究法在教育科学研究方法中是一种科学化水平最高的研究方法。

在课程研究领域，实验研究法也得到了广泛的应用。因为这种方法可以帮助课程研究揭示课程现象之间的因果关系。从原理上来说，实验研究的目的在于寻求假说命题"若A则B"的正确性，也就是说，要验证因素A影响了因素B的变化。一般而言，实验研究法的实施有一个基本的程序，包括如下几个阶段：

第一阶段：选题，就是提出实验课题。这是实验研究的第一步，选定的课题要遵循有价值、有创造性和可行性等原则。

第二阶段：提出研究假设。所谓研究假设就是实验者对自变量与因变量之间关系的推测与判断。实验假设应当设想出自变量与因变量之间的关系，应当用表述或条件句的形式明确地阐述出来，应当是可以检验的。

---

① 裴娣娜：《教育科学研究方法导论》，244页，合肥，安徽教育出版社，1995。

第三阶段：实验设计。实验设计是指实验者在实际着手验证假说之前制定的实验计划。它的目的在于更科学、更经济地验证假说。实验设计需要注意以下几个方面：(1) 实验变量的操作与控制，确保实验者依据实验要求操作，不走样；(2) 可以通过制表、绘图等对反应变量进行比较分析；(3) 无关变量的控制措施；(4) 实验对象的选择；(5) 实验的组织形式；(6) 实验数据处理方法的确定。

第四阶段：实验的实施。就是实验工作者按照设计的实验方案，操作实验变量，控制无关变量，观察、记录、测量反应变量，搜集实验信息的过程，也就是将实验方案物质化、现实化的过程。实验的实施必须做好以下两方面的工作：(1) 实验进程的控制，保持实验过程按实验设计的要求和程序进行；(2) 经常地、有重点地、客观地搜集实验信息与资料、观测反应变量，为因果推论提供事实和依据。

第五阶段：实验数据和资料的统计处理。对在实验过程中积累起来的资料，采用科学的统计方法进行统计分析。一般是先用描述的方法把反应结果的原始资料加以列表，图示或计算该资料的平均数、标准差和相关数等，然后用推断统计的方法检验自变量与因变量之间的关系。在教育实验中常用的推断统计方法有 T 检验、F 检验等。

第六阶段：撰写实验报告。实验报告是反映一项实验的过程及结果的文字材料，是教育科研成果的一种重要形式。在完成实验活动并对实验数据进行统计分析之后，要及时完成实验报告，形成研究的成果。

第三节　我国课程论学科发展的历史、现状和趋势

课程论已成为我国教育学的一个分支学科，这是课程研究不断深入和发展的结果。当前课程论学科发展进入了一个相对繁荣的时期，在未来它也有着广阔的发展前景。

一、我国课程论学科发展的简要历史

如果把 20 世纪初作为现代课程论诞生的年代，对应这个年代，我国的课程论研究大致经历了三个时期：课程论学科的初创期（1912—1949 年）、课程论学科的沉寂期（1950—1988 年）、课程论学科的重建与发展期（1989 年至今）。课程论学科的这些发展历程也反映了各个时代我国对学校教育发展的不同要求，折射出不同的教育理念和育人理想。

（一）课程论学科的初创期（1912—1949 年）

辛亥革命推翻了清政府的统治，宣告了漫长的封建社会的结束。帝制被推翻，民主与共和的观念日趋深入人心。但在当时的中国，人们除了富国强兵、争取民族独立之外，还有一个重要的任务，就是倡导新文化、改造旧教育。当时的中央教育部于 1912 年 1 月 19

日颁布了《普通教育暂行课程之标准》和相应的课程表，对课程内容进行了规定。同年9月颁布“壬子学制”，第二年又进行了修改，最终形成了清政府灭亡之后的第一个新的学制系统，称为“壬子癸丑学制”。

该学制对小学、中学的课程设置进行了详细规定。例如，初等小学设修身、国文、算术、手工、图画、唱歌、体操，女子加设缝纫；高等小学设修身、国文、算术、本国历史、地理、理科、手工、图画、唱歌、体操，男子加设农业，女子加设缝纫，并根据地方情形加设英语或其他外国语。中学课程有修身、国文、外国语、历史、地理、数学、博物、物理、化学、法制经济、图画、手工、唱歌、体操，女子中学加设家事、园艺、缝纫；外国语以英语为主，因地方条件可任择法、德、俄语中的一种。

这种改造封建课程体系的努力没有止步。到了1922年，中央教育部又颁布了新的学制，即“壬戌学制”。以该学制为基础，第二年全国教育联合会公布了《中小学课程纲要》，如小学设国语、算术、卫生、公民、历史、地理、自然、园艺、公用艺术、形象艺术、体育、音乐等科目。这一学制进一步借鉴了发达国家（主要是美国）的学制形式，在课程设置上则基本移植了美国学校的课程形式。“壬戌学制”为中国近代教育奠定了稳固的基础，成为民国新式教育发展的一个转折点。

伴随着学制改革和课程改革，旧中国对课程的研究也开始起步并不断发展。1922年5月，《教育杂志》刊出第14卷号外《学制课程研究号》，在教育界和社会上都产生了较大的影响。廖世承在这期杂志上发表《关于新学制草案中等教育课程之研究》，这是我国较早的关于课程的研究论文。1925年上海商务印书馆出版的《新学制中学的课程》收录了廖世承等人的关于中学课程的研究论文，说明对课程的专门研究已经成为当时教育研究的重要构成部分。

需要指出的是，在20世纪初期，西方（特别是美国）的课程研究开始独立于教育学的研究体系，逐渐成为独立的研究领域。1902年，美国著名哲学家、教育家杜威的《儿童与课程》出版，该书对儿童的生活、儿童的教材、儿童的经验、课程与儿童的冲突等根本性的问题进行了深入探讨，这在课程论学科发展史上具有重要的意义。1918年，美国学者博比特的《课程》一书出版，标志着现代课程论作为一个独立的研究领域的诞生。此后，美国的课程研究日趋活跃，课程论学科也逐步确立。在这一时期，课程这一研究领域最先在美国比较完整地确立起来。在中国学者探讨课程问题的过程中，西方的课程论著作开始被引入中国，这在一定程度上加速了中国课程论学科的创建步伐。例如，1923年程湘帆撰写了《小学课程概论》，1928年王克仁撰写了《课程编制的原则和方法》，1931年朱智贤编写了《小学课程研究》，1934年熊子容编写了《课程编制原理》，等等。此外，一些美国的课程论著作也得以翻译出版，特别是商务印书馆组织翻译了一批较早的国外课程论著作，其中包括博比特等人的作品。可以说，当时的中国学者能够紧跟美国课程研究的潮流，初步确立了课程论这一研究领域，对于中国课程论学科的最终创立具有奠基性的意义。

考察一个学科是否已经创立的一个重要依据，就是看该学科是否在高等教育阶段有对应的专业和系统的教学存在。从这个角度来看，在辛亥革命之后到新中国成立之前几十年的时间里，我国的课程论已经初步形成并开始作为大学课程在高等院校进行教学。例如，1930 年在国民党教育部编的《大学科目表》中，“课程编制”被列为教育系第三、第四、第五年级的选修课。20 世纪三四十年代，中山大学、中央大学、复旦大学、湖南大学、云南大学、桂林师范学院、贵阳师范学院、东北大学、北京大学、北平师范大学、燕京大学等院校的教育系都开设了课程论。① 如当时的北平师范大学教育系 1931—1932 学年已将课程论列入第二、第三年级的选修科目，占 4 个学分。而且，有关课程研究的论文成为教育类期刊的重要内容，如正中书局的《教育通讯》和商务印书馆的《教育杂志》都发表了不少有关课程论的论文，这也说明课程论研究已经在学术殿堂占据一席之地。

（二）课程论学科的沉寂期（1950—1988 年）

新中国成立后，我国学习苏联的教育科学。苏联的师范院校只讲教育学，而教育学的学科体系包括四大板块：教育基本理论、教学论、德育论和学校管理。其中，在教学论中有关“教学内容”的论述，被看作课程论部分。因此，课程论作为一个学科为教学论所涵盖和取代。这种状况一直持续到 1989 年。这一时期可以看作课程论学科发展的沉寂期。

我们之所以称之为“沉寂期”，是因为在这一时期，课程论作为一个学科为教学论所整体涵盖和取代。由于作为一个专门学科领域的课程论已经不存在，在高等院校中课程论的学科建制基本消亡。由于缺少学科的支持，该时期的课程论研究受到很大影响，而有关课程的研究和讨论，则基本限于分析和介绍政府颁布的有关课程文件，如“教学计划”、“教学大纲”和“教科书”等，课程论的学科发展基本处于停滞状态。

需要注意的是，虽然该时期我国的教育学界并没有把课程论作为教育学的独立分支学科来看待，但并不意味着当时就没有人去研究课程问题。值得肯定的是，在该时期我国出版的一些教育学和教学论著作中，课程问题还是得到了一定的关注。例如，1979 年，当时的上海师范大学《教育学》编写组编写了《教育学》一书，在书中对课程设置的依据、各门课程的目的和任务、课程的安排、教材的选择、教材的组织等问题进行了探讨，这是该时期极少数将课程论内容列专章并依据当时的观点作精要阐释的教育学著作之一。随着改革开放的深入，特别是 1985 年中共中央发布了《关于教育体制改革的决定》之后，课程问题受到越来越多的关注。而且，20 世纪 80 年代之后，随着科学技术突飞猛进的发展、知识的急剧增长和社会变革对学校教育提出了越来越多的挑战，人才的培养出现了新的变化，这对学校教育的内容和课程设置带来了冲击。在这种大的背景下，课程研究成为急

---

① 参见史国雅：《课程论的研究范围及指导原则》，载《山西教育科研通讯》，1984（2）。

需，并使得课程论终于从教学论中分离出来，成为教育学的独立分支学科。

（三）课程论学科的重建与发展期（1989 年至今）

在新中国成立以后的很长时间内，课程论被作为教学论的组成部分，这在很大程度上造成了课程论学科发展的滞后。但对课程的研究并没有完全停滞，有关的研究也为课程论学科的重建作了铺垫和准备。1989 年，我国学者在课程论研究领域出版了两本著作：一是陈侠著的《课程论》（由人民教育出版社出版），一是钟启泉编著的《现代课程论》（由上海教育出版社出版）。《课程论》结合中国的实际情况进行论述，形成了独具特色的结构体系。它论述了课程研究的对象、目的和方法，考察了中西方学校课程的演变和课程理论的流派，论述了制约学校课程的各种因素，并把学校课程编订与教育目标挂钩，分别阐述了学校课程在培养全面发展的人和实施全面发展的教育中的地位和作用，以及教育目标和课程的性质、任务、类型、编订、实施和评价的关系，最后探讨了课程编订的趋势。《现代课程论》则系统地研究了学校课程的发展、课程论遗产和课程理论的进步；考察了课程编制的基本理论，如课程概念、课程类型、课程结构、课程编制原则、课程基础，以及教育目标、课程开发、教材教具、课程评价、课程管理等；介绍了美国、西欧、苏联和日本的现代课程研究；用较大篇幅对美国、苏联、英国、法国、联邦德国、日本等的学校课程的实施及其特点作了比较研究。该书向我国的课程研究人员全面展示了国外课程研究的现状和所取得的成果。这一南一北两本专门而又系统的课程论著作的出现，标志着我国课程论学科的重新确立。

学者简介

钟启泉，1939 年生，华东师范大学博士生导师、终身教授，曾任教育部人文社会科学重点研究基地华东师范大学课程与教学研究所所长、华东师范大学国际与比较教育研究所所长、中国教育学会比较教育分会理事长、全国教师教育课程资源专家委员会主任委员、教育部人文社会科学研究专家咨询委员会委员、《全球教育展望》杂志主编、国际课程研究促进协会执行委员会亚洲执行委员，并在日本多所大学担任客座教授。

钟启泉先生是我国课程论学科的主要奠基人，其学术领域主要涵盖比较教育学、课程与教学论领域。他著作丰富，有众多作品在学术界产生了重大影响，如《现代课程论》、《班级经营》等，译著《现代教育学基础》、《教学论原理》等。他主编了大量丛书，如“求索丛书”、“当代中小学课程研究丛书”等，并主持了众多国家级课题的研究。他还曾担任教育部基础教育课程改革专家组组长，为新课程改革著书立说、建言献策、奔走呼吁，是推动我国新课程改革的领军人物，他关于课程改革的学术著作和论文在理论界和实践界产生了广泛的影响。钟启泉先生现已退休，他桃李满天下，为我国比较教育学、课程与教学领域培养了大批学者。

与此同时，由于历史的惯性，1989 年以后教学论学科继续把课程论作为自身的一个组成部分加以研究，很多教学论著作自觉不自觉地将课程问题单列一章进行阐述。如：李秉德主编的《教学论》有“课程论”一章，对课程的意义、地位和历史发展，课程编制的理论和方法以及我国的中小学课程和教材进行了篇幅较大的论述；吴文侃主编的《比较教学论》对课程、课程设计、课程编制理论、学校课程的实施与改革等问题也作了比较深入的阐述。但随着教育改革的不断推进和课程研究的逐渐活跃，课程论作为一个学科重新确立已经成为大势所趋。

1991 年，华中师范大学出版社出版了廖哲勋的《课程学》一书。该书从大学教育系专业课的角度对课程问题作了系统的科学研究，在分析各流派课程理论的基础上，针对我国中小学课程建设需要解决的主要问题进行了比较系统和深入的研究，着力探讨我国中小学课程运动、发展的规律，借鉴外国课程理论中一些有价值的见解，初步探讨了适合我国国情的课程理论的体系。1996 年，教育科学出版社出版了施良方的《课程理论——课程的基础、原理与问题》。该书通过对课程的心理学、社会学和哲学基础的探讨，对课程目标、课程内容、课程实施、课程评价等整个编制过程的分析与反思，对课程理论体系和研究范式的思索，对课程一些基本问题的探讨，对课程的历史、现状的剖析以及对未来课程的展望，从而确立起一个比较完整的课程理论的框架。随着课程论研究水平的提升以及研究人员的不断增加，1997 年全国课程论专业委员会成立。研究人员的增多、课程论专著的问世和全国性课程研究学术团体的成立表明，课程论作为一个独立分支学科的重建已基本完成。

二、我国课程论研究的现状和发展趋势

1989 年以来，我国课程论研究进入了一个蓬勃发展的时期。课程论的学科建制逐渐恢复并得到完善，学术阵营不断扩大、研究力量不断壮大，研究成果极为丰富。这些显示了课程论有着很大的发展潜力和良好的发展前景。

（一）学科建制

一门学科是否成熟、是否具备学科发展的潜力，关键要看该学科是否已经形成成熟的学科建制。学科建制是学科发展的基本平台，它意味着该学科在高校专业体系中形成了自己的专业门类，专业发展形成规模，包括有成熟的理论和从事该专业工作的研究群体，有针对该学科专业的学术期刊等，并且得到社会的广泛认同。从学科建制的角度来看，我国课程论学科在 1989 年之后经过 20 多年的发展，已经形成了自己的学科建制，逐步得到了社会的广泛认同。

在民国期间，课程论这一学科已经进入高校的课程设置中。但是，在新中国成立之后的几十年里，课程论为教学论所涵盖，高校中不再开设独立的课程论。80 年代末，随着

课程研究的不断深入和专门著作的出现，课程论再次逐渐纳入高等师范院校的课程计划，成为教育学专业本科生的专业基础课程。尽管在20世纪90年代末，部分师范大学（如华东师范大学）停止了教育学专业本科生的招生，但仍然有一部分师范大学（如北京师范大学）继续招收教育学专业本科生并开设了课程论这一科目。而且，在停止教育学本科生招生的院校中，课程论仍然是课程与教学论专业的硕士研究生课程计划中的重要科目。

随着研究的不断深入，课程论形成自己的学术性团体已势在必行。1997年3月，中国教育学会教育学分会正式批准成立全国课程专业委员会。这是一个专门从事课程研究的学术性团体，标志着课程论研究形成了自己的学术阵营。1997年11月，由课程专业委员会等单位主办的首届全国课程学术研讨会在广州召开，从此该专业委员会主办了多次课程学术研讨会并发起了多次课程研讨活动。课程论专业学术团体的组建为学科发展奠定了人力基础，使学科的建制更趋成熟。

（二）研究状况与人才培养

课程论学科重建之后，我国的课程研究日趋活跃，重大的标志性成果不断推出，在教育学研究领域开创了生机勃勃的发展格局。特别是在2001年我国启动了新一轮基础教育课程改革之后，改革的实践需要课程研究的支撑，并对课程研究提出了更高的要求。在这种情况下，课程研究的成果层出不穷，新的理论和观点不断涌现，我国课程论学科走上了快速发展的道路。

在当前课程研究的过程中，我国的课程论学者自觉地借鉴和引进国外的课程理论，极大地丰富和充实了本土的研究。而且，近年来课程研究领域的国际交流活动非常活跃，我国的课程学者走出国门，学习西方课程理论已经成为潮流，国外一些课程论研究的重镇成为我国学者出访的重要目的地。同时，国外知名课程论专家也经常来华讲学或参加国际性学术会议。国际交流的开展为我国的课程论研究提供了重要的参考。

在人才培养方面，本科层次的人才培养主要集中在教育学一级学科的教育学专业方面，硕士研究生和博士研究生层次的人才培养是在二级学科课程与教学论这一专业之下进行的，在二级学科之下则有具体的课程论专业方向。目前，我国绝大多数拥有硕士学位及博士学位授予权的师范院校都开设了研究生课程与教学论专业，如北京师范大学、华东师范大学、华南师范大学、华中师范大学、东北师范大学、陕西师范大学、南京师范大学等，部分高校则设有课程与教学论专业的博士后流动站。近年来，全国各师范院校每年都培养大量的硕士研究生和博士研究生，这些研究生毕业后作为高学历的专业人才充实到课程研究领域，对推进课程论的学科建设发挥了重要的作用。

（三）发展趋势

课程研究有着良好的发展前景。作为一个学科，它在教育学学科体系中的地位越来越突出，其重要性日益受到关注。从未来的发展来看，课程论学科发展的空间非常大，这至少可以归因于以下几个方面：

一是随着科学技术的发展，学校教育的内容出现了新的变化，如何更好地设置学校课程成为未来教育研究的重大课题。特别是进入21世纪之后，各国在经济发展和综合国力等方面的竞争明显增强，社会对人才的要求也发生了变化，无论是在质量还是在数量上都提出了新的要求。显然，学校课程的设置决定了为学习者提供怎样的发展机会，而这是制约人才培养的根本之所在。对于我国来说，社会仍然处于重大的变革和转型期，学校需要为儿童和青少年提供基础性和发展性的课程，从而为未来一代的持续发展奠定良好的基础。在这种背景下，课程研究仍然是很长一段历史时间内教育实践所必需的。

二是随着我国素质教育改革的不断推进，如何建立符合素质教育要求的课程体系将是教育改革的核心议题。从20世纪90年代以来，推进素质教育、培养学生的创新精神和实践能力就成为我国学校教育改革与发展的基本方向。但十多年来，我国并没有真正树立起培养学生创新精神和实践能力的教育理念，也没有真正建立起符合素质教育要求的课程体系。为了应对新时代对学校教育提出的挑战，对课程进行变革将是一种常态的教育举措，这也将在很大程度上依托课程研究的突破，由此也推动了课程论的发展。

三是课程论学科本身的发展亟待寻求新的突破和创新。在近代，我国的课程研究紧随美国，在课程的理论和实践上借鉴美国的做法，因此学科的发展有着很好的基础。但新中国成立之后，在苏联教育学模式之下，课程论学科逐渐消亡，直到改革开放10年之后，课程论作为一个学科才得以重建。而恰恰在这40年间，西方课程的理论与实践发生了重大的变化，课程研究日趋繁荣，众多的课程理论和流派涌现，从而进入了一个话语丰富、理论多元的格局。我们只能奋起直追，融入世界课程研究的洪流，在课程研究和学科建设中不断超越自我，迎接新的挑战，不断将课程论学科推向新的境界。

本章小结

本章具有导入性质，在写作上贯穿了历史的视角和比较的视角：前者致力于梳理课程论学科的起源及发展脉络；后者则通过阐述美国的课程研究状况为思考中国课程论学科发展提供了一个框架。在学习完本章的内容之后，需要掌握如下基本的知识点：(1) 现代课程论诞生的社会文化和教育背景：新教育运动、进步主义教育运动、教育领域的“赫尔巴特运动”；(2) 19世纪末20世纪初美国的课程实践：“十人委员会”的报告、杜威学校；(3) 课程作为独立研究领域诞生的标志：博比特的《课程》、同时期的其他理论著作；(4) 课程论学科的属性：学科地位、研究对象、研究方法；(5) 我国课程论发展的概况——三个基本的发展阶段、当前课程论发展的状况与趋势。

关键概念

课程论　新教育运动　进步主义教育运动　“十人委员会”报告　博比特的《课程》

复习思考题

1. 课程论学科诞生的主要社会文化和教育背景是什么？如何理解这些重大的教育事件对课程论学科诞生所产生的影响？

2. 19 世纪末 20 世纪初，发生在美国的课程改革实践主要有哪些？“十人委员会”报告的主要内容是什么？对美国中学课程的设置产生了怎样的影响？

3. 现代课程论诞生的标志是什么？课程论初创时期美国学者撰写的理论成果还有哪些？

4. 结合课程论的研究对象，如何认识课程论在教育科学体系中的学科地位和作用？

5. 课程研究的方法主要有哪些？如何根据不同的研究问题选择合适的研究方法？

6. 我国课程论学科发展大致经历了哪些发展时期？如何认识当前的发展状况与趋势？

本章阅读书目

1. 陈侠．课程论．北京：人民教育出版社，1989
2. 丛立新．课程论问题．北京：教育科学出版社，2000
3. [美] 阿姆斯特朗．当代课程论．北京：中国轻工业出版社，2007
4. 施良方．课程理论——课程的基础、原理与问题．北京：教育科学出版社，1996
5. [美] 泰勒．课程与教学的基本原理．北京：人民教育出版社，1994
6. 吴明海．欧洲新教育运动的历史研究．北京：教育科学出版社，2008
7. 杨明全主编．课程概论．北京：北京师范大学出版社，2010
8. 钟启泉编著．现代课程论．上海：上海教育出版社，2006

第二章

中国课程的历史发展

导读

中国有着悠久的历史，华夏五千年文明光辉灿烂。中国又是礼仪之邦，通过教育将优秀文化代代相传。在文明演化和文化传承的历史脉络中，课程扮演了重要的角色。本章从历史的视角出发，对中国课程的嬗变和发展进行梳理，重点在于结合传统文化的发展根脉，阐述文化典籍和学校课程的相互转化与融合共生，力图揭示课程如何发挥其教育功能，承载文化和社会价值观并形塑一代代中国人。讨论课程的起源问题，目的并不在于考证，而在于揭示古代先民如何将文化智慧转化为教育内容。在诠释孔子的课程思想时，结合他所倡导的儒家思想，去解读“六艺”的内容及影响。蒙学课程则是中国古典课程中的一朵奇葩，清新亮丽、经久不衰，典型地折射出中国古典教育的人文情怀。传统儒学课程则博大精深，以“四书五经”为精要，是传承传统文化的主力军。中国课程的近代化反映了西方文明在中国的传播，体现出学校教育内容的巨大转型，颠覆了中国传统人文课程一统天下的格局，体现出东西方文明的碰撞和教育秩序的重塑。

第一节 课程的起源

教育起源于生产劳动，早期的课程与教学活动也蕴含于人们的生产劳动之中。为了让下一代掌握必要的生存技能，学习一定的课程是基本途径。课程的这一起源在古代有着现实的意义。而早期的教学活动也是寓教于乐的。“氏族公社成员为了调节精神、增强体质、欢庆丰收、祝贺胜利、欢度节日、表示友好，均用歌舞表达；遇有哀伤，抒发感情，也体现于歌舞之中。歌唱、舞蹈反映氏族社会生活的各个方面，内容极其广泛，既是娱乐形式，又能发挥传授知识、宣传习俗的教育作用。”① 这种起源说法也是西方学者所认可的。例如，美国学者布鲁巴克（J. S. Brubacher）进行过考证，他指出，课程有其职能上的起源，为了胜任成人的工作，后代都得经受特定课程的训练。由此，他认为，课程是一个“职能主义（functionalism）的概念”②。

一、教育的产生与课程的原始形态

教育作为一种社会实践活动，是人类社会特有的现象。在漫长的原始社会中，由于生产力水平很低，教育还没有成为一种独立的、特定的社会活动，它与人类的生产生活融合在一起，内容非常简单，又由于没有专门的教育机构和专职教育人员，因此，教育的过程是混合在生产劳动过程和人们的日常生活中进行的，是与生产劳动紧密结合的。随着生产力的发展，在奴隶社会，国家和阶级已经形成，人类社会相继出现了畜牧业和农业的分工、体力劳动和脑力劳动的分工，生产力与经济有了进一步发展，逐渐出现了生产劳动的专门化要求。比如在成年人的帮助和指导下，幼年儿童需要学习木器、石器工具的制造和使用，火的控制和使用，狩猎的技术和经验，采集食物的技术和经验等。至此，教育的内容逐渐丰富，社会对于教育的要求也逐渐提高，需要对年轻一代进行专门的训练。于是教育的职能开始专门化，出现了作为专门教育机构的学校和进行教育教学的专业人员——教师。教育的专门化和对效率的需求必然导致教育内容和教育手段的规范化，这就出现了教育者影响学习者的基本载体——课程与教学。与此同时，人们通过对教育、教学经验不断进行总结和研究，形成了一定的教育思想和理论主张，这其中就包含了课程的思想。

（一）生产劳动和社会生活中的早期教育

自有了人类，就有了对年轻一代的教育问题。原始社会生产力水平极端低下，主要表现为生产工具极其简陋，劳动对象范围狭窄，生产经验缺乏，劳动技能和知识水平很低。这也就决定了原始社会生产关系的特点是生产资料归集体所有，个人消费品实行平均分配，在生产过程中形成的是原始的平等和互助合作关系。同原始社会的生产力水平和生产关系相适应，当时的教育还没有从生产劳动和社会生活中分离出来，也没有专门的教育机构和专职人员。原始人群的教育与生产生活是混合在一起的。譬如，《淮南子·齐俗训》中提道：“其导万民也，水处者渔，山处者木，谷处者牧，陆处者农。”《尸子》中有“伏羲氏之世，天下多兽，故教民以猎”的记载。《易·系辞》中也有神农氏“制耒耜，教民

① 孙培青主编：《中国教育史》，5～6页，上海，华东师范大学出版社，2009。

② ［美］布鲁巴克：《西方课程的历史发展》，见瞿葆奎主编：《教育学文集·课程与教材（上册）》，44页，北京，人民教育出版社，1988。

农作”的记载。

总而言之，在原始社会，人类的中心活动是生产劳动，教育是以生产劳动为中心，同时为生产劳动和社会生活服务的。氏族成员为了成为社会合格的一员，就必须掌握进行生产劳动所需的技术和需要共同遵守的习俗与道德规范。而此时由于文字和纸张都还没有产生，也没有专门的学校，年轻一代只能在生产劳动和社会生活的实践过程中接受教育，其中主要通过经验丰富的长辈口耳相传、言传身教的方式。向儿童传授生产劳动技术和生活习俗、礼仪的课程的发展则还处在萌芽阶段。

（二）原始形态的课程的出现

人类早期教育是与当时的社会活动完全融合在一起的，原始的宗教祭祀活动、原始艺术（如歌唱、绘饰、雕刻等）等之所以能传承下来，就是因为古人以朴素的形式推进早期教育。原始人群在生产劳动、生活之中口头创作并口耳相传的古代神话故事（如精卫填海、女娲补天、后羿射日等），其实就有原始形态的课程与教学的影子。

随着生产力的发展和剩余产品的出现，社会上出现了脑力劳动与体力劳动的分工，促进了科学、艺术的萌芽和发展。教育的内容和进程也逐渐从生产劳动和社会生活中分化出来，朝专门化方向发展，促使原始形态的课程的出现。

原始社会为满足社会生活和劳动生产的需要，教育内容一般包括社会、劳动、文化和军事等多方面内容。幼年儿童在原始部落中最早接触的是社会环境，儿童从小就开始被灌输氏族、部落、家庭的戒训、禁忌、风俗、习尚之类的道德内容。原始社会教育的方法主要是游戏，儿童在游戏中模仿成人的生活和劳动。通过游戏，儿童掌握了这些知识，锻炼了社会适应能力。随着年龄的增长，他们学习的内容也不断增多，劳动的技能逐渐成为教育的主要内容，年轻一代在成年人的帮助和指导下，通过参加简易的生产活动慢慢获得操作技术而成为独立的劳动者。此外，由于宗教和其他原因而产生的音乐、舞蹈、体育竞技等都是年轻一代需要学习的内容。

由此可见，到原始社会后期，教育的内容已经从与生产劳动和社会生活紧密结合的混合状态中相对分化出来了，并且随着学习内容的不断增多，逐渐形成了若干个相对固定的知识和技能领域。成年人还会根据儿童年龄的长幼把这些知识和技能传授给年轻一代。这就构成了课程的原始形态。比如，鄂温克族的孩子五六岁后开始学习狩猎的游戏，12 岁以后开始跟随老人学习狩猎。①

二、古代学校课程的诞生

对于人类社会历史的分期，历史科学一般把原始社会、奴隶社会和封建社会的历史称

① 参见高时良：《中国教育史纲》，13 页，北京，人民教育出版社，1991。

为古代史。我们借用这一做法来划分课程与教学的演进阶段。原始社会出现了课程的萌芽，奴隶社会的课程有“六艺”，封建社会有“四书五经”；在教学形式上主要是一种个别化教学，以私塾先生带徒弟的方式进行。这些都对后世产生了深刻的影响。

（一）学校的产生为课程的形成奠定了基础

学校的产生是跟社会物质生活条件的改善、生产知识的积累和文字的出现紧密相连的。经历了漫长的原始社会发展，在我国殷商时期，随着生产斗争经验的积累，铜器、铁器逐渐代替石器成为生产工具，农业、畜牧业代替渔猎和采集成为主要的生产事业，从而使物质产品不断丰富并出现了剩余。物质产品的剩余，一方面使得军事首长、部落酋长等特权人物变成了财产的私人占有者和奴隶占有者，形成了统治阶级；另一方面使一部分人能够脱离生产劳动，专门从事脑力劳动，对劳动人民积累的各项经验进行归纳整理。为了把这些积累起来的知识和技能保存下来，单靠口耳相传和简单的符号记载是远远不够的，于是人类创造了文字。奴隶制国家产生以后，统治阶级为了巩固政权，必须把一系列统治者需要的知识和经验传授给他们的后代，这就是古代学校产生的历史基础。

学校的产生固然首先是为了适应统治阶级巩固政权的需要，但同时也大大促进了文化事业的发展。一般来说，统治者需要学习军事、司法、巫术、文化艺术以及种种有关生产斗争的知识，例如天文、建筑、数学等等。如此多的知识和文字，在日常生活中附带进行学习是不可能掌握的，必须设有专门的教育机构，任用专职教育人员，编定专门的课程，并使受教育者脱离其他事务而专心致志地学习。因此，统治阶级通常是把皇族子弟和贵族青年安排在宫廷之中，由富有经验和阅历的官吏负责教导。例如，公元前2500年左右，在埃及古王国时期已有了宫廷学校，它可以算是人类最古老的学校。宫廷学校设在皇族家庭中，通常只有皇室成员的子弟和少部分其他权贵人物的孩童才被允许进入这种学校学习书写、阅读、宫廷习俗和仪式。① 在宫廷学校开设的课程，也就首先得到了较快的发展。

（二）我国古代学校课程的形成和发展

我国古代学校的课程设置在先秦时期主要包括“礼”、“乐”、“射”、“御”、“书”、“数”六个科目，称为“六艺”。汉代以后逐渐演变为“四书五经”，以及蒙学课程《三字经》、《百家姓》、《千字文》、《弟子规》等。

在商代，文字已得到较大发展，并达到了基本成熟的阶段，学校已开始区分为大学、小学以及瞽宗等。教育为统治阶级所控制，教育内容主要集中于习礼、习武以及“书”、“数”等方面。

西周是中国奴隶社会的全盛时期，学校教育为统治阶级所垄断，形成了“学术官

① 参见夏之莲：《外国教育发展史料选粹》，67页，北京，北京师范大学出版社，1999。

守”和“学在官府”的教育体制。西周的学校有一套完整的课程，以培养贵族统治者为主要目的。在教育内容的设置上，形成了以“礼”、“乐”、“射”、“御”、“书”、“数”为主的“六艺”课程。“六艺”中又有“大艺”和“小艺”之分。“书”指书写文字，“数”指计算，二者作为“小艺”，一般是小学的课程；“礼”、“乐”、“射”、“御”作为“大艺”，是大学的课程。“大艺”中的“礼”、“乐”代表奴隶主阶级意识形态。“礼”重在约束外表的行为，“乐”重在调和内在的情感，其作用主要是配合“礼”进行伦理道德教育。“射”、“御”则属于军事体育课程，“射”就是射箭技术，“御”就是驾驭战车的技术。而“礼”、“乐”和“射”、“御”又有密切联系，在进行“射”、“御”训练时，要配合“礼”、“乐”的活动。“礼”与“乐”除配合“射”、“御”的训练，还用作配合对鬼神的祭祀。可见“礼”、“乐”、“射”、“御”的训练，是为奴隶主贵族培养统治人才和军事人才服务的。

春秋战国时期，儒、道、法、墨等各家形成了文化学术上的百家争鸣格局，其中最有代表性的是孔子，他编定了《诗》、《书》、《礼》、《乐》、《易》、《春秋》六部儒家经书，并以此来教授学生。孔子也因此成为中国古代人文课程体系的奠基人。“六书”从荀子起开始被尊为“六经”，其中《诗》为中国最早的诗歌总集，概称“三百篇”。《书》又称《尚书》，是古代历史文献汇编和大事记。《礼》又称《士礼》，传于后世为《仪礼》。它与《周礼》、《礼记》合称《三礼》，记载的是基本的礼仪规范。《乐》是有关音乐的书，与《诗》相连，“乐”是曲调，“诗”是歌词。《易》又称《周易》，是一部卜筮之书。《春秋》是我国现存的第一部编年史。孔子非常重视“六经”的教学，他要求学生“兴于诗，立于礼，成于乐”。“六经”是孔子的基本教学内容，也是中国第一套较完整的教科书。除《乐》亡佚外，其余五经自汉以后一直是学校教育的基本教材，也是最基本的教学科目，它作为中国古代人文教育体系中的主体课程一直延续至清代。

秦始皇统一中国后，奉行“以吏为师”、“以法为教”、“政教合一”的文教政策，学校主要让受教育者学习秦朝的律令和法制，儒家学术的正统地位受到挑战。

自汉代开始，董仲舒主张“独尊儒术”，设置“六经”为主要的学校课程。此后，儒家经学几乎垄断了古代学校的课程。

魏晋南北朝时期，颜之推在《颜氏家训》中为弟子设置五经、百家群书（如佛家、道家）、杂艺（即琴、棋、书、画、数、医、射、投壶等）、农事等方面的课程。由此，基本奠定了魏晋南北朝时期以儒家经学为主，儒、释、道、杂并存的学校课程格局。

隋唐时期，儒家经学又成为当时的主要课程，并与隋唐科举相结合，制约着此后中国封建社会晚期学校课程的发展。

宋明以后，朱熹提出“四书”——《大学》、《中庸》、《论语》、《孟子》，以此作为学校的主要课程。由此，程朱理学的思想也贯彻其中。此后，“四书”便与《诗》、《书》、

《礼》、《易》、《春秋》五部留存下来的先秦儒家经典合称“四书五经”，成为封建社会后期学校的标准课程和教材，并成为元、明、清三代学校课程及科举考试的唯一依据。

明末清初，以经、史、礼、乐、政治、天文、地理、农业、水利、矿冶、工程、军事等为教学内容的课程主张日益受到重视。这些自然科学、军事技术、工农业生产方面的课程突破了传统的“六经”、“六艺”，人们开始考虑分科设置课程，以近代自然科学为主分科设置课程初见端倪。清朝末年，反对“理学”的呼声日渐高涨，重视经史学科和实用学科，这种课程思想的转变架起了我国传统课程向近代课程过渡的桥梁。

第二节　中国古代教育家的课程思想简介

中华民族有着悠久的历史，在漫长的历史发展中，我国出现了众多的教育家。他们在各自的时代提出了诸多的课程思想和观点，为后来课程论的学科发展奠定了基础。

一、先秦时期的课程思想

教育的出现是人类社会发展的必然。在远古时期，比如氏族和部落在举办集会等群体活动时就有了一定的教育成分在里面。后来随着生产力的发展，教育的形式日趋正规。一般而言，在西周之前，我国已经出现了正规的学校形式。在《礼记・王制》中有这样的记载：“有虞氏养国老于上庠，养庶老于下庠。”那时的学校，兼作养老、藏米之所，已有大学、小学之分。学校的出现标志着人类开始有意识地传承文明，从此，教育对社会的发展发挥了不可取代的作用，成为人类追求社会理想的基本手段。学校承载了社会发展的理想，显然，这种理想的实现，必须有具体的课程作为保障。因此，对课程的研究一开始就与人们对教育问题的思考融合在一起。

中国历史发展到西周之后，在教育领域出现了一些新的特点。在西周之前，教育基本上是由统治者垄断的，所谓“学在官府，以吏为师”。随着西周末年王室衰微，诸侯蜂起，战乱不断，有些贵族和统治者在政治斗争中败落，流落到民间。他们有知识，但不能进行体力劳动，于是以教授儿童作为谋生的手段，这就是我国历史上所谓的“士”。“士”可以看作我国最早的一批职业教师，他们将知识带到民间，促进了私学的兴起。在这股潮流中，时代的发展终于造就了一位伟大的教育家，他就是孔子。

二、孔子及“六艺”

孔子，名丘，字仲尼，春秋时期鲁国陬邑（今山东曲阜）人，是我国历史上伟大的思想家、教育家，儒家学派的创始人。孔子对以前的文化典籍和教育思想进行了系统的整理，在课程方面最重要的贡献就是提出了“六艺”。“六艺”并非孔子所发明，周朝的文献中已有“六艺”的提法，孔子对周代文献进行了整理，更系统地提出了“六艺”的课程思想。在《周礼·保氏》中有这样的记载：“养国子以道，乃教之六艺：一曰五礼，二曰六乐，三曰五射，四曰五御，五曰六书，六曰九数。”孔子对此加以系统整理，提出了以“六艺”为内容的课程体系，即“礼”、“乐”、“射”、“御”、“书”、“数”。

西周不论是国学还是乡学、小学或大学，都是以“六艺”为基本学科的。“六艺”教育萌芽于夏代，商代又有发展，西周在继承商代“六艺”教育的基础上进一步予以充实和发展。奴隶主贵族的“礼”和“乐”是密切配合的，凡是行礼的地方，也就有乐，礼乐贯穿整个社会生活，体现宗法等级制度，对年轻一代思想政治、道德品行的培养有重大作用。“礼”、“乐”教育成为“六艺”教育的中心。西周以人数较少的部族统治人数较多的部族及其联盟，依靠的是有组织的军事力量，贵族子弟都要成为“执干戈以卫社稷”的武士，“射”、“御”是必不可少的军事训练项目。西周的文字应用已十分广泛，数量也比商代多，其字体为大篆，书写的材料通常为竹木，所用工具为刀笔。小学进行文字教学，史籍说西周已有字书，供小学文字教学之用。数学知识到西周有更多的积累，为进行较系统的教学创造了条件。对儿童进行“数”的教学，使其数学能力逐步得到提高。先学数的顺序名称及记数的符号，然后将所学应用于学习甲子纪年法，知道朔望的周期，再进一步学习计数的方法，掌握十进位和四则运算，培养初步的计算能力。

“六艺”这一课程体系的特点是文武并重、知能兼修，而且根据年龄的差异及学科的程度而有所差别。这一体系有助于培养当时的统治者和社会需要的人才，得到了孔子的高度认同。《论语·泰伯》中记载：“兴于诗，立于礼，成于乐。”这反映了孔子的思想。他从儒学的角度将“六艺”作为学生必须学习的课程，希望学生通过课程的学习掌握这些课程对应的基本才能和素养。应该说，“六艺”代表了我国古代系统化的课程思想，对于了解古代课程的设置及教育内容具有重要的意义，对后世影响深远。

但是，“六艺”毕竟是周代社会的产物，由于时代条件的制约也存在一定的局限性。“六艺”中的“礼”、“乐”、“射”和“御”称为“大艺”，是当时的贵族从政所必须学习的科目；“书”与“数”合称为“小艺”，是针对普通人的教育科目，其目的是满足日常生活之所需，服务于营生的目的。当时，普通人的子弟只给予“小艺”的教育，只有贵族子弟才能享受完整的“六艺”教育，完成从“小艺”到“大艺”的系统教育过程。可见，“六艺”服务于当时的阶级需要，复制了周代的社会秩序和礼制，是特定社会历史时期的产物。

在秦始皇统一六国之前，我国教育发展史上还出现过不少的教育教学和课程思想，这些思想反映在一些文献中，如《学记》。郑玄注："名学记者，以其记学教之义。"《学记》蕴藏着丰富的教育思想，指出教育是"建国君民"的工具，其作用在于"化民成俗"。在课程论方面《学记》记述了古代乡学与国学的课程设置，提出了分年的课程内容与安排。例如，"比年入学，中年考校。一年视离经辨志，三年视敬业乐群，五年视博习亲师，七年视论学取友，谓之小成。九年知类通达，强立而不反，谓之大成"①。意思是说，每年新生入学之后，隔一年有一次考试。入学第一年考查断句阅读的能力，辨别其发展志向；第三年考查是否专心于学业，是否能融入群体、乐于合作；第五年考查是否博览群书、尊敬师长；第七年考查对学问的见解和选择朋友的取向。如果考查合格，就叫作"小成"。第九年考查知识畅达，触类旁通，能遇事不惑，不违背师训，这就叫作"大成"。《学记》是我国古代对课程问题讨论最早、最系统的文献之一，对于课程论的研究有着重要的价值。

三、董仲舒的课程思想

董仲舒（公元前179—前104），我国汉代著名思想家、政治家。汉景帝时任博士，讲授《公羊春秋》。汉武帝元光元年（公元前134），董仲舒在著名的《举贤良对策》中，提出他的哲学体系的基本要点，并建议"罢黜百家，独尊儒术"，为汉武帝所采纳。晚年辞官回家，著书立说，但仍受汉武帝的尊重。董仲舒以《公羊春秋》为依据，将周代以来的宗教天道观和阴阳、五行学说结合起来，吸收法家、道家、阴阳家思想，建立了"天人感应"的思想体系，成为汉代的官方统治哲学。

在教育方面，董仲舒非常推崇儒学的思想，主张教育内容要注重儒家的礼乐教育。在《举贤良对策》中，他指出，"仁义礼乐皆其具也。故圣王已没，而子孙长久安宁数百岁，此皆礼乐教化之功也"。意思是说，在治理国家和兴办教育中，仁、义、礼、乐是必须具备的。虽然先王逝去，但子孙可以长治久安数百年，这都是教化的功劳。可见，董仲舒很注重教育的道德教化功能，因此在学校的课程设置上，要体现儒家的仁、义、礼、乐等思想。

四、柳宗元的课程思想

柳宗元（773—819），唐代伟大的政治家、文学家，与韩愈、苏轼、苏洵、苏辙、欧阳修、王安石、曾巩合称"唐宋八大家"。柳宗元参与了当时的政治革新运动，也是我国历史上的一位改革家。作为唐代有影响的政治人物，他一生也积极关注教育并身体力行，

① 转引自孟宪承主编：《中国古代教育文选》，98页，北京，人民教育出版社，1985。

有着自己的实际经验。《新唐书·柳宗元传》中记载："南方为进士者，走数千里从宗元游，经指授者，为文辞皆有法。"他主张博学，以孔子的经典为主要的学习材料，不仅学习儒家的文献，还广泛阅读，包括"子、史以至佛、老之书"，反对以门户之见而排斥他人。

在阐述其教育思想的时候，他也会谈到课程问题，其课程思想主要散见于不同的作品中。柳宗元是古文运动的有力支持者、宣传者。他在《答韦中立论师道书》中谈了他对文学的主张和他经常使用的教科书。他写道："本之《书》以求其质，本之《诗》以求其恒，本之《礼》以求其宜，本之《春秋》以求其断，本之《易》以求其动，此吾所以取道之原也。"① 这段话的大意是：学习《尚书》，以求质朴；学习《诗经》，以求恒久；学习《礼》，以求合宜；学习《春秋》，以求明断；学习《易经》，以求变化。这些是我寻求圣道的根本。他认为要在儒家典籍里求圣人之道，同时要参读史诗赋以求其文辞。这也就是柳宗元教学生学习古文所读的教材。尽管这段话更多的是从文理的角度来谈的，但从中我们也能看出柳宗元对学校的课程内容的取舍，它反映了柳宗元朴素的课程思想。

五、朱熹的课程思想

朱熹（1130—1200），南宋著名的理学家和教育家，闽学派的代表人物，是继孔子、孟子之后最杰出的弘扬儒学的大师。1185 年，他动员官府重修石鼓书院，提出把书院办成"德行道义之实"的教育机构的方针，使书院教育走上正轨。朱熹是理学的集大成者，是中国封建时代儒家的主要代表人物之一。他的学术思想，在元朝、明朝、清朝三代一直是封建统治阶级的官方哲学，标志着封建社会更趋完备的意识形态。1313 年，元朝统治者诏定以朱熹《四书集注》为标准取士，朱学被定为科场的主流学说。

《四书集注》是《四书章句集注》的简称，是朱熹为《大学》、《中庸》、《论语》、《孟子》所作的注疏。由于朱熹的注疏和阐释，"四书"成为儒家最经典的文献，在此后的几百年里都是学校课程的基本篇目。除此之外，朱熹对课程的设置也有自己的看法。他将教育分成"小学"和"大学"两个阶段，认为 8 岁到 15 岁是小学时期，该阶段课程的设置主要是"学其事"，也就是从洒扫、应对、进退开始，教给孩童以伦常礼教，进而教授其诗书礼乐。"人生八岁，则自王公以下，至于庶人之子弟，皆入小学，而教之以洒扫、应对、进退之节，礼乐、射御、书数之文。"到了 15 岁之后进入大学阶段，课程的目标在于使学习者"明其理"，按照道德修养的"八目"，即格物、致知、诚意、正心、修身、齐家、治国、平天下的步骤，进一步使学习者"明明德"，最后达到"止于至善"的境界。因此，在大学阶段，课程的设置基本上就是"四书"的内容了。朱熹的这种课程思想，不

① 转引自孟宪承主编：《中国古代教育文选》，229 页，北京，人民教育出版社，1985。

仅对课程的内容进行了精细的筛选，而且在进程上考虑到了学习者的年龄特点，由简单到复杂、由具体到抽象地予以推进。显然，这对教育实践的指导具有了更高的价值。

不仅如此，朱熹还提出了课程修习的一些基本原则和方法，在《朱子语类》中多次谈到课程，如“宽著期限，紧著课程”、“尝作课程，看《论语》日不得过一段”等，他所使用的“课程”的概念已经具备了“课业及其进程”的含义，在词源上为后世课程的研究奠定了基础。

六、程端礼的课程思想

程端礼（1271—1345），元代著名的教育家。他以朱熹作为自己的榜样，开坛讲学，生徒甚众，所撰写的《程氏家塾读书分年日程》可视作古代课程论著作。他作此书的目的，是依朱熹“读书明理”思想，纠正当时读书人“曾未读书明理，遽使之学文”、“失序无本，欲速不达”的缺点，认为应特别注重课程的安排和进程，循序渐进以“使理学与举业毕贯于一”。该书是宋代朱熹“朱子读书法”的衍生物，使之形成条理清晰的规章和程式，对后世的课程修习影响较大。它所谈到的课业进程的安排后来衍化为白鹿洞书院的教条，又受到清代书院的重视，甚至被当作课程表来使用。

《程氏家塾读书分年日程》全书以朱熹制定的学规作为纲领，是一张完整的促进学习者自律、修身养性的课程设置表。第一卷提出了读经的如下程序：8 岁入学之前，读《性理字训》；8 岁入学之后，读朱熹的《小学》，接下来读《大学》、《论语》、《孟子》、《中庸》、《孝经》，然后读《易》、《书》、《诗》、《仪礼》、《礼记》、《周礼》及《春秋》；15 岁后再“以朱子法读四书注”，并抄读以上经书。第二卷规定在读经的基础上进一步学习文史知识：先读《通鉴》，再读韩愈的文章，然后读《楚辞》；之后练习“科举文字”，准备科举考试。特别是在书的最后归纳了朱熹的“朱子读书法”六条：循序渐进、熟读精思、虚心涵泳、切己体察、着紧用力、居敬持志。当时国子监曾将此书颁行到地方学校，明代诸儒读书亦奉为准绳，清代陆陇其曾刊刻此书以资流传。《程氏家塾读书分年日程》是中国古代家塾的一个详细的读经学文的课程表，它注意教学程序，重视基本功训练，对后世的学校课程与教学有一定的影响。

七、王守仁的课程思想

王守仁（1472—1529），明代最著名的思想家和教育家，因曾在阳明洞读书、讲学，后世学者也称他为阳明先生。他非但精通儒家、佛家、道家，而且能够统军征战，是中国历史上罕见的全能大儒。在哲学上，王守仁是明朝主观唯心主义的集大成者，他并不主张朱熹通过外物追求“至理”的“格物致知”的方法，反对“知先后行”以及各种割裂知行关系的学说。他认为事理无穷无尽，格之则未免烦累，故提倡从自己内心中去寻找“理”，认为“理”全在人“心”，“理”化生宇宙天地万物，人秉其秀气，故人心自秉其精要。因而，他倡导用“反求内心”的修养方法，以达到所谓“万物一体”、“知行合一”的境界。

在教育上，他以“反传统”的姿态，旗帜鲜明地反对“鞭挞绳缚，若待拘囚”的儿童教育方式，主张积极鼓励儿童，让其感受到接受教育的快乐。在课程上，王守仁认为，凡是有助于“求其心”的教育内容，均可以作为课程，读经、习礼、写字、弹琴、习射，无可不学。他认为，经书是普遍永恒的真理，但读经不是为了穷理，而是为了本心的修养。而写字、弹琴、射箭等都有各自的教育价值，最终的目的还是在于陶冶本心。根据这些教育内容，王守仁提出了著名的“训蒙教约”，其训练标准为孝、悌、忠、信、礼、义、廉、耻，所设科目为诗歌、习礼、读书三项。每日课程，先考德，次背书、诵书，次习礼或作课仿，次复诵书、讲书，次诗歌。① 王守仁对课程的这种理解关注到了儿童的身心特征，而且主张通过课程的学习达到“知行合一”的境界，这在封建社会时期显得难能可贵。

第三节 中国传统儒学课程和蒙学课程的发展

中国有着悠久的古代文明，在漫长的历史发展中创造了灿烂的传统文化。上古时期，华夏先民在黄河流域一带繁衍生息，在发展壮大的过程中逐渐创造了早期文化；商周时期，古代文化达到了一个高峰，特别是经过春秋战国时期诸子百家文化观点的碰撞与交融，形成了儒、道、法、墨等百家争鸣的格局，其中儒家和道家思想逐渐成为中华文化的重要主体力量，这也使春秋战国时期成为铸造中华本土文化的关键时期。西汉之后，由于“罢黜百家，独尊儒术”，以孔子、孟子为代表的儒家思想发展为正统；同样在汉代，发源于古代印度的佛教思想也逐渐流入中原，与本土的儒家和道家融合共生，由此，“儒释道”三家鼎足而立，奠定了汉唐之后中华文化的基本格局。当然，在中华大地上还有其他众多少数民族，他们的文化各具特色，自然也成为华夏文化的重要构成部分。在传统文化的这种格局中，虽然儒家、佛家和道家三足鼎立，但无疑儒家思想是正统，它是古代中国漫长的封建时期的根本统治思想。因此，反映儒学思想的传统儒学课程和蒙学课程就构成了古代中国学校课程的主体。

一、传统儒学课程的产生与发展

孔子是儒家学说的创始人，其思想经过孟子、董仲舒、韩愈、“二程”（程颢和程颐）、

① 参见王炳照等编：《简明中国教育史》，192页，北京，北京师范大学出版社，1994。

朱熹、王守仁等人的发展，最终成为一整套修身治世、内圣外王的学术体系。传统儒学课程以儒学典籍为蓝本，对中华传统文化产生了深刻的影响。

（一）儒学典籍的演变轨迹

孔子作为儒学的创始人，他对传统文化的巨大贡献体现在对殷商以来文化典籍的整理和阐释上。据史料记载，孔子“述而不作”：修《诗》、《书》，定《礼》、《乐》，序《周易》，作《春秋》。这就是著名的“六经”。此外，反映孔子思想的《论语》在秦汉之后也广为流传，成为儒家“仁学”思想和教育思想的基本源头。《论语》是孔子开坛讲学、积极育人的见证和理论总结，但从孔子本人的意图来说，他更看重《乐》的教化功能，所谓“兴于诗，立于礼，成于乐”（《论语·泰伯》）。然而，很多典籍毁于秦汉战火，再加上秦始皇发动“焚书坑儒”，致使儒家经典丧失殆尽，《乐》也失传，从此留下“五经”之说。

西汉建立后，儒家经典被重新搜集、整理，最重要的成果是《礼记》问世。《礼记》记载的大概是孔子的弟子及后儒讲礼的相关文章和言论，也涉及哲学、政治制度、伦理道德等内容，共49篇传世，是儒家的重要典籍。《礼记·礼运篇》摘录如专栏2—1所示。

专栏2—1　（西汉）戴德、戴圣著《礼记·礼运篇》摘录

昔者仲尼与于蜡宾。事毕，出游于观之上，喟然而叹。仲尼之叹，盖叹鲁也。言偃在侧，曰：“君子何叹？”孔子曰：“大道之行也，与三代之英，丘未之逮也，而有志焉。大道之行也，天下为公。选贤与能，讲信修睦。故人不独亲其亲，不独子其子。使老有所终，壮有所用，幼有所长，矜寡孤独废疾者，皆有所养。男有分，女有归。货，恶其弃于地也，不必藏于己；力，恶其不出于身也，不必为己。是故谋闭而不兴，盗窃乱贼而不作，故外户而不闭。是谓大同。”

“今大道既隐，天下为家，各亲其亲，各子其子，货力为己，大人世及以为礼。城郭沟池以为固，礼义以为纪；以正君臣，以笃父子，以睦兄弟，以和夫妇，以设制度，以立田里，以贤勇知。以功为己，故谋用是作，而兵由此起。禹、汤、文、武、成王、周公，由此其选也。此六君子者，未有不谨于礼者也。以著其义，以考其信，著有过，刑仁讲让，示民有常。如有不由此者，在势者去，众以为殃。是谓小康。”

唐宋时期，儒学典籍的整理和加工进入一个高峰期。韩愈强调《礼记·大学》的重要性，认为《大学》是和《孟子》、《易经》同等重要的“经书”。程颢、程颐尊崇《大学》，认为它是“初学入德之门”，并将《大学》从《礼记》中抽出，作《改正大学》，使之独立。南宋朱熹在此基础上继续加工，将其分为“经”一章、“传”十章，作成章句，通过注释阐发己意，将“格物致知论”共100多字补进《大学》。1190年，《四书章句集注》同时刊行，是“五经”立于官学之后学术思想上的又一重大事件，此后，“四书五经”风行天下。由于“五经”的演化极为繁杂，以下仅对“四书”的课程内容作简要阐释。

（二）“四书”简介

“四书”即《大学》、《论语》、《孟子》、《中庸》，是儒家传统经典中最有影响的四本著作。朱熹将其“并行刊发于世”，逐渐成为读书人的必读书目。元代后统治者以“四书”试士子，成为科举考试的敲门砖，于是“四书”既是科举考试的必读书目，其论述亦是“标准答案”，直至1905年清政府废除科举，可见其影响之广。

(1)《大学》。传为孔子弟子曾参(公元前505—前435)所作。自唐代韩愈等人维护道统而推崇《大学》与《中庸》,至北宋“二程”百般褒奖宣扬,甚至称“《大学》,孔氏之遗书而初学入德之门也”,再到南宋朱熹继承“二程”思想,便把《大学》从《礼记》中抽出来,与《论语》、《中庸》、《孟子》并列,到朱熹撰《四书章句集注》时,便成了“四书”之一。按朱熹和程颐的看法,《大学》是孔子及其门徒留下来的遗书,是儒学的入门读物。所以,朱熹把它列为“四书”之首。他说,“先读《大学》,以定其规模”,是因为《大学》包含了为人为学的纲目,所谓“纲举目张”,可以为人格修养和求知求学提供上位的指导。所谓“纲”,即“大学之道,在明明德,在亲民,在止于至善”;所谓“目”,即格物、致知、诚意、正心、修身、齐家、治国、平天下。二者合称“三纲八目”,明确诠释了儒家“内圣外王”的追求。

(2)《论语》。《论语》是记载孔子及其学生言行的一部书,成书于春秋战国之际,由孔子的学生及其再传学生所记录整理。根据班固《汉书·艺文志》的记载,“《论语》者,孔子应答弟子、时人及弟子相与言而接闻于夫子之语也。当时弟子各有所记,夫子既卒,门人相与辑而论纂,故谓之《论语》”。其内容涉及哲学、政治、经济、教育、文艺等诸多方面,内容非常丰富,是儒学最主要的经典之作。此外,在表达上,语言精练、形象生动,是语录体散文的典范;在编排上,没有严格的编纂体例,每一条就是一章,集章为篇,篇、章之间并无紧密联系,只是大致归类,并有重复章节出现。朱熹在谈到读“四书”的顺序时说“次(第二)读《论语》,以定其根本”,是因为儒家关于“仁学”等思想的精要皆囊括于此书,从中可以了解与体悟圣人中正平和之道。

(3)《孟子》。关于《孟子》一书的作者有多种说法,有人认为就是孟子本人所作,但西汉司马迁认为,孟子“退而与万章之徒序《诗》、《书》,述仲尼之意,作《孟子》七篇”,《孟子》是孟子和其弟子一起所作,这一说法后世多有附和。孟子对孔子的思想多有继承和发展,被后人尊称为“亚圣”。孟子以孔子学说的继承者和捍卫者而闻名,其思想的犀利和性格的刚烈在先秦诸子中独树一帜,史料多以“孔孟”并称。《孟子》一书提出了一些概念,如“气”(吾善养吾浩然之气),以及“大丈夫”(富贵不能淫,贫贱不能移,威武不能屈,此之谓大丈夫)等,鲜明地表达了儒家的入世理想和伦理情怀。《孟子》在行文风格上也颇有特色,其文意气风发、辞藻华丽,旁征博引、气势磅礴,具有鲜明的个性和独特的风格,极富感染力。

(4)《中庸》。一般认为《中庸》出自孔子的孙子子思(公元前483—前402)之手,《史记·孔子世家》称“子思作《中庸》”。北宋“二程”百般褒奖宣扬,甚至认为《中庸》是“孔门传收授心法”,再到南宋朱熹继承“二程”思想,便把《中庸》从《礼记》中抽出来,与《论语》、《孟子》、《大学》并列,到朱熹撰《四书章句集注》,也就成为“四书”之一了。朱熹在谈到读“四书”的顺序时说“次(最后)读《中庸》,以求古人之微妙处”,是因为《中庸》能够“放之则弥六合，卷之则退藏于密”，初学者难以理解，只有读完前三本之后才能深究。其开篇一句开宗明义：“天命之谓性，率性之谓道，修道之谓教”，说明在儒家看来，中国的教育是与德育同源的。

二、古代蒙学课程的产生与发展

十年树木，百年树人。人才的培养是一项长期的工作，要从幼儿开始。古人早就认识到这个问题，并结合低龄儿童的发展特点编写学习读物。于是，在中国古代课程体系中就出现了一种独特的课程形式——蒙学课程。

（一）对古代蒙学课程的界定

中华民族有着重视幼儿教育的优良传统。在我国古代社会，儿童长到四五岁时，就要对其进行启蒙教育了。《周易・序卦》记载：“蒙者，蒙也，物之稚也。”古人认为只有教育才是脱蒙的唯一途径。启蒙，也就是启迪幼稚，又称为发蒙、训蒙、开蒙、养蒙等。所谓蒙学，是今人对古代传统幼儿启蒙教育的一个统称；蒙学课程是我国古代针对低龄儿童编写的意在读书习字、开启心智的课程体系和教学材料，流传下来比较有影响的有《三字经》、《百家姓》、《千字文》、《弟子规》等。

启蒙教育内容主要是识字、写字和道德教育，养成良好的生活习惯，能够遵守一定的道德伦理规范，并且掌握一些基本的历史文化常识。蒙学没有固定年限，一般采用个别教学；在方法上注重背诵、体悟和练习；在学习材料上采用浅显易懂、易于记诵的书目，这些书目就是我们所统称的蒙学课程。因此，蒙学课程是古代开展启蒙教育的基本读物，是发展儿童认知和道德的最初载体，各个时代的人都非常重视，于是也就能够流传下来，成为我国传统文化课程的优秀遗产。

（二）蒙学课程发展的基本状况

蒙学课程在我国有一个漫长的发展过程，在历史上出现了很多脍炙人口的经典之作，实乃源远流长、气势恢宏。根据时间线索，我们可以将蒙学课程的发展大致划分为如下阶段：

（1）商周至隋唐。早在殷商时代，古人就发明并开始使用成熟的汉字（即甲骨文，距今约 3 600 年），因此，我国有文字可考的历史可以追溯到商代。文字的出现是教育史上了不起的大事，它使得学校教育专门化成为可能，也促成了各种教材的编写。在甲骨文“教”字中就有表示教育内容的符号，可见课程问题一开始就引起了人们的关注。但由于历史过于久远，殷商时代的蒙学教材编写情况已难以考证，因此也没有具体的蒙学课程被记载和流传下来。

但到了周代，情况就大不一样了。周代是我国古代奴隶社会的鼎盛时期，中华文化持续发展，在启蒙教育领域出现了一些最初的读本。据史料记载，周代太史教孩童学习童书

《史籀篇》，这是我国有记载的最早的蒙学课程。春秋战国时期，经过百家争鸣的文化勃兴，传统文化呈现快速发展之势，这为教育提供了更多的素材。至秦代则出现了三本著名的蒙学教材，即《仓颉篇》（作者李斯）、《爰历篇》（作者赵高）和《博学篇》（作者胡毋敬）。进入汉代，蒙学教材获得了长足发展，著名的有司马相如编写的《凡将篇》，以及史游编写的《急就篇》。明代思想家顾炎武曾说过，“汉魏以后，童子皆读史游急就篇”，可见汉代蒙学已经成为后世启蒙教育的奠基之作。

三国两晋南北朝时期，尽管社会动荡，多有战事，但蒙学教育继续发展，出现了一些出色的蒙学教材，如王义的《小学篇》和束皙的《发蒙记》，以及颜之推的《颜氏家训》。需要指出的是，正是在这一时期，我国蒙学教育史上出现了著名的《千字文》。《千字文》作者周兴嗣，具体写作时间不可考，大概是在梁武帝在位期间（502—549 年）写作而成。《梁史》中记载：“上以王羲之书千字，使兴嗣韵为文。奏之，称善，加赐金帛。”后世评价《千字文》“如舞霓裳于寸木，抽长绪于乱丝”，成为古代蒙学教材的经典之一。

进入唐代，随着科举体制的成熟，官学体制日臻完善，与此对应的蒙学教育也获得了长足发展。这时期的蒙学教材又涌现了一些新的经典之作，如《太公家教》：“弟子事师，敬同于父，习其道也，学其言语。……一日为师，终身为父”；《蒙求》：“孟轲养素，扬雄草玄，向秀闻笛，伯牙绝弦，郭槐自屈，南郡犹怜”。唐代的蒙学教材多以四字为一句，主要用以教儿童识字，兼有思想教育的功能，对后世多有影响。

（2）南北两宋至清代中期。两宋时期，古代蒙学教材的编写进入一个高峰期，标志性作品有《百家姓》和《三字经》。《百家姓》为宋初钱塘（今杭州）一书生所作，将姓氏编纂为文，尽管内容上不表义，但字句押韵、朗朗上口，有助于孩童阅读和习字。宋人陆游曾赋诗一首：

秋日郊居

【宋】陆游

儿童冬学闹比邻，
据案愚儒却自珍。
授罢村书闭门睡，
终年不著面看人。

注：农家十月乃遣子弟入学，谓之冬学。所读《杂字》、《百家姓》之类，谓之村书。

可见当时孩童修习《百家姓》已很流行。《三字经》为南宋王应麟所作，它句子短小，三字一句，形式整齐，隔句押韵，儿童喜闻乐道，并且前后句自然连贯，语义顺畅，浅显明白，通俗易懂，丝毫没有生拼硬凑的痕迹。“人之初，性本善。性相近，习相远。苟不教，性乃迁。教之道，贵以专……”《三字经》及其思想和文化内涵已经融入中国人的血脉之中，它被誉为“蒙书之首”当之无愧。

元代为少数民族入主中原，其间产生了程端礼的《程氏家塾读书分年日程》，其特点是根据儿童不同的年龄阶段列举了不同的学习内容，有点类似于当今的“课程表”。

进入明代，古人在蒙学教材编写方面又掀起了一波新的高潮。如：萧良有编《蒙养故事》，后经杨臣诤改编为《龙文鞭影》，该书为四字韵语，主要介绍自然知识和历史典故；《女儿经》，作者、年代均不可考；吕得胜编《小儿语》、《女小儿语》，为童谣体，继承了古代蒙学教材的优良风格。明代出现了蒙学教材的又一经典之作《幼学琼林》，作者为明末的程登吉，后来清人又有增补。该书以骈体文写成，全书均为对偶句，容易诵读，便于记忆，而且内容广博，包罗万象：著名人物、天文地理、典章制度、风俗礼仪、生老病死、婚丧嫁娶、鸟兽花木、朝廷文武、饮食器用、宫室珍宝、文事科第、释道鬼神……被称为中国古代的“百科全书”。

清代是我国古代社会的最后一个封建王朝，蒙学教育在此期间继续发展，涌现出了多部优秀的蒙学教材，有代表性的是《弟子规》。《弟子规》原名为《训蒙文》，作者李毓秀（1647—1729），后经清代另一学者贾存仁改为《弟子规》，流传版本中他人亦有修饰雕琢。这是一部堪与《三字经》相媲美的三字韵文，涉及生活起居、衣服纽冠、行为礼仪、道德品性、处世之道等。再如《增广贤文》，其初成书于明代，后经清代学者增补完善。它以韵文的形式，将格言排列在一起，三言、四言、五言、六言、七言交错而出，灵活多变，读起来抑扬顿挫，朗朗上口，从而突破了传统蒙学读物一种句式贯穿始终的基本格式，使语句更接近于口语，更易于被人们接受。后人将《幼学琼林》和《增广贤文》并列，戏称“读了《幼学》走天下，读了《增广》会说话”，可见其影响。

（3）清末至民国初年。这个时期是我国传统蒙学课程衰落并逐渐退出正式学校教育的时期。鸦片战争之后，西方列强用坚船利炮强迫清政府打开国门，并将西方的宗教、思想文化和科学技术输入中国。内忧外患之下，清政府只好借鉴西方的教育制度，改革学制、开办新式学堂。随着新式学堂的建立，在低龄儿童教育领域，原有蒙学课程已经不能满足新式教育的需要，当时的教育家除了引进西方的幼儿教育的课程之外，也扩充传统蒙学课程，改编《三字经》、《百家姓》、《千字文》等。此外，面对新式学堂所编教科书未能吸收和继承传统蒙学教材现象，当时政府和许多文人都在尝试改革传统蒙学课程，使其在内容上、编排上更具有科学性。1903 年，商务所（即商务印书馆的前身）编印了我国第一套小学用的最新教科书，这套书在随后的教育界占势长达 10 年之久，影响深远。

（三）蒙学课程的基本特点

传统蒙学课程以低龄儿童能够接受的方式，将识字、阅读和伦理道德教育等融合在一起，体现了古人的教育智慧。总体而言，传统蒙学课程体现出如下基本特点：

（1）以教授低龄儿童识字、阅读为主要目的。蒙学课程往往选取笔画较少、简单易学的汉字写成，且格式优美、词句押韵，读起来朗朗上口，其目的就是教低龄儿童识字和阅读。甚至诸如《百家姓》这样的课程，其内容并没有实质性的意义，但文体押韵，便于记诵，因此也受孩童的欢迎。此外，我国古代的诗词歌赋都是讲究押韵和声律的，不少蒙学教材也是为了对孩童进行声律方面的启蒙教育而编写的。例如，明末清初著名戏曲家李渔（号笠翁，1611—1680）编写的《笠翁对韵》就是训练儿童应对和掌握声韵格律的启蒙读物，以帮助孩童学习写作近体诗、词，用来熟悉对仗、用韵、组织词语等。该书从单字对到双字对、三字对、五字对、七字对、十一字对，声韵协调、朗朗上口，从中能得到语音、词汇、修辞的训练。它从单字到多字的层层属对，读起来如唱歌般，较之其他全用三言、四言句式更见韵味（见专栏 2—2）。

专栏 2—2　　李渔的《笠翁对韵》（上卷·一东篇）摘录

其一

天对地，雨对风，大陆对长空。
山花对海树，赤日对苍穹。
雷隐隐，雾蒙蒙，日下对天中。
风高秋月白，雨霁晚霞红。
牛女二星河左右，参商两曜斗西东。
十月塞边，飒飒寒霜惊戍旅；三冬江上，漫漫朔雪冷渔翁。

其二

河对汉，绿对红，雨伯对雷公。
烟楼对雪洞，月殿对天宫。
云叆叇，日曈朦，蜡屐对渔蓬。
过天星似箭，吐魄月如弓。
驿旅客逢梅子雨，池亭人挹藕花风。
茅店村前，皓月坠林鸡唱韵；板桥路上，青霜锁道马行踪。

其三

山对海，华对嵩，四岳对三公。
宫花对禁柳，塞雁对江龙。
清暑殿，广寒宫，拾翠对题红。
庄周梦化蝶，吕望兆飞熊。
北牖当风停夏扇，南帘曝日省冬烘。
鹤舞楼头，玉笛弄残仙子月；凤翔台上，紫箫吹断美人风。

（2）蒙学课程是传统文化教育和儒家伦理道德教育的重要载体。特别是汉唐之后，蒙学课程体现了以儒家思想为代表的传统文化对那个时代儿童的基本要求，凝练地表达了圣贤之道，代表了封建时代的正统思想。例如，《弟子规》从出书以来就颇受童子欢迎，其主题思想很明确，采用了孔子《论语·学而》第六条："弟子入则孝，出则弟，谨而信，泛爱众，而亲仁。行有余力，则以学文。"这是假圣人之语而对懵懂顽童和不谙世事的年轻人进行教育，所谓"弟子规，圣人训"，立意高远，震慑力强，很容易就收到好的效果。在内容上分七个部分对"圣人训"加以演述，包括"入则孝"、"出则弟"、"谨"、"信"、"泛爱众"、"亲仁"、"余力学文"，具体列举出为人弟子在家、出外、待人接物、求学等方面应有的礼仪与规范，通篇体现出"孝悌"、"仁义"、"向善"、"诚信"等，体现了儒家伦理思想的精华，对于儿童和年轻人启蒙养正、防邪存诚具有正向的引导作用（见专栏 2—3）。

专栏 2—3　　李毓秀的《弟子规》摘录

入则孝

父母呼，应勿缓。父母命，行勿懒。父母教，须敬听。父母责，须顺承。
冬则温，夏则凊。晨则省，昏则定。出必告，反必面。居有常，业无变。
事虽小，勿擅为。苟擅为，子道亏。物虽小，勿私藏。苟私藏，亲心伤。
亲所好，力为具。亲所恶，谨为去。身有伤，贻亲忧。德有伤，贻亲羞。
亲爱我，孝何难。亲憎我，孝方贤。亲有过，谏使更。怡吾色，柔吾声。
谏不入，悦复谏。号泣随，挞无怨。亲有疾，药先尝。昼夜侍，不离床。
丧三年，常悲咽。居处变，酒肉绝。丧尽礼，祭尽诚。事死者，如事生。

（3）蒙学课程体现了古人对教育的理解以及对教学经验的总结。蒙学课程主要在私塾中流传。在古代，私塾先生往往是落第秀才。为了谋生计，他们不得不常年与儿童打交道，这让他们深谙儿童的脾性特征，懂得早期教育的重要性。例如，李毓秀就根据自己的教学经验，把儒家核心思想编入《弟子规》中，在文风和体例上符合儿童学习的特点。《弟子规》浅显易懂，押韵顺口，文风朴实，说理透彻，可谓谆谆教诲，循循善诱。从思想内容上讲，这种作品渗透了传统儒学的伦理道德，并且穿插了很多小故事，如“哭竹生笋”、“卧冰求鲤”等，形象生动，易于接受。这种处理方式符合儿童教育的规律，因此在实践中能够为人们所接受并流传下来。再如，作为中华民族优秀文化遗产的《三字经》，其内容涵盖了历史、天文、地理、道德以及一些民间传说（见专栏 2—4）。儿童认知有限，不能用教大人的方法来教儿童，而《三字经》简洁的语句和深入浅出的解释可以帮助儿童更多地掌握基础知识，所谓“熟读《三字经》，可知千古事”。

专栏 2—4　　王应麟的《三字经》摘录

人之初　性本善　性相近　习相远　苟不教　性乃迁
教之道　贵以专　昔孟母　择邻处　子不学　断机杼
窦燕山　有义方　教五子　名俱扬　养不教　父之过
教不严　师之惰　子不学　非所宜　幼不学　老何为
玉不琢　不成器　人不学　不知义　为人子　方少时
亲师友　习礼仪　香九龄　能温席　孝于亲　所当执
融四岁　能让梨　弟于长　宜先知　首孝弟　次见闻
知某数　识某文　一而十　十而百　百而千　千而万
三才者　天地人　三光者　日月星　三纲者　君臣义
父子亲　夫妇顺　曰春夏　曰秋冬　此四时　运不穷
曰南北　曰西东　此四方　应乎中　曰水火　木金土
此五行　本乎数　曰仁义　礼智信　此五常　不容紊
稻粱菽　麦黍稷　此六谷　人所食　马牛羊　鸡犬豕
此六畜　人所饲　曰喜怒　曰哀惧　爱恶欲　七情具
匏土革　木石金　丝与竹　乃八音　高曾祖　父而身
身而子　子而孙　自子孙　至玄曾　乃九族　人之伦
父子恩　夫妇从　兄则友　弟则恭　长幼序　友与朋
君则敬　臣则忠　此十义　人所同　凡训蒙　须讲究
详训诂　名句读　为学者　必有初　小学终　至四书

晚清到民国期间，西方新式学堂在中国不断普及，旧有的私塾逐渐退出历史舞台。而新式学堂所使用的课程则基本上与西方课程体系接轨，传统的“读经”科目日趋消亡。面对新式学堂所编教科书未能吸收和继承传统蒙学教材的现象，当时的政府和不少学者都在尝试改革传统蒙学教材，结合当时的时代特征继承传统文化。新中国成立之后，我国政府对传统教育进行了改造，完全抛弃了封建时代的教育形式，而代之以符合社会发展需要的现代教育体制，确立了从幼儿园、小学、初中、高中一直到大学的完整的学校教育制度，在基础教育阶段设立国家课程体系，由国家统一实施。与此同时，在课程内容上进行了相应的改造，删除了封建时期的“读经”课程，而代之以强调德、智、体、美等全面发展的课程体系。在学段上，古代的蒙学教育大体对应于今天的幼儿园阶段和小学教育的低年级阶段（从四五岁到八九岁），在国家课程体系中，这个阶段的课程完全根据国家课程标准（2001 年之前为教学大纲）来设定，当然是不允许独立设置《弟子规》这样的传统蒙学课程的，因此也就不会由官方来组织实施《弟子规》的教学了。尽管如此，20 世纪 80 年代以来，我国不断认识到传统文化对于国家发展和民族认同的重要性，社会上也出现了“文化热”和“国学热”，不少家长重新认识到古代蒙学教材的价值，一些幼儿园和小学也开设了以“读经”为主题的校本课程，不少社会办学机构甚至以办儿童“国学班”为招牌，让孩童记诵《三字经》、《弟子规》等蒙学经典教材，这一潮流至今未改。

第四节　中国课程的近代化

1840 年第一次鸦片战争以来，中国进入了清代末期，也进入了近代时期。在课程领域，西方的一些传教士和学者积极将近代自然科学的科目引入中国，促使中国近代的课程体系发生了重要的变化。在这个时期，我国的课程思想发展具有如下几个特点：一是西方课程体系开始输入我国；二是蒙学教材经过明清两代的发展已经定型；三是“洋务运动”之后随着新式学堂的创建，我国在课程领域加快了西方化的进程，促使课程设置逐渐发生根本性的转轨。

（一）西方课程体系的输入

早在明朝万历年间，西方科学文化便随着传教士的脚步而悄然渗入中国。当时意大利传教士利玛窦等人在研习了汉语及“四书”等传统经典之后，带着贡品来华传教。他们在传教过程中，也传播了近代西方的自然科学和技术，逐渐把西方数学、天文学、医学、地理学等科学介绍到中国。需要注意的是，据学者的研究，在鸦片战争之前，最初的文化渗透并不具有侵略的性质。“这次西方文化的渗入并不具侵略的性质，并没有危及天朝帝国的尊严，也没有代替中国传统文化的危险，故自皇帝至一般士大夫皆能接受。”① 可见，传教士来华带来了文化上的对话，是一种比较温和的文化互动。尽管当时传教士所阐述的近代自然科学课程很有吸引力，但在读经和科举考试浓厚的氛围下，这些课程并没有撼动我国传统科目的根基，学校中的课程设置还是“四书五经”等应考科目。

但是，在鸦片战争之后，西方资本主义的文化侵入伴随着军事占领和经济掠夺，显示出赤裸裸的侵略性质，西方列强开始积极夺取在华的教育特权。在第一次鸦片战争之后，西方列强就通过与清政府签订不平等条约，获得了在中国部分地区创办学校的权力。1842年，美国基督教徒布朗创办的玛利逊学堂由中国澳门迁至中国香港，教师除了布朗夫妇外，还有一个教中文的中国人。这是一所小学，学校的课程除宗教外，有中文、算术、几何、生理学、地理、历史、英文、化学等。

这些最早的外国教会学校一般规模小且级别低，为中等以下学校。在课程设置上，除了传播圣经之外，也开设一些儒家的科目，如“四书”等。最突出的特征是重视自然科学的传播，这成为后来我国近代课程转型的基本方向。

（二）蒙学教材的定型

在教育发展的历程中，人们很早就认识到启蒙教育的特殊性，并出现了专门针对儿童启蒙教育的课程和教材。例如，在汉代、唐代就有了《开蒙要训》等通俗读本；到了宋元时期，儿童启蒙读本在数量和质量上都有了很大增长和提高。南宋《项氏家说》中记载：“古人教童子，多用韵语，如今《蒙求》、《千字文》、《太公家教》、《三字训》之类，欲其易记也。”② 在宋代，《百家姓》、《千字文》等蒙学教材已经出现。沿袭到明清时期，使用最普遍、流传最广的就是《三字经》、《百家姓》和《千字文》三书。到了清朝，这些启蒙读物基本定型，成为中国传统蒙学的经典教材。

《三字经》言简意赅，从教育的基本纲领出发，进而介绍一些常识、伦理知识、经书子书、历史知识、勤奋求学的故事等，内容丰富，文采斐然，三字一句，回环重复，读起来朗朗上口，便于记诵，很适合入学初期的儿童就读。《百家姓》相传为宋代初人所作，把姓氏作为内容，文字没有什么特别的意义，但在形式上很有特色，四字成一句，保持押韵，可以用来帮助儿童学习识字。《千字文》在唐朝已经盛行于世，其内容包括天文、博物、历史、人伦、教育、生活各个方面，在形式上四字一句，共250句，恰为千字，也很适合孩童阅读和记诵。

蒙学教材为幼童在启蒙教育阶段提供了经典的读本。经过明清两代的发展，这些蒙学教材日臻成熟并趋于定型，成为孩童启蒙的基本课程材料。从整体上讲，这些蒙学教材体现了一些基本的特点，如：集中识字，用字量少；体例简洁，使用韵语和对偶；内容丰

---

① 王炳照等编：《简明中国教育史》，230页，北京，北京师范大学出版社，1994。

② 转引自上书，187页。

富，综合了有关自然、社会和人伦的各种知识；注重伦理道德教育，以儒家的学说为主导。蒙学教材的这些特点是适合幼童的特定认知规律的，对于当代学前课程和小学课程的开发具有启发价值。

（三）我国近代课程设置的西方化

如前所述，清政府在第一次鸦片战争后被迫打开国门，从此开始了近代课程西方化的过程。在这一进程中，我国传统的古典课程受到很大冲击，尽管在清政府覆灭之前传统的“四书五经”仍然是科举考试的基本篇目，但课程设置的西方化还是无法阻挡。这主要表现在如下方面：

一是外语课程的开设。在学校中开设外国语课程，这是中国接受西方文化的重要标志。在鸦片战争之前的18世纪早期，清政府就已经在北京开设了俄罗斯文馆，教授俄语。鸦片战争之后，清政府处于内忧外患的境地，部分有识之士认为必须学习西方列强的先进科学技术，以发展国力、避免亡国的命运，所谓“师夷长技以制夷”。在这种情况下，培养懂得外语的人才显得很紧迫。为培养翻译人才，1862年清政府创办了“京师同文馆”，开设英语、法语、俄语、德语、日语等学习班，拉开了晚清制度化学习外语课程的序幕。1902年，清政府颁布了《钦定中学堂章程》，开始兴办中学堂，并将英语列为中学堂的必修课程。外语课程体系的确立和发展是我国近代课程设置西方化的重要表现，但在半殖民地半封建社会的清末，学校教育相对落后，有机会学习英语的更是不多，因此外语课程的开设并没有在所有学校普及。

二是自然科学的科目开始占有重要地位。随着西方列强的不断入侵，西方人举办的教会学校不断增多。教会学校将西方近代的课程设置引入中国，其重要的特点就是自然科学的科目占较大比重。例如，在教会学校中，中小学开设很多自然科学的课程，除了一般的数学、物理、化学之外，还开设航海、天文、地学、金石学以及动物植物学等。在学习西方资产阶级文化教育与科学技术这一根本的驱动下，加上教会学校的影响，清政府举办的学校也开始设置近代自然科学课程。例如，1904年清政府开始实施“癸卯学制”，调整小学堂和中学堂的课程设置：在小学堂中，开设的科目有修身、读经讲经、中国文学、算术、历史、地理、格致、体操等；在中学堂开设的课程有修身、读经讲经、中国文学、外国语（日语、英语或德语、法语、俄语）、历史、地理、算学、博物、物理及化学、法制及理财、图画、体操等。课程设置的改革从根本上改变了以儒家经典为主导的传统，自然科学的科目开始大量进入学校课程，这些专业性、实用性强的课程促使学习者不再去“专事浮文，坐而论道”，对于我国近代课程质量的提升有着重要的意义。

三是课程设置跟西方课程体系逐渐接轨。首先，这种接轨来自清末留学运动的冲击。从19世纪70年代起，清政府因办洋务的需要，开始成批派遣学生出国留学；到20世纪初，因推行“新政”而派遣了更多留学生。同时，广大知识分子为了寻求救国救民的真理，纷纷争取到国外学习，从而形成留学热潮。留学生漂洋过海到西方去学习军政、船政、步算、造船、驾驶、军事、语言等专业，回国后就成为清政府所急需的人才。留学生所接受的专门教育刺激了清政府学习西方科学技术的决心，因此在实践中借鉴西方的课程体系。其次，我国近代课程体系与西方课程体系的接轨还在于科举考试内容的变化与科举制度的废止。1887年，清政府将算学列为科举考试科目，这是科举改革的先声；1898年，清政府开设经济特科；“百日维新”期间，在改良派人士的推动下，清帝要求凡乡会试和生童岁科一律改试策论，并停罢武科；1905年，清政府废除科举制度，广设普通学校。显然，科举制度的废除使读书人不再以“四书五经”的学习为要，从而为课程体系的西方化扫清了障碍。

本章小结

教育起源于人类的生产劳动，因此课程在起源上也就具有了“功能主义”的特征。在我国，课程的历史源远流长，漫长的古代社会涌现了众多的教育家，他们提出了各自的课程主张，如孔子、董仲舒、柳宗元、朱熹、程端礼和王守仁等。封建时期的课程基本上是以“四书五经”为主体的，《大学》、《论语》、《中庸》和《孟子》被称为“四书”，彰显了封建时期儒家修身治世、内圣外王的价值诉求。蒙学课程是传统古典课程的重要构成部分，特色鲜明、影响深远。随着中国历史进入近代，课程领域发生了近代化的转向，表现为古典课程的废止和西方课程体系的输入。

关键概念

“六艺”　“四书”　蒙学课程　课程的近代化

复习思考题

1. 课程是如何出现的？简要描述课程的原始形态。
2. 我国先秦时期的课程发展状况是怎样的？
3. 朱熹对中国传统文化典籍的整理作出了怎样的贡献？其课程思想有哪些？
4. 何谓“四书”？其内容和教育价值体现在哪些方面？
5. 我国传统蒙学课程经历了怎样的发展历程？其特征是什么？
6. 如何理解我国课程的近代化转向？其表现在哪些方面？

本章阅读书目

1. 龚鹏程. 中国传统文化十五讲. 北京：北京大学出版社，2006
2. 孟宪承编. 中国古代教育文选. 北京：人民教育出版社，1985
3. 瞿葆奎主编. 教育学文集·课程与教材（上册）. 北京：人民教育出版社，1988
4. 孙培青主编. 中国教育史. 上海：华东师范大学出版社，2009
5. 王炳照等编. 简明中国教育史. 北京：北京师范大学出版社，2007
6. 张岂之主编. 中国传统文化. 北京：高等教育出版社，2010

第三章

西方课程的历史发展

导读

在古代人类文明的体系中，四大文明古国（古代埃及、古代巴比伦、古代印度和古代中国）都不在欧洲，但是，欧洲文明的崛起却改变了世界文明的格局。近代之后，欧洲的科技文明横扫全球。与此相反，四大文明古国的辉煌早已不再，世界范围内的自然科学和人文社会科学无不被拉入欧洲文明所确立起来的话语体系。欧洲所代表的西方文明的崛起有其内在的逻辑。从最初的穴居时代到基督教出现的这几个世纪里，欧洲人从原始洪荒逐渐走向城邦高度发达的社会（例如雅典），其间西方教育思想开始萌芽并茁壮成长，这是西方文明发展的基石。基督教诞生之后，西方教育“皈依”宗教，直到文艺复兴。而文艺复兴是一股巨大的解放力量，促成了西方古代文化和教育的鼎盛。此后自然科学开始发展起来，西方教育开始逐渐进入近代化和现代化时期。显然，古代欧洲人对教育的执着和天才的思想设计是西方文明逐步壮大的根本原因，对古代西方课程与教学思想的探问有助于我们深入理解西方教育乃至西方文明的发展脉络。本章我们仍然站在历史的视角上审视西方课程的发展，关键在于阐释西方课程内在的精神气质及其对近现代文明的贡献。其中，“七艺”课程的兴衰嬗变是主线，也是理解西方课程内在发展脉络的关键。

第一节　西方课程的起源与“七艺”课程的提出

毫无疑问，古希腊是古代先进文化得到发展的第一个欧洲国家。公元前 5 世纪，古希腊已建造起神庙和剧场，设立了学校，由人民选举的公民大会颁布各种法令。后来，欧洲的民主政治都以古希腊城邦为榜样。在这样的社会背景下，古希腊的课程思想逐渐发展起来。其最显著的特征，就是倡导人文主义的课程。而古罗马在继承古希腊教育思想的同时，对其进行了改造，进一步对后世西方的教育产生了深刻的影响。经过几个世纪的实践，西方人文主义的课程传统得以确立。

一、古希腊教育概况与学校课程设置

在历史上，古希腊指的是巴尔干半岛南部、爱琴海诸岛以及小亚细亚西岸一带的奴隶制城邦的总称，其中最强大的城邦是雅典和斯巴达。尽管都属于古希腊，但这两个城邦在政治、文化和教育上却有着显著的不同。

雅典处于沿海，有优良的港湾和丰富的矿藏，工商业发达，很早就与周边国家有频繁的贸易往来。靠工商业发展起来的奴隶主与依靠土地的农业奴隶主之间不断争夺政治权力，这逐渐演化成雅典奴隶制民主共和的政治制度。雅典的教育受该体制的制约，在教育目的、组织形式、课程和教学等方面有着鲜明的特点。

在教育目的上，雅典的教育致力于把奴隶主的子弟培养成具有一定知识与文化教养的商人、能言善辩的政治家和社会活动家。此外还要对他们进行军事训练，使其成为身强力壮的战士。

雅典的教育制度也很有特色。7岁之前的贵族儿童接受家庭教育。家庭教育的内容包括唱歌、讲故事、游戏等，以及礼貌行为习惯的培养；7～12岁的男孩进入文法学校和弦琴学校接受初等教育，主要学习读、写、算等初步知识，以及音乐、唱歌、朗诵诗文等内容；到十二三岁之后，他们还需要到体操学校学习，内容包括骑马、射箭和其他专门军事教育，还要学习法律、哲学、雄辩术等。

尽管同属于古希腊，斯巴达跟雅典却有着很大的不同。斯巴达地处群山环绕的平原地区，土壤肥沃，以农业为主，是一个少数奴隶主贵族专制的城邦。斯巴达奴隶主对奴隶和平民的压迫与剥削非常残酷，所以经常引起被统治者的暴动，因此斯巴达经常处于军事戒备状态。这决定了斯巴达的教育主要是单纯的军事体育教育，而文化知识的教育基本上被忽视了。

从教育目的来看，斯巴达通过教育把奴隶主贵族子弟培养、训练成体格强壮、受过严酷军事体育训练的武士，以维护奴隶主阶级对奴隶和平民的统治，同时参加对外掠夺战争或防御战争。可以说，整个斯巴达的教育就是围绕这一目的而展开的。

斯巴达的儿童一生下来就要接受严格的检查，体格孱弱的全部被遗弃，只留下健康的孩子在家庭中由父母抚养，一直到7岁为止。7岁以后，儿童就被送到国家教育场所接受军事体育训练，直到18岁。训练内容基本上以意志磨炼、体格训练以及军事训练为主。

孩子们生活艰苦，甚至忍饥挨饿，无端被鞭打。军事体育教育的内容主要有赛跑、跳跃、掷铁饼、投标枪、角力、肉搏术、唱战歌等，以及骑马、游泳、音乐与舞蹈等。读书和写字是不受重视的。

但是，斯巴达人很重视对儿童进行道德教育。在国家体育场所，儿童要接受斯巴达人的风俗、宗教仪式等，学习奴隶制社会的法律和行为标准。斯巴达人也重视对女孩进行教育，但对女孩的教育完全服从于军事的需要。

作为古希腊的两个主要城邦，雅典和斯巴达为各自利益相互征伐，终于在公元前 431 年爆发了大规模的战争，一直持续到公元前 404 年，史称“伯罗奔尼撒战争”。在决定性的海战中，雅典失败后投降。战争削弱了彼此的实力，古希腊从此开始没落。尽管古希腊没有形成一个统一的国家，但古希腊的文化特点鲜明突出，它是西方文化的摇篮。而教育在其中扮演着重要的角色。“教育在城邦中占有重要的地位，因为没有文化就不可能积极参与政治生活。学校的概念始于希腊，它首先意味着自由时间，其次是学业、学堂。希腊人创立了好几门科学：数学、自然科学、语法学、逻辑学、修辞学、社会科学，这些学科都是欧洲课程体系的开端。”①

二、古罗马教育概况与学校课程设置

公元前 509 年，罗马共和国建立；476 年，西罗马帝国灭亡。这近 1 000 年的漫长时期都处在古罗马文明的影响之下。古罗马最初建立的时候，古希腊文明还处于光辉灿烂的时刻，但古罗马的缔造者艰苦创业，终于建立起包括大部分欧洲在内的第一大帝国。在西方教育史上，古罗马在对古希腊的文化教育吸收与消化的过程中，根据本国的特点与需要，进行了一些重要的修改与补充，古希腊文化由此对欧洲后世产生重大影响。

在共和国时期，古罗马的政治相对开明，这为学校教育的发展提供了保障。“在罗马共和国内有三种形式的政治力量汇合在一起，即贵族、王政和民主政治，每一种力量都非常平等，恰如其分，三种力量都尽力协助治理国家，甚至在罗马人中谁也不能断言，罗马究竟是贵族政治、王政还是民主政治。实际上这怎么能肯定呢？试看执政官的权力，仿佛有王政、王权的色彩；元老院的权力似乎表明是贵族政治；再看平民手中的权力，有人一定以为眼前是一个民主国家。”② 在这种政体之下，古罗马的教育得到了很好的发展。

在罗马共和国早期，学生一开始进入的学校是初等学校。但初等学校只是家庭教育的补充，在数量上并不多。到罗马共和国晚期，初等学校的数量得到增加。初等学校是收费

① ［法］德尼兹·加亚尔、贝尔纳代特·德尚：《欧洲史》，91 页，海口，海南出版社，2000。
② 同上书，101 页。

的，属于私立，国家不予管理。因此，学校校舍简陋，针对 7～12 岁的男女儿童开设，多数设在寺庙或私人教师的家中。学校开设的课程有读、写、算知识以及“十二铜表法”①，不重视音乐和体育；教学方法主要是机械的文字背诵，体罚盛行。因此，初等学校的对象是平民子弟，贵族子弟是不屑入学的。

比初等学校高一级的是文法学校。这是一种专门供贵族和富家子弟上学的学校。它是私立的，收费高昂。开设的课程有希腊文、拉丁文、文学、历史、地理等。在文法学校，学生还要重点学习修辞学，这是为适应罗马共和国的政治需要而开设的。贵族子弟要当选官吏，就必须具备雄辩的口才和表达的技能，修辞学正是为这一点而准备的。在文法学校之上还有更高一级的学校，即修辞学校。修辞学校的学习科目有：修辞学、哲学、法律学、希腊语、数学、天文学和音乐，后来又增加了罗马史。②

公元前 27 年，罗马帝国建立。在一个庞大的帝国版图内，为了巩固统治，罗马帝国要求教育为其政治服务。这与共和国时期的教育目的有很大的不同：要求学校培养效忠于帝国的顺民和官吏；国家监督初等学校，把原先属于私立的文法学校和修辞学校改变为国立，以便于对其进行控制。公元 1 世纪，基督教诞生，在罗马帝国后期，基督教被用来作为挽救危亡、维护统治的工具，僧侣被任命为学校的管理者和教师，学校充满了浓厚的宗教色彩，学校开设的课程也充斥大量的宗教教义。这就是后来中世纪基督教垄断学校的最初根源。

三、“七艺”课程的提出

所谓“七艺”，即“七种自由艺术”（seven liberal arts），指的是古希腊时期西方早期学校中开设的七门课程，即文法、修辞、逻辑（或辩证法）、算术、几何、天文、音乐。“七艺”其实是“三艺”（“七艺”的前三门）和“四艺”（“七艺”的后四门）的结合，前者由智者学派提出，后者为柏拉图所加。跟孔子提出的“六艺”不同，“七艺”并不是由某一个人所提倡，也不是在某一特定时期而出现，它有一个产生和发展的过程。

古希腊在公元前 8 世纪就进入了较快的发展时期，古希腊文明开始扩张，持续了 400 多年，并对欧洲其他地方的政治制度和文化传统产生了一定影响。大约在此前后，古希腊出现了最早的学校形式。“雅典设有公立学校。文学和音乐教师教授齐拉特琴，传授节奏的基本规律，让学生演奏，演唱抒情诗人最著名的诗篇。实施的教育并不深入，但使学生广开视野和思路。”③ 我们有理由相信，古希腊人的民主倾向和公立学校的发展促进了“七艺”课程

① 古罗马人把当时的法规刻在十二块青铜牌上，竖立在广场中央供世人学习并加以遵守，称为“十二铜表法”。
② 参见吴式颖等编：《外国教育史简编》，37 页，北京，教育科学出版社，1988。
③ ［法］德尼兹·加亚尔、贝尔纳代特·德尚：《欧洲史》，81 页，海口，海南出版社，2000。

的产生，并在随后的几个世纪里影响着古代西方学校课程的设置。

(一) 智者学派与“三艺”

在雅典，随着手工业、商业和航海业的发展，工商奴隶主阶级日趋形成和壮大，出现了奴隶主民主政治体制。雅典人在这种民主的体制下越来越善于采用公众讨论的手段来管理他们的城邦事务。为了在公共场合卓有成效地表达观点并说服听众，演说的技巧和雄辩的口才是必需的。而要掌握雄辩术，显然文法规则的学习是必需的。在这种现实需求的驱动下，古希腊人提出了文法、修辞、逻辑这三门艺术，正如美国课程史专家布鲁巴克所说的，“‘三艺’起源于古希腊人，特别是雅典人的日常生活”①。

我们今天已很难想象古希腊的先民是如何实践民主管理并在大庭广众之下慷慨激昂地陈述己见的。但很确定的是，在那个年代，古希腊诞生了一批专职于教授年轻人论辩术的人，被称为“智者学派”。那时候，人们把凡是有知识、有能力、有理解力、技术超群的人都称为“智者”。“智者学派”主要生活在公元前5世纪至公元前4世纪，他们以雅典为中心，周游希腊各地，对青年进行修辞、论辩和演说等知识技能的训练，教授参政治国、处理公共事务的本领，他们聚徒讲学、收取学费，是古希腊最早的一批职业教师。

“智者学派”并不是一个有着严格组织的学术团体，他们自觉地承担起了启蒙民众的任务，不辞辛劳地从一个城邦转到另一个城邦，向民众传授知识。“智者学派”的主要创始人普罗泰戈拉第一个宣称自己是“智者”，是教人智慧的教师。公元前445年，他到雅典从事教育活动，创办了传授“智慧之课”的学校，凡是有意学习的人，只要缴纳一定的学费，就可以去听课。作为“智者学派”的领袖，普罗泰戈拉的思想体现了该学派所倡导的哲学观点和社会理想，而他最著名的论断就是：“人是万物的尺度，是存在的事物存在的尺度，也是不存在的事物不存在的尺度。”他说：“至于神，我没有把握说他们存在或者他们不存在，也不敢说他们是什么样子；因为有许多事物妨碍了我们确切的知识，例如问题的晦涩与人生的短促。”② 显然，在远古的西方文明的起步期，在由于科学知识的匮乏而盲目对神灵崇拜的古代社会，这一论断明显是对“神主宰世界”的否定，它标志着西方人文主义思想的诞生，由此，“智者学派”的思想又被称为西方人文主义思想的源头。

“智者学派”的另一重要代表人物是高尔吉亚（Gorgias），他曾经到雅典开展教学工作。他善于辞令，具有高超的演说才能与论辩技巧，由此大受雅典人的欢迎。由此可见，“智者学派”的人都拥有教育家的天赋，他们能以教育年轻人为己任，实属古希腊文明之大幸。“智者学派”通过教育，把智慧、德行和才能的种子播种到年轻人的心田，正如智者安提西尼（Antisthenes）所言：“埋入泥土中的是什么种子，生长出来的也就是什么果

---

① ［美］布鲁巴克：《西方课程的历史发展》，见瞿葆奎主编：《教育学文集·课程与教材（上册）》，44页，北京，人民教育出版社，1988。

② 转引自［英］罗素：《西方哲学史（上卷）》，111页，北京，商务印书馆，1997。

实。如果在青年人的灵魂中灌输高尚的教育，那么开出来的花朵也就能耐久，不为雨水和干旱所摧折。”①

在课程方面，“智者学派”主张向年轻人传授文法、修辞和辩证法，这就是后人所称的“三艺”。显然，“三艺”符合职能主义课程的特征：这些课程有助于培养学生的论辩和演说的技能，而这些又是在当时的民主政治生活中所必需的。文法，也就是行文和基本语言的规则和规范。“智者学派”对语言规则的研究不遗余力，普罗泰戈拉第一个主张按照词所代表的事物的性质来规定词性，他把名词分为了阴性、阳性和中性三大类。他识别构成句子的成分，通过给它们命名并确定使用规则而教人把话讲得更准确。其他人也对词义、词性等进行研究，把词语分为名词、动词、冠词、代名词、介词、副词和连词等八种。这是古代最详尽的词语分类，堪称最早的语法学理论。修辞，是语言训练的另一个方面，良好的修辞技巧可以让人表达流畅、富有感染力，给听者留下深刻印象，这是掌握雄辩术所必需的。而辩证法关乎人的思维品质，进行辩证法的训练可以使人在说话时更加有条理、合乎逻辑。总之，智者们研讨并制定了各种文法规则，讨论了各种词类以及它们的性质、功能，关注语言的逻辑与修辞，对演讲、雄辩中的许多具体问题进行了认真研究，从而创立了西方古代最早的课程体系。

当然，“智者学派”在授徒时要收取学费，这种世俗的做法也为当时的部分人（如苏格拉底等）所诟病。而且，“智者学派”持怀疑论的观点，又擅长辩论，在不少人看来这就是诡辩，只不过是为了在论辩中胜利而玩弄词语而已。然而，这种指责也值得同情。孔子倡导“有教无类”，要求门徒自备“束脩”。圣人尚且如此，可见教书育人追求点物质回报本也是无可厚非的。②

（二）柏拉图与“四艺”

柏拉图是古希腊著名的哲学家和教育家。他出身贵族，从小受到良好的教育，年轻时跟随苏格拉底学习并深受其影响。公元前 339 年，苏格拉底被判处死刑后，他离开雅典，到埃及、南意大利等地游学，十多年之后重返雅典，创办阿卡德米学园（Academia），从此专心教书育人、研究学术。公元前 347 年，柏拉图在一位友人的婚礼宴会上溘然辞世，享年 80 岁。

柏拉图年轻时，雅典在伯罗奔尼撒战争中失败。柏拉图认为，这种失败应该归咎于雅典的民主制度。他是苏格拉底的学生，对老师怀有深厚的敬意，而苏格拉底又是被雅典民主制判处死刑的。加上他的贵族出身，柏拉图自然倾向于专制制度。他把雅典的公民分为

① 转引自单中惠主编：《西方教育思想史》，11 页，北京，教育科学出版社，2007。

② 据说普罗泰戈拉曾经教过一个年轻人，规定这个年轻人在学成之后第一次诉讼中获得胜利才交学费，否则不用交学费。结果这个年轻人的第一次诉讼就是普罗泰戈拉控告他，要他交学费。参见［英］罗素：《西方哲学史（上卷）》，110 页，北京，商务印书馆，1997。

三等：一是哲学家，有着金质的灵魂；二是军人，有着银质的灵魂；三是手工业者和农民，有着铜质的灵魂。他在《理想国》中塑造了一个理想国的组织，这是最早的乌托邦，这个理想国就是由哲学王来统治的。可以说，柏拉图是一个地地道道的奴隶主贵族的代表，他的哲学观和社会学思想都是为他的奴隶主贵族所服务的。然而，这种阶级立场并不影响他对教育真谛的探问。他认为，教育主要分为两部分，即音乐和体育。“音乐是指属于文艺女神的领域之内的一切事物，而体育则指有关身体的训练与适应的一切事物。”① 基于这种理解，柏拉图提出了实施教育的最基本原则：“用体操来锻炼身体，用音乐来陶冶心灵。”② 在他的学园里，柏拉图除了讲授哲学之外，其他的课程主要就是“四艺”了。

“四艺”指算术、几何、天文和音乐，是柏拉图在阿卡德米学园中开坛授徒时主要讲授的四门课程。柏拉图本人在“四艺”上就有很高的造诣。他对诗歌、文学、戏剧等很有兴趣，跟随苏格拉底学习后又对哲学进行钻研，在数学和早期自然科学领域颇有研究。柏拉图认为，学习“四艺”的目的是不同的：学习算术是为了调兵列阵、计算船只等等，在高级学习阶段学习算术可以使灵魂转向“理念世界”；学习几何可以使人学会测量和规划，在战争中事关安营扎寨、划分地段，以及作战和行军中排列纵队、横队及其他各种队形；学习天文学对于航海、行军作战、观测气候、气象等是必要的；学习音乐，可以使军人学会严肃、勇敢、慷慨、高尚，提高士兵的斗志，在作战时音乐还可以直接鼓舞士气，有助于战争的胜利，在高级学习阶段学习音乐可以使人寻求美和善。

需要注意的是，柏拉图并不是放弃“三艺”而只提倡“四艺”的。事实上，柏拉图对于“三艺”也作出了贡献，例如，他把辩证法作为课程的基础，认为辩证法是人们理智地去领会一切真理的基础。柏拉图的“四艺”是基于他对教育的理解而提出的课程体系，在“三艺”的基础上进一步完善了古希腊的课程设置，二者合并为“七艺”，影响西方教育1 500 多年，直到文艺复兴之前才逐渐退出历史舞台。如果说“三艺”更多地服务于培养雄辩术这一实用的目的，那么“四艺”则具有更宽泛和深刻的育人目的，它很好地补充了“三艺”课程的狭隘性，由此奠定了早期和谐教育的课程基础。

（三）“七艺”课程的影响

“七艺”开启了职能主义课程的先河，这种职能主义的定位成为课程知识的一个重要谱系。“智者学派”就是一个追求实用的团体，“智者是以教给青年某些事物为生的人，这些事物被人认为在实际生活中是对青年有用的”③。

---

① 转引自［英］罗素：《西方哲学史（上卷）》，148 页，北京，商务印书馆，1997。

② ［古希腊］柏拉图：《理想国》，98 页，北京，商务印书馆，1986。

③ ［英］罗素：《西方哲学史（上卷）》，107 页，北京，商务印书馆，1997。

“七艺”体现出早期朴素的和谐教育思想。苏格拉底认为，教育的目的就是培养“身心既美且善”的公民，这句话集中体现了“七艺”所蕴含的朴素的和谐教育思想。文法、修辞和辩证法不仅仅出于实用的政治目的，希腊人还把这三项作为工具，用“三艺”本身固有的法则去塑造儿童的心灵和理性。而柏拉图的“用体操来锻炼身体，用音乐来陶冶心灵”的教育原则，也说明“七艺”中包含了德育、智育、体育、艺术教育等内容。“三艺”可以塑造儿童心灵，“四艺”显然有着智育和艺术教育的功能。古希腊人擅长体育也是出了名的，例如在各种体操学校中，儿童被要求学习跳跃、跑步、角力、掷铁饼、投标枪，这被称为“五项竞技”。

“七艺”又是西方人文主义课程的源头。普罗泰戈拉提出的“人是万物的尺度”尽管有怀疑主义的成分，但毕竟将人从“神主宰的世界”中抽离出来，从此，人的因素成为古希腊人考虑教育问题的出发点。古代西方人文主义课程重视文法和语言课程的传统，其实就是从“七艺”开始的。

第二节　“七艺”课程的演变

伯罗奔尼撒战争之后，雅典开始走向没落，辉煌一时的古希腊文明逐渐暗淡。在公元前 5 世纪之后，西方的罗马开始逐渐强大，于公元前 509 年建立了共和国。在此后的半个多世纪，罗马人建立了“十二铜表法”，成为西方一切公法和私法的基础，法学开始发展起来。随着四处征战和扩张，罗马共和国需要一个强大的政权来管理这个国家。公元前 27 年，屋大维实行王权统治，罗马帝国建立。此后不久，基督教诞生，经过几个世纪的演化，基督教逐渐成为欧洲封建社会的统治力量。3 世纪的罗马帝国外部受到日耳曼人的侵袭，内部则军事混乱、皇权不稳。3 世纪末，罗马帝国终于一分为二，即西罗马帝国和东罗马帝国。从 476 年西罗马帝国灭亡到 1453 年东罗马帝国灭亡，历时近 1 000 年，是西欧封建社会的形成和发展时期，史称“中世纪”。

在中世纪，基督教思想逐渐发展为经院哲学，一切皆为宗教服务，连人都是上帝的奴仆，因此，中世纪的教育思想具有浓厚的神学色彩。学校教育的目的，无非就是论证基督教神学以及经院哲学的“神圣性”和“合理性”，培养为教会服务的人才。中世纪的教育在保存和延续古代文化方面起了一定的积极作用，但是，由于教会垄断了文化和学校教育，这也导致了中世纪文化和教育某种程度的停滞和衰落。在学校课程方面，中世纪的西方并没有体现出应有的智慧和创造力，主要延用古希腊的“七艺”课程。而教学上则充斥着烦琐的形式主义和脱离生活实际的经院主义方法，对后来的学校教育产生了消极影响。

一、古罗马时期“七艺”课程的发展

古罗马的教育是古希腊教育的继续，在古罗马时期“七艺”课程继续发展。当时，对“七艺”作出重大贡献的是古罗马的一大批雄辩演说家、修辞学家以及文法学校的教师，其突出代表是西塞罗（Marcus Tullius Cicero）和昆体良（Marcus Fabius Quintilianus）。西塞罗是古罗马的文学家、哲学家和教育家，留下了《论雄辩家》一书。他以高超的演说才能、优美的拉丁文作品以及雄辩术教育思想促进了古罗马教育的发展。昆体良撰写了《雄辩术原理》，其教育思想也是围绕如何培养雄辩家而展开的，他还强调对儿童进行德育、智育和体育全面发展的重要性，对古罗马的教育实践具有现实的指导作用。

在古罗马，为了在法庭上进行辩论，雄辩术是很受欢迎的一种技能，雄辩家逐渐成了辩护家或专门的律师，这促成了律师成为一种职业。正如西塞罗所认为的，雄辩家一定要有语言修养，必须说纯净、准确的拉丁语，以便清晰地表达自己的思想，并且通俗易懂、优美生动。显然，这需要学习文法、修辞和辩证法这“三艺”，由此促进了“三艺”的发展。

对于文法，古罗马的教育家高度重视。例如，昆体良认为，“文法是一切高级教育的基础”，文法构成了学校课程中的主要学科，任何人都不能轻视文法基础。[①] 在文法的语音方面，古罗马人已能区分元音和辅音，以及半元音和不发音的字母。他们不仅整理、完善了拉丁字母表，规范其发音，固定其字母，而且对古罗马境内各个地区的方言进行了辨析和整理，使拉丁语在发音方面更为统一和规范。在词汇方面，古罗马的哲学家增加了词类的数目，又在名词中增加了抽象名词、代名词，还增加了分词、副词等。这种完善使得文法更具课程的价值。

对于修辞学，古罗马人提出了一些修辞手段，如借喻、引喻等，并对表达的技巧进行了研究，如：如何富有技巧地布局和恰如其分地处理题材、不同类型的人物最适合哪一种题材、何种题材在思想和文字上都是值得称颂的、何时应运用华丽的辞藻、何时应行文凝练等。这些修辞手法和表达技巧增强了说话和文章的说服力，是雄辩家所必须掌握的。

对于辩证法，古罗马人认为，雄辩术中必须运用辩证法，这样说话才能条理清晰。因此，辩证法主要体现在作品和演讲的过程中。昆体良认为，培养雄辩家，首先要让儿童在初级学校中学会阅读和写字，然后就要让儿童进入高级的文法学校，文法学校中开设的重要课程就有辩证法。

当然，在古罗马的教育家看来，仅仅教授上述“三艺”是不够的，还必须学习其他“四艺”。正如昆体良所认为的，完美的雄辩家尽管不是几何学家或音乐家，但他们学习几

---

① 参见［古罗马］昆体良：《昆体良教育论著选》，29页，北京，人民教育出版社，1989。

何和音乐等学科有助于达到完美的境界。特别对于音乐，古代西方人是非常推崇的。当然，音乐不仅仅是唱歌，古罗马人认为，音乐有两种表现方式：口头发音和身体动作。在音乐中，通过声音的质和节奏的变化，以恢宏高大表现崇高的主题，以柔和表现愉快的主题。在辩论中也是一样的，声音的提高或压低或抑扬变化，其目的都是调动听众的情感。身体的恰当动作也是雄辩家所必需的，这只有在学习音乐中才能学到。古罗马的教育家也重视算术和几何的学习，认为计算知识在法庭辩论中经常用到，如果一个律师在计算数字时支支吾吾，口里说的数字与计算的不符，那么他会被视为雄辩才能不高的人，而学习几何则可以锻炼思维和促进智力的发展。昆体良认为，没有几何学的知识，任何人都不能成为完美的雄辩家。总之，成为雄辩家，需要学习“七艺”中包含的广博知识。“无言的蜜蜂也是从各种花卉和液汁中制成人类的智慧所不可企及的蜂蜜的奇异芬芳，上天赐予人类的卓越无比的雄辩才能也需要许多学科的帮助。”①

二、中世纪的“七艺”课程及其消亡

在中世纪，基督教文化是主导的文化形式，学校教育完全为宗教所控制。哪怕学校中开设的课程也是为了宣扬基督教思想，充满了宗教色彩。在这种情况下，文化知识受忽视，以古希腊文化传统为代表的古典文化趋于终结，而基督教文化则得到宣扬与发展。尽管中世纪的学校教育在课程设置上还是以“七艺”为基础，但已经跟古希腊时期的“七艺”大不相同，其显著的特点是深深地打上了宗教的烙印。

随着基督教的巩固和势力的不断扩大，基督教对传统世俗文化持完全排斥的态度，曾经明令禁止阅读古典作品，甚至连主教也不例外。但毕竟“七艺”代表的教育传统是欧洲古代学校教育的基础，中世纪的思想家和教育家也会在宗教教义允许的前提下继续对“七艺”进行阐述。6世纪，学者卡西俄德多斯（Cassiodorus）撰写了论证“七艺”的论文《神学和世俗教育的选择》。论文第一部分写宗教文学，第二部分写的就是“七艺”，强调“七艺”课程的重要性，引用了《旧约圣经》中的箴言来作为他确定学校科目的依据，使“七艺”成为中世纪初期七种固定的教学科目。尽管卡西俄德多斯的著作缺乏独创性，但它代表了中世纪所保全的古代知识的大纲，成为广泛采用的教科书之一。还有一位大主教伊西多，他是一位学识渊博的人，虽然他认为僧侣们除了学习基督教《圣经》和教父的著述外，最好不学别的，但他仍主张了解世俗文化是必要的。于是，他广泛收集异教和基督教作家的各类作品，编成了一部20卷的百科全书，即《词源学》。其中第一、第二、第三卷论述“七艺”，第四卷论述医学和藏书，以后四卷也论述与世俗、宗教诸方面有关的知识，第二十卷论述饮食、工具和家具。尽管伊西多的《词源学》知识贫乏、肤浅，所列知

① ［古罗马］昆体良：《昆体良教育论著选》，181页，北京，人民教育出版社，1989。

识有的仅有纲目，没有内容，有的内容只是一些零星材料或是错误的东西，但它仍是中世纪的主要著作之一，同时也是中世纪“七艺”的教材。①

需要注意的是，从中世纪开始，欧洲与阿拉伯国家之间的战争和交往频繁，阿拉伯文化开始传入欧洲。在阿拉伯数学知识传入欧洲以前，由于罗马数字的烦琐，算术课程在中世纪不甚发达，几何学这一课程的内容是很不固定的。真正的几何学是从 12 世纪以后开始传授的，主要教材是古希腊数学家欧几里德的《几何原本》。天文学方面，自托勒密的《天文学》于公元 12 世纪由阿拉伯文译成拉丁文后，该书成了 12—15 世纪天文学的主要教材。

不可否认的是，中世纪欧洲课程的基础仍是“七艺”，尽管它已经被基督教僧侣们改造过，深深地打上了宗教的烙印。中世纪的教育家结合神学和法学，以百科全书式的方法对“七艺”进行了诠释，奠定了中世纪“七艺”的基础。10 世纪以前，“七艺”中的各科知识极为贫乏，而且渗透了神学精神；十一二世纪阿拉伯文化输入西欧后，西欧人通过阿拉伯人而进一步了解到古希腊和古罗马学术，“七艺”的各科内容才逐步得到充实和发展。

在中世纪，传统“七艺”衰落的另一原因在于当时的社会需求。一方面，由于基督教神学的发展，欧洲建立了很多僧院学校。僧院学校一般设在修道院内或神职人员所在村落，学校规模很小，设备简陋。它虽然是由教会举办的，但也向一般世俗群众开放。教会首先需要对教士和僧侣进行读、写、算和教义基本知识的教育，其目的是培养未来的僧侣。在僧院学校，教师由僧侣担任，教授的主要是简单的读、写、算知识，以及宗教礼仪和神职人员的行为规则，很少教授“七艺”。另一方面，中世纪的“骑士教育”很流行，这是一种忽视文化知识的教育。骑士是最低一级的封建主，各级封建主和国王的武装部队都由骑士组成。这些骑士身披甲胄、骑马佩剑，以勇武论英雄。骑士教育的目的是培养身体强壮、虔信上帝、忠君爱国的武夫，其内容主要是所谓的“骑士七艺”，即骑马、游泳、投矛、击剑、打猎、弈棋和吟诗，通过与上流社会的交往而培养其封建意识和道德习惯。显然，在这种骑士教育中，传统的“七艺”和文化知识的学习是退居其次的。“对罗马贵族青年来说，接受传统的培养教育，最终只能任较低级的职务。在乡间定居后，要谋得低级的职务也不容易。既然高级职位都出自军队，受教育还有什么用呢？这样，罗马青年的教育都变得蛮族化了，使体育和持枪操练占了优势。”②

在西方教育史上，中世纪的“七艺”处于承上启下的地位。作为学校课程，“七艺”一直沿用到文艺复兴运动时期。文艺复兴后期，学科开始分化：文法分化为文法、文学、历史等；天文分化为天文和力学。到了十七八世纪，学科进一步分化：辩证法分化为逻辑

① 参见曹莉：《西方课程溯源——“七艺”源流初探》，载《南京师大学报（社会科学版）》，1998（4）。
② ［法］德尼兹·加亚尔、贝尔纳代特·德尚：《欧洲史》，145 页，海口，海南出版社，2000。

学和伦理学；算术分化为算术和代数；几何分化为三角学和几何；地理分化为地理、植物学和动物学；力学分化为力学、物理和化学。文艺复兴之后，西方近代自然科学发展起来，近代自然科学和社会科学的分化逐步完成，传统的“七艺”也逐渐退出历史舞台而趋于消亡。

第三节 中世纪和文艺复兴时期的课程

所谓“中世纪”，指的是欧洲发展史上一个特定的历史时代，从 476 年到 1453 年，也就是从西罗马帝国灭亡到拜占庭帝国灭亡的近千年时间，大致对应欧洲的封建社会时期。此后，意大利文艺复兴开始，资本主义开始抬头，欧洲走出中世纪。该时期欧洲没有一个强有力的政权来统治，封建割据带来频繁战争，社会思想为宗教神学所统治，科技和生产力发展几乎陷于停滞，传统上被认为是一个“黑暗的时代”，也是欧洲文明史上发展比较缓慢的时期。然而，历经千年的沉寂，欧洲文化毕竟得以传承下来。究其原因，学校教育的发展在欧洲文化传承中扮演了重要的角色。

一、中世纪的教育概况

西罗马帝国的灭亡标志着欧洲强权政治的结束，此后欧洲进入战乱和封建割据时代，在战火中欧洲的古典文化遭到了极大破坏。与此同时，基督教宗教哲学开始成为封建时期的统治思想，世俗学校教育衰落。在这种情况下，只有教会和修道院能够相对集中地保存一部分古典文化的遗产。为了传播宗教神学，这些宗教场所积极开办学校，因此，早期中世纪的教育主要是在修道院里进行。

修道院里学生的任务主要是参加日课和唱诗，其课程主要是有关宗教的知识。学习的教材一般由修道院中的修道士自己撰写，内容大都是一些圣徒传记或编年史。“学习的课程在各个修道院学校中都一样，包括拉丁语基础和‘七艺’。学生进入学校后，就像修道士在修道院中一样，必须讲拉丁语。因此，教师的第一门课程就是教学生学会这门语言。”① “七艺”包括“三艺”和“四艺”。在“三艺”课程中，首先开设的是文法；其次是修辞，学习的内容不再像古希腊和古罗马时期的修辞那样，注重演说技巧的训练；最后是逻辑，学习的内容主要是保存下来的亚里士多德的《逻辑学》的一些片段。“三艺”完成之后，进入“四艺”的学习。算术学习的还是古希腊和古罗马时期的著作，使用那时的代数符号；天文的内容比较简单，同时包含了一些气象学和地理学的知识；几何学使用的

① 王挺之：《欧洲中世纪的教育》，载《四川大学学报（哲学社会科学版）》，2001（3）。

教材是中世纪的作者从古典著作的抄本中辑录下来的内容；音乐主要是学习古希腊的音乐理论。

除了设在修道院里的学校之外，中世纪还有一些城市世俗学校，这些学校要么专门学习拉丁语，要么针对工匠和商贩的子女开设阅读、写作、商业代数和簿记等，属于早期的职业教育。

二、“文艺复兴”与古典人文主义课程的衰落

“文艺复兴”中的“复兴”（renaissance）一词来自意大利语 rinascere，意思是“再生”、“复兴”。“这是人类以往从来没有经历过的一次最伟大的、进步的变革，是一个需要巨人而且产生了巨人——在思维能力、热情和性格方面，在多才多艺和学识渊博方面的巨人的时代。”① 恩格斯所热情讴歌的，正是文艺复兴，它发生在 14—16 世纪的欧洲。在中世纪后期，西欧的社会状况已经发生了一些变化，在沿海等地区工商业发达，封建庄园式的自给自足的经济形式开始改变，在一些地方（如意大利的威尼斯、佛罗伦萨等）出现了工场手工业，经济的发展给城市带来了活力，意味着新兴资本主义社会的到来。新兴资产阶级为了发展经济，迫切需要大批的自由劳动力，需要摆脱封建庄园和行会对人身的制约，培养符合他们要求的新型劳动者。这样，资产阶级不得不在意识形态领域开展对天主教会的斗争，因为这是封建制度及其精神的支柱。他们找到了古希腊文化，而“文艺复兴”的原意就是古希腊文化的再生。

显然，从文艺复兴的内容来看，它绝不是古希腊文化和艺术的简单复兴，而是适合新生产关系的一种新的思想体系，它标志着从中世纪所崇尚的“来世观”向“现世观”的转变。新兴资产阶级利用人们对古希腊文化的崇拜和记忆而倡导古典文化，他们回望古希腊和古罗马的文化并以此作为探求知识的资源和灵感的启发，这只是反封建的一个策略而已。“文艺复兴告知世人，中世纪强调的支配性的精神导向已经转向更具人性的方向，古希腊和古罗马诠释人类生活的古典主义再次赢得了人们的兴趣。”② 还有人认为，“文艺复兴一词经常表示人类精神的惊人觉醒，这种觉醒宣告了新时代的黎明即将来临。文艺复兴的实质不是古代思想方式和习惯风俗的‘再生’，而是对束缚人的狭隘的中世纪精神进行坚决的反抗，是对更丰富、更充实的个人生活的一种尽管模糊，但仍很迫切的要求”③。文艺复兴的主要特点表现在如下方面：（1）提倡以人为中心，反对宗教神学和封建教条；（2）歌颂人的伟大，强调人的价值，维护人的尊严，人不再是“上帝的奴仆”；（3）提倡

---

① 《马克思恩格斯选集》，2 版，第 4 卷，261～262 页，北京，人民出版社，1995。

② ［美］吉拉尔德·古特克：《教育学的历史与哲学基础》，123 页，长沙，湖南教育出版社，2008。

③ ［英］威廉·博伊德、埃德蒙·金：《西方教育史》，158 页，北京，人民教育出版社，1985。

人的“自由意志”，反对宗教思想的束缚，要求个性自由发展；（4）重视人的世俗生活和世俗享乐的意义，倡导世俗教育和科学文化知识教育。

从这些特征来看，文艺复兴在价值导向上体现出来的是人文主义（humanism）。它是欧洲从中世纪封建社会向近代资本主义社会转变的反封建、反教会神权的伟大的思想解放运动。这场运动的主要思潮是人文主义，其核心思想是对人、人道主义以及人的价值、地位和能力的推崇，是对个性解放、身心和谐发展的肯定。它要求广泛学习人文科学和符合时代要求的自然科学，其内容包括对古希腊、古罗马的艺术、语言、文学、自然科学的研究。

文艺复兴时期，欧洲思想家和教育家对传统的“七艺”进行了改造，尽管传统“七艺”课程仍保留在学校课程设置中，但其内容却大大扩充了，已经不再是传统的“七艺”了。新的学科从“七艺”中分化出来，学校课程的门类增多、课程结构重新调整。至此，作为西方古代课程的“七艺”完成了历史赋予它的使命。从形式上看，它似乎已销声匿迹，成为历史的一部分；从内容上看，它已融合在近代兴起的各门具体学科之中，或为新的学科所充实、所替代，其范围和内容的不断扩大导致了传统意义上“七艺”课程的消亡。另外，对人性的讴歌与赞美带来了教育上的人文主义取向，而人文主义教育坚决反对中世纪的“原罪论”和对来世的一厢情愿，要求培养朝气蓬勃、身体强健、知识丰富、勇敢进取和积极参加现实生活的人。显然，人文主义教育土壤必然诞生人文主义的课程，文艺复兴是人文主义课程勃兴的精神源头。

人文主义课程首先扩大了课程来源和教育的内容。例如，1496 年，一个属于北欧人文主义阵营的新宗教团体“平民生活兄弟会”在比利时东部的城市列日（Liege）开办了一所学校，从该学校的教学计划里能清楚地看到这一点。列日学校分八个年级，每个年级开始的课程有：一年级学语法入门；二年级学简明文选；三年级学散文作家的简明作品和拉丁散文；四年级学历史学家的著作和初级希腊文；五年级学高级希腊文、逻辑学、修辞学以及散文原著；六年级学希腊文学、作文和较高级的逻辑学和修辞学；七年级学习欧几里德的著作、罗马法、亚里士多德和柏拉图的著作；八年级学神学和辩论。①

人文主义课程从丰富人的文化知识出发，也强调有关自然界的知识对人的心性修养的重要性。第一个表达文艺复兴教育思想的人是弗吉里奥（Pietro P. Vergerio）。14 世纪末他曾在大学讲授逻辑学，还写了一本对昆体良《雄辩术原理》一书的注释，以及一篇题为《论绅士风度与自由学科》的专题论文，在论文中他全面概括了人文主义教育的目的和方法。他提倡通才教育或博雅教育，认为博雅教育是唤起、训练和发展使人趋于高贵的身心最高才能的教育。他关注文科科目，他所推荐的学校课程是作了很大修改的“七艺”，基

① ［英］威廉·博伊德、埃德蒙·金：《西方教育史》，171 页，北京，人民教育出版社，1985。

本科目是历史、伦理学和雄辩术（包括文法、作文规则和逻辑），认为诗歌仅仅是一种消遣。最后是古代的“四艺”。“四艺”在中世纪是被忽视的，但他很重视。他认为，“自然知识、天地万事万物的法则和性质，以及它们的起因、变化和结果——这是最令青年人高兴，同时又是有益于青年人的一门学科”①。

人文主义课程还重视体育和德育，注重和谐教育。在中世纪，经院哲学把肉体看作“灵魂的监狱”，采取禁欲主义等修行的方法，学校教育也忽视体育的地位。文艺复兴时期，人文主义者大力提倡体育，重视儿童的身体健康，采用新的方法锻炼儿童的体格。人文主义者还通过美育和德育来培养儿童的审美能力和道德情操。由于人文主义教育恢复了古希腊和古罗马身心和谐发展的传统，因而在教育目的上提出了培养身心和谐发展的目标。他们普遍采用了新的教学方法，如直观教具、参观、旅行等，为学校教育带来了一片生机。

在整个欧洲，同样是人文主义课程大行其道，但其功能是不太一样的。“进一步从道德观和审美观的角度去考察人文主义课程，就会看到：在阿尔卑斯山以南的学校，十分重视审美；而在阿尔卑斯山以北，则热衷于道德。”② 阿尔卑斯山以南，说的主要是意大利。在意大利南部，人文主义学科是享受生活的手段，诗歌和散文给人们带来愉悦，青年人也通过人文主义课程的学习而掌握语言表达的技巧。阿尔卑斯山以北，说的主要是德国。人文主义课程成为宗教改革和社会改革的手段，希腊语和拉丁文学可以给人带来心智上的批判性和独立性。在人文主义课程的陶冶下，德国人往往成为宗教改革运动的先驱。

人文主义课程在文艺复兴运动之后很快就风光不再。其中的原因在于：首先，它是围绕希腊语和拉丁语课程而设立起来的，显然这是两门深奥难懂的古典语言。因此，教师在教学时往往只教语言，对文化则不深究，后来干脆只完成语言中有关语法的教学。为了有效完成语法教学，教师只限定以西塞罗的著作为典范，这样就把人文主义课程狭隘化了。人文主义课程在竭力追求课程的内容纯而又纯的同时，却使自己衰退到了最狭隘和最贫乏的地步。其次，人文主义课程的衰落也有深刻的社会原因。文艺复兴之后，欧洲民族国家逐渐形成，它们有了自己的民族语言，本国语的使用和推广对以人文主义课程为载体的拉丁语和希腊语教学带来冲击，人文主义学科作为学习文化知识的唯一途径逐渐丧失。在18世纪近代自然科学发展起来之后，自然科学开始在学校中占据越来越重要的地位，欧洲古典人文主义课程的衰落已经无可挽回。

“七艺”的发展状况如表3—1所示。

---

① ［英］威廉·博伊德、埃德蒙·金：《西方教育史》，163页，北京，人民教育出版社，1985。

② ［美］布鲁巴克：《西方课程的历史发展》，见瞿葆奎主编：《教育学文集·课程与教材（上册）》，53页，北京，人民教育出版社，1988。

表 3—1　　**“七艺”的发展状况**

时间		中世纪初期	中世纪后期	文艺复兴时期	文艺复兴之后
七艺	三艺	文法 修辞 逻辑	文法 修辞 逻辑	文法 修辞 逻辑	文法 文学 历史 神话学 修辞 逻辑
	四艺	算术 几何 天文 音乐	算术 几何 地理 天文 物理 音乐	算术 几何 地理 天文 物理	算术 代数 几何 三角学 地理 植物学、动物学 天文、力学 物理、化学
				条顿族各国——音乐 英国——?	

资料来源：钟启泉编著：《现代课程论》，8 页，上海教育出版社，1989。

欧洲中世纪时期的教育是为基督教会所垄断的。教会为了培养神职人员，就在修道院设立了一些教会学校，其教育内容主要是神学和“七艺”。世俗教育主要由封建主控制和支持，是为了培养统治阶级所需要的人才。这些学校也渗透着浓厚的神学性质，其世俗文化和世俗教育受到教会的摧残和压制。在文艺复兴时期，社会的发展对教育提出了新的要求，在城市中出现了新型的行会学校，它采取学徒制，用以培养各行业的技术人员。行会也出资办学，创办了一些由城市当局管理的城市学校，主要有拉丁文法学校、读写学校和私立学校。其课程设置和教学方法都不同于教会学校，是为了适应市民阶级的需要，满足下层市民对一般读、写、算知识的需求，同时学校也会教授有关处理商业事务和城市行政事务的知识。

值得注意的是，在中世纪的欧洲，在意大利、法国和英国等出现了欧洲最早的一批大学，较有影响的有意大利的萨莱诺大学、博洛尼亚大学，法国的巴黎大学，以及英国的牛津大学和剑桥大学等。这些大学以医学、法学、神学等作为主要研究对象，每所大学在各自的专长领域久负盛名。大学的出现在一定程度上打破了教会对教育的垄断，为中世纪的教育发展带来了一丝新鲜的气息。

中世纪前期的城市学校和大学的出现，对文艺复兴时期的人文主义教育产生了积极的影响。很多人文主义者都积极投入教育中来，他们创建学校，改革教学内容和教学方法，提出批判基督教神学的教育理论，否定“原罪论”，重视人的自由意志。一些教育家把他们新的教育思想贯彻到其教育实践中，如维多利诺（Vittorino，1378—1446）。1423 年，维多利诺创办了一所宫廷学校，名为“快乐之家”。这所学校的教学内容十分广泛，从基本的读、写、算开始，学生还学习拉丁语、希腊语、修辞学等，并学习数学、天文、历史等知识。此外，还学习有关神学的知识并进行各种体育锻炼。在教学方法上，维多利诺寓教于乐，让学生在快乐、轻松的环境中进行学习。“快乐之家”很好地体现了那个时期的人文主义教育思想，维多利诺在这所学校辛勤耕耘了22年，其教育实践获得了很大的成功，很多意大利富家子弟远道而来，使该学校声名远播。该学校被认为是人文主义学校的发源地。

欧洲的其他人文主义者对当时的教育也作出了很大贡献。例如，荷兰的伊拉斯谟（Erasmus，1466—1536）被誉为“欧洲的导师”。他接受了早期人文主义的教育，编写了一些有影响的教材，如《名物篇》、《对话集》等，这些教材在文艺复兴时期的欧洲各国被广泛采用。他一生中所撰写的著作多与教育有关，如《愚人颂》批判了中世纪经验哲学的教育，批判了教会学校所采用的死记硬背以及教师的棍棒教育。他主要的著作还有《论正确的教学方法》、《论基督教君主的教育》等。伊拉斯谟的教育思想对欧洲近代的课程与教学产生了积极的影响。

第四节　西方课程的近代化

世界历史通常可以分为古代、中世纪、近代和现代四个时期。这种划分的依据不仅是时间，更重要的是不同的思想文化和精神气质。本章所要探讨的近代课程与教学思想同古代和中世纪的课程与教学思想有着诸多显著的差异，显示出近代以来人们对课程与教学问题的思考和理论提炼达到了相当高的水平，由此奠定了现代课程思想发展的基础。

一般认为，1640年英国爆发的近代资产阶级革命是西方近代史的开端。所谓“近代”，是与古代和中世纪相对而言的。“当近代的思想意识觉醒之后，人们自以为自己是启蒙了的，于是便把过去漫长的中世纪视为愚昧和黑暗的代名词，他们转而从古典的古代去寻求某些文化传统，由此开辟了一个崭新的历史时代。”① 显然，近代的精神实质又是与17世纪的科学革命以及18世纪的工业革命分不开的。在经历了文艺复兴的洗礼之后，西方社会为科学技术的发展提供了很好的社会环境。于是，科学技术迅速改变了古典社会的传统文化土壤，造就了近代社会和近代思想，由此也引领了西方在近代世界文明的进程中处于领先的地位。科学技术和生产力水平的先进性决定了近代以来西方思想文化注定会处于世界文明领域的主导和强势地位，教育领域也不例外。从此之后，世界课程与教学思想基本上以西方话语体系作为蓝本，其势不可避免。

近代教育思潮是在西方近代社会工业文明不断发展的背景下产生的。一方面，文艺复兴是一股精神解放的力量，它为西方社会带来了不同于中世纪的精神世界。另一方面，大

① 何兆武、陈启能主编：《西方近代社会思潮史》，11页，济南，山东教育出版社，2001。

机器生产带来的生产力大发展促成了物质生活的丰富，越来越富裕的西方市民在精神生活上提出了更高的需求，这种需求直接导致了近代社会思想的繁荣。

一、文艺复兴的精神遗产

在中世纪初期，欧洲的思想文化相对匮乏，基督教成功地实现了其对欧洲的统治。一些杰出的修道士将全部智慧都消耗在对《圣经》的沉思中，对来世的憧憬吸引了虔诚的基督教徒的所有注意力，他们不会再为了自然、科学、历史、哲学等殚精竭虑。可以说，古希腊文明和罗马帝国的光辉灿烂，对中世纪的西方来说只是一种久远而淡薄的回忆。从古希腊文明中孕育出来的“七艺”尽管在中世纪仍然延续其教育的辉煌，但是其目的也被捆绑在为上帝而论证的战车上，学习这些课程被看作“恢复上帝在我们身上的映像”。

中世纪的发展过程伴随着基督教世界观的普遍确立，基督教会的地位越来越制度化和具有控制性。毫无疑问，在10世纪之后罗马教廷就巩固了自己在欧洲的权威，并逐渐影响欧洲各国的政治和文化。“到13世纪时，由于罗马教廷积极干预整个欧洲的国家问题，又从虔诚徒众那里获得巨额收益来供养愈来愈富丽堂皇的教廷及其庞大的官僚机构，基督教会的权力范围是惊人的。到14世纪初，这种成功的结果既是清楚的，又是令人不安的。”① 罗马教廷的统治集团既然拥有财政与政治方面的动机，必然导致基督教会的世俗化以及后来的宗教混乱，这意味着在中世纪中后期已经走向极致的基督教会面临着与教会传统结构的潜在决裂。在漫长的中世纪，基督教母体的每一个方面（包括哲学、心理学、宗教、科学、政治和艺术等）其实都在孕育着一种新生；中世纪是“黑暗”的，但也在孕育着光明——文艺复兴的勃兴让西方看到了近代黎明的曙光。正如美国思想史学家理查德·塔纳斯（Richard Tarnas）所言：“中世纪欧洲文化的孕育已靠近一道关键性的门槛；越过这道门槛，这种孕育就不再是一些旧的结构所能包容的。的确，西方的长达千年的成熟，即将在产生现代世界的一系列巨大的文化大变动中显示自己的威力。”②

文艺复兴的产生有着两大背景：一是中世纪末期欧洲的社会和经济发展已经为文化的新发展提供了坚实的基础，技术有了一定的进展并得到传播；二是世俗君主国家日益巩固了其政治权力，从封建秩序中已经产生了城镇、行会、国际贸易、法律机构、议会、立宪政府和代议制政府，这使得世俗政权有能力与基督教会相竞争。“文艺复兴”一词最早由意大利画家乔治奥·瓦萨里（Giorgio Vasari，1511—1574）使用。文艺复兴时期的学者并没有对该运动形成整体的概念和综合的叙述，是启蒙运动时期的思想家明确地把这一时

---

① ［美］理查德·塔纳斯：《西方思想史》，223页，上海，上海社会科学院出版社，2007。
② 同上书，249页。

期纳入欧洲发展史并作了深入的研究。例如伏尔泰（Voltaire，1694—1778）在 1756 年出版了《论各民族的风尚与精神》一书，把文艺复兴作为一场新的文化运动来考察，认为文艺复兴的精神不是复古，而是创新。在文艺复兴期间，西方人天才的思维、独特的创造性和冒险精神令人叹为观止：音乐、悲剧、戏剧、诗歌、绘画、建筑、雕塑等，一切都达到了新水准；就在一代人的时间里，达·芬奇等创造了辉煌的杰作，哥伦布发现了新大陆，路德推进宗教改革，哥白尼提出日心说……人类成就的新典范接踵而至，科学革命从此风起云涌。尽管文艺复兴时期的欧洲社会并非一片光明，灾难和动乱充斥于社会发展的每一个时期，但文艺复兴无疑达到了古希腊文化滥觞以来的最高成就，它既有多姿多彩的表现形式，又有前所未有的内在实质。

文艺复兴开创了一个新的历史时代，一个重新发现了人和世界的时代，它确立了新的价值观和世界观，使西方社会思想从中世纪的基督教世界观转变到世俗世界观。从 1350 年到 1550 年两个世纪的时间里，意大利的思想家和艺术家们在复兴古代文化的努力中，表现出强烈的独创精神，他们反抗中世纪的权威主义、集体主义和禁欲主义，创造出一种新的、与中世纪截然不同的、充满个人主义和世俗精神的新世界观。文艺复兴代表着这个时代的社会经济、政治、文化等各个方面的深刻变化，它是欧洲史上的一个转折时期，是一个生机勃勃的时代。

对于学校教育而言，文艺复兴意味着一个更加崇尚理性和人性的时代的到来。正如 1537 年意大利的大主教孔塔里尼向教皇呼吁的那样：“一切规章都是主张讲理性……一位教皇应该懂得用理性来对待在他属下的自由人。”① 当时的人们重视理性，不是因为理性能建立思想体系，而是因为理性在具体人生经验中具有实用性，在遇到道德的、心理的、社会的、政治的问题时能够予以批判性的回应。对理性的追求改变了中世纪学校对宗教教义的死记硬背，这一时期在教育的内容和方法上都有了重大的改变。

二、近代人文主义思想的发展

近代人文主义思想对教育领域产生了重大影响，因此我们必须考察近代人文主义思想的发展状况。“人文主义”这个词实际上很晚才出现，它来自拉丁文中的 humanitas。人文主义在西方古希腊时期就已经出现，苏格拉底、柏拉图、亚里士多德等人很早就提出了一些朴素的人文主义的思想观点。在东方，中国人文主义的思想萌芽出现更早。例如在商周之际，原来神灵崇拜风气浓厚的殷商宗教社会在周代逐渐产生出理性思想，有了“天命靡常”、“惟命不于常”乃至“天不可信”等观念，周公提出“皇天无亲，惟德是辅”、“敬天爱民”、“民之所欲，天必从之”等思想，这些便是早期的人文主义思想的雏形。到了春秋

① 转引自［奥］弗里德里希·希尔：《欧洲思想史》，313 页，桂林，广西师范大学出版社，2007。

时期，自然天道观进一步发展，孔子的“仁者，人也”等思想，进一步奠定了人文主义思想的基础。可见，人文主义的思想观点并不是近代以来才出现的，只不过近代思想家进一步将其发扬光大，正式提出“人文主义”的概念而已。

除了古代人文主义思想的源头之外，近代人文主义思想的前身已经在中世纪后期的文艺复兴运动中得到阐发。前面我们讨论过，漫长的中世纪是以“神”（上帝）作为思考一切问题的出发点的，人是上帝的奴仆。而人文主义思想则恰恰相反，它是以“人”作为出发点去考虑问题的。当然，在漫长的人类发展史中，要做到这一点相当不容易。文艺复兴时期，蒙田（Montaigne，1533—1592）提出了一个著名的问题——“我是谁”，这是那个时代人们对自身的一种追问，也正是因为有了这种深刻的追问，人们思考问题的依据才有了根本性的转向。神学的观点把人看成神的秩序的一部分，它不是以人为中心的。与此相反，人文主义聚焦于人，从人的经验开始。

在文艺复兴所带来的思想成就中，人文主义思想的勃兴是最闪亮的一笔。一般认为，文艺复兴最早出现在 14 世纪的意大利。同样，人文主义思想的早期发展也在该时期，其典型的代表人物是但丁（Dante Alighieri，1265—1321）、彼特拉克（Francesco Petrarca，1304—1374）和薄伽丘（Boccaccio，1313—1375）。但丁撰写的不朽诗篇《神曲》，被誉为中世纪的“百科全书”，他通过讲述他在地狱、炼狱和天堂的游历，完整地表述了中世纪的宇宙观和人生观。彼特拉克是早期人文主义的杰出代表，他撰写了《歌集》，用它来歌颂他所深爱的姑娘的美丽及爱情；他猛烈地批判中世纪的经院哲学，热爱古典文化。薄伽丘是著名的人文主义文学家和思想家，其代表作是经典小说《十日谈》。《十日谈》描写世俗生活，反映了时代气息和世俗精神，揭露和批判了一切违背人性和阻碍人的幸福生活的言行。从 14 世纪后期开始，意大利佛罗伦萨成为文艺复兴和人文主义发展的圣地。法国也涌现了大批人文主义者，如拉伯雷和蒙田等人。拉伯雷的小说《巨人传》和蒙田的《随笔集》从多个方面反映了人文主义的人生理想。英国的人文主义者有托马斯·莫尔（Tomas More，1478—1575），他的代表作《乌托邦》反映了人文主义的人生价值观。伊拉斯谟反对基督教会的世俗野心所导致的战争暴行，撰写了《论基督教君主的教育》；他将文艺复兴和人文主义思想传播到北欧，促使文艺复兴成为整个欧洲的一场广泛的运动，被称为“人文主义王子”。

人文主义者坚信，每一个人活在世上都是有价值的。在文艺复兴时期，这叫作人的尊严——其他一切价值的根源和人权的根源就是对此的尊重。这一尊重的基础是人的潜在能力，而且只有人才有这种潜在能力。这些能力一旦释放出来，就能使人有一定程度的选择和意志自由，可以改变方向，进行创新。因此，人文主义者又特别强调教育的重要性。因为要发挥出这种潜力，教育是必需的。教育的目的不是具体任务或技术方面的训练，而是唤醒对人类生活的可能前景的认识。人文主义者不仅把教育放置在社会生活的中心，而且在总体上主张打下全面教育的基础，目的在于全面发展人的个性和充分发挥个人才能。

人文主义者还强调人的自由。在中世纪，人受宗教控制，没有自由的意志。14 世纪彼特拉克大声疾呼反对经院哲学，而 18 世纪的哲学家用“理性”这一武器除去了由世俗的和宗教的习俗、权威主义的制度所加的限制和禁忌，驱散了中世纪教会带来的恐惧和迷信。他们想用改革后的法律制度和世俗化国家来代替宗教的作用。这个法律制度建立在法律面前人人平等、思想自由和意见自由的基础上；这个国家则由代议制来治理，对于个人自由和个人创业，尽可能少地予以干涉。文艺复兴时期的艺术非常发达，因为艺术是自由表达的结果，这也说明艺术与人文主义有着一种特殊的血缘关系。

人文主义与中世纪基督教神学的最根本差别在于对人及其生活意义的理解，即人论。基督教神学的人论是以上帝为中心，人生的目的在于皈依上帝；人文主义则强调人和人的现世生活本身就是目的，肯定人的理想，注重人的精神生活，讴歌生活的美好。文艺复兴时期乃至其后的人文主义者尖锐地批判基督教对人的贬低和轻视，批判了宗教的“原罪论”和禁欲主义，赞扬人在宇宙中的崇高地位，肯定人的自由和尊严，提出了完全不同于基督教神学的关于人的理论。我国学者何兆武、陈启能主编的《西方近代社会思潮史》，对人文主义的这种人论进行了深刻的分析，指出了其基本的表现：讴歌美好爱情，肯定自然人性；肯定现实生活，追求快乐幸福；追求个性解放，实现个人理想；批判等级制度，高贵来自自身；人有自由意志，是尘世中的上帝。① 这种分析很好地揭示了人文主义思想的根本特征。

三、近代著名教育家的教育及课程思想

1640 年英国爆发资产阶级革命，并于 1688 年实行了君主立宪制。至此，近代社会在欧洲拉开了大幕。经过文艺复兴和人文主义运动的洗礼，欧洲近代的教育思想已经与中世纪大为不同，体现出近代社会独特的精神气质和风貌。我们将从英国、法国、瑞士、德国等国家的教育家中选出几位作为代表，对其思想进行简要述评，以揭示近代西方教育思潮和课程思想的大致状况。

(1) 洛克的教育思想。约翰·洛克 (John Locke，1632—1704) 是近代英国著名的教育思想家，先后出版了《人类理解论》和《教育漫话》。洛克继承了培根的经验主义哲学观，认为人类知识来自经验，是英国经验主义哲学的代表人物。在教育上，洛克反对“天赋观念”，提出了著名的“白板说”。他认为，人在没有感觉、经验之前的心理状态就像一张白纸，上面没有任何痕迹。“我们可以假定人心如白纸似的，没有一切标记，没有一切

① 参见何兆武、陈启能主编：《西方近代社会思潮史》，11～62 页，济南，山东教育出版社，2001。

观念，那么它如何又有了那些观念呢？它在理性和知识方面所有的一切材料，都是从哪里来的呢？我可以用一句话来答复说，它们都是从经验来的。”① 由于认为人类的知识来自经验，洛克对教育的作用看得很重，提出了“绅士教育”的教育目的论。在洛克看来，教育的目的在于培养有德行、有才干并善于处理自己事业的绅士。绅士们彬彬有礼、懂礼貌、有风度，代表了那个时代新兴资产阶级对人才培养的需求。

（2）卢梭的教育思想。让·雅克·卢梭是法国著名的启蒙思想家和教育思想家。他在思想界初露锋芒源于他应征的一篇文章。1749 年，法国狄昂学院发起“科学与艺术的进步能否带来道德的进步”的有奖征文，卢梭应征撰文，在文章中断言科学和艺术的进步只能带来道德和风俗的败坏。“随着科学与艺术的光芒在我们的天边上升起，德行也消失了。”② 在教育上给他带来巨大声誉的是小说体教育著作《爱弥儿》。在书中，他通过对设想的主人公爱弥儿的教育，竭力反对中世纪经院主义的教育做法，系统地阐述了其自然教育的理论。卢梭认为，人的本性是善良的、纯洁的，教育的目的在于从人的本性出发培养“自然人”，即自由的、自食其力的、对任何职业都有所准备的人。在《爱弥儿》中他写道：“出自造物主之手的东西都是好的，而一到了人的手里就全变坏了。”因此，教育的基本原则就是“遵循自然”。卢梭根据人成长的自然历程，对教育的阶段进行了划分：从出生到 2 岁，以儿童的身体的自然发育为主进行教育；2 岁到 12 岁，这是“理智睡眠期”，应当着重锻炼和发展儿童的外部感觉，不要直接对儿童进行智力教育；12 岁到 15 岁，儿童具备了接受智育的条件，可以对儿童进行知识教育和劳动教育；15 岁到成年阶段，儿童进入了“激动和热情”时期，其身心发育成熟，可以将其带回城市，并进行道德教育。卢梭的这些教育思想对后来的自然主义教育产生了深刻的影响。

（3）裴斯泰洛齐的教育思想。约翰·亨利赫·裴斯泰洛齐是瑞士著名的教育家。在青年时期深受卢梭思想的影响。1774 年，他创办了一所贫民儿童教养院，收容并教育了 50 名孤儿。这是他从事教育实践活动的真正开端。在这里，裴斯泰洛齐一方面组织儿童参加各种生产劳动，另一方面亲自教他们学习读、写、算的初步知识。他的名言“我自己生活得像个乞丐，为的是教乞丐生活得像一个人”就是写于该时期。由于经济困难，这所教养院不得不关门。此后，裴斯泰洛齐开始著书立说，发表了大量有关教育问题的著作，最著名的如《林哈德与葛笃德》就写于 1781 年。1798 年瑞士资产阶级革命后，裴斯泰洛齐受新政府的委托创办了一家孤儿院，但由于战争的影响孤儿院改为了医院，他又被迫中断了自己的教育活动。后来，裴斯泰洛齐又创办一些幼儿学校和中学，尽管曾影响很大，但最终他的教育实验还是失败了。裴斯泰洛齐倡导自然教育，认为教育的目的就在于有组织地激发儿童的天赋能力，使儿童的各种内在的能力得到“和谐发展”。所谓和谐发展，是指

① ［英］洛克：《人类理解论（上）》，68 页，北京，商务印书馆，1981。
② ［法］卢梭：《论科学与艺术》，7 页，北京，商务印书馆，1960。

儿童的道德、智慧和身体各方面的能力均衡发展，而不是某一种能力的发展。“我的初等教育思想，在于依照自然法则，发展儿童道德、智慧和身体各方面的能力，而这些能力的发展，又必须照顾到它们的完全平衡。”① 这就是著名的“头（head）手（hand）心（heart）”的教育，被称为3H教育。

（4）斯宾塞的课程思想。在西方教育史上，英国人斯宾塞（Herbert Spencer，1820—1903）第一次明确提出智育、德育和体育的理论概念，并把德育、智育、体育纳入一个完整的教育体系。在资本主义生产力大发展时期，他清醒地认识到“科学知识最有价值”，提出了以自然科学知识为主要内容的广泛的学科范围。斯宾塞指出，根据人类生活的五种主要活动的重要程度，可以把各种教育排列成一个合理的次序。那就是：1）准备直接保全自己的教育；2）准备间接保全自己的教育；3）准备做父母的教育；4）准备做公民的教育；5）准备生活中各项文化活动的教育。由此出发，斯宾塞制定出一个以科学知识为核心的课程体系。斯宾塞认为，这样的课程体系，与以上相对应，包括五个部分：第一部分是开设生理学、解剖学。这是阐述生命和健康规律，直接保全自己或是维护个人的生命和健康，并使人们保持精力充沛和具有饱满情绪的知识。第二部分是除读、写、算外，还要开设逻辑学、几何学、力学、物理学、化学、天文学、地质学、生物学、社会学等。人需要通过从事某种职业谋生，从而赚取生活所需要的各种物质资料，获得生活必需品。因而这是与生产活动有直接关系，可以提高生产活动效率和赚取最大利润，从而间接地保全自己的知识。第三部分是目的在于抚养、教育子女的活动。为这种活动作准备就要开设心理学、教育学。这是为了正当地履行父母的职责，更好地教养自己的子女所需要的知识。第四部分是与维持正常社会政治关系有关的活动，以使人们能够成为合格的社会成员，尽公民职责。为这种活动作准备，就应当开设历史。这是作为一个社会公民合理地调节自己的行为和履行社会义务所需要的知识。第五部分是在生活中的闲暇时间满足爱好和感情的各种活动。为这种活动作准备就应当开设了解或欣赏自然、文化、艺术（包括绘画、雕刻、音乐、诗歌）知识的科目。这是一些为了更好地度过闲暇所需要的知识。

（5）赫尔巴特的课程思想。赫尔巴特是近代系统化教育学的提出者，他的教育思想“具有双重理论基础，即伦理学和心理学：伦理学主要起着价值规范的作用，即为教育目的和基本方向的确立提供依据，而心理学则是为实现教育目的确定方法、手段”②。他把课程的重点放在传授系统的书本知识上，主张按照逻辑系统地组织教材，并根据儿童多方面的兴趣安排课程的种类和难易程度。他根据对儿童的兴趣的分类，主张开设不同的相应课程（见表3—2）。

---

① 转引自张焕庭主编：《西方资产阶级教育论著选》，206页，北京，人民教育出版社，1979。

② 吴式颖主编：《外国教育史教程》，314页，北京，人民教育出版社，1999。

表 3—2　　赫尔巴特对课程的分类

	兴趣类型	课程类型
1	经验的兴趣：它是直接与经验相一致的，是对自然的多方面的知识的兴趣。	开设的课程包括自然科学、物理、化学和地理等。
2	思辨的兴趣：它是思考事物“为什么是这样”的兴趣，即对经验的对象的进一步思考。	应开设的课程包括数学、逻辑和文法等。
3	审美的兴趣：即对事物产生美丑、善恶的评价的兴趣。	应开设文学、绘画等课程。
4	同情的兴趣：同情是指对一定范围的人的感情。	应开设外国语、本国语等课程，其中外国语又包括古典语和现代语。
5	社会的兴趣：社会的兴趣是同情的兴趣的扩大，由个人之间的同情扩大为对社会、本民族和全人类的同情。	应开设课程包括历史、政治和法律等。
6	宗教的兴趣：是指研究人类、社会“对于最高存在的关系”的兴趣，表现为对上帝的虔信。	应开设神学课程。

资料来源：吴式颖主编：《外国教育史教程》，314 页，北京，人民教育出版社，1999。

赫尔巴特主张开设的课程包括自然科学、物理、化学、地理、数学、逻辑、文法、文学、唱歌、绘画、外语（古典的和现代的）、国语、历史、政治、法律、神学等。除了六种主要兴趣类型的科目外，他认为技术知识也很重要。技术是自然观念与人类目的之间的重要环节，每个青少年都应当学习使用木匠最常用的工具，应当像使用直尺与圆规一样出色。赫尔巴特认为，并不是每一个儿童都要达到这些要求，教学范围在很大程度上取决于知识水平与能力的关系。

本章小结

古希腊是西方文明的源头，在很早就开办学校、设置课程；到古罗马时期，学校教育在欧洲继续发展。在这一过程中，“七艺”课程出现，成为贯穿整个欧洲古代社会的基本课程形式。在古罗马和中世纪，“七艺”课程始终是学校教育的核心，“七艺”课程的演变成为欧洲古代社会课程发展的主线。文艺复兴的出现意味着欧洲高举复兴古希腊和古罗马文化这一旗号，宣扬新兴的社会思潮和人性主张，带动了人文主义教育的新发展。随着资本主义萌芽的进一步发展，欧洲开启了近代化进程，出现了诸如洛克、卢梭、裴斯泰洛齐、斯宾塞、赫尔巴特等著名教育家，他们各自的教育主张和课程思想对后世教育的发展产生了深远的影响。

关键概念

“七艺”　中世纪　文艺复兴　人文主义课程　“白板说”　自然主义教育

复习思考题

1. 古希腊和古罗马的教育状况是怎样的？
2. 什么是“七艺”？“七艺”课程的出现对欧洲古代教育产生了怎样的影响？
3. 什么是中世纪？中世纪的学校教育和课程设置是怎样的？
4. 什么是文艺复兴？文艺复兴的特征有哪些？
5. 简述卢梭、斯宾塞和赫尔巴特的教育思想及课程主张。

本章阅读书目

1. [法] 德尼兹·加亚尔，贝尔纳代特·德尚．欧洲史．海口：海南出版社，2000
2. 何兆武，陈启能主编．西方近代社会思潮史．济南：山东教育出版社，2001
3. [奥] 弗里德里希·希尔．欧洲思想史．桂林：广西师范大学出版社，2007
4. [美] 吉拉尔德·古特克．教育学的历史与哲学基础．长沙：湖南教育出版社，2008
5. [美] 理查德·塔纳斯．西方思想史．上海：上海社会科学院出版社，2007
6. [英] 罗素．西方哲学史（上卷）．北京：商务印书馆，1997
7. 单中惠主编．西方教育思想史．北京：教育科学出版社，2007
8. [英] 威廉·博伊德，埃德蒙·金．西方教育史．北京：人民教育出版社，1985
9. 吴式颖等编．外国教育史简编．北京：教育科学出版社，1988

第四章

课程的内涵、形态与范畴

导 读

任何一个学科知识的体系和理论框架都是围绕其核心概念而建构起来的。在课程论学科中，最核心的概念无疑就是“课程”。人们从不同的时代背景出发，站在不同的视角上，对课程内涵的理解自然不同，也就产生了众多的观点和主张。因此，“课程”这一术语并不是一成不变的，其含义会随着时代的发展和学校教育的实践变革而发生变化，这是我们讨论课程的概念及其发展趋势的前提条件。在学校教育的实践中，人们为了更好地描述课程，需要从分类学的角度对所有的学校课程进行分类，这就涉及学校课程的类型，如学科课程、经验课程、分科课程、综合课程等，不同类型的课程具有不同的特征和性质，这就是课程的形态问题。课程论的研究要讨论一些基本的话题，这些话题折射出不同的理论假设，有助于人们加深对课程问题的思考和认知，我们称这些话题为课程的研究范畴，如课程中的知识选择、课程中的知识与经验、课程中的分科与综合、课程的开发与理解等。本章阐述的是有关课程的基础理论问题，对这些问题的不同回答，往往导致不同的理论观点和思想流派，因此，学习本章可以为课程理论流派的探讨奠定基础。

第一节 课程的内涵及其发展

课程是一个非常复杂的概念，其内涵丰富，随着时代的发展而多有变化，是教育领域最复杂、最难界定的概念之一。早在 1987 年就有美国学者进行了统计，指出在专业文献中有关课程的定义超过了 120 个。① 深入理解什么是课程，需要把握两个视角：一是历史的视角，不同的时代课程的含义不同，因此需要把对课程的理解放在一个动态的情境中予以考察；二是知识谱系的视角，也就是在不同的知识谱系脉络中，人们赋予课程的意义也不一样。

一、课程的词源

语言文字作为一种符号体系，其作用是用来表情达意的。先人创造某一词汇，必然是用该词汇来表达什么。因此，从词源的角度考察术语或概念往往会给我们很多的启发。无论是我国还是西方国家，"课程"这一概念的出现都比较早，这说明人们对"课程"的思考源远流长。

（一）"课程"在中国的词源及分析

当古代的人类开始使用文字，相继进入文明社会之后，人们就开始用文字去描述生产和生活。通过文字记载，后世的人就可以了解先人的生活情境。古人对教育的思考来源于人们的日常生活，他们对教育的理解体现在汉字的构造中。在 3 600 多年前的甲骨文中，就有""这个汉字，它就是今天我们用的"教"字。在甲骨文中，"教"字很形象地描述了教育这一现象。它的上下左右四个部分都表示了一定的意义：右下部分表示手，右上部分表示鞭子或棍子，是教的过程与手段；左下部分表示一个孩子，是教的对象；左上部分表示占卜的活动，是教的内容。合起来这个字就代表着大人手拿着鞭子督促孩子学习占卜。这个字里面其实就有了课程的内涵：占卜是古代社会的重要活动，也是一门学问，这自然成为古代课程的重要内容，说明古代的课程大致是围绕宗教和占卜知识而展开的。这意味着，课程起源于人们的生产和生活，是对生产劳动、宗教祭祀和其他社会活动的提炼和反映。

尽管"教"字出现很早，但"课程"两个汉字作为一个词语的出现却相对晚很多。"课程"作为一个词语最早出现的具体年代不容易考证，一般认为，在我国唐代的文献中"课程"一词已经出现，据考证是由唐代著名经学家孔颖达（574—648）所使用。孔颖达在《五经正义·毛诗正义》中，对"奕奕寝庙，君子作之"一句进行注疏："言奕奕然高大之寝庙，君子之人所能制作之。"从"奕奕寝庙"本身的意思来看，"奕奕"，意思是宏伟高大、相连不绝、盛美无比；"寝庙"，指的是殿堂、庙宇，比喻为伟大的事业。"奕奕寝庙，君子作之"一句直解为"雄伟的殿堂，是由君子主持完成的"。孔颖达进一步引用《诗经》中的"新庙奕奕，奚斯所作"进行阐发："彼'奚斯'，君子也。以教护课程，必君子监之，乃得依法制也。"他所说的"课程"，指的就是"寝庙"，用来比喻伟大的事业。

① Marsh, C. J. (2004). *Key Concepts for Understanding Curriculum*. London and New York: Routledge Falmer, 3.

可见，在“课程”作为一个词语出现的最初，其含义非常广泛，超出了学校教育的特定范围，用来指代伟大人物的丰功伟业。

“课程”一词形成于唐代，只不过它的意思跟学校教育没有直接的关系，在当时跟学校中的“功课”、“课业的进程”这些意思相去甚远。在学校教育的意义上首次使用“课程”一词的人，应该是南宋的著名理学家朱熹。朱熹在《朱子语类》中多次谈到课程，如：“宽著期限，紧著课程”；“尝作课程，看《论语》日不得过一段”；等等。朱熹所使用的“课程”主要指课业及其进程，在例句中，“看《论语》”说的是课业，“日不得过一段”说的是进程，这与今天日常语言中“课程”的意义已非常相近。

课程在词源上的这种演变在很大程度上显示，唐宋以来科举制度的形成和学校体制的完善促进了课程概念的发展，在随后的明、清直到近代，课程的使用范围越来越集中于学校教育这一特定的范畴。近代以来，随着中外教育交流的日趋频繁，在翻译领域开始用“课程”来翻译英文中的curriculum和course。至此，汉语中的课程的概念开始跟近代外语中的相关概念进行对接，实现了从传统课程概念走向近代课程概念的发展。

（二）“课程”在西方的词源及分析

在西方，课程的起源也同样来自人们的生活。不仅如此，古代西方课程的功能更加明确，就是服务于人的某种需要。例如，斯巴达王阿基昔拉（Agesilaus）作了十分简明的解说：当有人问最适合男孩子学习的是什么时，他回答说：“他们应学习他们成丁之后所要做的事情。”[①] 显然，为了胜任成人的工作，年轻人都要经受特定课程的训练，课程一开始就是服务于人的生活的。

对于“课程”一词在西方的起源，美国多位学者都谈到了一个拉丁语的词源——currere。例如，派纳（William F. Pinar）指出：“课程来源于拉丁语currere，意思是在跑道上跑。”[②] 另一位课程论专家蔡斯也认为，“课程一词来源于拉丁语词根，意思是‘跑道’(racecourse)”[③]。这一词源让西方学者为“课程”增加了动态的意味，体现了课程所具有的过程性。当然，随着时间的发展，这一词源也发生了一些变化。斯宾塞在1859年发表的《什么知识最有价值》一文中最早提出curriculum一词，意指“教学内容的系统组织”。

但这种解释在当今的课程研究及其相关文献中受到越来越多的质疑，西方学者对课程的拉丁文词源有了新的理解，为其赋予了更多的内涵。在当代课程论研究领域，有些西方

---

① ［美］布鲁巴克：《西方课程的历史发展》，见瞿葆奎主编：《教育学文集·课程与教材（上册）》，44页，北京，人民教育出版社，1988。

② Pinar，W. F. (2012). *What Is Curriculum Theory?* (second edition). New York：Routledge，44.

③ Zais，R. S. (1976). *Curriculum：Principles and Foundations*. New York：Harper & Row，Publishers，Inc.，6.

学者对 curriculum 的表示静态的教学内容的传统概念提出了批判，认为它在教育中强调的是静态的知识和书本，而相对地忽略了学习者与教育者的动态的经验和体验。因此，在当代的课程理论文献中，许多课程学者对 curriculum 的词源 currere 作出了新的理解，因为 currere 原意指“跑的过程与经历”，引申为学生与教师在教育过程中的活生生的经验和体验，具有了动态的意义。根据“跑马道”的意思引申为“跑马的过程”，这对西方的课程概念产生了很大影响。根据这个词源及其引申意义，西方最常见的课程定义是“学习的进程”（course of study），简称“学程”。

二、课程的定义及理解其内涵的几个维度

现代意义上的“课程”这一概念出现得比较晚，大概在 19 世纪。但进入 20 世纪以来，课程的含义发生了很多变化，学术界对什么是课程看法不一。美国课程论专家坦纳夫妇（Daniel Tanner & Laurel Tanner）对学术界所有的课程定义进行了总结，认为主要有如下几方面：“课程即教学科目和教学内容、课程即学科知识、课程即教学计划或学习的进程、教学即可供评价的教学结果、课程即文化再生产、课程即从文化经验中对知识进行选择和组织、课程即思维模式、课程即经验。”① 可见，要用一句话说清楚课程的定义是很困难的。然而，课程的本质毕竟是可以描述的，而其内涵也可以从不同的视角加以阐发。

（一）课程的定义

课程本身就是一个不断变化的术语，它很复杂，难以下定义。界定课程的基本原则，是要基于当代的学校教育情境，结合学术界对课程理论的探讨，描述课程的本质含义。根据这一要求，我们可以将“课程”界定为：课程是在学校教育的情境中，为实现既定的教育理念和育人目标而为学生提供的学习机会及其展开的过程，主要体现为各种教学科目、活动方案和其他教育要素，以促进学生的社会化发展和个性化发展。

这一课程定义的一个基本出发点，是将课程看作学校教育链条中的一个关键因素，并立足于课程的功能而进行定义的。从最抽象的层面来讲，学校教育无非就是教师影响学生的过程，但这种影响不是在真空中进行的，而是需要一定的中介和载体，这就是课程。而且随着知识的发展和教育手段的多样化，这一过程越来越复杂，课程要承载的功能越来越丰富。它包含了两个基本的维度：一是种族经验的发展，包括知识、技能和伦理道德等；二是个体经验的发展，包括兴趣爱好、情感态度和个性化心理特征等（见图 4—1）。

---

① Tanner, D. & Tanner, L. (2007). *Curriculum Development: Theory into Practice* (fourth edition). New Jersey: Pearson Education, Inc., 100-109.

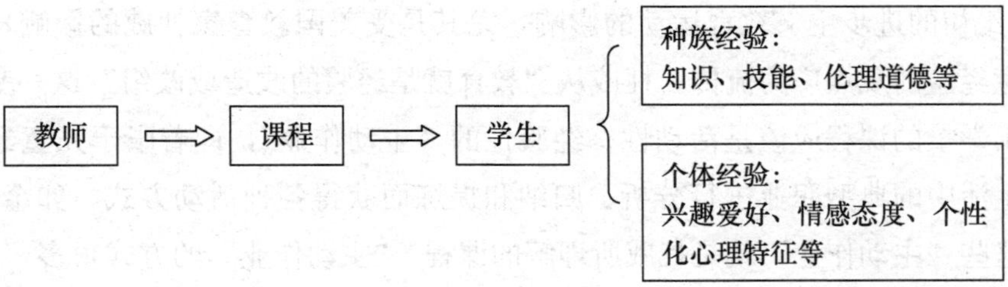

图 4—1　课程的定义

(二) 理解课程定义的几个维度

(1) 课程是学校中的教学科目和活动。在现代意义上的学校出现之后，课程的定义群中就增加了一种非常重要的定义形式，即把课程界定为学校中的教学科目和活动。在古代教育中，中国的“六艺”和古希腊的“七艺”就已经具有了学科课程的雏形；近现代以来，随着科学的发展和知识的积累，人类在知识领域划分出越来越多的学科，这些学科成为学校课程的主要形式。为了便于学生学习和掌握，学科被提炼为不同的教学科目，并进入学校的课程体系，构成了学校教育的主要内容。因此，把课程看作教学科目和活动是一个最容易被人接受的定义，人们习惯上把课程看作学校中的教学科目的总和（广义的课程），或者指代具体学科（狭义的课程）。

把课程看作学校中的教学科目，这种观点是从学校教育的内容的角度来界定的。特别是在我国，长期以来课程被看作为实现学校教育目标而选择的教育内容的总和，包括学校所教各门学科和有目的、有计划、有组织的课外活动。这种观点把课程看作为了实现既定的教育目标而选择出来的教育内容，在学校教育中主要体现为教学科目。还有很多定义更直接地将课程指向教学科目。在这一谱系中，课程被看作教学科目，可以指一个教学科目，也可以指学校的或一个专业的全部教学科目，或指一组教学科目。

把课程看作教学科目，这种理解在历史上由来已久。我国古代的课程有“六艺”之说；从古希腊甚至直到欧洲中世纪，西方的课程有“七艺”之说。近现代以来学科课程体系的完善和最终确立，其实就是建立在这样一种课程的定义基础上的。因此，“课程是学校中的教学科目和活动”这一定义有着悠久的传统，也是目前人们定义课程的最传统的一种方式。一般人往往把学校开设的课程表或功课表上列出的科目视为“课程”，甚至认为“课程”指的就是某一门科目，或某一种教科书，如语文课程、数学课程等。这种定义方式很符合人们的日常表达，最容易被人们理解和接受。

(2) 课程是学习者的经验和活动体验。课程的源头在于人的生产和生活，因此在课程的族谱中，这一界定有着悠久的历史。而且，这种定义是从人（学习者）的角度来界定课程的，因此又有着人本主义的传统。在文字和正规学校出现之前，早期人类的教育无疑是借助具体活动来进行的，这些活动就代表了早期课程的形式。近代以来，受到美国 19 世纪末20世纪初的进步主义教育运动的影响，尤其是受美国教育家杜威的影响，人们把课程看作儿童经验的观点广为流传。杜威从"教育就是经验的改造或改组"这一基本的命题出发，提出学校的课程应该是活动性、经验性的"主动作业"，即着眼于儿童经验的发展而对社会生活中的典型职业进行分析、归纳和提炼而获得各种活动方式，如金工、木工、烹饪等，这些"主动作业"就是杜威所理解的课程。"主动作业"的方式很多，"除了无数种的游戏和竞技以外，还有户外短途旅行、园艺、烹饪、缝纫、印刷、书籍装订、纺织、油漆、绘画、唱歌、演剧、讲故事、阅读、书写等具有社会目的的主动作业"①。

把课程设想为有计划的学习经验，在今天的课程专家中是一种比较普遍持有的概念。尤其是国外学者，更习惯于从儿童所获得经验的角度来界定课程。例如，美国学者舒伯特（William H. Schubert）就直截了当地指出，"课程即经验"②。近年来，这种界定有回归原初本义的趋势。例如，美国课程论专家派纳认为，"1970年以来，在课程研究领域发生一次重大的转变：从关注社会工学和商业模式转向课程理解，这其中包括了课程即会话这一概念"③。他把学生之间和师生之间在学校情境中的会话也看作课程，可见学生经验的重要意义。

（3）课程是教育活动的计划与学习者的学习结果。在课程的定义群，这一理解是制度化教育的一种反映。制度化教育要求课程服从教育体制的安排，具有明确的规范性和计划性。从20世纪50年代美国课程论专家泰勒提出课程开发的"目标模式"之后，这种界定便广为流传。例如，不少人认为"课程是一种学习计划"，是为受教育者提供一系列学习机会的计划。在他们看来，课程总可以定义为一个行动计划，这个计划包含目标、内容、活动和评价等。我国不少中小学教师就把课程理解为"教学计划"、"教学大纲"，这种理解也属于该定义的范畴。

"课程即计划"这一定义影响甚广，很多学者在论及课程时都往往用"蓝图"、"规划"等术语比喻课程，或辅之以构成要素借以说明课程的本质。例如，"我们将课程看作预期实现的目标，或者一系列传递给学生的价值。实现这些目标或价值是课程开发的直接功能"④。从计划的角度去理解课程，人们更关心的不是学习经验的积累问题，而是学校中的课程如何为学生未来的生活作准备。这种观点强调对学生的学习进行事先规划，包括学习目标、学习内容以及如何评价学习结果等。

同样是从学校教育的进程来考察课程的定义，有的学者则将课程视为预期的学习结果或目标。美国早期课程论专家博比特等人就认为，课程是教育者试图达到的一组教学目标

① ［美］杜威：《民主主义与教育》，209页，北京，人民教育出版社，1990。

② Schubert，W. H.（1997）. *Curriculum：Perspective，Paradigm，and Possibility*. Upper Saddle River，New Jersey：Prentice-Hall，26.

③ Pinar，W. F.（2004）. *What is Curriculum Theory*？Mahwah，New Jersey：Lawrence Erlbaum Associates，Inc.，19.

④ Wiles，J. & Bondi，J.（2007）. *Curriculum Development：A Guide to Practice*. New York：Pearson Education，Inc.，3.

或希望学生达到的学习结果。课程不应该是经验，而是直接关注的预期的学习结果和目标。这些结果和目标直接指向学生未来生活的各个领域的经验和活动，博比特就将人生经验划分为十个领域：语言活动、健康活动、公民活动、社交活动、心智活动、休闲活动、宗教活动、家庭活动、非职业性的实用活动和职业活动。

（4）课程是各种文本和复杂的会话。在课程的定义群中，这一定义属于“新生代”，它折射出 20 世纪中后期哲学社会科学的“后现代转向”。20 世纪末，在后现代主义、现象学、诠释学等哲学社会学思潮的冲击之下，课程论的研究呈现出一个理论繁荣、话语多元的格局。人们对传统的课程思想进行批判、反思甚至重建，尤其是北美的一些课程学者，试图对课程研究领域进行“概念重建”，代表人物是派纳。派纳所倡导的概念重建主义课程理论以传统的“泰勒原理”作为批判对象，认为传统课程代表的是“课程开发范式”，在他看来这种传统的范式已经终结，课程研究应该从“开发范式”转向“理解范式”。正如钟启泉所指出的，在课程理解的范式中，课程“既超越了学科和教学计划的含义，也不再仅指学习者的经验，它越来越成为一种‘符号表征’，越来越成为一种‘文本’，通过这种文本可以解读和构建出多元的意义：政治意义、种族意义、性别意义、审美意义、神学意义、个性意义，等等”。既然课程是一种文本，那么通过对文本的解读就可以获得多元的课程话语，围绕这些话语就可以展开复杂的会话，在这种会话中达到对课程的一致性理解。

在派纳的课程理论中，把课程作为复杂的会话是理解课程的前提。“会话”一词代表着一种“际遇”，以及“际遇”之后发生的事件。在学校和课堂情境中，教师、学生、知识处于一种复杂的互动之中，在这种“际遇”中会产生一定的教育意义。因此，“复杂的会话”既是过程，又是结果。把课程作为文本和会话，这一定义有利于改变传统课程的高度制度化与科层化现象，尊重具体的教育情境以及各种教育要素的互动，为学校课程注入新的活力。

第二节　课程的基本形态

在课程发展的过程中，课程的内涵越来越丰富，其形式也越来越多样，逐渐形成了不同类型的课程形态。根据不同的划分标准，可以把课程划分为学科课程与经验课程、分科课程与综合课程、必修课程与选修课程等。

一、学科课程与经验课程

根据课程内容的性质，可以将课程划分为学科课程与经验课程。学科课程的内容是以知识为中心的，是根据分门别类的学科知识体系编排的课程；而经验课程的内容是学生的经验，它是以学习者的经验为核心编排的课程。

（一）学科课程

学科课程是以文化知识为基础、以学科知识的逻辑为中心而编排的课程。学科课程是学校课程最基本的形式，是最古老、使用范围最广的课程类型。我国古代孔子提出的“六艺”（礼、乐、射、御、书、数）和古希腊的“七艺”（文法、修辞、逻辑、算术、几何、天文、音乐）是学科课程的最早形态，西方近代以来形成的百科全书式的课程体系基本上以学科课程为主体，直到当代学校中林林总总的教学科目也以学科课程最为常见。学科课程生命力之长久、影响之深远为其他课程类型所不能比拟，其中一个很重要的原因就是它最适合在学校的情境下进行知识教育，从而达到教育下一代、传播文化这一重要的教育目的。

学科课程具有如下特点：

第一，强调学科知识的逻辑结构。学科课程根据某一学科的知识发展逻辑而组织课程内容，体现出很强的逻辑性和结构性。

第二，强调系统性。学科知识被按照由易到难、由浅入深的顺序系统地组织起来，学科中的概念与概念、原理与原理之间的联系很密切，有着很强的系统性。

第三，强调简约性。也就是根据学生认知发展的不同阶段和特征而有针对性地将有关知识概括地予以呈现，一般会把知识编写进教材，简化了知识的表达方式。这些特点使学科课程有利于文化知识的讲授和传播，易于学生学习和掌握。

学科课程基于学科的知识体系、根据学习者的年龄特点进行组织和编排，有助于高效率地传授文化知识。目前我国的中小学课程体系就是以学科课程为主体的，涵盖了自然科学、人文科学和社会课程的基本科目。学科课程也有不足，其缺点表现为：一是有较大的难度，对学习者的接受能力具有很大的挑战；二是教材的编写往往强调学科发展的逻辑而很难完全观照学习者心理发展的逻辑；三是强调书本知识中的间接经验而忽视学习者生活实践中的直接经验。

（二）经验课程

经验课程又称活动课程，是指以儿童从事某种活动的经验为中心而组织的课程。经验课程以发展学习者自身经验为目标，旨在培养具有丰富个性的主体。与学科课程相对，课程的内容主要不是系统化了的文化知识，而是以学习者的兴趣、动机和经验为基本内容。在学校教育发展的历史上，经验课程发挥了重要的作用，甚至在特定的学校中，经验课程也可以构成学校课程的主体，例如杜威在其实验学校中开设了烹调、缝纫、金工、木工等多种课程，这都是经验课程的具体表现。

经验课程具有如下特点：

第一，以学习者的兴趣为出发点，强调课程内容对学习者的吸引力，致力于满足其求知的欲望，发展其多样化的兴趣。

第二，突破“知识中心”和学科逻辑，从学习者的生活经验和心理发展逻辑出发选择课程内容，打破了以系统化的知识为主体编写教材的方式。

第三，在课程的实施中主张“从做中学”而不是讲授，让学习者通过活动获得直接经验并积累知识。

经验课程有其内在的价值。它关注学习者的生活经验和心理发展逻辑，容易调动他们学习的积极性并发展其内在的学习动机，因此容易为学习者所接受和学习。而且，经验课程可以培养学生求知的兴趣，使学生通过体验和活动积累文化知识，因此是学科课程的重要补充。在我国的中小学课程体系中，有些活动类课程和实践类课程属于经验课程的范畴。但是，跟学科课程相比，经验课程有其不足，主要表现为不利于文化知识的系统传授，组织和实施的难度较大、耗费时间多，此外也有导致学术标准低落之嫌疑。

二、分科课程与综合课程

根据课程内容涵盖学科的数量，可以将课程分为分科课程和综合课程。跟学科课程与经验课程的划分标准不同，考察某一门课程是分科课程或综合课程，关键是看在课程内容的组织上是分学科的还是综合的：如果是分学科的，即为分科课程；如果是综合的，即为综合课程。

（一）分科课程

分科课程是指单纯从一门学科的角度组织课程内容所形成的课程。分科课程是以学科为中心设计的课程，各门学科都有自己的内容、一定的学习时数以及学习期限，例如语文、数学等。根据某一门类的学科知识编制课程并进行讲授，这样会更有效地、系统地传授学科知识，因此学科课程往往是分科课程。

对于分科课程我们并不陌生，我国现行的学校课程体系的主要组成部分就是分科课程。分科课程是一种古老的课程类型，我国古代的“六艺”和古希腊的“七艺”可以说是最早的分科课程。近代以来，随着人类积累的文化知识的日益增多，尤其是18世纪以来自然科学的迅猛发展，知识领域分化出越来越多的学科门类，使得学校教学内容日益丰富。欧洲文艺复兴之前，学校课程基本上是“七艺”一统天下；到18世纪以后，在“七艺”基础上分化出众多的学科门类，逐渐形成了现在科目林立的学校课程状况。

分科课程注重知识的分类和逻辑体系，关注基本概念、基本原理和知识结构的选择安排，具有全面、深刻、层次性和系统性的特点。因此，分科课程有利于学习者系统、深入地掌握某一门学科的基本知识和原理，发展学生的逻辑判断和抽象思维能力，促进学习者思维向深层次发展。

但是，分科课程并非完美无缺。它把原本综合在一起的知识经验分割为不同的学科门类，这种分门别类的课程与教学必然导致学习者在不同的认知方面缺乏联系，割裂了知识和经验的整体性，从而影响他们的知识技能、价值观念、情感态度的和谐发展。在实践中，长期以来，学校教育追求知识传递的效率，过于强调分科，追求学科独立，造成学科之间缺乏联系、壁垒森严，从而逐渐发展为“分科主义”，阻碍了学习者在知、情、意、行等方面的均衡发展。

（二）综合课程

什么是综合课程呢？首先，我们应理解什么是“综合”。“综合”英语为 integration，中国香港和中国台湾的学者把它翻译为“统整”，我们所说的“综合课程”就是中国香港和中国台湾地区所称的“统整课程”。统整就是指合成一体或关联起来的意思。课程的内容和活动，其组织必须使学习者将所学的概念、原理、原则关联起来，使其成为有意义的整体。“综合”一词的核心，在于合为一体，在于凝聚与统摄，是“整合”而不是简单的“拼合”，其结果是通过“综合”这一过程而把相关的因素或成分合成一个新的统一的整体。综合课程其实就是以整合或统整的方式把相关学科领域的知识组织在一起，它所倡导的更多的是一种课程综合化的理念，以打破分科主义对具有整体性的知识和经验的分割，为学生提供一种整体性的认知途径。

综合课程是指从跨学科的角度整合两门以上的学科内容所形成的课程。综合课程与分科课程相对立，它是对分科课程的一种补充。综合课程突破了分科主义的思维模式，从整体主义的视野出发，把学习者对学科知识的学习跟学校外的社会生活及其需要和兴趣紧密结合在一起，以发展完满的人性，培养和谐发展的社会公民。

综合课程在实践中有很多具体的表现形态。根据课程内容综合程度和综合方式的逻辑关系，可以将综合课程分为相关课程、融合课程、广域课程和核心课程。① 相关课程是指在保留原来学科的独立性基础上，寻找两个或多个学科之间的共同点，在教学时让不同学科的内容相互照应，或穿插进行教学；融合课程是指把部分科目统合兼并于范围较广的新科目，选择对于学习者有意义的论题或概括的问题进行学习；广域课程是指合并数门相邻学科的内容而形成的综合性课程；核心课程是指围绕一些重大的社会问题组织教学内容，又称问题中心课程。

综合课程是与分科课程相对的一种课程形态，它将具有内在逻辑的或价值上相关联的原有分科课程内容及其他形式的课程内容统整在一起，旨在消除各类知识之间的界限，通

① 参见有宝华：《综合课程论》，214 页，上海，上海教育出版社，2002。

让传授给学习者整体性的知识，使他们形成关于世界的整体性认知，并养成深刻理解和灵活运用知识以综合解决现实问题的能力。综合课程的优点体现在如下几个方面：

一是从认知的角度来说，综合课程可以提供整体的知识和观念，有利于联系知识的不同领域。

二是从心理学的角度来说，综合课程是按学习者的心理需要以及兴趣和好奇心来编制的，有助于学生学习和学生的个性发展。

三是从学习者社会化的角度来说，综合课程有利于知识与社会生活的联系，有利于学习者运用所学知识去解决实际问题。

但是，由于涵盖了不同相关学科的知识和经验，综合课程在组织知识和课程内容的系统性上有所欠缺。而且，综合课程观照了课程内容的范围和广度，必然在一定程度上牺牲了知识的结构化和内容的深度，这不利于学习者系统、深入地学习某一种知识。因此，在义务教育阶段的学校教育实践中，综合课程的数量较多；但到了高中阶段，分科课程就占据了绝对的优势，尤其是到了高等教育阶段，专业划分日趋精细和明确，基本上就没有综合课程了。

三、必修课程与选修课程

这种区分源于现代选修制度。在教育发展史上，很长一个历史时期之内，由于文化知识总量的局限，学校中的课程数量较少，在教育理念上并没有提出选修的要求。只是到了现代教育制度确立之后，随着科目的增多和学习者个性化发展的需求，才出现了选修制度。选修制度又称选课制度，就是在为学习者提供多样化课程的基础上允许他们根据个人的学习需求作出选择修习的一种教育管理制度。选修制度是必修课程和选修课程存在的前提，也是选修制度的具体表现。从是否允许学习者自主选择课程的角度，可以把学校中的课程分为必修课程和选修课程。

（一）必修课程

所谓必修课程，是指在学校所设置的所有课程中规定学习者必须修习的课程，用以满足他们基本的发展需求并达到基本的学力水平。必修课程在教学计划中规定学习者必须学习，在基础教育阶段指的是国家统一规定的中小学生必须学习的课程，在高等教育阶段是指某一专业必须学习掌握的课程。在基础教育阶段，其功能在于培养学生基础学力，掌握基本知识和基本技能，追求的是实现“共性”的教育目的；在高等教育阶段，其功能在于提供某专业领域的知识和能力。

在教学计划中，必修课程是课程体系的主体，往往是一些基础性的科目和教学内容。通过必修课程的学习，学习者可以获得基本的理论知识和技能。在基础教育阶段，长期以来我国的中小学课程体系基本上都是必修课程，可供学习者自由选修的课程很少。2001

年以来，随着新一轮基础教育课程改革的推进，中小学校开始出现了越来越多的选修课程，逐渐改变了必修课程“一统天下”的格局。

(二) 选修课程

所谓选修课程，是指在学校所设置的所有课程中允许学习者自主选择修习的课程，用以满足他们个性化发展的需求。选修课程允许学习者根据自己的兴趣自主选择，其功能在于提供学生个体感兴趣的知识内容、发展爱好和特长、拓展其知识面、满足个性化的教育需求，追求的是实现个性化的教育目的。在高等院校，不少学校又将选修课程划分为两种：限制性选修课和任意性选修课。前者是指学习者在某一学科门类范围内或一组课程范围内选择课程；后者是为扩展视野，体现不同学科交叉渗透所开设的可供全校学习者自由选择的课程。学习者在学习本专业必修课和限制性选修课的同时，可根据专业的知识结构或个人兴趣选择其他课程作为自己的任意性选修课。

课程选修制首先出现在高等教育领域。19 世纪末，美国在高等教育领域基本确立了以选修制为核心的学分制的框架。从 20 世纪初开始，世界范围内的学校教育兴起了课程选修制。高等教育领域的选修制度又跟学分制密切结合在一起。学分制是一种以学分为计量单位来衡量学生学业进程和完成状况的管理制度。实行学分制，要求按照培养目标和教学计划确定各门课程及教学环节的学时量。首先必须确定每门课程的学分，设置必修课、限选课和选修课，规定各类课程的比例，以及准予毕业的最低总学分；其次必须允许学生有一定的选学课程的自由，而且不受太大的修业期限的限制，只要在修业年限内学完专业教学计划中规定的课程，完成必要的实践性教学环节，达到毕业最低总学分的要求，思想品德鉴定合格，就可以毕业。课程选修制和学分制在 20 世纪之后开始逐渐从高等教育阶段下移到基础教育特别是高中教育阶段。我国新一轮基础教育课程改革就要求在高中实行课程选修制和学分制，开设必修课程和选修课程。

课程选修制已成为现代基础教育的重要支柱，正确处理必修课程与选修课程之间的关系成为世界课程改革的重要课题。从世界范围来看，实行集权型课程管理的国家往往着重加强中小学必修课程的建设，而忽视选修课程的建设，因此这些国家的中小学课程改革呈现出加强选修课程的趋势。反之，实行分权型课程管理的国家则往往突出选修课程的重要性，强调为学习者提供具有弹性的课程，而往往忽视了必修课程对于学习者发展的重要性，因此在改革中则呈现出加强必修课程的趋势。

第三节　课程研究的基本范畴

人们对事物的本质进行概括之后，会在某一领域提出一些最基本的术语和概念，这些术语和概念就称为“范畴”，如哲学中的矛盾、本质和现象等，以及政治经济学中的商品价值等。那么，在课程论学科领域，有没有类似的范畴存在呢？答案是肯定的，因为课程研究中存在一些必须回答的基本问题，对这些问题的回答涉及对课程本质的理解，它们就是课程研究的基本范畴。因此，只有把握住这个学科的基本范畴，才能更好地理解这个学科。

一、课程中的知识选择

教给学习者什么样的知识是所有教育中最重要的问题之一，它涉及学校教育应提供怎样的知识内容，而这恰恰是课程所要研究的重要对象。因此，从古至今，课程中的知识选择都备受关注，特别是课程社会学的研究更重视知识是如何通过课程而进入教育内容的。课程中的知识选择又相当复杂，它牵涉人们对直接经验与间接经验、增长知识与发展能力等核心问题之间关系的理解。而且，在当代教育发展中，知识问题在课程中的地位也在发生着变化，这体现了课程内容变革的一些基本趋势。

（一）知识与课程的关系

知识与课程的关系是课程研究的重要话题。1859 年，英国哲学家、社会学家斯宾塞提出了一个著名的命题："什么知识最有价值?"这一命题引发了广泛的争论，且一直持续至今。知识的选择之所以受到如此关注，是因为这个问题本身与各种社会问题交织在一起，具体表现在：社会的发展和进步会导致人们知识观的变革；社会的权力与意识形态会影响课程的知识选择；社会价值观的导向在很大程度上决定了课程选择的方向。斯宾塞关于课程的思想（摘录）如专栏 4—1 所示。

专栏 4—1　　斯宾塞关于课程的思想（摘录）

> 我们得出结论，为了训练，也为了指导人类活动，科学都有最主要的价值。从各方面影响看，学习事物的意义比学习字句的意义要强得多。不论是为了理智的、道德的或宗教的训练，研究周围的现象要比研究语法字义有绝对的优越性。
>
> 这样，对于我们一开始提出的问题，什么知识最有价值，一致的答案就是科学。这是从所有各方面得来的结论。为了直接保全自己或是维护生命和健康，最重要的知识是科学。为了那个叫作谋生的间接保全自己，有最大价值的知识是科学。为了正当地完成父母的职责，正确指导的是科学。为了解释过去和现在的国家生活，使每个公民能合理地调节他的行为所必需的不可缺少的钥匙是科学。同样，为了各种艺术的完美创作和最高欣赏所需要的准备也是科学。而为了智慧、道德、宗教训练的目的，最有效的学习还是科学。开始似乎很麻烦的问题，经过我们的探讨，变得比较简单。我们用不着估量各种人类活动的重要程度和在各方面给我们做准备的不同学科；因为我们已看到，学习科学，从它的最广义看，是所有活动的最好准备。

资料来源：[英] 斯宾塞：《斯宾塞教育论著选》，44～45 页，北京，人民教育出版社，2005。

斯宾塞的答案其实是他那个时代作出的回答。不同阶段的社会发展会形成不同的知识观。在原始社会，"巫"就是指当时的知识分子，他们通过神话和仪式向人们传播关于自然和神灵的认识，在生产力极不发达的情况下以一种神秘的方式为当时的人们提供一种解释世界的模式。在古代社会，古典学科和神学知识居于课程的主导地位，这些知识具有终极性和神圣性，被认为是最神圣、最有价值的知识，而其他的知识都是它们的婢女。进入近代和现代社会之后，科学技术迅速发展，科学知识最终取代形而上学和神学，成为课程中主导的知识。此时的知识是对客观世界本质的揭示，通过特殊的概念、范畴、符号和命题加以表述，数学语言和观察命题是其基本形式，因而知识具有客观性、确定性、实证性。当然，当代的社会发展又遭遇一些新的问题，如环境与发展问题、恐怖主义和精神冷漠等，这又使人类的幸福面临挑战，因此人们开始反思科技带来的负面效应，理性主义的价值中立和文化无涉的知识观受到质疑，知识的相对性、多样性和价值负载逐渐得到了人们的认同。

（二）制度性知识与课程

在现代社会，学校无疑是一个社会化的场所，因此社会的结构和意识形态必然反映在学校课程之中。那么，课程中的知识选择问题必然牵涉社会权力的结构与配置，课程成为各种社会力量角逐的场所。这种观点在西方尤其盛行。很多西方学者认为，学科通过课程设置而复制了社会的权力结构和意识形态。例如，“教育中传达了一种不言自明的知识，这种知识与上层社会主观专断的文化不谋而合，其结果是来自社会下层的学生依然处于不利地位”①。这种观点把课程与政治和意识形态结合起来，采用批判社会学的视角考察课程的知识选择问题，在一定程度上揭示了不同利益诉求是如何影响课程知识选择的。

在知识与课程的关系中，有一种知识被普遍认为具有价值，它构成了学校课程的法定内容，这就是制度性知识。从知识的维度对课程内容进行选择的结果是，有一种知识由于能够从教育制度上满足特定社会对年轻一代进行教育的期望，由此被披上了合法化的外衣，这种知识就是“制度性知识”。它指的不是某一种特定类型的知识（譬如学科知识），而是由于被社会认可为具有普遍的教育价值，因而在课程与教学中具有了优先性的所有知识的统称。制度性知识是一种“公共知识”，通过义务教育所有学龄儿童都有机会接触并得以分享；制度性知识又被认为是一种“客观知识”，它外在于学习者而物化于一定的课程材料（譬如教科书以及各种学习材料）之中；制度性知识还代表了现代教育的基本理念：通过同质化教育知识的传授而普遍提高公民的文化素养，有效缩短未成年人和成年人之间的差距。因此，制度性知识体现了学校教育的“共性”，代表了现代教育的理想和“以普遍知识武装所有头脑”的雄心壮志。

考察进入课程内容的这些制度性知识，可以发现它们具有一些相同的特征。日本学者佐藤学认为，制度性知识具有如下四种性质：第一，这种知识是在现代被视为真理与真实

① ［美］莫琳·T·哈里楠：《教育社会学手册》，250页，上海，华东师范大学出版社，2004。

的学术（科学、技术与艺术）中，通过政府有关部门的审定的知识。第二，这种知识是可以给儿童“明白地传递”的。第三，这种知识在许多场合是现代学术中已经明确的结论（正解），亦即，儿童无须经过论争、辩论来学习，而是通过审定教科书使之学习被视为正解的结论。第四，这种知识由于是上述所限定的框架内的知识，因而它不能超越这种框架。①

可见，制度性知识是特定社会认可了的、可以进入课程内容的知识，是儿童和青少年继承人类文化遗产并得以社会化的基础。作为课程内容的各门学科的知识、文化与艺术知识、有关道德的知识等都可以归入制度性知识的范畴，它们是儿童和青少年必须学习的文化财富，是促使其成长的智慧的源泉。在人类教育发展的进程中，特别是在提出普及义务教育之后的现代教育发展的过程中，它们在学校课程中逐渐取得了合法的地位，成为法定的课程内容。

对制度性知识的分析可以帮助我们理解社会权力运作是如何影响课程知识选择的。知识是智慧的结晶，是人类在文明发展和社会进步过程中取得的成果的集中体现。但是，并不是所有的知识都能进入学校课程，世界各国的教科书审查制度足以说明人们在选择什么样的知识进入课程内容方面所持的慎重态度。作为课程内容选择的结果，制度性知识对学生的发展具有重要价值，并由此奠定了合法性的基础，但要真正发挥其教育功能，则需要理性地、批判地对待之。②

（三）社会价值观与课程知识选择

社会价值观是指人们在实践中形成的对于价值、价值关系的一般看法，是处理各种价值问题时所持有的比较稳定的立场、观点和态度的总和。它代表着社会上绝大多数人群所持有的价值尺度和文化观念，是人们进行价值判断的基本标尺。显然，学校教育承载着传播文化、培育下一代的理想，因此在课程内容上必然要反映社会的主流价值观，这样未来一代在学习了课程中的知识之后，才能朝着人们所期待的方向发展。从这个角度来说，社会价值观也在很大程度上制约着课程中知识的选择。

课程中的知识要反映社会价值观，知识本身就要具有一定的价值。在学校教育的情境中，知识具有双重价值：对于个人，知识具有心智训练价值、自我实现价值、人格发展价值，可以增加智慧、解决问题、提升人格；对于社会，知识可以提高生产力并促进社会文明的发展，具有推动社会演进的价值。这意味着，在选择知识方面，课程既要满足个体发展，使个体学习之后有助于安身立命，又不能急功近利，还要考虑实现社会的宏观理想，面向未来去设置课程。

在当代中国，课程的知识选择要以弘扬社会主义核心价值观为基本的指针。社会主义

---

① 参见［日］佐藤学：《课程与教师》，22页，北京，教育科学出版社，2003。

② 参见杨明全：《制度性知识与课程——合理性批判与新课程观的构建》，载《全球教育展望》，2006（6）。

核心价值观体现了社会主义的本质，指向人的自由而全面的发展。在我国的学校课程体系中，弘扬社会主义核心价值观是教育者的责任和应尽的义务，爱国主义、以人为本、和谐、责任等代表了当前核心价值观的基本内涵，对于提升青少年学生的精神境界具有重要的教化功能。

二、直接经验与间接经验

这对关系是教育领域争论不休的话题之一，尤其是在课程领域，人们一直在追问：学校课程是应该提供给学生间接经验，还是应该为学生提供积累直接经验的机会？这一问题困扰着课程设计者和广大的教师。

从学理上来说，直接经验就是人们通过亲身实践得到的经验，是人们通过实际的活动所获得的对客观事物的认识。例如：我们通过接触，知道石头是坚硬的，棉花是柔软的；通过观察，知道水是无色透明的，鲜花是五彩缤纷的。直接经验是人类在生产和生活中积累下来的，具有一定的实践性和个人化特征，但往往比较直观。间接经验是指人们通过书本或其他人所获得的经验和知识，比如前人通过总结实践经验而得出的科学理论知识。间接经验的来源很多，例如书本、报纸杂志、电影电视，还有教师、家长和同伴等，儿童可以从这些渠道获得很多关于自然界和社会的知识。

在人的认知过程中，直接经验和间接经验并不是那么泾渭分明，它们总是交织在一起。而且事实上这两种经验只有互补才能完成对事物的认识。直接知识的获得要花费较多的时间和努力，但这种知识对学生来说是比较生动的，甚至可以跟自己的生活相联系。直接经验可以发展学习者的认识能力和兴趣，有利于调动他们的积极性和主动性；相反，用间接的方法获得知识，需要付出更多的时间和努力，特别是对于那些远离学习者经验的知识，学习起来更加困难。

在历史上，不少教育家都论述过直接经验和间接经验的过程，其中最著名的是杜威。杜威在《民主主义与教育》中指出，儿童学习的过程涉及三个阶段：第一阶段，儿童在“主动作业”和实际活动中学到关于事物初步的知识和直接经验，这符合他提出的“从做中学”的基本原则；第二阶段，通过学习历史、地理和交往，儿童将第一阶段所获得的直接经验朝纵深方向扩展；第三阶段，儿童将获得的经验和知识进一步扩展，使之成为合乎理性或合乎逻辑的有组织的材料，也就是科学的、系统的知识，这是学生经验发展和掌握知识的最高阶段。按照杜威的看法，儿童的学习过程是“从做中学”和从积累直接经验开始，然后通过学习间接经验和交往使直接经验的意义得以拓展和丰富。杜威的这种理解揭示了直接经验和间接经验在儿童学习中的作用，对于课程的设计具有指导价值。

在课程中，直接经验和间接经验对学习者的发展都具有重要的价值。人的认识从整体上都起源于直接经验，因此直接经验是认识的源头。但对于每一个具体的个人来说，他的认识大量来源于间接经验，不过即使是间接经验的东西，对整个人类来说仍是直接经验。例如，我们的知识大部分来源于课本，而课本上的知识又是其他人通过实践总结而来的，所以，知识的来源归根到底是直接经验。如果在课程设计中追求直接经验的获得，那么在课程内容的选择上会更倾向于以活动为主，通过活动积累学生的直接经验。例如，杜威倡导的活动课程，就是对社会上存在的一些行业进行提炼，然后将提炼的内容作为课程让儿童去学习，杜威称之为“主动作业”，如金工、木工、烹饪等。学生学习这些课程的过程也是直接体验的过程，在动手做的过程中发展直接经验。在我国，中小学也开始强调实践活动和探究活动，它们甚至进入学校的课程，如综合实践活动课程和研究性学习课程等。但是，相对于直接经验，间接经验则显得更为丰富和深奥。如果说直接经验来自个人，那么间接经验可以看作人类群体的经验，它构成了知识的宝库，是需要下一代掌握的。

三、知识与能力

学校课程的功能究竟是传授知识还是发展能力？这也是长期以来人们争论不休的话题，不同的理论和学派对传授知识与发展能力两方面各执一端。在近代的欧洲，甚至出现了针锋相对的两种观点：一种是形式教育论，认为普通教育的主要任务就是训练感官能力、发展能力和技巧，并据此设置课程和选择教材，而知识的传授无关紧要，因此课程的设置应增加拉丁语等可以训练官能的科目；一种是实质教育论，认为普通教育应以使学习者获得有价值的知识为主要任务，而学习知识本身就包含着能力的培养，能力无须加以特别训练，因此在课程上特别强调设置体现实质教育的科目。

通过课程的学习而使学生获得知识是学校教育的基本任务。把人类经过数千年积累下来的文化知识传播给下一代，这是教育的基本功能，课程只不过是为了方便学生学习，将这些知识分门别类，以科目的方式予以呈现，因此课程是文化知识的基本载体。在基础教育阶段，课程中的知识是遵循由浅入深、由易到难、由直观到抽象的原则加以组织的，这样可以根据学习者身心发展的特点更好地实现传授知识的功能。学习者只有掌握了一定量的知识之后，才能为终身的学习和能力发展奠定基础。因此，传授知识是各国智育的重要内容。

但是，相对于儿童有限的认知能力而言，知识的总量又是无限的，儿童不可能也没有必要完全掌握这些庞杂的知识，因此，通过课程传授的知识只不过是知识总量中的一部分，是经过提炼和系统化了的部分知识。而且，知识的发展是无限的，特别是随着科学技术突飞猛进的发展，知识的总量急剧膨胀，出现了所谓的“知识爆炸”，知识更新的速度加快，这对课程中知识的选择提出了新的挑战。例如，在新一轮基础教育课程改革中，对中小学课程的一个基本的要求就是体现课程与教材的前沿性，反映新时代科技发展的前沿知识。而且，为建立符合素质教育要求的课程体系，中小学课程必须关注学生创新精神和实践能力的培养。

这说明，学校课程仅仅关注知识并不足以实现其功能，还必须关注如何提高学习者的能力问题。这就提出了一个基本的原则，那就是：学校课程既要传授系统的知识，又要培养学生多方面的能力，实现传授知识与发展能力的辩证统一。学生掌握知识和发展能力是密切联系、相互促进的。一方面，掌握知识是发展能力的基础；另一方面，能力发展是掌握知识的必要条件，能力发展水平制约着学生掌握知识的速度和质量。

在当代社会，社会总体的知识状况发生了很大的变化，不仅科技发展日新月异，而且大量实践性的知识和地方化的知识为人类的知识宝库的扩充作出了巨大贡献。在知识的性质本身发生变化的同时，社会对人才培养的规格也提出了新的要求，如要培养未来一代独立思考的能力、解决问题的能力、实践能力和创新能力等。而且，人们对知识和能力的认识也在不断变化。例如，美国教育心理学家加涅（Robert M. Gagne，1916—2002）将学习结果分为言语信息、智慧技能、认知策略、动作技能和态度。其中，言语信息是学习者学会用口头语言或书面语言、会话来陈述或告诉一个事实或一系列事件；智慧技能是指学习者使用符号与环境接触；认知策略是习得支配学习者自己学习、记忆和思维的技能；动作技能是学习者学会在一系列组织化动作行为中完成运动；态度是学习者获得的影响个体行为选择的心理状态。加涅的这种划分打破了传统的将学习结果分为知识和能力的“二分法”框架，中小学生不论学习何种科目，学习的结果都在这五种学习结果之内。这些新的变化说明，传授知识与发展能力总是交织在一起的，知识是人发展的基础，但人不能成为知识的存储器，要能够将学到的知识转化为改造世界、提升自己的能力。所以，单纯地讨论传授知识和发展能力孰轻孰重已经没有太大的意义，二者相互依存、相互促进，是一个问题的两个方面，不可偏废。

本章小结

课程的概念不断变化，从词源的角度进行考察，可以发现课程的最初含义。从当今学校教育的实践状况来看，课程代表了为学生的社会发展和个性发展提供的机会，我们可以从四个基本的维度对课程的这一界定进行分析。随着教育的发展，当今学校中存在的课程形态主要有学科课程与经验课程、分科课程与综合课程、必修课程与选修课程等。这些课程形态有着不同的表现形式，对于学生的全面发展来说各有优劣，因此课程的设置在于科学化地配置这些不同的课程形态。课程研究的基本范畴涉及课程论学科必须回答的一些基本问题，主要有课程中的知识选择、直接经验与间接经验、知识与能力等。

关键概念

课程　学科课程　经验课程　分科课程　综合课程　知识选择

复习思考题

1. 课程的定义是什么？如何理解这一定义？
2. 什么是学科课程与经验课程？它们各有什么特征？
3. 什么是分科课程与综合课程？它们各有什么特征？
4. 如何理解课程中的知识选择问题？
5. 如何理解课程中直接经验与间接经验的关系？
6. 如何理解课程中知识与能力的关系？

本章阅读书目

1. ［美］杜威．民主主义与教育．北京：人民教育出版社，1990
2. ［美］莫琳・T・哈里楠．教育社会学手册．北京：华东师范大学出版社，2004
3. 瞿葆奎主编．教育学文集・课程与教材（上册）．北京：人民教育出版社，1988
4. ［英］斯宾塞．斯宾塞教育论著选．北京：人民教育出版社，2005
5. 有宝华．综合课程论．上海：上海教育出版社，2002
6. ［日］佐藤学．课程与教师．北京：教育科学出版社，2003

第五章

课程论的学科基础与课程知识谱系

导　读

20 世纪初，课程论作为一个独立的研究领域出现，在一定程度上也是得益于其他相关学科的发展和影响，主要是哲学、社会学和学习理论。这些领域的思想和方法对课程知识的产生和发展有着很大影响，甚至决定着课程的内容及其组织。这说明，课程论在专业知识体系和基础理论构建方面吸收和借鉴了其他学科的知识成果，从而促进了自身的发展。从这个角度来看，为了学好课程论，有必要了解相关学科，这样有助于形成宽广的学科视角和知识背景。哲学对课程论的影响主要表现为哲学中的认识论影响着课程知识的建构，特别是关于知识的认识对课程研究产生了深刻的影响；社会学的影响主要表现为社会文化的传承决定着课程的内容和表现形式，课程是教育社会学研究的重要领域；我们本章探讨的学习理论主要是指有关学习心理学和个体发展的理论，这些理论对课程的设计和实施具有关键性的指导作用。课程论在发展的过程中也形成了自身的知识谱系，借助于谱系学分析方法我们可以对纷繁复杂的课程理论和知识进行系统的梳理。

第一节　课程论的哲学基础

古希腊人认为，哲学（philosophy）就是“爱智慧”。美国教育家杜威认为，哲学是教育的“最一般理论”。哲学思潮影响着人们对教育领域事物的判断，对于课程研究而言，人们必须对哲学问题给予高度的关注。

一、哲学是什么

英文 philosophy 来自希腊语 philosophia。两千多年前的古希腊人创造这个词语来表示“爱智慧”，这很好地说明了人们对哲学的关注在于追求更好地认识事物、更有智慧地生活。因此，从这个词源来说，哲学的意图在于理性地认识自然界和社会生活中的道理，从而提高人的智慧。在日常生活中，“哲学”一词用来说明人们对生活的看法和做事的基本原则。而学术上所说的哲学，则是对这些看法和原则的理性根据进行质疑、反思和批判，并试图对这些看法和原则进行理性重建与抽象提炼。

在古代社会，人类的知识和经验相对来说并不丰富，没有形成现代意义上的学科分类，哲学是对当时自然知识和社会知识的概括，因此在很大程度上是所有学科的“母体学科”。古代哲学提出的概念包罗万象，如实在、逻辑、道德、知识、审美、意识等。古希腊哲学家苏格拉底、柏拉图和亚里士多德被认为是西方哲学的鼻祖，而中国的哲学一般认为起源于春秋战国时期，代表人物有孔子、老子、墨子等。

哲学的发展经历了漫长的过程，在这个过程中，哲学研究逐渐发展成为一门关于自然、社会和思维的一般发展规律的科学。但在不同的历史阶段，哲学研究关注的核心问题也有差别，主要表现为本体论和认识论。

在古代社会，哲学从整体上看属于本体论研究。所谓本体，就是指一切实在的最终本性。而本体论研究则是指对本体的追问与求证。无论是古代西方还是古代东方，对本体论的思考和回答都是哲学研究的基本课题，其追问的终极问题就是“世界是什么”，或“世界的本源是什么”。当然，对这个问题的回答有两种基本的路径：一种认为世界的本源是客观存在的物质，如古希腊哲学家认为世界的本源是“水”，是“火”，是“原子”；另一种认为世界的本源是思维、意识或理念，如中国古代的“元气论”（道家的主张“道生一，一生二，二生三，三生万物”）。当然，用今天的标准去衡量，本体论的观点是难以科学地予以验证的，但其意义在于它给人类带来了有关世界的终极性的思考。

进入近代之后，哲学研究发生了一些变化，整体而言从关注本体论转向关注认识论。西方近代哲学的认识论转向既受自然科学发展的推动，也是对自然科学发展所提出的挑战的一种回应。“一方面，自然科学的兴起促使哲学转向寻找新的认识方法和工具，哲学的兴趣由此转向了逻辑、经验等意识自身；另一方面，自然科学的迅速发展和其技术应用的辉煌成就也使得哲学的世界认识显得抽象、无用和可疑。”① 在这种情况下，哲学家们开始放弃对“世界是什么”这一问题的抽象思考，而转向了“如何认识世界”这一新的问题领域，这就是所谓的认识论。认识论讨论的是关于人类认识的性质和结构、前提和基础，

① 孙利天：《马克思主义哲学研究认识论转向的意义——纪念改革开放 30 周年》，载《江苏社会科学》，2008 (4)。

认识发生的过程和规律，以及认识的真理标准、认识与客观实在的关系等。但是，认识论的转向并不意味着哲学研究完全抛弃了本体论的研究，追问世界的本源贯穿了哲学研究的整个历史。

在哲学界，有一种较为普遍的说法是，近代哲学的认识论研究发展到现代之后又发生了一次转向，即“语言学转向”。“对于西方哲学的发展历程存在着一个公认的说法，即西方哲学从诞生以来，共经历了两次被称为‘转向’的研究主题的切换。第一次转向是从古代哲学的本体论到近代哲学的认识论转向。第二次转向是从近代哲学的认识论到现代哲学的语言学转向……现代哲学的‘语言学转向’是从近代哲学离开对语言意义的审查而探究思想的客观性的认识论追求，转变为对语言意义的分析和理解，意义问题成为现代哲学研究的切入点。”① 当然，现代西方哲学的发展并不仅仅发生了语言学转向，而是存在更多的发展路径，包括存在主义转向、西方马克思主义转向、后现代主义转向等。这说明，西方现代哲学研究的变革是多维度的，它关注人类存在的意义，仍然秉承“爱智慧”的传统，给人类发展带来了更多智慧的启迪。

二、本体论与课程

在哲学研究中，本体论是有关对世界和现实的本质进行研究的学说，要回答的问题是“世界是什么”或“现实是什么”。这是一个终极性的追问，关系到世界的存在和人的存在，因此对于理解世界和理解人类自身至关重要。

在历史上，古代社会有着朴素的唯物主义视角，将世界的本源归结为某一种物质或元素，如水、火、原子等。“赫拉克利特相信火是原质，其他万物都是由火而生成的。泰勒斯认为万物是由水构成的。阿那克西美尼认为气是原质。最后，恩培多克勒却提出了一种政治家式的妥协，他承认有土、气、火和水四种原质。”② 这种理解反映了古代社会人类认知的有限性，但却是开启人类思考世界本源的先河，从一开始就显示了人类试图认识世界的智慧，这是任何其他生物都不可比拟的。但是这种视角不可能提供一种清晰的关于世界本源的答案。在历史发展中人类关于世界本源的信念也在发生一些转变，如欧洲中世纪时期，基督教哲学将这个本源归结为“上帝”，是“上帝”创造了这个世界，这个井然有序的世界已经先验地由“神”确定下来了。当然这是特定历史时期的一种本体论假设，在随后的发展中这种“神创论”受到挑战，如文艺复兴运动，它将世人的眼光从“来世”拉回“现世”，从“天堂”拉回地球，这是古代哲学本体论的一次重大转折。

---

① 韩秋红等：《西方哲学的现代转向》，2页，长春，吉林人民出版社，2007。

② ［英］罗素：《西方哲学史（上卷）》，71～72页，北京，商务印书馆，1997。

当代本体论的研究很重要的一个方面就是对人的本性的追问，如“人的本性是什么”，“人是什么”，再具体来说，“我是谁”。类似的问题显然更加复杂，它要回答的是人在这个世界上如何存在、存在的终极价值和意义在哪里的问题。显然，哲学本体论的研究要思考人类存在的终极意义。其他学科可以回避这个问题，但哲学不能，它要探究人的本性与存在价值，这似乎也成为哲学本体论研究的一个永恒的话题。譬如，自古以来就有关于人性的讨论：有人持“性善论”，认为“人之初，性本善”（见专栏 5—1）；有人持“性恶说”，认为人性生来就是恶的，需要后天的教化与社会制度予以规范和制约。当然，这个问题似乎是无解的，直到今天也没有一个完善的诠释，它意味着人类需要对人性有一个根本性的认识和判断，这只能归于哲学认识论的研究范畴。

专栏 5—1　　　　孟子的“性善论”

恻隐之心，人皆有之；羞恶之心，人皆有之；恭敬之心，人皆有之；是非之心，人皆有之。恻隐之心，仁也；羞恶之心，义也；恭敬之心，礼也；是非之心，智也。仁义礼智，非由外铄我也，我固有之也。

——《孟子·告子上》

人皆有不忍人之心。……所以谓人皆有不忍人之心者，今人乍见孺子将入于井，皆有怵惕恻隐之心，非所以内交于孺子之父母也，非所以要誉于乡党朋友也，非恶其声而然也。

——《孟子·公孙丑上》

人之所不学而能者，其良能也；所不虑而知者，其良知也。孩提之童无不知爱其亲者，及其长也，无不知敬其兄也。

——《孟子·尽心上》

任何一个国家、民族或社会群体都有其主流的关于人性本质的认识和价值观，这种本体论需要让下一代人掌握和继承，由此，学校课程就成为传承这种哲学本体论的基本媒介。在学校课程中，人类文明演进和文化发展的成果构成课程的基本内容，而有关人的本性和人的价值的观点与判断也必然存在于这些成果之中。在这个意义上，哲学本体论的讨论内在地成为学校课程的一部分，哲学与课程的关系由此也紧密地联系在一起。

此外，哲学本体论的研究也为课程研究提供了方法论的启示，那就是要从根本上阐释课程的自身存在，如“课程是什么”、“课程的目的是什么”等。在课程研究领域之内追问课程的本质，这是课程研究的起点，是回答课程领域诸多问题的前提。不同的人从不同的哲学观和视角出发，对课程本质的理解和诠释也不尽相同，这是现代课程论研究领域出现众多理论观点和流派的根本原因。因此，课程本体论的研究关涉课程的基本原理和实践原则，对于课程的理论发展和实践探索具有重要的意义。

三、认识论与课程

认识问题是人类一开始就思考的问题，但对认识本身进行思考和研究并形成系统的理论观点，则是与哲学发展密切相关的事情。西方哲学发展到近代之后出现了认识论转向，意味着哲学研究从追问“是什么”的问题转向追问“为什么”的问题。跟本体论不同，认识论是关于知识的本质及认识的本质的哲学范畴，真理与认识问题是其研究的核心，它追问的问题有“什么是真理”、“我们如何认识真理”，以及“我们如何认识这个世界”，等等。

总体而言，认识论是哲学的一个组成部分，是哲学研究的重要范畴，它是研究人类认识的本质与方法及其发展过程的哲学理论。认识论研究主要探讨人类认识的本质、结构、方法，认识与客观实在的关系，认识发生、发展的过程及规律等。认识论的任务是揭示认识的本质及其发生、发展的一般过程和规律，力求使人类的认识活动符合客观实际。认识论从思维和存在、精神和物质等哲学基本问题出发，将其贯穿于认识论的内容之中，由此形成了不同的认识论观点和学说。

尽管中国古代社会没有出现“认识论”这一术语，但古代的思想家们很早就关注认识问题。例如，孔子很关注知识的来源问题，他提出：“生而知之者，上也；学而知之者，次也；困而学之，又其次也。困而不学，民斯为下矣。”(《论语·季氏》)这段话阐述了孔子的认识论的基本主张。他认为，人要获得知识有两条途径：一种是与生俱来的，即“生而知之”；一种是后天学习得来的，即“学而知之”。孔子自认为他的知识不是与生俱来的，而是通过后天的刻苦好学得来的，“我非生而知之者，好古，敏以求之者也”(《论语·述而》)。孔子对认识的这一阐述开启了我国古代思想家研究知识问题的先河，随后的先秦诸子、宋明理学家等的思想观点很多也是围绕认识论问题而展开的。

在发生认识论转向之后，西方近代哲学注重研究自我和外部世界的关系、外在经验和内在经验的关系、感性和理性的关系等问题，在回答这些问题的过程中产生了经验论和唯理论的不同取向。例如：英国哲学家培根（Francis Bacon，1561—1626）坚持从经验出发，认为知识只能从经验中获得；法国哲学家笛卡儿（Descartes，1596--1650）则否定感觉经验，推崇理性在认识中的重要作用，认为只有从与生俱来的公理出发通过演绎推理才能获得真理性的知识。马克思提出了辩证唯物主义的认识论，对于认识的来源、本质及规律进行了阐述，认为客观的不依赖于人的意识而存在的物质世界是认识的对象和源泉，认识是主体对客体的反映，是客观世界的主观映像；在认识和实践的关系上，认为认识来自实践，又转过来指导实践。这些论断为人们探索世界和改造世界提供了思想指导。

当代西方哲学的主要流派都是以认识论作为出发点来立论的，如现象学、分析哲学、逻辑实证主义哲学、语言分析哲学、存在主义哲学等，各种哲学流派的宇宙观、目的论、本体论、价值论等基本上都是从认识论上的基点推衍出来的。知识的性质、认识与真理、认识世界的方法论等领域成为当代西方哲学研究的主要方面，这些研究对于其他人文社会科学产生了深刻的影响。

由于哲学认识论关系到人如何获得知识、认识世界，它对于各个学科知识的发展都产生了深刻的影响。对于教育领域而言，不少哲学家同时也是教育家，在阐述他们自己的哲学认识论的同时提出了独特的教育学主张。例如，英国哲学家洛克反对理性主义认识论的“天赋观念说”，认为观念和经验是知识的唯一来源，因为人出生时心灵就像白纸或白板一样，人的一切观念和知识都是外界事物在白板上留下的痕迹，都最终源于经验。“人们单凭运用他们的自然能力，不必借助于任何天赋的印象，就能够获得他们所拥有的全部知识；他们不必有任何这样一种原始的概念或原则，就可以得到可靠的知识。”① 洛克的这一观点在教育史上被称为“白板说”，代表着近代教育思想中人性精神的觉醒，有力地批判了中世纪宗教哲学的“原罪论”对儿童天性的扭曲，对近代自然主义的教育思想影响深远。

认识论与课程关联最多，因为它是关于知识的哲学范畴，而课程在很大程度上则是与知识相关的。首先，哲学认识论对知识本质的研究影响着课程的知识选择，那些被认为是“真理”的知识必然被选择出来进入课程。例如，斯宾塞的著名命题，“什么知识最有价值？唯一的答案就是科学”。在这个命题中，科学代表着真理，那就应该作为课程的内容而让下一代去学习。其次，哲学认识论对获得知识的方法论的讨论影响着课程研究的方法和取向。用认识论的观点去指导人们认识世界和改造世界，就成了方法论。它是普遍适用于各门具体社会科学并起指导作用的范畴、原则、理论、方法和手段的总和，显然，课程论的研究也离不开方法论的指导。

四、价值论与课程

价值论是哲学的另一重要分支，它研究人类生活中的各种价值现象，以寻找普遍存在于伦理学、美学等领域中共同的东西和基本原则。其根本目的在于启迪人的生存智慧，为人类如何幸福地生活提供指导。可见，价值论又是哲学“爱智慧”的又一重要体现，对于人们在这个世界上智慧、幸福地生活具有重要意义。

价值论要解决的是人的存在价值和生活意义的问题。有学者认为，其目的和使命主要有三：（1）要立足于变化着的人类生活，在批判地继承人类已有思想文化成果的基础上为人类生活提供一般价值原则和基本行为准则；（2）把价值论所确立的一般价值原则和基本行为准则延伸到或应用于个人和社会生活的各个领域，确立不同领域的具体价值原则和行为准则，以为人们提供具体的指导和规范；（3）要用所确立的一般价值体系和具体的价值

① 北京大学哲学系外国哲学史教研室编译：《西方哲学原著选读（上卷）》，447页，北京，商务印书馆，1981。

体系作为理想价值模式去审视、批判和重构人类生活现实，使之趋于理想价值体系模式，使之趋于完美。① 实现这些目的，价值论需要从根本上去关注人类生活的各种问题，包括人的价值与尊严、人的理想与追求、人的幸福与存在体验，以及人与他人的关系、人与自然的关系等。可见，价值论事关人类如何生存、如何实现存在价值的根本问题，由此成为哲学研究的基本范畴之一。

总体而言，价值论的研究主要分为两个领域：伦理学和美学。前者关注个人和社会行为中的“善”，后者关注生活中的“美”。在我国古代社会，尽管没有价值观这一明确提法，但对于伦理学的研究则由来已久。古人在讨论人生理想和人的行为时，提出了一些基本的概念，如义与利、理与欲、志与功等，这些同价值问题密切相关，并在不同方面表现出他们的价值观。儒家思想作为传统文化的主流，主张把“仁”作为人生追求的最高价值。孔子以后，儒家学派的一些主要代表人物如孟子、董仲舒、朱熹等人，都重义轻利、扬理抑欲，轻视物质方面的价值，重视精神方面的价值，主张“忠孝仁义”、“礼义廉耻”等基本的伦理价值观，对后世影响深远。西方近代以来很多哲学家在阐述其哲学观时都涉及价值问题，认为人的愿望、目的、效用、善、正义、德行、道德判断、审美判断等，都同价值有关，因而可以建立起包括经济学、伦理学、法学、美学等领域的价值在内的一般价值理论，或称“价值哲学”，成为西方哲学研究的重要支脉。

哲学价值论研究对课程研究的影响主要表现在课程的目的设定、课程内容的选择和课程评价领域。课程的目的在于发展人的知识、技能、情感态度、品德意志等，其中课程目的很重要的一个维度就是“情感态度价值观”。价值论研究中有关价值的原则及其阐述对于确立教育目的和课程目标具有宏观的指导作用。在课程评价领域，判断一个课程方案的优劣需要根据一定的评价标准，这个评价标准受制于上位的特定价值体系和价值规范。在课程内容的选择方面，学校课程需要向未来一代传递积极向上的、符合特定社会的核心价值观的内容，这些内容必然需要经过社会价值体系的筛选和过滤。总之，价值论所研究的“善恶”、“优劣”、“美丑”等对学校课程的目标设定、内容选择和评价标准都有影响。

第二节　课程论的社会学基础

社会是生活于其中的人以物质资料的生产和精神生活的分享为基础而相互作用的人类生活共同体。社会学则是以研究社会属性和社会关系为基本目标的专门学科，它试图回答

① 参见江畅：《哲学价值论：地位及意义》，载《天津社会科学》，2002（5）。

如下问题：一定的社会作为整体其结构是什么？其基本组成部分是什么？这些成分是如何相互联系的？该结构与其他类型的社会秩序有何不同？教育活动是社会学研究的一个重要领域，而课程的设置、实施与评价等各个领域都受到社会政治、经济和文化等要素的影响。

一、课程的社会属性

社会系统的诸要素制约着学校课程的设置。社会是一个大系统，根据人类活动的主题来划分，这个大系统主要包括政治、经济、文化、科技等要素。这些要素对学校课程产生了错综复杂的影响，使得课程深深地打上了社会的烙印。例如，任何一个国家和社会的学校课程都必须符合特定的政治发展和意识形态需求，这是课程获得合法性的前提。因此，任何课程要获得合法身份从而进入学校教育的实践（特别是在基础教育阶段），除了内容要科学、不存在错误之外，还必须符合官方的评估和审查。再如，经济对课程的影响也非常大，任何课程设置和教材开发都不可能超越既定的经济发展水平，经济条件是课程开发的基础性的依赖因素，经济发展决定着课程的表现形式、课程实施的方式、课程资源的配置等。

课程是传递社会价值观和文化信息的基本载体。课程一方面受到社会政治、经济和文化等要素的影响，另一方面反作用于社会，成为影响社会发展的重要因素，这也体现了课程的社会属性。课程影响社会的主要机制在于，学校课程通过对知识和价值观的选择、传递、分配和评价等影响特定人才的培养，这些学校培养出来的人作为社会的成员必然决定着社会的发展方向和变革路径。此外，课程是社会文化传承的基本载体，人类在历史上发展起来的种族经验以知识的方式存储下来，但要让下一代掌握这些知识，最有效的途径显然是通过课程的学习来传递给下一代。从这个角度来说，社会文化的传承离不开学校课程。

学校课程包含着社会权力运作和社会控制的一些因素。课程是制度性的法定文化和主流文化，在课堂上，教育工作者代表社会通过教科书将这些合法性的知识和主流文化传递给下一代。正如英国教育社会学家伯恩斯坦（Basil Bernstein，1924—2000）所言："社会如何选择、分类、分配、传递和评价其公共的教育知识，既反映了社会权力分配的状况，又反映了社会控制的一些原则。"① 从教育社会学研究的视角来看，课程是一个角力场，各种诉求、利益和声音都试图进入这个角力场，最终体现了社会权力运作和社会控制（见图 5—1）。

---

① 转引自吴永军：《当代西方课程的社会学研究述评》，载《南京师大学报（社会科学版）》，1995（1）。

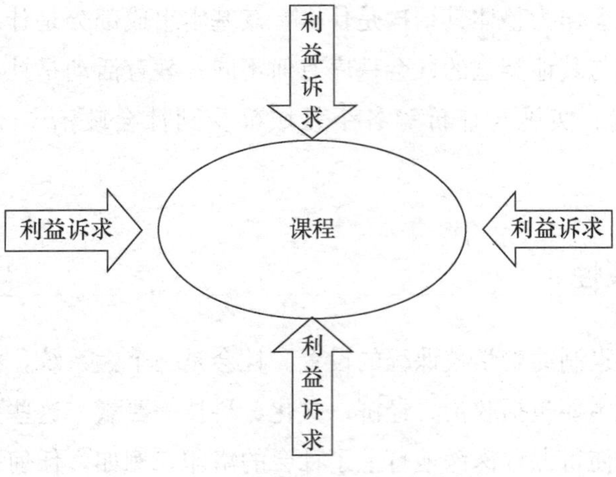

图 5—1　作为角力场的课程

二、课程的社会学分析

1838 年，法国著名社会学家孔德（August Comte，1798—1857）首先提出了“社会学”的名称及该学科的框架和构想，从此，社会学作为一个专门研究社会的学科迅速发展起来。19 世纪大致属于社会学的产生和形成时期，该时期涌现出了多位社会学的巨匠并形成了社会学发展史上的几个传统，包括孔德的实证主义社会学、马克思的批判社会学和韦伯（Max Weber，1864—1920）的解释社会学、涂尔干（Emile Durkheim，1858—1917）的结构功能主义社会学等。19 世纪末，社会学从欧洲少数几个国家开始向世界各国传播并得到迅速发展；第二次世界大战之后，社会学在世界范围内受到广泛关注，直到今天形成了规模庞大的学科理论体系。发轫之初，社会学就以社会现象和社会问题为研究对象，通过对社会关系和社会行为的研究来揭示并阐释社会的结构、功能及发展规律，其研究的问题领域非常广博，包括历史、政治、经济、社会结构、行为规范、社会制度及其变迁、人口与民族、城市与乡村、婚姻与家庭、信仰与宗教等。其中，教育和课程作为人类基本的社会活动必然成为社会学研究的重要领域之一。社会学对课程的研究属于教育社会学研究的范畴，而教育社会学在发展的历程中主要形成了四大流派，即结构功能主义、冲突理论、解释主义和批判理论。

（1）结构功能主义对课程的分析。二战结束之后，社会学研究进入了快速发展的时期，尤其是结构功能主义发展更是迅速，成为此后 20 年里社会学领域主流的学术流派。美国的帕森斯（Talcott Parsons，1902—1979）、默顿（Robert K. Merton，1910—2003）等是这个流派的代表人物。在结构功能主义看来，整个社会就是一个系统，有着自己的结构要素，而社会结构的每个组成部分都发挥着各自的有机功能，由此社会能够保持一种静态的平衡和有条不紊的秩序。这个系统要保证其存在与协调，必须满足一定的条件，如何促进社会体系的稳定与秩序，让社会结构要素对社会协调作出贡献是社会学研究的基本课题。结构功能主义重视教育在社会结构中的作用，引导人们关注社会阶级、家庭、种族等因素对学生发展的影响。具体在课程领域，结构功能主义认为：课程的目的在于使学生社会化；课程的功能在于让学生的行为有利于维持社会结构稳定、保持社会平衡。

（2）冲突理论对课程的分析。结构功能主义兴起于美国二战后的和平建设时代，那时社会和谐、人们生活稳定，一派欣欣向荣的景象。但进入 60 年代之后，美国的社会矛盾激化，如反对越战运动、保障民权运动、总统遇刺等，造成社会动荡并引发了巨大的社会变革。在这种背景下，结构功能主义已不再引起人们的兴趣，而冲突理论应运而生。现实社会有两个侧面：稳定、和谐与冲突、变迁。与结构功能主义强调社会稳定、和谐的一面不同，冲突理论强调社会冲突和变迁的一面。从这个角度来看，冲突理论的鼻祖应该是卡尔·马克思。20 世纪中后期，冲突理论的主要代表人物有美国的查里斯·W·米尔斯（Charies W. Mills，1916—1962）、刘易斯·科塞（Lewis A. Coser，1913—2003），以及德国的达伦多夫（Dahrendorf）等。冲突理论认为，在社会正常的运转过程中，由于不同的社会群体在权力、财富与地位上的不平等造成了群体之间的冲突，这些冲突又带来一定的社会动荡与社会变迁，由此引发社会变革。在教育社会学领域，冲突理论把学校看作社会流动和社会变迁的焦点，社会通过学校教育复制既有的统治关系，强调学校内部及学校与外部社会的权力关系。基于这一视角，在课程领域则强调课程是一种特殊的身份文化，通过课程实施使这一身份文化传递下去；学校中的“隐性课程”发挥着潜移默化的影响，课程是复制社会关系的手段。

（3）解释主义对课程的分析。社会学中的解释主义兴起于 20 世纪 70 年代，其代表人物主要活跃在英国，如迈克尔·扬（Michael Young）、伯恩斯坦等。总体来看，解释主义受到分析哲学、现象学、知识社会学和符号互动理论等的影响，反对将社会作为“物”来看待；社会是由人构成的，而人与物最大的不同在于对“意义”的感知和建构。因此，对社会现象和事实的一切分析都是解释性的。在教育社会学领域，解释主义强调对教育和学校的现实进行深度剖析，特别是探讨教育内容、师生关系等课题。在课程领域则主张对课程内容进行社会学的分析，揭示教育知识的分配过程及其带来的后果。

（4）批判理论对课程的分析。批判理论是西方社会学的一个重要分支，现代批判理论主要以德国的法兰克福学派为代表，英美国家也涌现出了大批支持批判理论的社会学家。批判理论强调对社会现实的反思、批判和否定，并且明确地提出以把人从压迫性的社会现实中解放出来为理论宗旨，对教育研究和课程研究产生了深刻的影响。批判教育学是运用批判理论解释教育现象的一个学派，代表人物有保罗·弗莱雷（Paulo Freire）、塞缪尔·鲍尔斯（Samuel Bowles）、迈克尔·W·阿普尔（Michael W. Apple）等。批判教育学将“解放”作为教育最终追求的目标，运用批判的方法对教育进行研究与分析，倡导个人摆脱权力的控制。在课程领域，批判理论试图通过对学校课程领域的制度和文化霸权进行剖析，解释课程如何复制阶级关系和意识形态，通过对现实的批判促成个体解放。

第三节　课程论的心理学基础

心理学（psychology）是一门古老的学问，其英语词根来源于希腊语 psyche，意思是“灵魂”。但在很长的历史时期内，心理学并不是一门科学，而是属于思辨哲学的范畴。进入 19 世纪之后，生理学和物理学的发展以及实验、测量和统计等自然科学研究方法的应用为科学心理学的诞生创造了条件。1879 年，德国生理学家冯特（Wilhelm Wundt，1832—1920）在莱比锡大学创建了世界上第一个心理学实验室，致力于用实验的方法来研究人的心理现象和精神活动，科学心理学由此诞生。心理学的研究范围很广，主要涉及人的心理过程（感觉、知觉、记忆、思维等）和个性心理特征，与日常生活的许多领域密切相关，对教育问题进行心理学分析已经成为教育学的分支学科——教育心理学。本节我们将介绍对课程研究和实践产生深刻影响的三种主要的心理学理论，即行为主义心理学、认知主义心理学和人本主义心理学。

一、行为主义心理学

行为主义心理学诞生于 20 世纪初。在此之前，心理学注重对心理内容和意识的研究，例如奥地利精神医生弗洛伊德（Sigmund Freud，1856—1939）认为，人的心理可以分为意识、潜意识和无意识三部分，人的某些本能不能为社会习俗、道德和法律规范所容许，被压抑于心灵深处，这便构成了潜意识，它是人类一切精神生活的根本动机。弗洛伊德以此为理论基础建立了精神分析学说，这是人类认识自我的重要理论成果。然而，这种理论很难说有科学依据，后来受到一些心理学家的批判，由此行为主义心理学发展起来，代表人物主要有华生（John Watson，1878—1958）、巴甫洛夫（Ivan P. Pavlov，1849—1936）、桑代克（Edward L. Thorndike，1874—1949）、斯金纳（Burrhus F. Skinner，1904—1990）等。1913 年，华生发表了《一个行为主义者眼中的心理学》（Psychology as the Behaviorist Views It），一般认为该论文的发表是行为主义心理学诞生的标志。

学者简介

约翰·华生，美国著名心理学家，行为主义心理学的创始人。他主要通过对动物行为的研究来提出基本的心理学原理。他出生于美国南卡罗来纳州。华生的母亲为他的教育费尽心血，但年轻的华生在学业上的表现很糟糕，所幸进入该州的福尔曼大学（Furman University）。进入大学后的华生努力想证明自己，这使得16岁进入大学的他21岁便获得硕士学位。不久，他进入芝加哥大学，师从杜威学习心理学，1903年获得博士学位。1908—1920年，华生任教于约翰·霍普金斯大学并在入职后很快荣升为心理系主任。1910—1915年，华生主编《心理学评论》（*Psychological Review*）杂志。1913年，华生发表《一个行为主义者眼中的心理学》，阐述了自己的心理学主张，这篇论文被称为"行为主义心理学的宣言"。1914年，华生出版了《行为：比较心理学导论》（*Behavior: An Introduction to Comparative Psychology*），该书是行为主义心理学的重要代表作之一。

行为主义强调，心理学应该研究可以被观察和直接测量的行为，而不是意识。在方法上，行为主义反对内省的方法，主张用实验的方法来研究外显的行为。俄国生理学家巴甫洛夫的研究为早期行为主义奠定了重要的理论基础。为了研究刺激和反应行为，巴甫洛夫以狗为实验对象设计了著名的"假饲实验"，提出了经典条件反射的理论，即一个刺激和另一个带有奖赏或惩罚的无条件刺激多次连接，可以使个体在仅仅呈现无条件刺激时也能引发相应的反应。以此为基础，华生主张心理学只研究那些能够观察并加以测量的刺激和反应，提出了环境和后天学习对人的行为模式的影响，认为只要查明了环境刺激与行为反应之间的规律，就能根据刺激预知反应，从而达到预测和控制行为的目的。后来的行为主义心理学家对早期的这些理论提出了修正和进一步的发展，如斯金纳设计了著名的"斯金纳箱"。他将一只饥饿的老鼠放入箱内，老鼠上蹿下跳偶尔碰到杠杆就得到了食物，尝到甜头后的老鼠压杠杆的频率越来越高，于是就学会了通过压杠杆而获得食物的方法。这个实验证明通过食物的强化可以使老鼠学会压杠杆。斯金纳认为强化训练是解释个体学习过程的主要机制，这被称为"操作性条件反射"理论。

行为主义心理学的理论观点主要有：（1）强调外显行为的变化，认为心理学研究的对象不应该局限于心理意识和内容，而应该注重研究可以观察和测量的、客观的外部行为；（2）强调强化的作用，也就是说，个体的行为结果影响着后继的行为，强化是塑造和控制行为反应的基本手段；（3）强调外部环境的重要功能，外部刺激会带来相应的心理过程，有什么样的刺激就有什么样的反应，学习也就是刺激与反应之间的联结。

行为主义心理学的创立具有重要意义：它以可观察的行为作为研究对象，以实验、测量、统计等方法开展研究，取代了原有的对意识的反省，促使心理学研究在科学化进程上推进了一大步。此外，跟此前的精神分析不同，行为主义心理学致力于预测和控制个体的行为，把对意识的研究转向对外显行为的研究，拓展了心理学的研究领域，推动了心理学的应用性发展，如行为矫正、学习心理的研究等。但行为主义心理学也有其缺陷，主要是：把心理现象与物理现象等同起来，抽掉了心理现象的独特性，并把以动物为实验对象得出来的结论应用到人的行为上去。20 世纪中期之后，心理学的这些弊端越来越引起心理学界的批判，由此行为主义的主导地位开始动摇，心理学领域出现了不同的理论和主张。

二、认知主义心理学

20 世纪前半期，行为主义在心理学界占据了主导，其研究方法、理论观点和主张成为心理学家们热衷探讨的话题，其地位如日中天。然而进入 20 世纪中期之后，行为主义的缺陷也日趋为人们所揭露和批判，特别是在解释人类的学习活动时，行为主义仅仅关注外显的行为而无视学习者对知识的理解以及学习者的内部心理过程；基于动物实验基础上的行为主义的观点可以解释低级学习活动，但不能解释人的高级思维过程。在这种背景下，一种不同于行为主义的心理学观点和方法开始崛起，这就是认知主义心理学。

其实，在行为主义诞生的年代，德国的一些心理学家并不赞同美国同行对心理活动的行为主义的阐释。德国心理学家韦特海默（Max Wertheimer）提出了一个概念——格式塔（gestalt），即“完形”、“整体”的意思。围绕这一概念，他认为人和动物的智慧行为不是简单的“刺激—反应”，而是一种新的“完形”的突然出现，叫作“顿悟”。人的意识活动是具有内在规律的完整的历程，不是简单的感觉元素的集合或“刺激—反应”的强化。这种学说被称为“格式塔心理学”。认知主义源于格式塔心理学，它反对将学习看作机械的、被动的“刺激—反应”的联结，认为学习活动是通过主体的主观作用和内部认知实现的。这一理论的主要代表人物有皮亚杰（Jean Piaget，1896—1980）、加涅、奥苏贝尔（David P. Ausubel）、布鲁纳等。

学者简介

让·皮亚杰，瑞士发展心理学家，长期致力于儿童认知发展的研究，他的发展认知理论被称为“发生认识论”。皮亚杰出身于一个大学教授家庭，从小对生物学和自然界感兴趣，15 岁就发表了多篇关于软体动物的论文。年轻时他在苏黎世大学（University of Zürich）学习，1918 年获得博士学位。毕业后离开瑞士来到法国，任教于法国的一所男子学校，而这所学校的校长是比内（Alfred Binet）——皮亚杰协助他完成了著名的“比内智力量表”。1922年皮亚杰回到瑞士日内瓦，担任卢梭研究所所长。1925年之后，皮亚杰作为心理学教授任教于多所大学。1964年，他受邀作为首席专家参与了在康奈尔大学（Cornell University）和加州大学伯克利分校（University of California，Berkeley）举办的两次学术会议，会议的主题就是探讨儿童认知与课程开发的关系。他强调教育对儿童的重要性，认为教育是使这个世界免于崩溃的唯一力量。1955年，他在日内瓦创建了发生认识论国际研究中心并担任该中心的主任，直到1980年逝世，而这个中心卓有成效的工作成就了“皮亚杰学派”，赢得了良好的学术声誉。

跟行为主义不同的是，认知主义研究人的高级心理过程，特别是认知过程，如注意、知觉、表象、记忆、思维、语言等。它强调信息的输入和输出之间发生的内部心理过程，显然，这个过程不是外显的，不能通过观察和测量获得。例如，在解释“学习”这一概念时，行为主义一般将其界定为“由练习或经验引起的行为的相对持久的变化”，而认知主义则定义为“一个主体在某个规定情境中的重复经验引起的、对那个情境的行为或行为潜能的变化。不过，这种变化是不能根据主体的先天反应倾向、成熟或暂时状态（如疲劳、醉酒、内驱力等）来解释的”①。可见，行为主义根据条件反射的理论解释学习；认知主义则更强调内部的心理过程，这个过程会产生一定的心理和行为的变化，如加涅提出人的学习活动会产生五种学习结果：言语信息、智慧技能、认知策略、动作技能和态度。

认知主义强调认知结构对人类学习的重要性。例如：皮亚杰用“图式”一词来描述认知结构，提出了著名的认知发展阶段理论，认为人的认知发展经过感知运动阶段、前运算阶段、具体运算阶段和形式运算阶段；奥苏贝尔则认为认知结构就是学生头脑中的知识结构，是头脑中所有观念的全部内容及其组织；布鲁纳则认为学习就是认知结构的重新组织，知识的学习就是在头脑中形成一定的知识结构，主要有学科的主要概念、原理和方法构成。此外，在知识的学习过程中，认知主义还强调迁移、动机等在认知发展过程中发挥重要作用，而不仅仅是外显行为的强化。

总体而言，认知主义强调内部认知过程，反对仅仅研究外显的行为变化；在学习方面强调认知结构所发挥的作用，学习者原有的知识结构是学习的基础，可以同化新知识；认为学习应该是有意义的而不是机械的；注重学习者的内在动机而不是外部强化，认为积极的学习心态是学习效果的保障；等等。认知心理学取代行为主义而成为心理学的主导理论，在很大程度上是因为它揭示了人类学习的本质和规律，对学习策略和教学设计具有实际的指导价值，由此成为教育心理学和学习理论的基本依据。

---

① 邵瑞珍主编：《教育心理学》，26～27页，上海，上海教育出版社，1997。

三、人本主义心理学

人本主义心理学兴起于20世纪五六十年代的美国，以心理学家罗杰斯（Carl R. Rogers，1902—1987）和马斯洛（Abraham Harold Maslow，1908—1970）为代表。人本主义心理学受到西方存在主义哲学的影响，对人的存在体验、自由和意义极为重视，反对精神分析学派关注人的病态行为而忽视正常人的心理体验，也批判行为主义简单地用以动物为实验对象得出的结论来解释人的行为，因此致力于创立一个全新的心理学理论，由此关注正常、健康的心理发展和个人成长。相对于精神分析和行为主义，人本主义心理学被称为心理学界的“第三势力”，对当代心理学发展产生了深刻的影响。

学者简介

亚伯拉罕·马斯洛，出生于美国纽约。父母从小对他望子成龙，为了满足父母的愿望，马斯洛一开始在纽约城市学院（City College of New York）学习法律，三个学期后他转学到康奈尔大学。之后，马斯洛进入威斯康星大学（University of Wisconsin）学习，并对心理学产生了浓厚的兴趣。1930年，马斯洛获得学士学位，一年后又获得硕士学位，1934年获得博士学位，专业均为心理学，而且是在同一所大学——威斯康星大学获得的。毕业一年后，他回到纽约，跟桑代克一起在哥伦比亚大学工作。1962年，马斯洛出版了著名的《人的心理学》(*Toward A Psychology of Being*)，通过对健康的人的研究，阐述了他关于人本主义心理学的思想。他提出了“需求层次说”，认为人有五种基本的需求，而且这五种需求是从低到高依次发展的，低层次需求的满足是获得高层次需求的前提和基础。马斯洛的晚年是在加利福尼亚度过的，并饱受病痛的折磨。1970年6月，由于心脏病发作，马斯洛与世长辞，享年62岁。

罗杰斯最初从事的是心理治疗工作，创立了“以人为中心疗法”，后来将自己在心理治疗方面的知识和经验扩展到一般人格理论之中，并进一步把人本主义的方法应用于解决一般社会问题（包括教育、社会和平等）之中，提出了著名的“非指导性教育”的原则。罗杰斯始终对人性抱有一种乐观的态度，相信个体具有可以挖掘的潜能并能够实现自我发展和个人幸福，被誉为“人本主义心理学之父”。

马斯洛也强调个体成长的内在力量，认为这种内在力量的根源在于动机，而动机又是由不同层次的需求组成的，各种需求之间有先后、高低顺序，每一层次需求的满足，决定着人格发展的境界和程度。这就是著名的“需求层次说”。马斯洛认为，人的需求主要有五个层次：（1）生理需求，即个体为了生存而必需的基本需求，包括食物、水、睡眠等；（2）安全需求，主要是安全的环境，以免除生理和心理的焦虑；（3）爱与归属的需求，即被别人接纳、爱护、关注、支持等，如结交朋友、追求爱情、参加团体活动等；（4）尊重的需求，包括尊重别人和自我尊重；（5）自我实现的需求，即实现自身的发展潜能，获得个人成就的满足感。“需求层次说”符合人本主义的观点，是解释人格和动机的重要理论。

人本主义心理学坚信“性善论”，积极肯定人的本性，强调人的认识活动的基础是意识和经验，人性的本质表现为乐观、积极向上和富有建设性地处理各种关系。在学术观点上提出了一些强调个体发展的概念，如“自我实现”、“高峰体验”等，由此强调人的尊严、价值、创造力和潜能的发展。人本主义心理学看到了人的心理与人的本质的一致性，主张心理学必须从人的本性出发研究人的心理，以人的尊严、价值和自我实现作为社会活动的出发点，强调自我的作用，并积极将人本主义的方法应用于解决社会问题，这些努力使得人本主义心理学广受欢迎，成为影响巨大的一个心理学派别。

四、心理学对课程论的影响

现代心理学从其诞生以来就形成了不同的理论流派，不同的理论流派对课程的发展产生了不同的影响。行为主义、认知主义和人本主义是其中三种重要的理论流派，它们从不同的侧面对课程的理论和实践产生了影响。

心理学的发展为课程理论和课程研究提供了一些基本的依据。课程是为学生提供的，是传承文化、传播知识、培养技能和品德的最基本的载体与平台，它必须是为学生服务的。要为学生服务，前提是一定要符合学生的心理发展特征。课程不是知识的堆砌，要根据学生的需求和心理发展规律设计课程。因此，心理学的研究成果是课程知识建构和理论发展的基础，目前的课程理论和观点无不带有心理学研究的影子，一些著名的课程论专家也明显受到心理学研究的影响，如杜威、泰勒、布鲁纳等。

心理学的理论和观点为课程开发的实践提供了基本的指导。例如，在课程目标的确定上，行为主义曾是确立课程目标的理论依据。在行为主义看来，人的学习就是刺激与反应之间的联结，那么课程的目标就是提供特定的刺激以引起学生特定的反应，而且目标越精确，对行为的塑造就越有利。于是，美国早期课程论专家博比特就将人类经验划分为十个大的领域、数百个具体的经验目标。而泰勒在陈述如何确立课程目标时也谈到了用哲学和心理学这两张“筛子”将一般目标过滤，从而确立具体目标。而且，心理学影响着课程目标的表达形式。如受行为主义影响，泰勒认为，课程目标应该是行为目标，也就是具体、精确、可观测的课程目标，这样的目标有助于确定学生的反应。

心理学也影响课程内容的选择、组织和对课程的理解。例如，根据认知主义心理学的观点，人的学习关键是要形成头脑中的认知结构。在这种观点的影响下，布鲁纳提出了结构主义的课程观，认为课程学习的关键是掌握学科知识结构。认知的发展需要调动内在的学习兴趣和动机，因此，课程内容的组织要符合兴趣的原则、循序渐进地予以组织。在人本主义看来，人的需求、存在体验、尊严和价值至关重要，人们应该关注学习的过程而不是结果，那么课程的开发就要关注学生本身的需求，调动学生的情感、信念，通过课程的实施来实现良好的师生关系，体现以人为本的课程设计。

第四节 课程知识谱系

在西方，有关课程的思想源远流长，发展到今天已经形成了繁杂的课程理论体系和流派。它们之间既相互关联又相互区别，由此编织成一张巨大的“知识之网”。在这张知识之网中，有没有一些主线将其予以贯穿呢？我们用谱系学的方法对课程领域的知识之网进行分析，以期厘清其关系，更好地理解课程理论的演变。

一、课程知识谱系界说

什么是“谱系”（pedigree）？在人的种族发展过程中，“家谱”或“谱牒”对于记录家族内部的血缘关系具有重要的意义。在《隋书·经籍志二》中有这样的记载：“今录其见存者，以为谱系篇。”有学者认为，“谱系”是家谱理论中的一个概念，是指以家族血脉建构起来的一个“人群系统”，其所依赖的结构基础是“物种遗传学”，靠遗传—变异的“家族生产链”串联起来的，而不是某种“逻各斯中心”的、本质主义的理念模式所能说明的，其最大的特征不是“同一性”，而是“相似性”。[①] 谱系学已成为人文社会科学的一种学说和方法论，该词来自拉丁文 genealogia，又译为“系谱学”，原义是指关于家族世系、血统关系和重要人物事迹的科学，它有助于理解事物的起源及演变过程。

我们可以运用“谱系分析”的方法梳理课程知识谱系的发展脉络。从生物学来说，谱系表述的是一个家族各世代成员数目、亲缘关系、特定基因和遗传标记在该家族内的传递、表达和分布的记载。对生物的谱系进行分析可以获得很多有价值的信息，比如谱系分析在医学上就是了解遗传病的一种常用方法，它通过分析家族中各成员的特征来推断某一性状或某一疾病在该家族中的遗传方式。在课程领域，不同时代的教育目的和价值诉求都会投射到课程这一载体上去，因此，在长期的历史发展中，教育目的和价值观的多样性决定了课程思想的差异性。这种差异性恰恰是谱系分析可以抽取和提炼的。我们可以通过课程谱系的分析和比较来阐述不同课程理论的价值追求和发展轨迹。

课程来自生产生活的需要，来自文化传承的需要，这是课程概念的根脉。在教育发展的过程中，课程的概念却在不同时期、不同地域有着不同的表达。这正如家谱一般，尽管有着血脉的相似性，但毕竟还有“变异”的存在。这些“变异”，逐渐形成课程概念和理

① 参见杨矗：《中国人文学术研究的谱系危机》，载《上海师范大学学报（人文社会科学版）》，2007（4）。

论族谱的不同支系，总的来看主要有三种："职能课程"谱系、"理性课程"谱系和"经验课程"谱系。这些谱系沿着各自的脉络发展，同时互有渗透和交融，最终造就了今天课程理论的丰富性和多样性。

二、"职能课程"谱系

古代西方课程的功能非常明确，那就是服务于人的某种需要。例如，斯巴达王阿基昔拉作了十分简明的解说，当有人问最适合男孩子学习的是什么时，他回答说："他们应学习他们成丁之后所要做的事情。"① 显然，为了胜任成人的工作，年轻人都要经受特定课程的训练，课程一开始就是服务于人的生活的。这种解释尤其对于生产力不发达的古代社会更有吸引力。毕竟，通过课程的学习获得一技之长从而拥有存身立命的资本，这是个人生活的第一要务。一旦这种理解上升为族群的经验，那么，"职能主义"取向的课程理论就具备了坚实的基础。

"职能课程"谱系强调课程的功用，从一开始就为课程打上了功利主义的烙印。在古代社会，儿童的教育既着眼于获得谋生的手段，又受制于统治阶级的需求和制度规训。在古希腊的斯巴达，勇敢的武士被看作国家强盛的基础，教育的目的就在于把奴隶主贵族子弟培养成体格强壮的武士。于是，所谓课程，就是有助于培养健康体魄和顽强意志的军事训练内容，如赛跑、跳跃、掷铁饼、投标枪、角力、骑马等。同样是古希腊，雅典的课程设置则截然不同。雅典城邦是民主政体形式，对于城市事务的管理，显然强壮的武士不如能言善辩的演讲家受欢迎。因此，对于学校课程来说，演说的方法和技巧以及心灵的和谐是必不可少的，于是"七艺"才大行其道。在古代中国，培养统治者所需要的人才是教育的基本追求，从西周开始就形成了"六艺"课程。"六艺"的设计是为奴隶主贵族培养统治人才和军事人才而服务的，体现了古代中国在教育方面精致的制度安排。

近代以来，随着科学技术的萌芽和发展，"职能课程"谱系的功利化色彩得到了进一步加强，斯宾塞的课程观就是一个典型的体现。在《什么知识最有价值》中，斯宾塞一开始就对教育中重虚饰而轻实用的传统进行了批判。他指出："在心智方面同在身体方面一样，我们所追求的都是装饰先于实用……那些受人称赞的知识总放在第一位，而哪些增进个人福利的知识倒放在第二位。"② 为了具体分析什么样的课程对生活有价值，他"按照重要程度把人类生活的几种主要活动"加以分类，并设想出与其对应的课程：（1）直接有助于自我保全的活动——解剖学、生理学、卫生学；（2）从中获得生活必需品而间接有助

---

① ［美］布鲁巴克：《西方课程的历史发展》，见瞿葆奎主编：《教育学文集·课程与教材（上册）》，44页，北京，人民教育出版社，1988。

② ［英］斯宾塞：《斯宾塞教育论著选》，7页，北京，人民教育出版社，2005。

于自我保全的活动——伦理学、算术、几何学、物理、化学、社会学、外语；（3）目的在于抚养和教育子女的活动——生理学、心理学、教育学；（4）准备做公民的活动——绘画、雕刻、音乐、诗歌。一言以蔽之，斯宾塞所理解的课程就是为未来完满生活作准备，这将“职能课程”推向了极致。

直到今天，“职能课程”谱系仍然受到很多人的拥护。正如马什（Colin J. Marsh）所言：“课程就是那些对于生活在当代社会来说最有用的科目，构成课程的这些科目往往是根据当今主要社会问题而选择出来的。”① “职能课程”谱系以课程服务于个人的未来社会生活为最高的价值追求，有着悠久的传统和持久的影响力。它鼓励学习者个体要适应社会生活，特别是根据未来社会生活的需要而掌握相关的生存和发展的知识技能，在一定程度上反映了课程的社会本质。

三、“理性课程”谱系

理性是人类社会长期追求的目标，尤其是近代以来它成了人类文化的基本特质。“理性”一词在它的原初意义上就是一种科学精神，理性主义就是主张用科学来理解和解释自然的哲学道路。理性代表了人类思维的统一性，揭示了事物的普遍性和规律性，由此理性成为人类思维的基本特征，成为哲学上一以贯之的重要命题。在古希腊，理性就是哲学家探讨的重要话题。例如，柏拉图用“洞穴”的隐喻说明，只有清除了感觉的杂念人才能达到对真理的认识，他系统地阐述了理性主义的本体论和认识论，开拓了西方哲学的理性之源。

理性主义伴随着人类历史的发展一直延续至今。在追求理性的过程中，知识被看作理性的表达：理性是知识的源泉，而知识则是理性的表现形式。柏拉图将人类的认识划分为“知识”与“观念”，认为知识是合乎理性的，而观念则是外在的、虚幻的。从一开始“理性课程”谱系就高扬“知识与理性”的旗帜，契合了本质主义的诉求，从而颇具号召力。

在西方哲学中，本质主义有着近两千年的传统。它相信任何事物都存在一个深藏着的唯一的本质，一旦揭示了事物的本质，就把握和占有了真理，从而控制事物为人类造福。事物的本质表现为知识，知识是人类观察万事万物的基本概念图式，对于事物的存在和运动具有决定性的意义。因此，知识本身有着至高的价值，这也是“理性课程”谱系一以贯之的基本主张。在这一脉络中，课程被看作那些体现了本质知识的科目（如语法、阅读、逻辑、数学），以及历史上的伟大著作。例如，要素主义是影响课程发展的重要思想流派，它强调种族经验（或文化遗产）的重要性，强调以学科为中心和学习的系统性。其代表人物巴格莱（William C. Bagley，1874—1946）认为，在人类文化遗产中有所谓永恒不变的、

① Marsh，C. J. (2004). *Key Concepts for Understanding Curriculum*. London and New York：Routledge Falmer，5.

共同的要素——“一种知识的基本核心”，而学校的主要任务就是把这些文化的共同要素传授给青年一代，因而主张传授基础科目，强调系统学习、智力发展和基本训练；注重教学过程的严肃性、计划性，重视天才教育，反对儿童中心论，树立教育的威信。另一代表人物贝斯特（Arthur E. Bestor）提出，“课程必须基本上由 5 种大范围的学科学习组成：（1）掌握母语，系统地学习语法、文学和写作；（2）数学；（3）科学；（4）历史；（5）外国语”①。

另一属于理性传统的“永恒主义”坚持主张过去的东西是卓越的，特别是由伟大的著作家及其著作所代表的过去的东西是无与伦比的。在课程思想上，强调设置“永恒学科”课程，促进学生理智的发展，提出要以“永恒学科”作为课程的核心。其代表人物赫钦斯（Robert M. Hutehins，1899—1977）就指出：“课程应当主要地由永恒学科组成。我们提倡永恒学科，是因为这些学科抽绎出我们人性的共同要素，因为它们能使人与人联系起来，因为它们使我们和人们曾经想过的最美好的事物联系起来，因为他们对于任何进一步的研究和对于世界的任何理解是首要的。”②

“理性课程”谱系所代表的课程理念非常明确，那就是：坚持把理性作为人类认识的根本，强调知识及文化传统对未来一代发展的重要意义，认为知识具有无可取代的价值和教育意义。基于这种理念，“理性课程”谱系在现代社会仍然是各国在制定课程政策时所遵循的重要理论旨趣和价值导向。例如，目前世界上绝大多数国家都开设了国家课程，以国家课程的形式规定未来一代必须掌握的知识和技能，并认为这些知识和技能对于未来公民具有举足轻重的价值。

四、“经验课程”谱系

“经验课程”谱系有着与“职能课程”谱系一样悠久的传统。因为课程起源于日常生活和生产劳动，在文字和正规学校出现之前，课程显然需要以活动和劳动作为依托，传递当时的种族经验。因此，经验课程最能体现人类生活和教育的本质状态。而且，人的存在是一种经验性的存在，如果剥离了经验，人的存在也就无从谈起。因此，“经验课程”谱系以追问和体现人存在的本质作为根本的诉求，成为千百年来表达人的主体价值和张扬人性的最基本的课程形式。

进入近代社会之后，“经验课程”谱系又找到了一种认识论的基础，那就是经验主义的认识论。理性主义和经验主义是近代以来形成的两种基本的认识论传统。在理性主义的

① ［瑞典］胡森主编：《简明国际教育百科全书·课程》，64 页，北京，教育科学出版社，1991。

② 华东师范大学教育系、杭州大学教育系编译：《现代西方资产阶级教育思想流派论著选》，207 页，北京，人民教育出版社，1980。

影响下，课程领域产生了“理性课程”谱系；在经验主义的影响下，则形成了“经验课程”谱系。经验主义认为人类的想法来源于经验，所以知识可能除了数学以外主要来源于经验。经验主义认识论关注的是人类的知识来源以及如何证实人类所知，显然，跟理性相比，经验被赋予了更高的价值。

尽管如此，经验课程并没有一开始就获得充分的关注。只是到了启蒙运动之后，随着近代资产阶级平等、博爱等思想的提出，人们对儿童有了更深刻的认识，在教育上逐渐走出了“原罪论”的阴霾，儿童的经验和兴趣才不断受到关注。在世界范围内，19 世纪末期欧洲的“新教育运动”和 20 世纪初期美国的进步主义教育运动为经验课程的凸显提供了实践的土壤，而教育家杜威的努力，则把经验课程从幕后推到台前，从此，把课程看作儿童经验的观点广为流传。杜威从“教育就是经验的改造或改组”这一基本的命题出发，提出学校的课程应该是活动性、经验性的“主动作业”，即着眼于儿童经验的发展对社会生活中的典型职业进行分析、归纳和提炼而获得各种活动方式，如烹饪等，这些“主动作业”就是杜威所理解的课程。

在课程知识谱系中，“经验课程”谱系与“理性课程”谱系相对，尤其是在 19 世纪末以来的进步主义教育思想的影响下，经验课程被看作不同于传统课程的一种新的课程体系。理性取向的课程被看作传统课程，是学校学科或学校知识的表现形式，关注理性及其传承。经验课程则体现了儿童中心和学习者的经验，认为经验（包括生活经验和社会经验）与理性相比对人的发展更具有价值。“理性课程”谱系与“经验课程”谱系之间的对立，又往往被看作“儿童中心课程”与“学科中心课程”的对立。

“经验课程”谱系主要流行于北美地区。例如，在 1975 年，坦纳夫妇就指出，课程是“通过有组织地重建知识和经验而得到系统阐述的有计划、有指导的学习经验和预期的学习结果，在学校帮助下，推动学习者个人的社会能力不断地有目的地向前发展”，后来进一步概括为“课程即每位学习者在学校教育的影响下而获得的全部经验”①。这种观点在 20 世纪以来获得了广泛的认同。

总之，课程的谱系研究相当于对课程家族的“族谱”进行分析，我们可以运用谱系分析和话语分析的手段，进一步厘清课程发展中的源与流，并期待由此带来理解课程的新范式。课程知识谱系的三个支系是课程思想和理论的母体，孕育了众多的课程理论流派。“职能课程”谱系、“理性课程”谱系和“经验课程”谱系是课程知识谱系的三个主要支系，它们像三根主线，联结多个节点并构建起课程的知识之网。借由知识谱系这一支架，我们可以编制课程知识的“图谱”，并由此解释课程理论发展的趋势和路径。

---

① Tanner, D. & Tanner, L. (1980). *Curriculum Development: Theory into Practice*. London: Macmillan Publishing Co., Inc., 5.

本章小结

课程论的发展是建立在其他相关学科不断发展的基础之上的。哲学、社会学和心理学为课程论学科发展奠定了重要的基础，不同的思想观点和理论流派则对课程论知识的建构和理论发展提供了依据。课程论的知识谱系也是自身理论发展的结果，对于梳理课程理论流派具有重要的参考价值。

关键概念

本体论　认识论　价值论　结构功能主义社会学　解释主义社会学　批判理论社会学　行为主义心理学　认知主义心理学　人本主义心理学　课程知识谱系

复习思考题

1. 试比较哲学本体论、认识论和价值论对课程发展的影响。
2. 试比较社会学的主要理论——结构功能主义、解释主义、冲突理论和批判理论对课程发展的影响。
3. 心理学对课程论发展产生了怎样的影响？请举例说明。
4. 在课程理论发展过程中，产生了哪些基本的知识谱系？你是如何理解的？

本章阅读书目

1. 梁漱溟．东西文化及其哲学．北京：商务印书馆，2003
2. 邵瑞珍主编．教育心理学．上海：上海教育出版社，1997
3. 施良方．课程理论——课程的基础、原理与问题．北京：教育科学出版社，1996
4. 王思斌主编．社会学教程（第三版）．北京：北京大学出版社，2010
5. 张东荪．认识论．北京：商务印书馆，2011
6. 张洁等主编．心理学．北京：北京师范大学出版社，2010
7. 张世英．哲学导论（修订版）．北京：北京大学出版社，2008

中篇

课程的思潮与流派

第六章

经验主义课程理论

导 读

所谓理论，意即在某一知识领域形成的相对稳定的思想观点，且能在社会实践活动中产生一定的指导价值和影响。本章探讨的经验主义课程理论有着深厚的历史渊源和思想基础，在课程领域有其鲜明的理论观点和主张，是近代以来学校开展课程实践的基本依据之一，对学校教育实践的影响广泛而深刻。学习本章，重点是理解杜威的课程哲学观，这是理解经验主义课程理论的一把钥匙。此外，要深刻体会经验主义课程理论的精髓——基于儿童的本性和经验而设计课程，沟通学校与社会，将学习作为生活的一部分。经验主义课程理论旗帜鲜明地提出“以儿童为中心”的教育观，这是近代以来儿童观和教育观的巨大进步，也是现代以人为本的教育理念的先声和基石。

第一节 历史渊源与思想遗产

教育是人类永恒的话题，教育的对象是社会的下一代——儿童。但如何看待和理解儿童在社会和教育中的地位？对这个问题的回答从根本上影响着人类对学校教育本质的理解和认知。可以说，近代儿童观的转变促成了教育哲学从中世纪的传统教育向近代教育的转型，由此近代自然主义教育思潮开始崛起，它奠定了经验主义教育的思想基础。

一、儿童观的转变与近代教育哲学观的转型

在古代社会，尽管教育活动很早就产生，但人类长期处于蒙昧、落后的状态，生产力水平低下，在教育上不可能做到重视儿童的兴趣和经验，儿童在教育中的地位较低。进入近代社会之后，人类对儿童本性的认识不断加深，对待儿童的观念和方式体现出进步的倾向，教育哲学观逐渐转型，这为经验主义课程思想的出现奠定了基础。

（一）儿童观的转变

教育是人类社会活动的基本领域之一，教育的发展状况决定着人类文明的演进和文化的传承。有了人类就有了教育，哪怕在最初的茹毛饮血的蛮荒时代，早期的人类已经开始从事教育活动了。例如，在原始社会的氏族时期，人们已经形成用以居住的“聚落”，在特定的时间会举办一些集会的活动，这些活动中有一些故事讲述、宗教活动和经验交流的内容，这其实就是早期的教育萌芽了。据考古发现，距今六七千年的西安半坡遗址就是这样的一个“聚落”，其中心位置是一座大房子，这就是氏族公共活动的场所。我国是一个文明古国，有很多教育传说得以流传下来，如“伏羲氏之世，天下多兽，故教民以猎”（《尸子·君治》）。《孟子·滕文公上》中记载：“后稷教民稼穑，树艺五谷，五谷熟而民人育。”《淮南子·齐俗训》也有记载：“其导万民也，水处者渔，山处者木，谷处者牧，陆处者农。”可见，教育是人类参与生产劳动和社会活动的需要，是人类自身发展的需要。

作为高智慧的动物，人的成长是一个相对缓慢的过程。这带来的一个结果就是，未成年人与成年人之间会在文化上有一个差距，大人所拥有的知识和技能水平是儿童在短期内所不能达到的。因此，教育的基本功能和主要任务就在于根据儿童自身发展的规律而尽快帮助他们达到成年人的文化水平。无疑，在教育的舞台上，儿童是主角，是构成教育活动的不可或缺的要素。从人类社会自身发展的需求来看，没有什么比让年青一代成长为更有智慧、更富活力的社会成员更重要的事情了。受过良好教育的年轻人可以继承前辈们的文化基因，为社会的发展创造更多的财富，满足自己的发展需求，并创造一个更有活力、朝气蓬勃的社会。因此，人类的智慧必然会用来设计良好的教育制度以培养社会需要的人才。例如在我国，西周时期已经完成了从原始教育向正规的学校教育的转变，当时采取“学在官府”的教育方针，学校体系已经比较成熟和完备，有“国学”、“乡学”之分，每种学校又有不同的层次和类型，如：“国学”有“大学”与“小学”之分，“乡学”有“塾”、“庠”、“序”、“校”之分。学校体系的复杂化意味着人们需要给予教育更多的思考和设计，有关教育的观念和思想也就开始积累起来，这为教育理论的形成提供了可能。

在这一过程中，人们必然思考的一些重要问题就是有关儿童的问题：儿童的本性是什么？儿童在教育中所处的地位怎样？以怎样的方式对待儿童？等等。对此类问题的回答就是所谓的儿童观。显然，儿童观是随着社会的发展变化而不断变化的。在远古时期，生产力水平极其低下，人口增长受到多方面的制约，当面临饥荒、瘟疫等灾难时，儿童往往成

为牺牲的对象，社会上存在杀婴、溺婴的现象。尽管我们不能仅仅从道德的角度去分析远古时期的社会现象，但历史上长期以来儿童地位的低下也是不争的事实。哪怕社会发展到一定的水平，进入封建社会时期之后，儿童的社会地位仍然没有多少改变。例如，在欧洲中世纪，基督教哲学认为，人是具有“原罪”的，每个人生下来就带有罪恶，儿童的本性就是恶的，所以要用严格的方式对待儿童，在教育上呵斥、体罚儿童等司空见惯。这种基于“人性本恶”的儿童观必然将儿童看作被动的教育对象，他们必须服从于大人的安排，师生地位不平等，教师拥有权威而儿童只能去服从。

在历史上，儿童观的根本改变出现在近代社会。欧洲中世纪后期出现了文艺复兴运动，这是一次思想解放的运动，是人文主义精神的一次勃发。文艺复兴运动发生于14—17世纪，一开始发源于意大利的佛罗伦萨、米兰和威尼斯，后来扩展到欧洲各国。它高举人文主义的旗帜，提出以人为中心而不是以神为中心，肯定人的尊严和价值，主张人生的目的是追求现实生活的幸福，倡导个性解放，反对愚昧、迷信的神学思想，批判“来世观”和“原罪论”，赞扬人性的善良和当下的幸福生活。“文艺复兴包含了如下方面：它与古希腊和古罗马重新联系起来；它强调的是人文主义精神；它汇集了众多的古典文化内容并予以评论；它让被漠视的古典时期重新被发现；而且，它弘扬了人类的个人主义精神。”①文艺复兴所弘扬的人文主义精神为改变教育领域的落后的儿童观奠定了基础。

（二）近代教育哲学观的转型

经过文艺复兴运动的洗礼，进入17世纪之后，人类的思想文化逐渐进入近代发展阶段。近代时期的教育开始跟中世纪的传统教育分道扬镳，体现出一些鲜明的时代特色，出现了不同于中世纪的教育哲学观。这种变革既与新兴资本主义生产方式带来的社会变化有关——资本主义的生产方式要求新型劳动者，旧有的教育已经不适应；又与近代先驱人物的贡献分不开——近代教育先驱的思想和实践为随后的自然主义教育和经验主义教育奠定了基础。这些先驱首先在哲学思想上提出了不同于中世纪的哲学观，而且能够运用这些哲学观来考察教育问题，从而导致近代教育哲学观的根本转型。对后来经验主义教育产生重大影响的先驱主要有培根、笛卡儿和拉特克（Wolfgang Ratke，1571—1635）、夸美纽斯、洛克等人。

培根是西方近代化过程中的一个重要人物。培根的哲学思想和经验主义的认识论是近代自然科学发端并崛起的重要思想基础。综观欧洲文明史，近代化几乎是与科学化同步的。在17世纪中后期，欧洲自然科学迅速发展起来，其中最重要的代表人物就是牛顿（Sir Isaac Newton，1643—1727）。1687年他发表了《自然哲学的数学原理》，阐述了著名的万有引力和三大运动定律，奠定了此后三个世纪力学和天文学的基础，西方自

---

① Power，E. J. (1962). *Main Currents in the History of Education*. New York：McGraw-Hill，Inc.，269.

然科学由此迅猛发展起来。但在牛顿之前，培根的经验主义的哲学认识论思想无疑是开创性的，为近代自然科学的发展提供了方法论的基础。严格来说，培根不是一位教育家，但他对近代教育发展的影响却不能忽视：（1）将归纳的方法引入教育以获得可检验的知识；（2）强调知识一定要得到应用。他的名言“知识就是力量”已经成为一个时代的标志。

对近代教育产生影响的还有笛卡儿。与培根一样，笛卡儿不是教育家，但他的哲学认识论同样影响了此后的教育理论与实践。笛卡儿所探求的目标在于理性，因此他的思想被称为理性主义。笛卡儿认为，宇宙间存在先验的理念，而知识需要从这些先验的理念中引发出来。因此，笛卡儿倡导的是演绎的方法论，这同样对教育的理论和实践产生了深刻的影响。

德国教育家拉特克的探索则直接影响到近代教育哲学观的转型。他重视本国语言教育，在教学中倡导自然的原则，激发学生的兴趣，让学生通过自然的方法去学习。例如，当学生学习拉丁语时，他并不是首先让学生掌握语法，而是先通过阅读和说话让学生学会发音，然后使学生在阅读的情境中学习语法。他专注于教学，称自己为“教学论者”，其自然主义的教学原则直接影响了夸美纽斯、洛克、卢梭、裴斯泰洛齐、福禄贝尔（Friedrich W. Froebel）和赫尔巴特等近代教育家，他为后来的教育家的探索铺平了道路。

夸美纽斯是一位教育改革家，是近代教育的先驱人物。1632年他用捷克语写成的《大教学论》，1656年被翻译成拉丁语，1896年被翻译成英语。他认为，所有人都应该受到教育，而且应该学习所有事物。可贵的是，在夸美纽斯的教育理念中，儿童的权利受到了关注。他认为，儿童在这个世界上应该有一个正确的位置，他们是社会的下一代，全社会都要关注他们的教育问题。在这个理念之下，人是造物主创造的最优秀的事物，他们可以通过教育获得知识、美德和虔信。跟拉特克一样，夸美纽斯在教学中强调自然的法则，认为要以自然的方法教授给学生需要的知识。为了提高教学的效率，他又倡导班级授课，扩大班级的规模，以让更多的学生接受教育。

名著选读

教学论就是教学的艺术……我们倡导泛智论，也就是说，全部教学的艺术在于将所有事物教给所有人，并将理性教给他们，这样他们就能遵循理性。而且，要愉悦地教育他们，也就是说，不要让教师和学生感到烦恼和厌恶，而是让他们体会到快乐和愉悦。还有，要彻底地教育他们，不是肤浅地或华而不实地，正确的方式是让他们学到真正的知识，获得良好的道德和真挚的虔信……这样我们就可以为建立普通学校的一般教学艺术奠定基础。

资料来源：Power，E.J.（1962）. *Main Currents in the History of Education*. New York：McGraw-Hill，Inc.，342。

在西方教育史上，洛克真正促成了经验主义教育哲学的转型。他不仅仅是一位教育家，他在哲学、政治、宗教、管理等领域也卓有成就。在洛克生活的时代，英国已经进入近代化，但学校教育还是比较传统，尤其是只重视学生智力的发展而忽视了学生身体的锻炼。对此，洛克极为反对。1693年，洛克出版了著名的《教育漫话》一书，在书中提出了儿童需要在身体、道德和智力这三个方面均衡发展。“洛克的教育目标有三：(1)强壮身体；(2)培育心灵的美德；(3)知识或智力的发展。”① 而且，洛克特别强调要根据儿童的不同心理状况进行不同的教育，因为没有两个儿童在性格、背景、能力等方面是完全相同的。在对儿童的本性的理解方面，洛克提出了著名的“白板说”，认为儿童的心灵里面没有“罪恶”，也没有什么先验的理念，大人提供什么，儿童就获得什么。这在很大程度上有力地揭露和批判了中世纪的“原罪论”，突出了环境的重要作用，而且彰显了儿童的差异性，为儿童的个性发展提供了可能。尽管在今天看来洛克的“白板说”也存在其局限性，但它对于转变儿童观、解放儿童的个性具有积极的历史意义。洛克的教育思想促成了近代教育哲学从现实主义向经验主义的转型，也为经验主义课程的理论构建奠定了良好的基础。

二、18世纪自然主义教育的思想与实践

鉴于中世纪落后的教育观念的持久影响，进入18世纪之后教育的图景还是一片黯淡。学校中的科目是基本的读、写、算知识，而且底层人民的子女基本上没有机会接受学校教育。但在社会思想层面，18世纪因为一场持续的思想运动而载入史册，那就是西方的启蒙运动。与启蒙运动交织在一起，不少近代教育家极力倡导自然主义的教育，最有影响的是卢梭和裴斯泰洛齐。

（一）启蒙运动对教育的影响

在欧洲文明史上，启蒙运动是继文艺复兴之后的第二次思想解放运动。如果说文艺复兴实现了从注重神性转向注重人性，那么启蒙运动则致力于将人从封建主义的桎梏中解放出来，确立符合资本主义发展的人性论和价值观，即“天赋人权”、“自由、平等、博爱”等。

文艺复兴起源于意大利，启蒙运动则与法国密不可分。18世纪的法国实行君主专制的政治制度，封建专制和天主教会控制着法国的社会生活和思想文化，宫廷贵族挥霍无度，人民生活于水深火热之中，思想压抑，危机四伏。与此同时，资本主义经济迅速发展，新兴资产阶级日益壮大，他们强烈要求冲破封建主义和教会的束缚，于是在思想领域展开了反对封建专制和教会控制的斗争。因此，一般认为，启蒙运动是从18世纪

① Power, E. J. (1962). *Main Currents in the History of Education*. New York: McGraw-Hill, Inc., 354.

初一直持续到法国大革命（1789 年）的一次思想和文化解放运动。它规模空前，涵盖了包括自然科学、哲学、伦理学、政治学、经济学、文学和教育学等在内的各个知识领域。

启蒙运动取得的成就是与一批先驱人物分不开的。如伏尔泰、孟德斯鸠（Montesquieu，1689—1755）、卢梭等人。他们高举理性的火炬，积极批判封建教条和宗教的愚昧，宣扬自由、平等、天赋人权等理念，认为当时的人们处于黑暗之中，要用理性之光驱散黑暗，把人们引向光明。启蒙运动的先驱们以笔为武器，他们著书立说，提出了一整套的哲学理论、政治纲领和社会改革方案，以“天赋人权”的理念反对“君权神授”，以“自然神论”对抗宗教神学，对于开启民智、反对蒙昧、提倡普及文化教育发挥了重要的作用。正是在这些思想的影响和指导下，18 世纪兴起的自然主义教育思潮和实践才大放异彩，而它正是经验主义教育哲学的源头和基石。19 世纪末 20 世纪初兴起的经验主义课程理论继承的正是 18 世纪自然主义教育的这一根脉。我们以卢梭和裴斯泰洛齐的教育思想和实践为例予以阐释。

（二）卢梭的教育思想与实践

卢梭是近代自然主义教育的一个重要代表人物。他出生后不久母亲便过世，身为钟表匠的父亲对他少有管教，他基本上由姑妈和保姆陪伴长大。这一特殊的成长环境在很大程度上可以解释卢梭成年后的性格——蔑视权威、抗拒规则和狂放不羁。但也恰恰因为这一成长环境，卢梭更能体会到人的本性和自然的力量，可以说，“自然”就是他成长的导师。卢梭幼年丧母，由姑妈养大，寄人篱下、孤苦伶仃；青年贫困，做过学徒、杂役、家庭教师、流浪音乐家，漂泊流离、居无定所；中年以《论科学与艺术》而一举成名，并涉足社会思想领域，成为启蒙思想的重要代表人物；晚年则贫困潦倒、朋友反目，在清苦凄凉中去世。人情世故跟这位伟大的思想家开了一个大大的玩笑，然而乾坤浩荡、青史不欺，卢梭的思想已成为自然主义的化身和启蒙思想的标杆。

卢梭的核心概念是“自然人”。所谓“自然人”，也就是人性本善、内心清纯、没有受到外界腐朽思想沾染的人。教育存在的价值，就在于远离腐朽尘世的沾染，塑造“自然人”。“卢梭认为，对教育改革的需求包含了自然的回归，包含了自然人的发展，包含了整个学校体制的简化，包含了对童年的忠诚，也包含了去除约束和拙笨的机械化教育。”①考虑到中世纪宗教哲学和封建教条的影响，这在当时无疑是振聋发聩的。这一思想剥开了数百年来宗教神学对人性的蒙蔽，实现了对扭曲了的人性观的“去魅”，为现代儿童观的确立做了铺垫。如果说中世纪的宗教哲学只见“神”而不见“人”，那么卢梭的思想则是对“人”的重新发现。

---

① Power, E. J. (1962). *Main Currents in the History of Education*. New York: McGraw-Hill, Inc., 381-282.

为了告诉人们如何培养“自然人”，卢梭于1762年出版了著名的《爱弥儿》。在书中，卢梭表达了反对封建教育戕害儿童、轻视儿童的做法，要求提高儿童在教育中的地位；主张变革教育内容和方法，顺应儿童的本性，让他们获得身心自由的发展。他坚信，凡是出自造物主的东西都是好的，一到人的手中就变坏了。所以，儿童的自然倾向性是好的，不应该受到外部强制力的扭曲，应该尊重人的自然本性。《爱弥儿》描述了主人公爱弥儿的成长历程，共分五部分，这几部分也代表了卢梭对教育阶段的理解：第一阶段（0～5岁），该阶段的教育在于使儿童过上简单但精彩的生活，重要的是获得有关自我的知识并懂得自我控制。第二阶段（5～12岁），该阶段的教育要“消极”，也就是允许儿童根据自己的本性去活动，让儿童获得自由和快乐。第三阶段（12～15岁），该阶段的教育注重智力的发展，12岁才是真正的教育的开端，要调动儿童的好奇心和兴趣，但不能约束之。第四阶段（15～20岁），该阶段的教育则注重伦理和道德的训练和发展，该阶段儿童心智达到了一定的成熟水平，可以区分正确和错误，要关注其心灵的成长，因为美德就是心灵的一种状态。第五部分描写的是爱弥儿结婚生子，并主要讨论了女孩的教育。

卢梭的教育主张集中体现为“回归自然”，重视儿童的天性，尊重儿童的地位，颠覆了中世纪以来对儿童本性的压抑和束缚，确立了自然主义教育的哲学观，对19世纪之后经验主义教育思潮的出现和发展产生了深远的影响。当然，卢梭的自然主义教育思想带有浓厚的浪漫主义色彩，卢梭并没有将这些教育思想付诸实践，在当时的历史条件下也是不可能实现的。但卢梭的自然主义教育思想开启了一个时代，受其影响的裴斯泰洛齐则在很大程度上践行了自然主义教育的主张。

（三）裴斯泰洛齐的教育思想与实践

裴斯泰洛齐是瑞士人，年少时并没有表现出突出的天赋和才能，年轻时曾短暂地做过牧师，但很快就把兴趣转向了教育。他喜欢阅读卢梭的作品，尤其喜欢读《爱弥儿》，于是就接受了卢梭的自然主义教育思想。不仅如此，他还身体力行，购买了一个农场，在农场里根据卢梭的教育原则开办了一所学校，但高昂的债务最终迫使他关闭了这所学校。这是裴斯泰洛齐最初有关教育事业的尝试。

他结婚生子后，就根据卢梭的自然主义主张和方法来教育孩子。尽管在内容上还是传授传统的读、写、算，但在方法上他更强调让儿童通过看和听获得外界的信息，这是获得真正知识的第一步。后来，裴斯泰洛齐担任了苏黎世的一所孤儿院的院长，这让他有机会进一步实施他的教育主张。尽管后来这所孤儿院也倒闭了，但他的教学技术、对学校问题的看法以及对学生兴趣的认识都得到了很大的丰富和提高。由此他不仅拥有了教育理论，也成为一名经验丰富的教育实践家。

同18世纪自然主义的拥护者一样，裴斯泰洛齐表达了对自然的尊重。他认为：“所有的事物都遵从自然的规则而发展，同样儿童会根据自然法则而成长。”① 在从事教育和管理学校的过程中，他对学校环境进行了设计，使学校像家庭那样，孩子们在其中除了学习阅读、书写、数学和其他科目之外，还要学习家庭事务、认识自己。这些思想在欧洲不少国家产生了广泛的影响，即使进入 19 世纪，欧洲的一些国家在学校设置和教师培训方面也参考了他的教育思想，他的思想也漂洋过海来到北美，“裴斯泰洛齐是第一位对殖民时期之后的美国教育产生主要影响的欧洲教育家”②。

裴斯泰洛齐的教育教学思想可以归纳如下：“（1）教育的目的在于追求人性；（2）教育应该逐渐成为一门科学——在他之前有关教育的知识是不系统的，教育学不被视为科学；（3）他强调学习秩序，这使教学心理学和课程建设之间的联系密切起来；（4）他的教学方法使得教师成为学校的必需，我们应该尊裴斯泰洛齐为‘教师教育之父’。”③ 裴斯泰洛齐继承了卢梭没有实现的教育理想，进一步扩大了自然主义教育在欧洲的影响，而且开始关注儿童学习过程中的心理学，开启了教育学的科学化发展之路。

第二节　提出背景与代表人物

18 世纪的教育世界烦乱而躁动，它努力与守旧的传统教育分清界限，又借助启蒙运动的思潮确立起新的教育哲学观。可以说，自然主义教育思想超越了 17 世纪现实主义教育的局限性，大张旗鼓地提出了回归人的自然本性的主张，这是对儿童的重新发现。与此同时，自然主义教育对人的本性的尊重必然要求学校教育关注儿童的生活和经验，因此它又为 19 世纪之后经验主义教育的崛起作了铺垫。经验主义课程理论的诞生是教育发展的必然，也是与杜威等代表人物的努力分不开的。

一、提出背景

进入 19 世纪，资本主义生产方式已经成熟，在 19 世纪末期主要资本主义国家已经完成工业革命，社会生活发生了深刻的变化，再加上 18 世纪自然主义教育的良好基础，19 世纪的教育面临一次深刻的转型，逐渐开启了现代教育的先声。在对抗传统教育的过程中，有两股重要的力量出现在 19 世纪中后期：一个是新教育运动；一个是进步主义教育运动。后者直接促成了经验主义课程理论的确立。

---

① Beck, R. H. (1965). *A Social History of Education*. London: Prentice-Hall, Inc., 79.

② Ibid., 80.

③ Power, E. J. (1962). *Main Currents in the History of Education*. New York: McGraw-Hill, Inc., 394.

（一）19 世纪的社会变革

在启蒙运动和法国大革命的带动下，18 世纪中后期欧洲主要国家建立了成熟的资本主义制度，生产力水平大幅提高，促成了自然科学和社会科学的快速发展。随之而来的 19 世纪是西欧和北美快速崛起、不断扩张的世纪，自然科学的发展和工业革命给西方世界带来了深刻的变化，由此也促成了学校教育的转型和变革。

19 世纪西方在自然科学和技术应用领域取得了长足的进步。例如，30 年代科学家提出了"细胞学说"，40 年代诞生了"能量转化和守恒定律"，50 年代著名的"生物进化论"横空出世，这些在很大程度上改变了人类既有的认知。不仅如此，19 世纪的西方火车普及，电力工业开始出现，工业化进一步发展，因工业革命促成的技术和经济进步深刻改变着社会和人们的生活。在经历了一个世纪的发展之后，西方即将迎来现代化的曙光。

工业化使得西方强盛起来，这些国家开始通过武力征服世界上的大部分地区，文明古国遭到殖民，西方的强大给落后地区带来了灾难。与此同时，西方国家内部的社会矛盾也在积累，马克思主义思潮的出现就是 19 世纪西方内部社会批判发展的一个必然结果。而在教育领域，由于学校教育的滞后性和相对稳定性，当时的教育无力满足资本主义扩张带来的对新型人才的需求，最终导致 19 世纪中后期西方教育的深刻变革和转型。这种变革和转型在西欧表现为新教育运动，在北美则表现为进步主义教育运动。

（二）新教育运动

19 世纪后半叶，由于传统学校在教育目的、课程设置、教育方式和方法等方面都不能满足当时社会的发展需求，欧洲的教育家越来越不满意于旧式的教育，他们致力于建立新的学校，推行新式教育，被称为"新教育运动"。从动机上看，新学校的创立是为了回应当时社会发展的需求。19 世纪后期的欧洲社会要求学校实现如下目的：（1）要让个体具有社会所需要的特征和习惯；（2）要让个体具有从事经济生产所具有的能力水平；（3）要让个体具有一定的社会角色和地位。① 显然，这些需求在旧有的教育体系下是不能得到满足的，因而教育改革也就在所难免了。

1889 年，英国的雷迪建立了一所新学校，命名为"阿博茨霍尔姆新学校"（New School of Abbotsholme），这是欧洲第一所新学校。雷迪认为，接近自然对学生的发展来说非常重要，因此学校的课程提供了很多接触实践经验的机会，如种植作物、饲养动物、挖井、劈木等。学校开设的课程还有体育、手工制作、艺术、现代语、科学、哲学和宗教。有位在该学校就读过的学生是这样描述的："学校的学习从最基本的社会工作开始，如农场劳动，随着年级的递进，学生们就能掌握完整的农业经验以及其他的实践

---

① Gordon, P. & Szreter, R. (1989). *History of Education: The Making of a Discipline*. London: The Woburn Press, 213.

机会……学校的课程是从日常生活开始的，如呼吸室外的空气、与周边自然的联系，而不是语法与教材，这样可以获得有关环境的一手知识……学校还开设了工作坊，可以学习发动机、机械绘图和建筑。”① 雷迪的实践在欧洲产生了很大的影响，德国、瑞士、法国等国家的不少人也开始借鉴雷迪的做法创办新式学校，从而掀起了新教育运动的浪潮。新学校不同于原有的只重视书本知识、观念守旧的贵族学校，而是把学生培养成为有知识、有个性、会劳动的自主独立的人；在教育方式上主张教育与生活相结合，理论联系实际。

新学校一般建立在乡村或城市郊区，自然环境优美、环境舒适、设备良好，而且人数不多，便于管理。在课程设置上不仅开设了传统的人文课程，还设有自然科学的课程；学校重视体育、手工、园艺等活动，注重培养学生的观察能力、审美能力和创造力。新教育运动后来与美国的进步主义教育运动合流，在 20 世纪初形成了声势浩大的现代教育运动。

（三）进步主义教育运动

在欧洲的新教育运动如火如荼的时候，美国的学校教育也处于前所未有的变革与转型之中。当时，美国已经结束了南北战争，从农业国发展为工业国，并在 19 世纪末完成了工业革命，一跃成为工业强国。大量移民来到美国，城市人口急剧扩张，未来的工人亟须接受相应的教育。但学校教育还是深受欧洲贵族式教育的影响，守旧僵化、与生活脱节。19 世纪后期，一些到欧洲学习和考察过的美国人接受了卢梭、裴斯泰洛齐和福禄贝尔等人有关自然主义教育的观点，同时受到欧洲新教育运动的启发。他们不满足于美国的教育现状，发起了教育革新的努力。其代表人物有帕克、杜威、克伯屈等。他们的教育改革被称为进步主义教育运动。他们用“进步主义”（progressive）这一词语来跟守旧的欧洲教育传统划清界限，认为进步的教育应该是基于学生的当下经验展开的教育，而不是为升学和未来生活作准备。

1875 年，帕克在德国完成了两年的学习后回国，就职于马萨诸塞州的昆西学校。他反对传统的以记忆为主的学习方式，并认为如果没有理解，那么记住的知识也没有价值，学校应该鼓励并尊重儿童的创造性。他提出了“昆西学制”（Quincy system），号召开展以儿童为中心的学习和基于经验的学习。他围绕不同学科的核心知识主题开发了综合性的学习单元，用以取代传统的教学科目。他摒弃了传统的阅读、拼写和语法教材，而是采用了学生们自己的儿童文学、儿童写作和教师自己准备的教学材料。1883 年，帕克离开马萨诸塞州来到芝加哥，担任库克县师范学校（Cook County Normal School）的校长，从此这所学校根据他的教育原则和方法来培训教师。在芝加哥，帕克还创办了两个实验学校，

① Geddes，P. (1905). *The School Abbotsholme Conducted by Dr. Ceil Reddie*. *The Elementary School Teacher*. Chicago：The University of Chicago Press，Vol. 5，No. 7，402.

其核心理念是：学习应该基于儿童自然的好奇心；理想的课堂应该是一个民主的社区，每个人都能自由发言、感到舒适；教师是学习的促进者而不是监工。

1894 年，杜威从密歇根大学（University of Michigan）来到了新创办的芝加哥大学，担任心理学和教育系的主任。杜威夫妇将他们的孩子送进了帕克的学校。两年后，杜威创办芝加哥大学实验学校，根据进步主义的教育原则和方法来教育学生。在此后的数十年里，杜威作为进步主义教育的领军人物开始活跃于美国教育的舞台，成为经验主义教育的集大成者和经验主义课程理论的里程碑式的代表人物。

在进步主义教育的阵营中，还有一位值得一提的人物，他就是克伯屈，他是杜威的学生，在教育上为他赢得声誉的是“设计教学法”。在这一方法中，学生围绕某些具体的问题开展学习，这样学到的知识就可以在社会生活中应用。他还认为，学生在学习过程中应该是主动的，而不是仅仅对教材的阅读和记忆。设计教学法贯穿了进步主义的教育原则，它关注的是如何帮助学生成为好的学习者，将所学到的知识应用到具体实际中，这为进步主义教育提供了具体的注脚。

我们可以从十个方面对当时的传统教育与进步主义教育进行比较（见表 6—1）。

表 6—1　　传统教育与进步主义教育的比较

	传统教育	进步主义教育
1	学生被动地接受知识和信息	学生积极参与解决问题、规划学习活动
2	教师是权威和知识的来源	教师是学生学习的促进者
3	家长是局外人，不参与教育活动	家长是第一位老师，要设定目标、提供资源
4	教育就是为生活作准备	教育是生活的一部分
5	社区与学校相分离	社区就是大课堂
6	根据外部标准确定学习方案	根据学术需求和发展目标确定学习方案
7	学习是线性的知识和技能的积累	学习是螺旋上升的
8	通过讲授和书本获得知识	通过游戏、体验和与社会互动建构知识
9	教学是为了获得答案	教学与真实的情境关联，学生自己探究
10	评价是外在的、甄别性的、标准化的	评价是自我参照的，有不同的标准

二、代表人物

杜威是美国著名的哲学家、心理学家和教育家，是经验主义课程理论当之无愧的代表人物和首要倡导者。杜威在其半个多世纪的教学和研究中笔耕不辍，发表和出版了大量作品，成就非凡。杜威曾在五四运动前夕来到中国，在众多地方巡回演讲，对中国的教育和社会革新产生了一定的影响。

（一）杜威的生平简介

1859年10月20日，杜威出身于美国东北部的佛蒙特（Vermont）的一个中产家庭。15岁中学毕业后他进入佛蒙特大学（University of Vermont）学习哲学，1879年毕业，随后进入约翰·霍普金斯大学。此后，杜威做过两年的中学教师、一年的小学教师，但他认为自己并不适合做中小学教师。于是他重新回到大学学习，最终在约翰·霍普金斯大学艺术与科学学院完成毕业论文《论康德的心理学》（The Psychology of Kant）并获得博士学位。在约翰·霍普金斯大学期间，杜威遇到了对他产生终身影响的两位导师：莫里斯（George S. Morris）和霍尔（Stanley Hall）。前者给予杜威系统的哲学影响，为了纪念他，杜威将自己的第三个孩子起名为莫里斯；后者作为美国著名实验心理学家则使杜威学会了用科学的方法研究人文学科。

1884年，杜威在密歇根大学觅得一教职。1888年，他离开密歇根大学进入了明尼苏达大学（University of Minnesota），但仅工作一年后又回到了密歇根大学。1894年，他再次离开密歇根大学进入刚成立的芝加哥大学。正是在芝加哥大学期间，杜威发展了他的理性经验主义思想，并接受了刚刚起步的实证主义哲学思想。1896年，杜威创办芝加哥大学实验学校，第一次通过实践和实验来检验自己的教育教学思想，这也为他的名著《学校与社会》提供了基本的素材。1899年，杜威被推选为美国心理学会（The American Psychological Association）主席。由于与芝加哥大学行政意见相左，1904年杜威离开该校，实验学校的工作随之终结。随后杜威进入哥伦比亚大学师范学院（Teachers College, Columbia University）。1905年，他被推选为美国哲学学会（The American Philosophical Association）主席。其后杜威一直在哥伦比亚大学师范学院从事教学和研究工作，直到1930年在该校退休。1952年杜威在纽约逝世。

（二）杜威的心理学和教育学著作

杜威一生勤奋，留下了大量著作，其主题涵盖了哲学、社会学、心理学、教育学和艺术等众多学术领域。他在超过半个世纪的学术生涯中发表了700多篇论文、出版了近40部著作，是名副其实的多产作家。杜威在教育领域的著作很多，而且几乎都是名著，为教育研究领域留下了丰富的思想遗产。杜威主要的心理学和教育学作品如表6—2所示。

表6—2　　杜威的心理学和教育学作品

	中文名	英文名	年份
1	《心理学》	Psychology	1887
2	《莱布尼兹的〈人类理智新论〉》	Leibniz's New Essays Concerning the Human Understanding	1888
3	《心理学中的反射弧概念》	The Reflex Arc Concept in Psychology	1896

续前表

	中文名	英文名	年份
4	《我的教育信条》	My Pedagogic Creed	1897
5	《学校与社会》	The School and Society	1899
6	《儿童与课程》	The Children and the Curriculum	1902
7	《直接经验论假设》	The Postulate of Immediate Empiricism	1905
8	《教育中的道德原理》	Moral Principles in Education	1909
9	《我们如何思维》	How We Think	1910
10	《民主主义与教育：教育哲学导论》	Democracy and Education: An Introduction to the Philosophy of Education	1916
11	《经验与自然》	Education and Nature	1925
12	《教育科学的来源》	The Sources of A Science of Education	1929
13	《经验与教育》	Experience and Education	1938

杜威逝世之后，美国学者博伊兹顿（J. A. Boydston）将杜威生前著作重新整理并陆续由南伊利诺伊大学出版社（Southern Illinois University Press）出版，即《杜威全集》（*The Collected Works of John Dewey*），共 37 卷。

（三）杜威与中国

杜威还是一位社会活动家。除了哲学、心理学和教育学的研究之外，杜威还关心妇女的选举权、教师的权利和世界和平运动等。1919 年初，受北京大学的邀请，杜威来到中国，这很大程度上是由他的中国学生胡适和蒋梦麟促成的。当时正是五四运动的前夜。5 月 1 日杜威夫妇来到上海，很快那里就爆发了反对巴黎和会将德国在山东的特权转让给日本的学生运动。五四运动的洪流深深震动了杜威，他决心留在中国，直到 1921 年 7 月才离开。

在这两年里，杜威在中国的一些大中城市如北京、上海、南京、杭州等进行了近 200 场的巡回演讲，使众多的中国听众了解了杜威的思想。杜威的实用主义哲学和教育思想对当时的中国来说很具有吸引力，当时的民国政府在社会上推行了“新生活运动”，在学校中推行“生活教育”的改革，杜威的学生陶行知等人也积极介绍、实践杜威的教育主张，杜威的思想在中国广泛传播、名噪一时。在胡适等人的阐释下，杜威的思想成为当时“新文化运动”所追求的“德先生”（民主）和“赛先生”（科学）的一部分，成为改造旧中国思想文化的利器。

第三节　基本的课程主张

经验主义课程理论有其深厚的历史传统和哲学基础。它基于自然主义和经验主义的教育哲学和机能主义心理学，确立了独特的课程哲学观，并在课程目标、课程形态和内容、课程实施与评价等方面阐述了自己的课程思想。

一、经验主义课程哲学的三个基本命题

杜威的哲学一般被称为"实用主义"（pragmatism）。在这种哲学看来，知识来自人类感官对其环境的主动适应；人的学习活动不是被动地接受外部信息，而是要通过操纵环境去检验假设，从而更好地适应环境并做出恰当的行为。这一基本观点是杜威的心理学和教育学理论的出发点。20 世纪前后，心理学并没有完全从哲学中分化出来，杜威基于其哲学和心理学的观点提出了经验主义的教育主张。在经过进步主义教育实践和八年的"杜威学校"的教育实验之后，杜威的教育思想进一步细化和具体化，在课程与教学领域也提出了明确的主张。关于学校教育，杜威有三个基本的判断：教育即生活，教育即生长，教育即经验的改造或改组。这既是杜威教育哲学的精髓，也是杜威构建经验主义课程理论的三个基本命题。

（一）教育即生活

杜威反对"教育预备说"，认为教育是生活的过程，而不是将来生活的准备。"我相信教育是生活的过程，而不是为未来生活做准备。"① 在《民主主义与教育》中，杜威开篇第一章阐述的就是"教育即生活"。他指出："教育是生活的需要……我们用'生活'这一词语来代表个人经验和种族经验的全部……它涵盖了习俗、制度、信仰、成功和失败、娱乐和职业。"② 杜威认为，在宽泛的意义上，教育就是生活得以展示其社会化过程的一个手段。因为无论是穴居人还是现代人，他们在刚出世时都没有获得社会化：不会说话、没有信仰和观念、不会遵守社会规范等，正是通过教育儿童才得以社会化。因此，杜威所说的"生活"是指人的社会生活。个人要融入社会生活，就需要教育这一社会化的手段，教育发挥的是"社会功能"。

为了通过教育而实现社会化，交流是必不可少的。杜威强调交流的重要性，认为交流就是个体之间彼此分享经验直到大家共同拥有社会经验的过程。而交流需要一定的社会环境，因此杜威又强调环境的重要性，认为环境包含了那些促进或阻碍、激励或遏制人类社会活动的所有因素。这样看来，学校就是一种特殊的社会环境，是人为设计的有利于促进交流和学生成长的社会环境。所以杜威指出："我相信学校科目相关联的真正核心不在于科学，不在于文学，不在于历史，不在于地理，而在于儿童自

---

① Dworkin, M. S. (1959). *Dewey on Education Selections. My Pedagogic Creed*. New York: Teachers College, Columbia University, 22.

② Dewey. J. (1916). *Democracy and Education: An Introduction to the Philosophy of Education*. New York: MacMillan Company, 2.

己的社会活动。”[①]

基于“教育即生活”的命题，杜威提出了一个基本的教育原则：学校即社会。杜威看重教育对社会发展的作用：“我相信，教育是社会进步和变革的最基本途径。”[②] 杜威认为，社会生活越是复杂和结构化，越是需要正规的学校教育和教学。但当正规的教育日趋精致化之后就很容易导致直接经验与间接经验的割裂。人们要有意识地设置一些社会生活的场景和环境，将学校创办成一个小型的社会。在“杜威学校”和杜威的经验课程中，诸如金工、木工等课程形式随处可见，这正是遵循了“学校即社会”这一基本的原则。

（二）教育即生长

根据实用主义哲学的观点，人的心理活动的实质在于有机体采用一定的行动来适应环境并满足自己的需要。基于这种理解，杜威认为，教育的任务就在于，按照儿童本能生长的不同阶段提供适当的刺激和材料，以促进本能的表现与发展。因此，杜威提出了又一重要的命题：教育即生长。

杜威认为，“生长”的前提条件是“未成熟状态”，这是一种积极的势力或能力，是向前发展的力量而不是阻碍。[③] 未成熟状态为教育提供了一种可能性和发展的潜力，它是积极的而不是消极的，是建设性的而不是破坏性的。杜威指出，尽管人在幼年时期生长缓慢、身体孱弱，但他拥有无限发展的可能性；相比而言，幼年期的小动物看起来强壮得多，但动物的发展已经由遗传基因所规定好了，因而其发展的可能性就小得多。这样看来，教育不是把外面的东西强迫儿童去吸收，而是必须使其与生俱来的能力得以生长。因此，杜威指出，“教育即生长，除此之外别无目的”。需要注意的是，杜威所理解的“生长”并不仅仅指身体的生长发育，而是包含了更多的内容。他指出：“生长，或者发展着的生长，不仅指身体的生长，而且指智力和道德的生长。”[④] 这一理解进一步阐明了人的教育和发展不能仅限于生物性的一面，更重要的是要体现其社会性。

基于这种理解，杜威提出了“儿童中心主义”的教育原则。他认为，儿童本能的生长就是教育的天国，儿童是教育世界的中心。他批评传统的学校教育将重心放在儿童之外，放在教师、教科书上，而唯独不在儿童自己的本能和活动之中。杜威“儿童中心主义”的教育理念是18世纪自然主义教育主张的进一步发展，实现了从“以知识为中心”向“以

---

① Dworkin，M. S. (1959). *Dewey on Education Selections. My Pedagogic Creed*. New York：Teachers College，Columbia University，25.

② Ibid.，30.

③ Dewey，J. (1916). *Democracy and Education：An Introduction to the Philosophy of Education*. New York：MacMillan Company，49.

④ ［美］约翰·杜威：《我们怎样思维·经验与教育》，261页，北京，人民教育出版社，1991。

儿童为中心”的转变。

名著选读

现在我们教育中将引起的改变是重心的转移。这是一种变革，这是一种革命，这是和哥白尼把天文学的中心从地球转移到太阳一样的那种革命。这里，儿童变成了太阳，而教育的一切措施则围绕着他们转动，儿童是中心，教育的措施便围绕他们而组织起来。

资料来源：[美] 约翰·杜威：《杜威教育论著选》，32页，上海，华东师范大学出版社，1981。

(三) 教育即经验的改造或改组

根据杜威的机能主义心理学，有效的心理活动能够促使有机体适应周边环境并满足自身需求。在这一过程中有机体必然会产生“经验”(experience)，它是个体适应社会的过程，也是个体与环境相互作用的结果。“经验”是杜威理解和解释教育的核心概念，是杜威教育哲学的关键词，“教育即经验的改造或改组”成为杜威有关教育的第三个基本命题。

杜威指出：“教育就是经验的改造或改组，它既能增加经验的意义，又能提高指导后来经验进程的能力。”① 杜威所理解的“经验”跟人们日常语言中的经验有所差别，在他看来，“经验”包括两个方面：一个是主动的方面，就是要去尝试、去实验；另一个是被动的方面，就是要承受结果，就是要理解行为带来的后果。例如：小孩第一次遇到火苗，他好奇地伸手去触摸火苗，结果火苗烫疼了他的手指，他就明白，火苗很烫，是不能碰的。在这个例子中，小孩去碰火苗（主动的一面），结果烫疼了手指，他明白了火苗不能碰的道理（被动的一面），在这个过程中也就产生了经验。所以，杜威进一步阐明：“我认为教育应该被认为是经验的继续改造，教育的过程和目的是完全相同的东西。”②

基于这一基本的命题，杜威提出了著名的教育原则：“从做中学”。“从做中学”的原则指明了儿童学习的基本途径就是动手做，“做”不是目的，而是获得经验的手段。杜威举例来说明：让儿童煮鸡蛋，“儿童准备煮鸡蛋并不是仅仅为了把鸡蛋煮熟，而是在于理解煮鸡蛋过程中需要注意的一些基本原则……如果仅仅是大人让儿童把鸡蛋放在水里煮三分钟，然后告诉他把鸡蛋拿出来，那不是教育。儿童自己通过识别信息、认识需要的条件和材料而实现自己想煮鸡蛋的愿望，这就是教育”③。杜威看重知识与实践之

---

① [美] 约翰·杜威：《民主主义与教育》，159页，北京，人民教育出版社，1990。

② Dworkin, M. S. (1959). *Dewey on Education Selections. My Pedagogic Creed*. New York: Teachers College, Columbia University, 27.

③ Dewey, J. The School and Society. The Child and the Curriculum. In Jackson, P. W. (1990). *An Expanded Edition with a New Introduction*. Chicago: The University of Chicago Press, 39-40.

间的平衡，鉴于传统教育强调对书本知识的记忆，“从做中学”则强调儿童直接经验的获得，注重通过让儿童参与活动来调动儿童的天性和求知的欲望，从而有利于儿童的社会化。

二、关于教育目的和课程目标

课程是学校教育的基本载体和手段，课程目标服务于学校教育的目的。因此，要理解经验主义的课程目标，首先需要对实用主义的教育目的进行分析。

（一）实用主义的教育目的

分析实用主义的教育目的似乎很难，因为杜威明确主张“教育无目的”。但仔细分析这一观点就会发现，杜威所主张的“教育无目的”，其实是指无教育之外的、强加的目的，教育的过程本身就是目的。杜威指出：“所谓目的，就是我们在特定情境下有所行动，能够预见不同行动所产生的不同结果，并利用预料的事情指导观察和实验。”① 可见，目的的意义就在于，它可以预见行动的结果，可以指导人们去适应环境。

那么，什么样的目的是有价值的呢？在杜威看来，好的目的有三个标准：（1）目的必须是现有情况的产物，也就是说，目的要来源于实际情况；（2）目的是实验性的，应在行动中受到检验，并不断得到发展；（3）目的必须使活动自由发展，也就是说，目的与手段是相互转化的，目的不能违背于活动的连续性。可见，目的就是要帮助人们去观察、选择和执行计划、开展活动，如果该目的是由外部强行安排的，或仅仅是对权威的接受，那么这个目的无助于儿童自身经验的展开。

总之，实用主义强调教育目的必须根据儿童的内在生长规律和现实需求来确定，不能由外部强加，它是建立在儿童现实活动和发展需要的基础之上的。教育目的必须能够转化为儿童的活动经验，有助于儿童相互合作，有助于实现儿童潜在的发展。“教育无目的”恰恰关注的是儿童本性生长和经验发展的内在规律，教育目的不是普遍的、终极的，而是随着儿童经验的展开而发生变化的。“我们唯一的结论是生活就是发展，发展、生长就是生活。切换到教育的视角，这意味着两点：（1）教育过程并没有自身之外的目的，它就是它自己的目的；（2）教育是不断地重新组织、重新构造、重新转换的过程。”②

（二）经验主义课程的目标

基于实用主义教育哲学观，杜威认为，学校课程的基本目标在于促进儿童经验的增长

---

① ［美］约翰·杜威：《民主主义与教育》，117页，北京，人民教育出版社，1990。

② Dewey, J. (1916). *Democracy and Education: An Introduction to the Philosophy of Education*. New York: MacMillan Company, 59.

和个性的发展。杜威指出："儿童是起点，是中心，也是终点。相对于儿童的生长来说其他都是次要的，一切都要服务于生长的需要。个性、人格要比学科科目重要。课程的目标在于自我实现，而不是知识或信息。"①

经验主义课程理论对课程目的的界定与传统教育的理解大相径庭。在传统教育看来，儿童和成人之间是存在很大差距的，学校教育的功能就在于让儿童通过课程的学习而为成人生活作准备；承认儿童的兴趣和本性是很危险的，因为这无益于尽快结束儿童的未成熟状态。杜威对这种观点进行了批判，认为认识儿童的本性是进行学校教育的前提。他指出，儿童和课程之间存在巨大差距和矛盾：（1）儿童的狭窄、个人化的世界与非个人化、无限的外部世界之间的矛盾；（2）儿童生活的单一性和统一性与学校课程的专业化之间的矛盾；（3）知识的分类和管理的抽象性与儿童生活的实践性和情绪性之间的矛盾。② 而各种科目的学习，包括数学、地理、语言、植物学等，都是经验——是种族的经验。它们是人类一代又一代将成功经验不断积累的结果。显然，要解决儿童的本性和种族经验之间的矛盾，就必须让学校课程跟儿童当下的经验相关联。

案例：美国圣海伦斯高中的木工课程目标

"木工"作为一门课程，其目的在于引导学生获得一般的木工实践经验。通过各种设计、手工作业，学生将有机会获得相关知识和经验。具体包括：

（1）了解与建筑和木工工业相关的知识。

（2）学会安全使用手工工具和电力工具。

（3）学会如何操作各种机械、工具并进行设计活动。

（4）掌握从事木工作业的基本技能，并能够在建筑工业中加以运用。

（5）理解建筑和木工工业的操作流程，在体验过程中掌握解决问题的技能。

资料来源：http://www. sthelens. k12. or. us/Page/3425。

三、关于课程的设计和形态

经验主义课程思想是随着社会变革和学校教育的发展而逐步确立的，在历史上卢梭、裴斯泰洛齐等人都曾提出过相关的课程思想，这些都属于经验主义课程理论的范畴。在学校教育的实践中，有关课程的设计和形态是体现经验主义课程思想的重要方面，无论是近代的教育思想家，还是后来的杜威，他们在这方面都提出了鲜明的主张。

---

① Dewey，J. The School and Society. The Child and the Curriculum. In Jackson，P. W. (1990). *An Expanded Edition with a New Introduction*. Chicago：The University of Chicago Press，187.

② Ibid.，185.

（一）经验主义课程设计的思想基础

作为自然主义教育的拥护者，卢梭在阐述他的教育主张时经常对学校教育的内容进行分析，这些分析体现了经验主义课程设计的思想。卢梭认为，在学校中，有关木匠或其他手工艺的经验也可对头脑、手和性格进行训练。“卢梭将手工艺（manual arts）引入课程，他这样做并不是将学校办成职业性质的学校，他认为科学、机械、农业、手工等可以在最大程度上帮助贫穷的学生。人们可以通过观察获得可以信赖的信息，从这一点来看，卢梭应该是一位经验主义者。”① 后来，裴斯泰洛齐在办学的过程中将卢梭的这种思想应用到学校教育的实践，除了让学生学习一些基本的读、写、算知识之外，他还注重让学生开展实践活动、从事手工制作，这是经验主义课程的具体体现。“裴斯泰洛齐也跟卢梭一样，认为通过对实践活动（如农业）的学习，儿童可以学到真正的学术性的知识，而且可以发展智力和道德。手工活动和知识之间并不冲突。”②

早期经验主义的这些主张为杜威所继承和发展。杜威将儿童中心主义的原则引入学校课程的设计，确立了经验主义课程的实践体系。在这一体系中，杜威最基本的理论依据就是他的机能主义心理学。杜威认为此前的心理学属于“联想主义”，这不利于有机体对环境的适应。他提出“机能主义”并认为：人的本质是无限复杂的有机体，人的智力就是利用经验的能力；心灵发挥的是适应功能，人能够运用它来实现动机、解决问题、达成目标，或充满智慧。显然，他很不赞同赫尔巴特的“五步教学法”③，他指出：“赫尔巴特主义对我来说本质上就是校长的心理学，而不是儿童的心理学。”④ 以儿童为中心的教育就不能仅仅满足于被动地吸收文化遗产，还要主动去实践、体验，这样才能适应环境、发展经验。

杜威的观点最初在进步主义教育改革中得到了应用。例如，1880 年，美国圣路易斯市（St. Louis）在高中开设了“手工训练”课程，使得手工课成为普通教育的一部分。在手工课上学生要学习工具的利用以及机械绘画，后来手工训练发展为现代的概念——工业艺术教育（industrial arts education）。在学校课程中开设类似的课程也迎合了当时社会生产的工业化需求，是人才培养的要求在课程设置上的体现。

（二）经验主义课程设计要考虑的因素

既然课程目标在于促进学生经验的发展，那么在设计课程时要考虑的因素也必然是与经验有关。然而经验又是广博的、纷繁复杂的，如何选择这些经验呢？杜威提出了“先普遍，后特殊”的观点，即首先把发展人类本性的经验选择出来并使其进入课程，然后才是

---

① Beck，R. H. (1965). *A Social History of Education*. London：Prentice-Hall，Inc.，75.

② Ibid.，78.

③ 即准备（preparation）、呈现（presentation）、联想（association）、归纳（generalization）、应用（application）。

④ Beck，R. H. (1965). *A Social History of Education*. London：Prentice-Hall，Inc.，99.

关于专业的知识。他认为，课程方案必须考虑学生适应社会生活这一需要。课程设计要把基本的事物放在首位，把精炼的事物放在其次。前者指的是体现最基本的社会性的事物，它与广大社会群体共同分享的经验有关；后者则代表了特定群体和技术发展的需求。[①] 基于以上理解，杜威认为，课程设计需要考虑三个方面的因素，即儿童、知识和社会。

作为教育对象的儿童是课程设计过程中首先要考虑的因素。考虑儿童这一因素，就是要关注儿童的本性、兴趣和发展需求。杜威对儿童的本性进行了归纳，认为儿童有四个方面的兴趣（或本能）：（1）社会的本能，即儿童在对话、交际和沟通过程中表现出来的兴趣；（2）制作的本能（也称为建造的冲动），即儿童在游戏中将材料做成特定形状的兴趣；（3）探究的本能，表现为儿童在开展活动中总是在不断观察和思考发生了什么；（4）艺术的本能，来自交流和制造的本能，是这些本能的精细化。[②] 儿童的这些兴趣或冲动是课程设计的出发点，有了儿童才有课程，课程服务于儿童经验的发展。

课程设计过程还要考虑知识这一因素。知识代表了种族经验，是人类在发展过程中优秀经验的提炼和总结。儿童社会性的发展必须依赖于对种族经验的传承，所以系统知识的学习也是必需的。经验主义课程理论并不反对知识的学习，其反对的是对知识的被动性的吸收和单纯的记忆，而没有跟儿童自身的经验建立联系。在杜威看来，知识来源于人的经验，是有机体对环境进行反应的过程和结果，它既指操作或行动（即认识的过程），又指结果（即认识的内容）。对知识的学习可以帮助儿童更快地实现社会化，更好地促进经验的增长和经验的改造。

课程设计要考虑的第三个因素是社会。杜威倡导"儿童中心主义"的教育，注重发展儿童的经验，但这并不意味着忽视社会的作用。相反，杜威重视教育对社会的作用，认为教育是个体社会化的途径，教育能够改造社会，学校是社会变迁和进步的杠杆。杜威认为，教育是社会生活延续的工具，通过教育，社会能够明确地表达它自己的目的，能够组织它自己的方法和手段，因而可以明确地和有效地朝着它所希望的前进目标塑造自身。在这些观点中，杜威强调的是教育的社会属性，认为学校的课程也要体现这种社会属性。

（三）经验主义课程的形态：主动作业

经验主义课程以怎样的方式展现出来呢？这就涉及课程形态这一问题了。杜威批判传统的学校课程设置，认为学校课程的核心不是科学、文学、历史、地理等科目，而是社会活动。对于低年龄的儿童来说，"主动作业"是学校课程的重要形态，它体现了学习、游戏和作业的统一。

---

① Dewey，J.(1916). *Democracy and Education：An Introduction to the Philosophy of Education*. New York：MacMillan Company，225.

② Dewey，J. The School and Society. The Child and the Curriculum. In Jackson，P. W.(1990). *An Expanded Edition with a New Introduction*. Chicago：The University of Chicago Press，43-44.

将作业作为课程形态的一个基本依据是“教育即经验的改造或改组”这一命题。在杜威看来，学校的功能在于促进儿童经验的发展，要注重儿童的本能、冲动和兴趣等与生俱来的能力。要做到这一点，就必须关注儿童的活动，即所谓的“从做中学”。杜威指出：“经验显示，当儿童有机会进行身体的活动时，就可以把自然的本性和冲动带入游戏中，这样上学就是一个愉快的事情，学校的管理就不再是一个负担，而学习则变得轻松容易。”① 由于儿童的活动跟经验的发展具有最直接的关系，因此促进经验发展的最直接的课程形式也就是活动了。所以杜威指出：“如果由本能所驱动的这些经验是学校常规教育方案的一部分，那么学生就会全身心地投入学习之中，学校生活和校外生活之间的鸿沟就会缩小，儿童就有了关注各种学习材料和具有教育意义的活动过程的动力，而且可以让学生们在社会情境中进行合作从而获得更多的信息。简言之，学校之所以采用游戏和主动作业，并使其在课程中占有明确的位置，是因为理智方面和社会方面的原因，而不是权宜之计和为了片刻的愉快惬意。”②

将作业作为课程形态的另一基本依据是“学校即社会”的教育原则。杜威认为，“作业是观察人类发展的一个中心概念，学生自己所从事的作业，乃是使原始的和分散的冲动转化为时间广度足够长的活动的手段”③。日常生活中的经验是儿童本性的流露，也体现了儿童生活的社会性。而在学校中最能跟这种经验相关联的，无疑就是活动性的经验课程了。杜威认为，学生作业的目的越是符合人性发展的要求，或者越是与日常经验要求的目的相近，那么学生的知识就会越真实，经验也才能获得更加自由而充分的发展。可以说，主动作业源于社会生活，充满了社会性质的事实和原理，它可以代表社会的情境。杜威承认数学、地理等学科的教育价值，他所担心的是如何让该价值充分地在儿童身上体现出来。“让小学生进入现代文明和经济生活的最直接的路径，在于工业社会生活中的各种工作的场地及其办公室。”④ 从这个角度来看，杜威认为城市中不让儿童参加生产劳动是“反教育”的。杜威高度评价了主动作业的教育价值，认为主动作业可以让学校与社会相联系，使学校成为一个小型的社会、一个雏形的社会；学校通过主动作业，可以不断发展学生的社会能力和社会品质，从而促进儿童的社会性臻于完善。

杜威为学校设置的主动作业有很多，基本上是复演了社会生活中的一些工种，将其简化并增加一些知识内容，涵盖了众多的活动领域，主要有手工、劳动、游戏、园艺、烹饪、缝纫、印刷、速记、装订、纺织、油漆、绘画、唱歌、演戏剧、讲故事、阅读和书写

① Dewey, J. (1916). *Democracy and Education: An Introduction to the Philosophy of Education*. New York: MacMillan Company, 228.

② Ibid., 228-229.

③ 转引自［美］凯瑟琳·坎普·梅休等：《杜威学校》，414页，上海，华东师范大学出版社，1991。

④ Dewey, J. (1916). *Democracy and Education: An Introduction to the Philosophy of Education*. New York: MacMillan Company, 236.

等。在这些主动作业中，杜威也增加了游戏的内容，因为游戏更能直接地与儿童的本性相关联，更能调动儿童的兴趣。

主动作业是杜威基于其实用主义的教育哲学而提出的课程形式。它基于儿童经验发展的教育目的，致力于满足儿童的本性和兴趣，增加儿童适应环境的经验；代表了社会情境，使校内生活与校外生活很好地联系起来；在活动过程中，儿童可以进一步学会相关的方法，从而理解现代生产中的科学原理和科学方法。显然，主动作业是与传统的教材和教师中心的教育方式不同的，它整合了课程设计所要考虑的三个因素，将儿童、知识和社会有机统一起来。

四、关于课程的实施

经验主义课程理论对课程的实施和评价有着独特的理解，对教师在实践中的具体做法也提出了对应的要求。这是杜威的教育哲学观在实践领域的具体体现，是经验主义课程理论的有机组成部分。

（一）对方法的理解

杜威认为，学校教育是“三位一体”的，即课程、方法和管理。其中方法是指如何实施课程、将课程转化为现实的教育效果，因此方法是实现课程目标、达成教育目的最基本的手段。“我相信方法问题最终可以还原为发展学生的能力和兴趣这一问题。呈现和对待学习材料的法则就蕴含在儿童自己的本性之中。”①

学校教育中的方法要符合学生的心理发展，要反映学生的认识规律。对此杜威进行了深入分析。他认为，人的认识应该是反思性的，认识的发生需要一个具体的有助于反思的情境。“反思性的情境具有一些特征：提出问题；收集并分析信息；提出并细化假设和观点；尝试应用并在应用中予以检验。”② 教师的教和学生的学都应该有反思的成分，因此对方法的运用要有助于引导师生对具体问题进行反思，这样才能帮助学生更好地进行认识。

在杜威看来，在教育教学实践中，最重要的方法是活动。“我相信在儿童本性的发展过程中，活动的方面要发生在被动接受的方面之前，表达要发生在有意识的印象之前，肌肉的发展要在感觉之前；我相信意识在本质上属于运动或冲动，意识的状态倾向于以动作来展现自身。”③ 杜威认为，如果忽视了这一点，学校教育就会浪费儿童的时间和限制儿

---

① Dworkin, M. S. (1959). *Dewey on Education Selections. My Pedagogic Creed*. New York: Teachers College, Columbia University, 27-28.

② Dewey, J. (1916). *Democracy and Education: An Introduction to the Philosophy of Education*. New York: MacMillan Company, 203.

③ Dworkin, M. S. (1959). *Dewey on Education Selections. My Pedagogic Creed*. New York: Teachers College, Columbia University, 28.

童潜力的发展，儿童就会被置于被动、消极地接受信息的境地。

杜威还提醒到，在开展活动的过程中，学生需要做到的是头脑开放。只有这样，才能接纳来自各个方面的思想和信息。智力的成长意味着视野开阔、接触各种知识，如果没有一个开放的视野和心态，学生的发展就会有局限。头脑开放意味着对儿童天生倾向的保持，而头脑封闭则意味着儿童在智力上已经老化。

（二）课程实施的方式和原则

"从做中学"是实用主义教育所主张的教育方式，也是课程实施的基本方式。杜威批判传统教育的"三个中心"——以书本为中心、以教师为中心和以课堂为中心，认为那样只会让学生去被动地接受知识。而"儿童中心主义"的教育则强调通过活动来增长经验，在复演社会生活中的基本生产活动的过程中学习相关知识，这就是主动的学习，也是一个主动的社会化的过程。

"从做中学"的方式也是与经验主义课程形态相匹配的。如果说以知识为中心编排的学科课程适合教师讲授，那么以活动为中心的经验课程无疑更适合动手做，"活动教学"是最好的选择。"我相信让学生意识到他们的社会遗产的最好的方式就是让他们能够参与那些基本的社会活动，这些活动代表了现代文明。"①

课程从以概念和原理等知识为主变成了以学生的活动为主，在这种课程体系下，"从做中学"改变了传统的教师讲、学生听的课程实施方式，学生主动参与活动过程，通过动手做和亲身实践体验来获得知识。教师在这一过程中发挥了组织、协助和解疑答问的作用。杜威指出："我相信，在学校中，教师不能给孩子强行灌输特定的思想，或者使孩子养成特定的习惯；而是要成为学习团体的一个成员，去选择一些教育要素以影响学生并协助他们恰当地回应这些影响。我相信教师的职责就在于扩展学生的经验基础并促进智慧的成熟，并决定如何让学生遵守生活规范。"②

杜威认为，课程实施要遵循一个基本的原则，那就是要尊重学生的兴趣，即兴趣的原则。在普遍的意义上，"兴趣"一词有三层含义：（1）主动发展的全部状态；（2）可以预料并追求的客观结果；（3）个人情感上的倾向和爱好。③ 兴趣代表了一种发展倾向和驱动力，让儿童为了实现目标而行动，最终有助于儿童经验的增长；兴趣是儿童内在的成长力量外显出来的信号，代表了儿童能力的开端。尊重儿童的兴趣，就是要关心儿童的倾向、需求和关心的事情。尊重儿童的兴趣，就是要关注每一名儿童，因为每一名儿童都有自己独特的兴趣。教师要仔细观察儿童的兴趣，回应不同的兴趣、倾向和态度，不能千篇一律

---

① Dworkin, M. S. (1959). *Dewey on Education Selections. My Pedagogic Creed*. New York: Teachers College, Columbia University, 26.

② Ibid., 24.

③ Dewey, J. (1916). *Democracy and Education: An Introduction to the Philosophy of Education*. New York: MacMillan Company, 148.

地运用一种方法。

此外，杜威还指出，课程实施的另一原则就是要关注儿童的情绪、情感。“我相信情感是行为的反应。在儿童活动过程中竭力阻碍激发或提升儿童的情感体验，这就是让儿童的头脑进入一种不健康的、病态的状态。”① 只有调动儿童的情感体验，他们才能真正参与活动并体验到活动的价值和乐趣，从而不断培养学习的兴趣。

本章小结

深入理解经验主义课程理论，首先要理解近代以来教育中的自然主义主张。它促成儿童观的转变，最终促使教育哲学观的转型。经验主义课程理论正是在此基础上才得以产生和发展。经验主义课程的发展在经历了进步主义教育的实践探索之后，借助杜威实用主义的教育哲学，确立了三个基本的课程哲学命题：教育即生活，教育即生长，教育即经验的改造或改组。在这一脉络中，经验主义课程理论在目标上致力于促进儿童本性和经验的发展，在课程形式上主张主动作业，在实施方式上主张“从做中学”，这些都符合实用主义教育哲学的追求。

关键概念

自然主义教育　实用主义教育哲学　经验　儿童中心主义　从做中学　学校即社会　主动作业

复习思考题

1. 文艺复兴运动和启蒙运动对近代教育哲学观的转型发挥了怎样的作用？

2. 19 世纪末 20 世纪初，世界范围内主要的教育变革运动有哪些？其主张和做法是怎样的？

3. 杜威提出的课程哲学的三个基本命题是什么？基于这三个基本命题，杜威提出了怎样的教育原则？

4. 经验主义课程理论在课程目标、课程形式、课程实施等方面提出了怎样的主张？

5. 学习了经验主义课程理论之后，结合我国教育改革的现状，你有怎样的感受？得到了哪些启发？

① Dworkin，M. S. (1959). *Dewey on Education Selections*. *My Pedagogic Creed*. New York：Teachers College，Columbia University，30.

本章阅读书目

1. ［美］杜威．杜威教育论著选．上海：华东师范大学出版社，1981
2. ［美］杜威．民主主义与教育．北京：人民教育出版社，1990
3. ［法］基佐．欧洲文明史．北京：商务印书馆，1998
4. 杨明全主编．课程概论．北京：北京师范大学出版社，2010

第七章

要素主义课程理论

导读

要素主义课程理论是在批判“进步主义教育”的过程中产生的，它是“以知识为中心”的课程思想的代表，与“以儿童为中心”的经验主义课程理论针锋相对，成为抗衡儿童中心主义教育哲学的基本力量。要素主义课程理论的基本出发点是，学校教育要以知识教育为重点，传承传统文化的精华，即要素，包括价值标准、知识和基本技能。因此，在课程形式上强调学科课程，注重强化课程的学术标准；在师生关系和教学方式上主张以教师为主导对学生进行知识传授，体现了教师的权威性。要素主义课程理论的这些主张有助于扭转经验主义课程重经验而轻知识的传统，对于纠正儿童中心主义带来的学术水平低落具有重要的意义。但由于强调知识的重要性，其在一定程度上忽视了儿童的个性发展，因此也受到一些批评。这说明，要素主义课程理论在哲学观上倒向了“知识中心主义”，在反对“儿童中心主义”这个极端的同时走向了另一个极端。

第一节　提出背景与代表人物

一般而言，要素主义教育是指教育领域中“传统的”或“回归基础的”教育取向，它倡导将基本知识和技能等人类文化的要素传递给学生。20 世纪初进步主义教育盛行一时，但对进步主义教育的批判从来就没有停止过，要素主义教育也就是在批判进步主义教育的过程中逐渐发展壮大的。进入 30 年代，经济大萧条及随后发生的社会变革促成了要素主义教育的崛起。其代表人物是美国教育家巴格莱。

一、提出背景

对进步主义教育的批判是要素主义教育得以发展的一个宏观背景。由于20世纪30年代美国经济大萧条的特定时代背景，保守主义的哲学观抬头，并直接影响到教育领域，这是要素主义教育得以崛起的直接动因。

（一）对进步主义教育的批判

进步主义教育运动是美国在20世纪初推动的一场教育改革运动，在改革的实践中杜威的实用主义哲学成为进步主义教育的基本理论依据。在杜威的努力之下，进步主义教育在20世纪的前30年主宰了美国的学校教育实践，“儿童中心”、“从做中学”、“学校即社会”、“经验课程”和“活动教学”等成为进步主义教育的标志，可谓规模宏大、盛行一时。不仅如此，进步主义教育裹挟着实用主义的教育理念，对北美、欧洲、亚洲等国的教育也产生了深刻的影响，俨然成为世界教育理论的显学。然而，进步主义教育思想从来就没有在理论界和实践界实现“大一统”，批判和反对的声音一直存在，其中最突出的，就是要素主义教育对其的质疑和批判。

相对于进步主义而言，要素主义被称为保守主义，它代表了重视传统文化知识的教育哲学流派。20世纪初进步主义教育大行其道，但一部分关注传统文化知识的教育家则对其“个人主义”、“儿童中心”和“经验课程”等持批判态度，随着这两个阵营的分歧逐渐明确，“要素主义”的口号也开始被提出。① 在实践中，二者的分歧主要表现为要素主义者强调公立学校应该注重对传统科目和学科的系统的训练，而进步主义者则强调活动的方法、非正式的学习以及鼓励学生自我约束和创新。随着这两个阵营辩论的加深，抱持传统教育观点的学者也需要一个口号来对抗进步主义，于是他们提出“要素主义”这一口号。

（二）经济大萧条及随后的社会变革

19世纪末期，西方主要资本主义国家完成了工业革命，工业和农业生产增长，技术进步，劳动生产率大大提高，消费扩大，贸易兴旺，生产力得到了迅速发展，社会生活一片繁荣。然而，社会化大生产和生产资料的私有制之间的固有矛盾也在不断聚集并最终激化，这就是20世纪早期西方世界著名的经济大萧条。这次大萧条肇始于美国，发生在1929年至1933年，是一次深刻的经济危机，也带来了巨大的社会变革。经济大萧条首先表现为华尔街股票市场崩溃，美国经济随即全面陷入毁灭性的灾难之中：工厂倒闭，产业工人大规模失业；人们疯狂挤兑，银行随之倒闭；大批民众食不果腹，贫困来临。大农场

---

① Curtis, S. J. & Boultwood, M. E. (1964). *A Short History of Educational Ideas*. London: University of Tutorial Fress, 578.

主大量销毁产品，用小麦和玉米做燃料，把牛奶倒入河中。城市的无家可归者随处可见，其中不乏此前成功的商人和银行家。经济大萧条很快从美国蔓延到其他工业国家，于是千百万人在贫困中挣扎。

经济大萧条带来了严重的社会问题。各国为了维护本国的利益，加强了贸易保护，这进一步恶化了世界经济形势，激化了国与国之间的矛盾，成为第二次世界大战的重要根源。在教育方面，仅在美国就有数百万中学生辍学，社会治安日益恶化，未成年人的受教育权得不到保障。

二、代表人物

一般认为，巴格莱是要素主义的创始人，也是要素主义课程理论当之无愧的代表人物。巴格莱一生最大的学术成就在于，创建要素主义教育理论，开宗立派，形成与实用主义教育相抗衡的一个阵营，并对美国的教育决策产生了深刻而长远的影响。

（一）巴格莱的求学生涯

1874 年 3 月 15 日，巴格莱出生于美国底特律。他很幸运，因为他出生的时代被称为美国的“黄金时代”：美国南北战争结束多年，国家实现了统一；经济发展迅速，美国从传统的农业经济迈向工业化和大机器生产；大批移民进入美国城市，人们从农村涌入城市，城市人口快速增长；受益于工业化带来的成果，中产阶级出现并日趋壮大，越来越多的人开始富裕起来。以底特律为例，在巴格莱出生的 19 世纪 70 年代，底特律快速走在工业化的道路上，并在 19 世纪末成为美国重要的汽车制造中心；大批居民受益于这种工业化的发展，富裕起来的底特律居民开始在自己的家里安装电话和电灯。显然，巴格莱的家族也分享了美国发展的红利，尽管谈不上特别富裕，但父母作为新兴中产阶级，让他衣食无忧并接受了良好的教育。

1880 年，巴格莱的父母从底特律搬到了马萨诸塞州。随后，巴格莱进入了昆西市的一所小学读书。显然，昆西是一个接受教育的好地方，因为进步主义教育的先驱人物之一帕克正是在昆西这个地方进行实验并提出了著名的“昆西教学法”。巴格莱所在的小学积极践行“昆西教学法”，引领了美国“以儿童为中心”的教育风气。巴格莱身处其中，体验了进步主义教育的优越性，也感受到了其中存在的问题。在小学期间，马萨诸塞州开始实施教材免费的制度，这又让年幼的巴格莱受益匪浅。

1888 年，巴格莱随父母再次回到底特律。第二年，巴格莱进入底特律唯一的高中——首府高中（Capital High School）就读，时年 15 岁。需要说明的是，在 1890 年，美国全国高中毕业的年轻人只占同龄人的 3.5%。[①] 显然，巴格莱很幸运地成为这极少数

① Null，J. W. (2003). *A Disciplined Progressive Education*：*The Life and Career of William Chandler Bagley*. New York：Peter Lang Publishing，Inc.，22.

中的一员。

1891 年秋天，巴格莱进入密歇根农学院（Michigan Agricultural College，即今天的密歇根州立大学），他的理想是当一名农场主。当时密歇根农学院的学生基本上来自农村和农民家庭，但巴格莱的父亲是底特律医院的行政领导。在日趋工业化的时代，有着良好教育背景和学识能力的巴格莱为什么选择密歇根农学院而不选择密歇根大学，现在已经成为历史之谜。在农学院，他学习的是如何将自然科学的知识用于农业生产。他做的第一个实验，就是在土地里种马铃薯。一组马铃薯种得比较深，另一组种得比较浅，然后对比哪一组长得更好。他的实验显示种得浅的一组长得更好。他把这个研究写成论文，这是他发表的第一篇学术文章。

年轻的巴格莱想成为一名农场主，但事与愿违。1895 年毕业后，由于没有土地和资金，他只好放弃自己想要从事的农场事业。在艰难地寻找工作无果之后，他决定去当一名教师，正是这一决定影响了他的余生。1895 年秋，在密歇根州的一所只有一间教室的乡村小学，他获得了一个教师职位。他一开始的想法是把这个机会作为一个跳板，有一定积蓄后就去攻读法律学位，从而获得更好的职位。在这所远离城市的乡村小学，他从事了两年的教学工作。在此期间他改变了要从事律师职业的想法，开始试图将科学的思维方法运用到教学之中，立志改善学校的教学并将其作为自己的专业。“他意识到，科学家们已经发现了很多的事实和原理，人们在养猪过程中运用这些科学原理要比在养孩子过程中运用得还多。”① 1896 年夏天，他进入芝加哥大学，然后转入威斯康星大学，时年 23 岁。1898 年他获得硕士学位，专业是心理学。完成学位后，他获得奖学金进入康奈尔大学，继续从事心理学研究，师从当时美国著名的心理学家、“构造主义”心理学的奠基人铁钦纳（Edward Bradford Titchener，1867—1927），也就是“实验心理学之父”冯特的真传弟子。显然，杜威倡导的心理学是“机能主义”而不是“构造主义”，这也为巴格莱和杜威的分歧埋下了伏笔。1900 年他获得心理学博士学位，然后在铁钦纳的心理学实验室继续工作。

（二）巴格莱的教育事业

但是巴格莱的理想是将其所学应用于教学事业，而不是在大学里做教授。于是在实验室工作的同时他也积极寻找有关教职的工作。但同样是事与愿违，他的求职之路很艰难。怪异的是，有一所学校委婉地拒绝了他，理由是“他受的教育太好了”。功夫不负有心人，密苏里州的圣路易斯有一所小学终于愿意接纳他，并让其担任校长。

1901—1902 年，巴格莱在这所小学工作，不出所料，他是整个学区唯一的拥有博士头衔的人。他很欣赏这所学校的教学质量，但当时巴格莱结婚并生女，密苏里州的气候很

① Null，J. W. (2003). *A Disciplined Progressive Education：The Life and Career of William Chandler Bagley*. New York：Peter Lang Publishing，Inc.，29.

不适合他们一家，而且他也不愿沉湎于烦琐的行政事务，想找一个更有利于学术研究和写作的工作，于是，在1902年秋他作为教育学和心理学的教授进入蒙大拿州立师范学校（Montana State Normal School）工作，时年28岁。

在该师范学校，巴格莱既有实践经验又有学术经历，这一背景使他很快在工作中脱颖而出。由于该学校对入学的学生没有高中毕业这一要求，很多学生的学科基础较差。于是该校将四年的教育分为两段：前两年进行基本学科的普通教育，后两年进行与教育教学相关的专业教育。后两年的教育在师范生培训部进行，巴格莱担任培训部主任。1903年，该师范学校升格为师范学院，并开展研究生水平的教育，巴格莱担任该师范学院的副校长。1905年，巴格莱出版了他的第一部教育著作《教育过程》（*The Educative Process*）。这本书让他在教育界声名鹊起。①

但是，随着巴格莱的成名，他与师范学院校长的关系也复杂起来；而且，学院开始强调体育锻炼课程的重要性，在一定程度上削弱了学术性科目的教育，这也不符合巴格莱的观点。1906年6月底，巴格莱离开了工作四年多的师范学院，来到纽约州的奥斯威戈州立师范学校（Oswego State Normal School），这是当时最好的美国师范学校之一。但在该学校，巴格莱没有能够讲授自己最擅长的心理学专业课程，只能讲授别人不能讲的"普通教育方法"和"数学教学方法"。而且学校有着强调"博雅教育"的欧洲传统，不注重学生的教育教学实践，这又与巴格莱的师范教育理念相左。1907年，巴格莱出版了他的第二部重要著作《课堂管理》（*Classroom Management*），用来教导师范生和在职教师们如何有效管理他们的课堂。他越来越觉得只有在一所大学中才能实现他的教育理想。他等待一个合适的机会离开这所师范学校。

1908年6月，在别人的引荐下，他进入伊利诺伊大学（The University of Illinois）。在巴格莱的努力之下，该大学筹建了教育学院。巴格莱在此工作了九年，使该教育学院成为美国最好的教育系科之一。1910年他还跟其他同事一起，创办了《教育心理学杂志》（*Journal of Educational Psychology*）。此外，他还是著名的卡潘学会（*Kappa Delta Pi*）的创始人之一。巴格莱在该校主讲了大量的教育类课程，包括"教育原理"、"教育史"、"教育价值和方法"、"学校监督的理论与实践"、"教育理论"、"中等教育原理"、"教学观察和技能"、"教育心理学"、"课堂管理和当代教育理论"等。② 在伊利诺伊大学后期，巴格莱连续出版了多部著作。例如：1911年，巴格莱出版了《教学技艺》（*Craftsmanship in Teaching*）；1913年，巴格莱和同事合作出版了《人类行为：面向教师的第一本心理学著作》（*Human Behavior：A First Book in Psychology for Teachers*）；1914年，他出版

① Null，J. W.（2003）. *A Disciplined Progressive Education：The Life and Career of William Chandler Bagley*. New York：Peter Lang Publishing，Inc.，65.

② Ibid.，131.

了专著《学校纪律》(*School Discipline*)。1915 年，巴格莱培养了第一位博士哈罗德·O·鲁格（Harold O. Rugg）。鲁格在教育社会学和课程论领域多有建树，他编写的社会学教材成为美国经典教材之一。

1917 年 4 月，满怀对教育科学不断探索的梦想，巴格莱来到哥伦比亚大学师范学院任教，直到 1939 年退休。在正式开始师范学院的教职之前，巴格莱参与了一个重大项目“密苏里调查”（Missouri survey）。他为该项目的教师教育方案提出了建议，认为职前教师教育应该开设的基础课程有：（1）“心理学”；（2）“教育史”；（3）“教学的一般方法或原则”；（4）“学校管理”；（5）“观察、参与和教学实习”。① 该调查的目的是为当时美国的师范院校发展提供方向和指导。显然，这些课程的开设体现了巴格莱对教育教学科学化和专业化的一种理解。

在哥伦比亚大学师范学院，巴格莱继续从事他的教学和研究工作，并成为美国有影响的教育学者。在此期间，巴格莱与进步主义教育的重要代表人物克伯屈同为师范学院的同事，这也使他不得不面临与进步主义教育思想的正面交锋。1925 年，巴格莱出版了《教育中的决定论》(*Determinism in Education*）一书，对当时教育界过于强调心理测量的重要性进行了批评，坚称教育是改变人的智力并使人成功的重要力量。在大萧条最艰苦的年代，1931 年巴格莱出版了《教育、犯罪和社会进步》(*Education, Crime and Social Progress*）一书，书中提出了“系统教育和优秀的教师可以鼓励学生去创造一个更加平等、更加公正、更加有教养、更加稳定的社会”②。1934 年，巴格莱出版了被认为是他在教育界最有影响的著作《教育与新人》(*Education and Emergent Man*)，他从哲学、历史、心理学、社会学和生物学的视角考察教育问题，尤其是运用格式塔心理学（而不是机能主义和行为主义心理学）来阐释教学规律，倡导一种尊重学科知识、认识到个体的兴趣和需求，并与社会进步密切关联的教育哲学。

在进入哥伦比亚大学师范学院之后，巴格莱无疑已经成为美国教师教育的领军人物，他的要素主义教育思想逐渐形成。1928 年到 1934 年，师范学院的同事们举办了一个讨论会，会议由克伯屈主持，参与者均为当时有影响的学界人物，包括杜威等人。在讨论会上，巴格莱一贯地对主流的进步主义教育主张进行批判，并越来越意识到需要提出自己的教育哲学诉求。30 年代中期之后，对进步主义教育持批判态度的几位学者开始围绕在巴格莱周围酝酿成立全国要素主义者协会（National Essentialists Association）。1938 年 2 月底，全国教育协会（National Education Association）计划在大西洋城（Atlantic City）举办会议，要素主义者则准备在该会议上举行一次大的学术活动。恰好巴格莱了解到，“杜

---

① Null, J. W. (2003). *A Disciplined Progressive Education: The Life and Career of William Chandler Bagley*. New York: Peter Lang Publishing, Inc., 156.

② Ibid., 195.

威将在本次会议上针对当时极端的进步主义做法提出批评，这进一步坚定了他的想法”①。1938 年 3 月 1 日，巴格莱在会议上发表题为《促进美国教育的要素主义者平台》（An Essentialist's Platform for the Advancement of American Education）的演讲，明确提出了“要素主义”的口号，标志着要素主义教育的诞生。要素主义教育的诞生在美国教育界掀起了讨论“要素主义”和“进步主义”的热潮，在这股热潮中，1939 年夏天，巴格莱在哥伦比亚大学师范学院退休。

退休后的巴格莱拒绝了几所大学的职位邀请，专注于做《学校与社会》杂志的编辑，此外还参与了其他杂志的编辑工作并在几所大学兼职授课。1946 年 7 月 1 日，巴格莱在纽约的办公室编辑稿件时逝世，享年 72 岁。

第二节　基本的课程主张

要素主义教育哲学是伴随着对进步主义教育的批判而提出来的，因此理解它与进步主义的主要分歧是把握要素主义课程主张的基础。此外，要素主义课程理论有其赖以存在的哲学观和理论依据，是保守主义教育思潮在课程领域的反映。要素主义课程理论在课程目标、课程形式和课程的实施等方面折射出要素主义教育的保守特征，与经验主义课程理论有着显著的差异。

一、与进步主义教育的主要分歧

总体而言，要素主义教育与进步主义教育属于两种对立的教育理论流派，在学校教育的实践层面，二者的主张有着根本性的分歧。“他们批判进步主义运动放弃了学术成就标准，忽视了知识的系统性和顺序性，不加区别地运用活动教学的方法，过分强调学生的社会活动，不负责任地修订学校课程，并试图利用学校建立一个新的社会秩序。”② 统观二者的教育主张可以发现，二者的分歧主要表现在教育目的、学校课程设置、教育教学方法以及教师和学生的地位等方面。

（一）关于教育目的

进步主义教育非常重视学生的经验增长，认为学校教育的目的在于促进学生经验的改造和改组，甚至除此之外别无目的。显然，要素主义教育推崇的是学生个人的直接经验，

---

① Null, J. W. (2003). *A Disciplined Progressive Education: The Life and Career of William Chandler Bagley*. New York: Peter Lang Publishing, Inc., 227.

② Curtis, S. J. & Boultwood, M. E. (1964). *A Short History of Educational Ideas*. London: University of Tutorial Press, 589.

将直接经验的获得作为学生学习和发展的基础。正因如此，进步主义教育被贴上“个人主义”和“儿童中心”的标签，后来也被指责为美国教育质量下降的罪魁祸首。当然，进步主义者也关注知识的学习，只不过认为学生个体经验的增长是文化知识学习的途径和前提。例如，克伯屈就指出，“学校可以做的一件事就在于，通过让学生们探究自己的社区并承担一定的社会活动来奠定社会知识的基础。一个更为直接的智力挑战在于，让学生们随着年龄的增加逐渐探究社会问题、努力认识我们的社会，理解我们社会的优势和缺陷”①。

要素主义则针锋相对，认为学校课程的目的在于传承人类文化中的精华，即“要素”，主要包括传统价值、基本知识和技能等。要素主义者也关注学生的经验问题，但对“经验”的理解不同于进步主义，他们认为，“经验”不仅仅是有机体对环境的有效回应和适应，它还提供了更为广阔的社会文化背景。可见，进步主义教育所推崇的是“个人经验”，学校教育的目的在于促进个人经验的增长；要素主义教育推崇的则是“种族经验”，学校教育的目的在于促进种族经验的传承。

（二）关于学校课程设置

进步主义教育所倡导的课程形式是“主动作业”，这是一种基于学生探究和社会活动的经验课程，如“金工”、“木工”、“缝纫”，以及其他手工和各种游戏。在进步主义者看来，这些课程是增长学生经验、沟通学校和社会的最佳途径，是与其教育目的观相一致的。

要素主义者反对进步主义过于强调“经验课程”的做法，认为单纯的经验课程不足以使学生形成有助于社会发展的知识基础。“尽管提倡进步主义的学校也会选择一些受过专门学科训练的教师来辅导学生学习知识，但问题在于，如何开发一种课程从而有效地将这些学科视角融入经验生长的过程，同时帮助年轻人获得技能和特定的知识，这对于我们这个充满活力、相互独立、科学化和民主的世界至关重要。”② 要素主义者主张学校课程就是各种学科课程，因为这些学科更代表了文化要素。他们特别强调传统学校课程的重要性，如古典语言、数学、科学和历史等，认为这些科目也代表了传统的价值观。

（三）关于教育教学方法

进步主义教育强调“活动教学”，即通过让学生参与探究、调查和社会活动来获得经验的增长。例如，帕克倡导的“昆西教学法”所遵从的一个基本原则是“教育要使学校适应儿童，而不是使儿童适应学校”，让教师围绕学生的活动设计教学，用报纸、杂志和活页材料取代教科书，注重手工、测量等活动。“活动教学”关注的是学生的兴趣，有利于促进学生的学习经验的增长，因此为进步主义教育所青睐。

---

① Curtis，S. J. & Boultwood，M. E. (1964). *A Short History of Educational Ideas*. London：University of Tutorial Press，581.

② Childs，J. L. (1956). *American Pragmatism and Education*. New York：Henry Holt and Company，Inc.，358.

要素主义者反对进步主义的“活动教学”，认为那不利于知识的系统性和顺序性，并且，活动教学也使学生疏于管教、纪律松散。例如巴格莱就批判克伯屈的“设计教学法”，认为“设计教学法”是基于桑代克心理学的，是一种机械的“刺激—反应”的联结，不利于系统知识的学习。要素主义教育更注重传统的班级授课方式，强调严格的学校纪律，促使儿童去努力学习。

（四）关于教师和学生的地位

在进步主义教育者看来，儿童是学校教育的绝对中心，所有的教育活动和安排都要围绕儿童组织起来，这就是典型的“儿童中心主义”。他们反对约束学生、忽视学生的兴趣和经验，反对传统的“教师中心”，要求尊重儿童、重视学生的个体需求。这样一来，教师的地位相对弱化，儿童的地位得以凸显。

要素主义者极力反对“儿童中心主义”的做法，认为教育不仅仅是经验的增长，更重要的是人类文化“共同要素”的传承。在巴格莱看来，杜威的实用主义是一种彻头彻尾的个人主义理论。“杜威认为教育的功能在于生长或发展，他的作品阐述的就是自由、兴趣和活动，这些都是达到目的的手段。自由、兴趣和活动对于教育和民主都很重要。但它们不是唯一的要素，因为杜威没有阐述其他要素，所以他是偏激的。正如民主也包含了恶性的个人主义危险一样，把自由、兴趣和活动作为民主之本质的教育理论也带有个人主义的因子。对这些要素的过度强调意味着必然忽视一种平衡，而这种平衡会使民主避免自我湮灭。”① 也正是由于关注教师的地位，巴格莱毕其一生都在努力提升美国师范教育的质量，力图为美国教育提供高素质的教师。要素主义者强调教师讲授的重要性，突出教师的权威性，认为教育的目的在于传授文化知识，这与其教育哲学观一脉相承。

二、哲学观和理论依据

要素主义教育能够在美国产生影响并吸引众多拥趸，也是因为其拥有深厚的哲学观和理论依据。跟进步主义教育所依赖的经验主义哲学观不同，要素主义教育继承了古老的理性主义传统，而且迎合了由于经济大萧条而流行的保守主义思潮，这使得要素主义教育在20世纪30年代之后能够与进步主义教育分庭抗礼。

（一）传统理性主义哲学

人类对世界和知识的探讨源远流长，这构成了哲学本体论研究和认识论研究的主要议题。要素主义教育在阐述其主张时所体现出来的哲学观具有明显的传统理性主义的色彩。所谓理性主义哲学，是指在对待知识的态度上承认人的理性可以作为知识来源的一种哲学

---

① Null，J. W.（2003）. *A Disciplined Progressive Education：The Life and Career of William Chandler Bagley*. New York：Peter Lang Publishing，Inc.，126.

观。在理性主义哲学看来，理性独立于感官感知，在认识的层次上也高于零散的感觉经验；借助理性，人类可以对经验和实践情境进行识别、判断、评估，从而使人的行为符合既定的目的。理性是人类获得真理的基础，人类首先本能地掌握一些基本原则，然后以这些基本原则推理出其他知识。

理性主义可以追溯到古希腊哲学家柏拉图。柏拉图将世界分为“理念世界”和“现象世界”两部分：前者永恒不变，是人类所固有的；后者是感官感受到的世界，是零散而变动不居的。人类凭借有限的感官所接触到的这个现实世界只不过是“理念世界”微弱的影子，而根本的认知则来源于“理念世界”。在《理想国》中，柏拉图用一个著名的洞穴来解释他的“理念论”：设想在一个洞穴中有一批囚徒，他们从小被关在那里，被锁链束缚，不能转头，只能看面前洞壁上的影子。在他们后上方有一堆火，有一条横贯洞穴的小道；沿小道筑有一堵矮墙，如同木偶戏的屏风。人们扛着各种器具走过墙后的小道，而火光则把透出墙的器具投影到囚徒面前的洞壁上。囚徒自然地认为影子是唯一真实的事物。如果他们中的一个碰巧获释，转过头来看到了真实的火光与物体，他最初会感到困惑，他的眼睛会感到痛苦，他甚至会认为影子比它们的原物更真实。如果他返回去拯救他的囚徒同伴，他得有一段时间去适应洞中的黑暗，并且会发现很难说服他们跟他走出洞穴。①

传统理性主义哲学强调人的本性中固有的“理念”，并将其作为认识世界的基础。以此为依据，人的认识是来源于这些固有的理性的，而不是感觉经验。要素主义教育倡导学习人类文化遗产，继承人类文化的“基本要素”，反对单纯发展儿童的直接经验，这体现了传统理性主义哲学的基本主张。

（二）保守主义思潮

经济领域的大萧条带来的一个后果就是营造了保守主义思潮得以流行的社会环境。在经济不景气的年代，生活不易的人们自然倾向于采取保守主义的做法来渡过难关。保守主义思潮是一种强调既有价值或维护现状的思想倾向，它一般相对于进步主义或激进主义而言，在行动上倾向于采取比较稳妥的方式推进社会变革。20 世纪 30 年代之后，保守主义思潮对美国和西方教育界的影响非常显著，这也是要素主义教育得以形成一个阵营的重要思想基础。

与要素主义教育类似，体现保守主义思潮的教育哲学还有永恒主义教育等，美国教育家赫钦斯就是一位重要的代表人物。作为出身于神学教授家庭的法学教授，1929 年赫钦斯在担任芝加哥大学校长时推行了“芝加哥计划”，推动大学进行改革；同时推行“名著教育计划”，倡导阅读人类文化长河中流传下来的百部名著以接受教育。他认为，所有

---

① 参见赵敦华：《西方哲学简史》，52 页，北京，北京大学出版社，2001。

16 岁到 60 岁的人都应该接受同样的智力训练——一种均衡的、全面的有关人类积累下来的知识和思想的介绍。“一个接受了博雅教育的人必须知道如何阅读、写作和算术，他必须知道并且理解那些涵养人类的思想。他必须理解他所生活于其中的传统。他必须能够与同伴交流。”① 永恒主义教育与要素主义教育一起，共同致力于维护传统的社会价值观和文化知识，强调教师、课堂、书本，主张树立教师的权威，恢复学术性课程的地位，整顿学校纪律，提高教学质量，具有浓厚的保守主义倾向。

三、课程观

从历史发展的角度来看，要素主义教育所代表的传统教育哲学观一直主导着美国的教育领域，只不过 20 世纪初兴起的进步主义教育由于其强大的感染力而压倒了传统的教育思潮。但具有保守主义色彩的传统教育哲学观在不同的时期不断主导着美国的教育改革，从而形成了与进步主义教育的激进做法相抗衡的局面。要素主义教育在 30 年代引领美国教育之潮流，但在巴格莱逝世之后则趋于沉寂；50 年代末结构主义课程改革的推行代表了要素主义的复兴；70 年代的“回归基础”和 80 年代美国的教育改革都体现了要素主义教育的传统。在课程领域，无论是在哪个阶段，要素主义的观点都是一脉相承的：要求学生学习、掌握传统文化的精华（即要素），包括价值标准、基本知识和技能。

（一）关于课程目标

作为一种保守的教育思潮，要素主义教育秉持“人性本恶”的观点，认为教育的根本宗旨在于推动社会的进步，并将进步的实质看作消除人的本性。为此，教育的宏观目的在于，传递人类文化遗产的要素或核心，帮助个人实现理智和道德的训练。基于这一观点，要素主义课程追求如下目标：

一是发扬社会优良传统，促进人类智力发展。要素主义者认为，人类文化遗产中有永恒不变的共同的要素，这些经历过历史考验的社会遗产，要比个人的知识和儿童的未经考验的经验更有意义。因此，应该将那些最基本、最基础的学术知识与技能教给学生。

二是培养学生的文化习惯，强调严格的智能训练。跟进步主义教育强调儿童兴趣和个人需求不同，要素主义者认为，学校不能因为关注儿童的兴趣和经验而放弃了学术训练，不管儿童是否感兴趣，他们都需要系统地学习文化知识、培养基本的技能，严格的智能训练要比直接经验的积累重要得多。

三是传授社会文化遗产和进行理智、道德训练。要素主义者认为，任何社会都有其主

① Curtis, S. J. & Boultwood, M. E. (1964). *A Short History of Educational Ideas*. London: University of Tutorial Press, 591.

导的价值观，学校必须让年青一代掌握并传承这一价值标准。为此，学校要将历史上的文化遗产和文化名著传递给学生，让学生接受道德的训练。

四是培养英才。要素主义者推崇英才教育，主张通过提高学术标准和学生的学业成就来培养社会的英才。教师传授的必须是真理，至于儿童对于所学的东西是否感兴趣，那是次要的，重要的是让儿童系统地学习知识和技能，为社会培养英才；个人自由是重要的，但要承担社会的责任。

（二）关于课程设置

在学校的课程设置方面，要素主义者对经验主义课程理论提出了批评。他们认为：知识技能的传授只靠儿童自身的经验是无法完成的，不能迁就儿童的经验；经验课程和“从做中学”使得许多有价值的传统课程在学校中失去立足之地；“以儿童为中心”的课程难以保证学生获得基本的知识技能，教育和课程应将人类文化的要素传授给下一代。因此，要素主义者的基本主张是：课程应以文化要素为基础，而不是以儿童的生活经验为基础；提高课程的学术标准，设置全国统一的课程。

要素主义者认为，一些传统的科目（如数学、自然科学、历史、外语和文学）是学校课程的基础科目。要素主义者不赞同职业调适类课程，因为在这些课程中学术性内容是“缩水”的，学术标准是降低了的。从入学开始，小学生就要接受一些基本知识和技能的教学，如读、写、测量和计算等。即使是学习艺术和音乐，科目也要尽可能与学生的创造性相关联。学校应要求学生综合掌握有关的知识信息和基本技能，然后日积月累，逐步掌握更复杂的技能和更详细的知识。而且，课程的学习要有系统性，只有掌握了被要求的课程材料后，学生才能升入高一年级。

（三）关于课程内容

要素主义者批判进步主义教育过于强调儿童的自由、兴趣和活动，却放弃了严格的学术训练以及努力学习的精神。他们主张课程内容应该是“文化要素”，选择这些要素时要考虑一些基本的原则，如首先考虑国家、民族的利益，要有长期目标，要包含价值标准等。正如巴格莱所认为的，课程中应包含某种有关集体的价值标准，也就是社会上传统阶级的社会文化价值标准，本国政治、思想界领导人的价值标准，以及西方文明的伟大著作家的价值标准。

要素主义者强调学科中心和教材的逻辑组织，认为课程要给学生提供分化了的、有组织的经验，即知识，否则会影响效能，并强调学科课程的重要性。因此，在教材编写方面要关注永恒的知识和价值。在不同的阶段，学生学习的“要素”是不一样的。例如：小学阶段要关注阅读、说话、写作、拼音和算术，以及历史、地理、自然科学、生物科学和外语。中学阶段要把小学阶段的要素加以扩大、加深，如算术变成数学（代数、几何、三角学、微积分），自然科学变成物理、化学和地质学。而且，要强调一些要求严格的科目

（如拉丁语、代数、几何等）对心智训练有独特的价值，这些科目应作为中学的必修课程而开设。而次一等的“要素”是美术、音乐和体育。

要素主义教育的另一代表人物康南特（James B. Conant，1893—1978）认为，学校应加强基础学科的教学，在这些基础学科中，数学、自然科学和外语尤为重要，这三门学科由此被称为“新三艺”。20世纪70年代的要素主义者则认为：小学阶段强调读、写、算的训练；中学阶段集中教授英语、自然科学、数学和历史；取消点缀性课程，如编制、吹笛子、做布娃娃等；取消选修课，增加必修课。显然，“以知识为中心”开发课程、编写教材成为要素主义课程理论的核心观点。

（四）关于课程实施和教师培养

要素主义者把教学看作心智训练的过程，通过文化遗产的传递来训练学生的心智和道德。他们认为：凡是不重视有训练的智慧的民族是注定要失败的；要遵循努力原则，要有严格的学术标准。正如巴格莱所言，“如果教育放弃严格的标准，因而对于学习所必需的努力不提供有效的鼓励，那么许多人将虚度在学的十二年，不过发现自己愚昧无知和缺乏基本训练并日益处于严重不利的困境。这简直无异于把小孩连同洗澡水一起倒掉”①。巴格莱指出，在教学过程中，学生可以在接受人类共同文化要素的基础上形成“判断”，这种“判断”能使学生不再依据具体的经验而形成心理定势，并直接用来解决个体所面临的实际问题。这种“判断”就是以某种形式保存下来的种族经验，体现着人类文化中那些经久不变的共同要素。

在教学过程中，要素主义者强调教师的重要性，认为教师处于主导地位，由教师将文化要素传递给学生。“成年人对未成年人所负教导和管束的责任，对于延长人类的未成熟期和必需的依赖期具有生物学的意义。人类不知道经历了多少年代才认识到这个责任。人类在认识到这个责任之前，确确实实依然处于野蛮的状态。”② 而学生只是教育的对象，甚至是一种容器，学校应“尽量多地往那里灌注传统和客观世界组织起来的内容”。当然，要素主义者特别强调一定要提高教师的素质，要求教师必须接受过通才教育，具有有关学习领域的广博知识，对儿童心理学和学习过程有深刻理解，有传授事实、知识和理想给年轻一代的能力，并且忠实于自己的工作。

为了给学校提供好的教师，巴格莱不断呼吁对教师进行培训的重要意义。他指出，教师要表现出较高的文化水准，熟练掌握本国语言，声音悦耳，有良好的教养，举止文雅，热爱自己的学生，充分理解教师的优越之处、责任和义务，只有这样的教师才能在塑造下一代中创造奇迹。在促进美国教师教育改革、提升教师质量方面，巴格莱居功至伟。

---

① ［美］巴格莱：《教育与新人》，198页，北京，人民教育出版社，1996。

② 同上书，179页。

第三节　影响及评价

要素主义代表了尊重传统、推崇知识内在价值的哲学取向，突出了学校教育固有的传递文化和价值传统的职能，在一定程度上扭转了进步主义教育的一些极端做法，对美国教育的理论和实践产生了重大影响，也成为人类教育发展史中一种重要的教育哲学观点。

一、对教育理论的影响

要素主义课程理论的传播在一定程度上扭转了经验主义的极端做法，对于人们理解知识与经验的关系发挥了重要的平衡作用。在巴格莱正式提出“要素主义”之前，进步主义教育在美国已经流行多年，经验主义和实证主义大行其道，“儿童中心”、“从做中学”、“学校即社会”等主张更是人人皆知。对于进步主义的基本原则，巴格莱还是认同的。例如，他也认为“根本上而言教育的可能性取决于感官利用过去经验的能力……在宽泛的意义上教育就是生活的经验，经验的作用在于帮助个体做出内在的调适”[①]。但在进入 30 年代之后，进步主义教育出现了一些极端化的趋势，在很大程度上导致美国学校教育的学术水准弱化、学校应该发挥的知识传承功能弱化，学校教育流于个人主义、活动化和经验化。巴格莱认为，进步主义的这种做法是虚弱的、不充分的，教育的社会性被忽视了，“人类的进步取决于另一因素，你可以称这一因素为文化，或社会遗产，或德性，或文明，但无论我们怎样称呼它，它总属于广义的教育”[②]。激进的进步主义甚至引起了杜威的不满，例如在 1938 年的大西洋城会议上，杜威对当时进步主义的极端做法提出了批评。[③] 要素主义旗帜鲜明地主张强化文化知识教育和传统价值教育，这对于引领教育研究更多地关注提高学校教育的学术标准发挥了积极的作用。

要素主义课程理论使美国教育界重新拾起了文化传统和知识要素，体现了其保守性的哲学观，有助于美国传统文化的传承。美国的历史虽然短暂，但有其明确的文化性格。美国传统文化不仅包括个人自由、兴趣爱好等构成要素，而且非常强调基本知识和价值观，如对物理世界的兴趣、通过科学探究来理解这个世界、传授关于世界的重要知识、教授自然科学知识等。巴格莱希望这些传统能够在学校中得到传承，而进步主义显然与此背道而驰，因此需要用一种更强有力、更有效和更积极的教育哲学去取代它，尽管他本人也支持

---

① Bagley，W. C. (1913). *The Educative Process*. London：Macmillan Company，3.

② Ibid.，18.

③ Null，J. W. (2003). *A Disciplined Progressive Education：The Life and Career of William Chandler Bagley*. New York：Peter Lang Publishing，Inc.，242.

进步主义教育的一些基础原则。

要素主义强调对传统价值观的传承以及学校要适应特定的社会情境和经济结构，这对于教育理论的发展也具有重要的借鉴价值。要素主义者认为，美国学校应该将传统道德价值和智力知识传播到学生心中，这样他们才能成为现代公民。要素主义者相信，教师应该将这些美国传统美德灌输给学生，如尊重权威、坚忍不拔、忠诚于职责、关爱他人、勇于实践等。为此，学校不应该迁就学生的兴趣、爱好和个人自由，而是需要严格的纪律并让学生在学业上付出努力。要素主义是基于保守主义的哲学，该哲学反映了美国的社会、政治和经济结构。进步主义试图通过个人自由、兴趣和经验的满足来促进社会的重塑，这在要素主义看来也是不可取的。教育是社会生活的特定领域，它不可能逾越既有的社会结构和发展模式而得到激进的变革。

二、对教育决策的影响

要素主义课程理论倡导“以知识为中心”，这与经验主义教育“以经验为中心”的主张针锋相对，这为教育决策提供了一个重要的参考框架。要素主义的主张在不同的历史时期为美国教育行政部门所采纳，这说明作为一种教育哲学观它能够在特定的历史时期迎合意识形态需求和执政者的价值导向，甚至成为国家教育发展战略的指导方针。

1946 年巴格莱逝世，要素主义陷入低谷。但随着冷战的开启和美苏争霸的需要，要素主义的教育主张为美国官方所青睐。1957 年，苏联成功发射第一颗人造卫星，美国朝野震动。要素主义者认为，正是由于美国学校对优秀智力及心智问题漠不关心，才导致苏联在科技发展上走在了美国前列。显然，这为要素主义的崛起提供了契机。1958 年美国颁布《国防教育法》，加强科学技术教育，以知识结构为核心编写课程，强力推进结构主义课程改革。该时期，要素主义者强调数学、自然科学和外语这“新三艺”的教育，按照学术标准对学生进行能力分组，实施英才教育，培养科技精英。要素主义的影响全面超过进步主义，达到鼎盛并占据统治地位。但到 60 年代末，要素主义的主张加重了学生负担，脱离实际，引起教师和学生的不满，由此逐渐失去统治地位。

然而，进入 80 年代，美国再次推进大规模教育改革，要素主义再次成为教育决策的基本依据。1981 年美国成立优质教育委员会（Commission on Excellence in Education），1983 年颁布《国家处于危机之中：教育改革势在必行》（A Nation at Risk：The Imperative for Education Reform），新一轮的教育改革开始大张旗鼓地推进。这次改革的目标就是提高学校教育的质量，推进核心课程的教学，将教学作为一门专业从而提升教师地位，强调学生的努力学习等，显然这是要素主义在美国教育领域的再次复兴。

需要注意的是，进入 21 世纪之后，美国这十多年出台的主要教育文件都或多或少地带有要素主义教育的痕迹。在“9·11”事件之后，美国政府在教育领域颁布了多个文件，如《不让一个孩子掉队》（No Child Left Behind）等，力图强化学校的问责机制、提升公立学校的教育质量。特别是在2008年金融危机之后，国际形势发生了新的变化，新兴经济体崛起，美国的国际地位被削弱。在这种情况下，美国政府积极推动教育改革，以提高学生的学业成绩和学术标准，这带有明显的要素主义倾向。例如，2010年3月，奥巴马总统签署《改革蓝图：对〈初等与中等教育法案〉的再授权》（A Blueprint for Reform：The Reauthorization of the Elementary and Secondary Education Act），要求所有学校提高学生的成绩，缩小成绩差距，从而实现全面的教育卓越（见专栏7—1）。而且，在人才培养方面，尤其关注科技人才的培养，提出了"联邦STEM战略"，即科学（science）、技术（technology）、工程（engineering）和数学（mathematics），通过高科技人才的培养而提升国家竞争力。可见，要素主义在新的时期继续成为美国教育决策的基本参照和理论依据。

专栏7—1　　《改革蓝图》提出的改革目标

《改革蓝图》提出了四项基本的目标：（1）提高教师和校长的素质，以确保每一间教室都有优秀的教师，每一所学校都有一位伟大的校长；（2）为家长提供信息，帮助他们去评价和改进孩子们所在的学校，帮助教师去改进学生的学习；（3）实施"大学—职业准备标准"，根据这些标准改进评价体系；（4）通过提供细致的支持和有效的干预来改进薄弱学校中学生的学习和学业成就。

资料来源：U. S. Department：*A Blueprint for Reform：The Reauthorization of the Elementary and Secondary Education Act*. http://www.ed.gov。

三、对教育实践的影响

鉴于美国的文化传统强调个人自由，进步主义教育契合了这一传统，因而进步主义所倡导的经验课程、活动教学、关注学生兴趣和个性等很好地体现在了美国中小学教育的实践之中。但如果这些做法走向极端，显然又不利于文化知识和价值观念的系统传授，因此要素主义就在实践中发挥了重要的平衡作用。

要素主义通过批判进步主义教育带来的消极后果来彰显自己的教育主张。早在20世纪30年代，巴格莱就指责在进步主义教育的影响下美国的教育质量下降：无论是初等学校还是中等学校的学生，都没有达到其他国家的基础教育的学业标准；高等学校的学生缺乏基础文化知识和素养的人越来越多，而且实际上不能阅读，不得不补修阅读课程；等等。要素主义者认为，"解决问题的最好的办法就是充分考虑到学校教育体系的本质，即关注智力要素的积累"①。在不同的历史时期，在推动重大教育改革时，类似的指责就成为批判美国教育的基调。在教育问题上不同时期的要素主义观点是一致的：强调"种族经

① Bode，B. H.（1938）. *Progressive Education at the Crossroads*. New York：Newson & Company，60.

验”或文化遗产的重要性，认为经过历史检验的多数人的经验比个人经验有意义，要学习“一种知识的基本核心”，即共同的、不变的文化要素；强调以学科为中心和学习的系统性，主张恢复各门学科在教育过程中的地位，严格按照逻辑系统编写教材；认为拉丁语、代数、几何等一些对学生心灵训练具有特殊价值的科目应作为中等学校的必修科目；重视智力的陶冶，主张提高智力标准，充分发挥教师的权威作用，对要素学习不感兴趣的学生应强制其进行学习。

当前，美国在基础教育的实践中整体上呈现出回归要素主义教育的倾向，这必将对美国教育产生重大影响。2010 年 6 月，全美州首席教育官理事会（The Council of Chief State School Officers）及全国州长协会（National Governors Association）公布了一份针对幼儿园到 12 年级的《共同核心国家标准》（Common Core State Standards），针对英语、科学与技术、历史、艺术等学科制定了新的课程标准，强化对学生的学业成就测试，注重课程内容的系统性及应用，确保学生在高中毕业时能够为升入大学或就业作好准备。在 2013 年这份《共同核心标准》已有 46 个州予以采纳，不排除仍有其他州会陆续加入该阵营中。尽管面临众多质疑的声音，这次改革仍被称为美国历史上最重要的改革之一。

2014 年 2 月 18 日，佛罗里达州教育局（The Florida State Board of Education）批准了用新版的《佛罗里达州数学课程标准》（Mathematics Florida Standards）和《佛罗里达州语言艺术课程标准》（Language Arts Florida Standards）。与此前的课程标准相比，新版课程标准强化了学术水准，对学生的学习提出了更高的要求。我们以三年级小学数学的内容标准来说明。

领域 1：围绕乘法和除法提出并解决问题

● 能够解释算式中得数的意义。例如，5×7 意味着每组有 5 个物体，共有 7 组；能够列举一个问题情境，该情境可以用 5×7 来解释。

● 能够解释整数的商是什么意思。例如，解释 56÷8 意味着 56 个物体被平均分为 8 组；能够列举一个问题情境，该情境可以用 56÷8 来解释。

● 能够运用 100 以内的乘除法去解决应用题。例如，为了表达一个问题能够运用图表和算式来表示一个未知的数字。

● 用乘法或除法公式确定未知的整数。例如，能够计算 8×？＝48，5＝[]÷3，6×6＝?。

领域 2：理解乘法和除法的定律

● 运用运算律作为解决乘法和除法问题的策略。例如，如果 6×4＝24 是明确的，那么 4×6＝24 也是明确的（乘法的交换律）。3×5×2 可以这样来解释：首先计算 3×5＝15，然后计算 15×2＝30；或先计算 5×2＝10，再计算 3×10＝30（乘法的结合律）。知道了 8×5＝

40 以及 8×2=16，学生应该能够发现 8×7 就等于 8×(5+2)=(8×5)+(8×2)=40+16=56（分配律）。

- 理解除法就是一个有关未知数字的问题。例如，32÷8 意味着要找到一个数字，这个数字乘以 8 后得数为 32。

领域 3：100 以内的乘除法

能够流畅地进行 100 以内的乘除法。学会使用一些策略，如会利用乘法和除法的关系或运算律进行运算（例如：知道了 8×5=40，就知道了 40÷5=8）。

领域 4：运用四则运算解决问题，能够解释说明算术中的基本算法

- 运用四则运算解决需要两个步骤才能解决的应用题。用公式来解释这个问题，通过口算来估算问题的答案。
- 掌握数学算式（包括加法表和乘法口诀表），解释运算的定律。例如，通过观察发现一个数乘以 4 始终是一个偶数，解释为什么 4 的倍数可以分解成两个相等的数。

本章小结

要素主义课程理论的产生有其特定的历史原因和时代背景，在不同的历史时期，要素主义均体现出浓厚的保守主义色彩，如强调文化要素的传承和提高学术标准、强调传统学术性科目的重要性、突出教师的主导地位等。传统理性主义哲学和 20 世纪 30 年代兴起的保守主义思潮是要素主义阐述其课程思想的基本依据，这使得要素主义与以实用主义哲学为依据的进步主义相互对立。要素主义的课程主张有其鲜明的特点，如在课程目标上追求传承人类文化中的精华，即“要素”，主要包括传统价值、基本知识和技能等；在课程设置上强调传统学科课程的重要地位，弱化手工活动等经验课程；在课程内容上强调文化要素和系统知识；在课程实施上主张教师的系统讲授而不是“活动教学”，强调教师的主导地位。要素主义是跟进步主义相对立的一个阵营，对现代教育理论、教育决策和学校教育的实践都产生了深刻的影响。

关键概念

要素主义教育　理性主义哲学　保守主义思潮　文化要素

复习思考题

1. 要素主义课程理论是在怎样的历史背景下提出来的？要素主义课程理论的代表人物及其基本的教育观是什么？

2. 要素主义教育与进步主义教育的主要分歧表现在哪些方面？

3. 要素主义的教育观和课程观是建立在怎样的理论基础之上的？

4. 要素主义的课程观主要表现在哪些方面？它对美国的教育理论、决策与实践产生了怎样的影响？

本章阅读书目

1. [美] 巴格莱．教育与新人．北京：人民教育出版社，1996

2. [英] 威廉·博伊德，埃德蒙·金．西方教育史．北京：人民教育出版社，1985

3. 华东师范大学教育系，杭州大学教育系合编．西方古代教育论著选．北京：人民教育出版社，1985

4. 王天一，夏之莲，朱美玉编著．外国教育史．北京：北京师范大学出版社，1993

5. 赵敦华．西方哲学简史．北京：北京大学出版社，2001

第八章

结构主义课程理论

导　读

结构主义课程理论是要素主义教育思潮在20世纪五六十年代复兴的标志，它属于以知识为中心的教育哲学这一阵营。结构主义课程理论的显著特征，就是强调学校课程中的“学科知识结构”，也就是主张在学校中分门别类地开设学科课程，并突出该学科的知识结构，从而有利于学生系统地学习。此外，结构主义课程理论还具有其他明确的主张，如在课程组织方面提出了“螺旋式课程”的概念、在课程实施中主张“发现学习”等。这些主张丰富了既有的课程思想，并对当时的学校课程实践产生了深刻的影响，这足以说明它是一种重要的课程理论。

第一节　提出背景与代表人物

结构主义课程理论的提出除了基于学术发展和课程理论研究之外，还受到其特定的政治和社会背景的驱动：20世纪五六十年代恰恰是美国和苏联两个超级大国之间进行竞争的冷战时期，为应对苏联的竞争，美国需要通过提高教育质量、强化学术标准来培养相应的人才；结构主义则以“学科知识中心”和“发现学习”等主张而顺应了当时美国的发展需求，它的提出也意味着要素主义教育的复兴。当然，结构主义课程理论能够大行其道，也是与其代表人物杰罗姆·布鲁纳分不开的。正是布鲁纳的出色努力，使得结构主义课程理论重振要素主义教育的传统，并对美国的教育改革产生了持久的影响。

一、提出背景

学校教育从来就不是孤立于社会之外的，社会的政治、经济和文化现象从根本上左右着学校教育的改革走向。在二战之前相对和平的国际和国内环境中，以杜威为代表的经验主义教育与以巴格莱为代表的要素主义教育相互批判与诘难，教育界热闹一时。二战的到来打破了这种局面，所有的物质和精神力量都被调动起来应对战争，教育界平静了下来。然而，二战结束之后，由于东西方意识形态的对立，"冷战"的帷幕拉开，美国和苏联两个超级大国又在各个领域展开了激烈的竞争。尤其是在科技领域，二战结束后人们对科技的热情开始释放出来，很多用于军事的科学理论和技术手段被转为民用，由此推动了世界科学技术的巨大进步。1957—1958 年是国际地球物理年，在这一年里，全世界有数千名科学家共同致力于研究地球磁场、潮流、气象、宇宙射线等问题。美国的科学家几年前就着手准备，希望在地球物理年期间发射一颗人造卫星。1957 年 10 月 4 日，世界各地的收音机和电视机不约而同地收到了一种神秘的电子"嘟嘟"声。就在人们疑惑不解时，苏联宣布成功发射了世界上第一颗人造卫星，取名为"斯普特尼克"(Sputnik)。

这是一个引人注目的事件，这一消息也震动了全世界，美国更是朝野震动，因为这意味着美国在空间技术领域已经落伍了。这一事件拉开了美苏空间竞争和高科技人才竞争的序幕，点燃了美国人改善学校教育、推动教育改革的热情。1958 年 9 月 2 日，美国总统签署了《国防教育法》，其宗旨在于为美国教育机构拨款，推动教育改革，由此强化高科技人才的培养，以提升美国的竞争力。《国防教育法》开宗明义："加强国家防御，鼓励和协助学校教育的推广与改进以满足国家的关键需求并达成其他目的。"为实现这些目的，它明确提出了一系列举措：要向学校教育（尤其是高等教育）拨款，倡导大力发展"新三艺"教育，设立"国防奖学金"等。在《国防教育法》的驱动下，美国要素主义教育思潮迅速抬头，强化知识教育的呼声高涨，结构主义课程理论应运而生。

> 国家的安全需要最充分地开发全国男女青年的脑力资源和技术技能。目前的紧急状况要求提供更多的且更适当的教育机会。本国的国防有赖于掌握由复杂的科学原理发展起来的现代技术，也有赖于发现和发展新原理、新技术和新知识。我们必须加强努力去发现和教育我们国家更多的人才。
>
> ——《国防教育法》

在"卫星事件"之后，美国精英阶层萌生出了一种想法：让顶尖的科学家参与中小学教育方案的设计，由此带动高科技人才的培养。"在过去的半个世纪里，人们见证了美国大学研究生院的崛起，它们强调科技前沿问题的研究，但一流的科学家与代表学科未来的中小学日趋分离，其唯一的联系在于科学家们偶尔参与教科书的编写。总体而言，学科前沿的专家们并没有参与中小学课程开发从而作出应有的贡献……我们并没有从科学家和中小学教师的联盟中获益。"[①] 1959 年 9 月，在美国国家科学学会（The National Academy of Science）的资助下，一批科学家和社会学家共 35 人在马萨诸塞州的小镇伍兹霍尔（Woods Hole）召开了为期 10 天的会议，史称"伍兹霍尔会议"。伍兹霍尔会议是美国对苏联卫星上天带来的挑战的又一次回应，目的是分析美国教育存在的问题，提出加强科学、数学和现代外语教育的具体做法。在会议的后半段，参与人员被分为五个小组专题讨论"课程的组织顺序"、"教学设备"、"学习动机"、"直觉在学习和思考中的作用"和"学习中的认知过程"。此次会议开启了一个新的时代：各领域顶尖的学术精英共同致力于推动教育的发展，其结果是提出了学科本位的教育改革以及结构主义课程的主张，并推动了美国中小学教科书的革新。正如布鲁纳在总结中所谈的："物理学家、生物学家、数学家、历史学家、教育工作者和心理学家共聚一堂探讨如何更新学习的过程、学习过程与教学的关系，指出了当前课程实践中出现的有关学习和教学新问题：我们应该教什么、如何教？应该如何设计新的课程？强调学科结构有什么意义？"[②] 在这次会议上，布鲁纳一举成名，其代表作《教育过程》也成为美国教育史上的名著之一。

二、代表人物及其基本主张

结构主义课程理论的提出是与布鲁纳分不开的。从一个懵懂无知的孩童到蜚声海外的教育心理学家，布鲁纳的一生颇具传奇色彩。他在教育心理学研究领域成就卓著，其心理学主张成为结构主义课程理论的基本依据。

（一）布鲁纳生平简介

布鲁纳出身于美国纽约一个传统的犹太人家庭，父母是来自波兰的移民。他出生时眼睛看不见东西，在两岁之后做了两次白内障手术，可见布鲁纳的成长历程并不一帆风顺。好在他家境良好，父母可以为他提供良好的教育条件。然而年幼的布鲁纳却对学习没有感觉，他对自己的学习任务懵懂无知，尽管他付出了努力但仍然很难做好，"对他来说学校是沉闷而又充满疑惑的"[③]。而且这个犹太人家庭忙于经商，家人对他的教育不太关心，因此年幼的布鲁纳丝毫没有显示出将来可以从事学术研究的迹象。在青少年时期，布鲁纳

---

① Bruner, J. S. (1960). *The Process of Education*. Cambridge: Harvard University Press, 3.

② Ibid., 2-3.

③ Smidt, S. (2011). *Introducing Bruner: A Guide for Practitioners and Students in Early Years Education*. New York: Routledge, 3.

开始对大自然充满了兴趣，他阅读广泛，包括小说、旅行游记和诗歌等。17 岁那年，他进入杜克大学（Duke University），这个年轻人的生活揭开了新的篇章。他对自己的童年总结说："我设想，童年期间玩耍的独特作用在于，它避免了生活的平淡无奇并给玩耍者以探索无限可能性的机会。事实上，很多社会对孩童的玩耍都是高度宽容的，但一旦进入成年则严苛起来。在这一点上，儿童终将成为受到严格限制但仍然保留了无限发展可能性的人。"① 大学生活让布鲁纳变得日益礼貌、智慧并表现出学术发展的潜力。

在大学期间，他开始学习心理学，并在 1937 年获得了学士学位，之后继续研究生阶段的学习。1938 年，布鲁纳进入哈佛大学继续学习心理学，并在此期间收获颇丰。他很喜欢哈佛大学的教学方式，在学校里有很多的研讨会和讲座等；他结交了不少朋友，其中很多成为他学术道路上的好伙伴；他进一步发现了自己感兴趣的方向——实验心理学，不少主题成为他日后研究的重要领域，如记忆、感知、学习、动机和动物行为等。1939 年，布鲁纳短暂地游历了处于世界大战前夕的欧洲，并在该年获得了心理学硕士学位。1941 年，布鲁纳在哈佛大学获得博士学位。毕业后的第一份工作是服务于军方，对外国的电台信号进行监控，后来作为副主任在公共舆论研究办公室工作。此后又进入战时信息办公室工作。1945 年，在战争结束之后，他作为心理学教授回到了哈佛大学从事教学和研究，逐渐成为美国心理学界名声显赫的学术大师，并对教育和文化等领域也产生了巨大的影响。

1970 年，布鲁纳离开哈佛大学，来到英国牛津大学（University of Oxford）工作，直到 1980 年他才重新回到美国。1991 年，布鲁纳进入纽约大学（New York University）继续从事发展心理学方面的研究和教学。鉴于在教育心理学领域所作出的贡献，1962 年布鲁纳获美国心理学会颁发的杰出科学贡献奖，1965 年当选为美国心理学会主席。

（二）布鲁纳的教育心理学观及《教育过程》

布鲁纳是认知心理学界的先驱人物，致力于将心理学原理应用于学校教育，这也正是他能够提出结构主义课程理论的重要原因。

1. 关于认知发展阶段的观点

布鲁纳是认知心理学家，重视对人的认知和智力发展的研究，提出了认知发展表征演变的理论。他认为，由于表征所依据的媒介在不断地演变，即由动作向意向再向符号转化，因而儿童的智慧发展分为表演式表征（enactive representation）、肖像式表征（iconic representation）和符号式表征（symbolic representation）三个阶段。他指出："任何知识领域（或该知识领域中的任何问题）都可以用三种方式予以表征：（1）通过一系列可以恰当地实现特定结果的动作来表征（表演式表征）；（2）通过一系列可以代表概念的表象或

① Bruner，J. S.（1983）. *In Search of Mind*：*Essays in Autobiography*. Cambridge，New York and Philadelphia：Harper Colophon，20.

图像来表征，而不需要确切地界定这个概念（肖像式表征）；（3）通过一系列从符号体系中获得的符号或逻辑命题来表征，这些符号体系受制于形成和转换命题的规则或法则（符号式表征）。”① 每一种表征所依据的媒介是不一样的：在表演式表征中，儿童主要通过动作来感知（媒介是动作），在大脑里形成的对环境或客体的再现表象，是活动性的，儿童用手足、身体去把握对象；在肖像式表征中，儿童通过意向感知世界（媒介是意向），这决定了外界、环境或客体透过意向在儿童大脑中留下的再现表象是复现性的，犹如摄影留下的肖像，儿童是靠印象去把握对象；在符号式表征中，儿童通过各种人造符号来感知世界（媒介是人造符号），外界、环境或客体在儿童大脑中留下的再现表象是简约化了的，实际上达到了象征性水平，儿童是以语言形式或数量形式去把握对象的。这三种不同形式、不同水平的再现表象，实际上就是儿童在不同年龄阶段表现出来的认识与理解世界的独特方式。布鲁纳的这种思想直接影响到结构主义课程对于课程内容的选择和编排。

基于这一理论，布鲁纳在研究智力发展的规律时提出了认知发展阶段理论。1967 年，根据儿童表征世界和智力成长的特点，布鲁纳提出了认知发展的“三阶段说”，即动作式发展阶段、映像式发展阶段和符号式发展阶段。动作式发展阶段的儿童主要通过动作来认识、再现外界事物，也就是“从做中学”，很少有反省认知的参与；映像式发展阶段的儿童能够将环境中的经验变为内在表象，并通过视觉图像和其他感觉表象对世界进行表征，能够初步使用符号化的概念；符号式发展阶段的儿童能够借助语言或符号系统来贮存或提取大量信息，借助语言进行推理和解决问题，并最终提出假设和命题。

在布鲁纳看来，无论在哪个阶段，儿童的主动学习都发挥了重要的作用。因此，布鲁纳的认知发展阶段理论不仅指个体的内在的发展，还包含着学习的过程。“在他的理论中并不强调发展阶段与年龄的联系，而更强调文化与教育在其中所起的作用……学校教育正是文化上特别重要的工具，借助学校教育，智力技能可以得到扩展。”②

这一理论说明，儿童的智力发展水平决定着不同的认知结构，不同的认知结构则又决定着不同的认知发展水平。由此，布鲁纳强调认知结构和学科知识结构对学生发展的重要影响，这成为结构主义课程思想的基本理论依据。

2. 关于认知发现的观点

围绕知觉、概念获得、智慧生长与表征等问题，通过研究，布鲁纳认为，儿童的学习包含三个过程：获得信息、转换和评价。这三个过程几乎是同时发生的，而且每一个过程学习者都要主动地调动认知能力来完成学习任务。布鲁纳由此认为，学生不是被动的知识接受者，而是积极的信息加工者。基于这一理解，布鲁纳提出了“认知发现”的学说。

---

① Bruner，J. S.（1966）. *Toward a Theory of Instruction*. Cambridge：Harvard University Press，44-45.

② 邵瑞珍主编：《教育心理学》，254 页，上海，上海教育出版社，1997。

在布鲁纳看来，学生的认知发展虽然在一定程度上受到环境的影响，但主要遵循自己特有的认识程序。因此，教师的教学就是要帮助学生促进智慧或认知的生长，教师需要把知识转换成一种适应学生的形式，根据学术认知发展的顺序来设计教学。由此，他提倡使用“发现法”。“发现法有利于激发学生的智慧潜力，有利于培养学生的自我激励的内在动机，有利于学生学会探索的技巧，有利于增强学生的责任心，而且发现学习的结果也有利于记忆的保持。”① 在美国20世纪60年代推行的结构主义课程改革运动中，布鲁纳极力推行“发现法”，这也成为结构主义课程理论的重要内容。

3. 布鲁纳的《教育过程》

伍兹霍尔会议结束之后，布鲁纳把会议期间探讨的问题及自己的教育改革主张予以编撰、整理，撰写了《教育过程》一书，并于1960年由哈佛大学出版社出版。在“前言”中，布鲁纳介绍了伍兹霍尔会议的起因以及讨论的主要问题，并在第一章“导言”中对该书的主要内容作了交代。他指出，该书集中讨论了四个主题：一是学科知识结构在学习中的功能，以及怎样将其作为教学的核心；二是学习的准备，要改变过去为学习而作的漫长的准备，倡导把任何学科的知识基础教给任何年龄的儿童；三是探讨了直觉的本质及其在智力发展中的作用；四是讨论了学习的愿望和动机问题，分析了兴趣在学习中的重要作用。在最后，布鲁纳还探讨了新出现的教学辅助手段（如电视、电影、录像、教学机器等）在教学中的作用以及如何最大程度地发挥其功能以帮助教师完成教学任务。可以说，《教育过程》是布鲁纳倡导结构主义课程的基本理论依据，也是他推动结构主义课程改革运动的行动纲领，已被译成中文、俄文、日文、德文、法文等20多种文字，成为美国教育史乃至世界教育史上的名著。

第二节 基本的课程主张

作为一次重大课程改革的最基本的指导思想和行动指南，结构主义课程理论观点集中、立论明确，在课程目标、课程组织方式、课程实施等方面集中体现了布鲁纳结构主义的思想，有利于具体指导中小学的课程设计。

一、关于课程目标

在结构主义课程改革之前，美国的学校教育深受杜威的经验主义教育理论的影响。“生活适应”是经验主义教育的重要目的，因此杜威倡导“教育即经验的改造或改组”、

① 邵瑞珍主编：《教育心理学》，323页，上海，上海教育出版社，1997。

“学校即社会”等理念，在教育方法上倡导“从做中学”、“活动教学”等。要素主义的代表人物巴格莱在逝世之前曾极力批判过这些主张和做法，但在 1946 年巴格莱逝世之后主导美国中小学教育的仍旧是杜威的经验主义教育观。在 50 年代末“卫星事件”之后，美国人将科技落后的根源归咎于这种追求“生活适应”的教育思想，这在布鲁纳的结构主义课程的目标定位中也体现了出来。

那么，儿童学习的目的是什么呢？对此，布鲁纳旗帜鲜明地指出：“任何学习活动的首要目的，不在于它能给我们带来乐趣，而在于它应该对我们的未来有用。”① 他认为，人的学习活动服务于未来的途径有两种：一是直接将所学的知识和技能应用到与最初的学习情境类似的社会生活中，这被称为“训练的迁移”，例如学会了敲钉子的技巧，就可以将这种技巧用于敲木桩；二是非直接迁移，即原理和态度的迁移，也就是当初所学的不是具体的技能，而是一般性的观念和原理，这可以被用于具体问题情境中，而且这种迁移是教育过程的核心，其关键在于掌握学科的“结构”。

从这个角度来看，结构主义课程理论所追求的课程目标就在于学科知识结构。“我们可以用一个词来解释（相关的课程问题），即结构……掌握某门学科的结构，就是用一种新的方式去理解这门学科，这种方式允许其他更多的事物与该学科建立有意义的关联。简言之，学习学科的结构就意味着学习事物如何相关。”② 在布鲁纳看来，不论我们选教什么学科，都务必使学生理解该学科的基本结构，对学科结构的教与学是学校教育和课堂教学的核心，而不是让学生仅仅掌握事实和技巧。这一目标也反映在布鲁纳对“课程”一词的理解上。布鲁纳对什么是“课程”曾阐述过自己的看法。他指出：“‘课程’一词意味着要讲授的科目。但这种理解并不完满。一门课程应该包含让学生掌握知识的技能，这种技能反过来会让学生掌握更多的知识和技能。”③

那么，什么是“学科基本结构”呢？“结构”强调的是事物之间的相互关联。“学科基本结构”就是指某门学科的基本概念、基本原理及其之间的关联，也就是基于其内在联系而产生的知识体系。布鲁纳举例说，数学中的交换律、分配律和结合律就是数学学科的基本结构之一。代数就是把已知数同未知数用方程排列起来，从而使未知数成为可知的一种方法。在求解未知数的过程中，可以运用三个基本法则。他指出：“学生一旦掌握了这三个基本法则所体现的思想，就能认识到，所要求解的‘新’方程式完全不是新的。它不过是一个熟悉的题目的变形罢了。”④ 在布鲁纳看来，学习结构不过就是学习事物是怎样相互关联的。布鲁纳认为，有效的学科结构的组织要符合三条原则：一是适应性原则，指学

① Bruner, J. S. (1960). *The Process of Education*. Cambridge: Harvard University Press, 17.
② Ibid., 6-7.
③ Bruner, J. S. (1966). *Toward a Theory of Instruction*. Cambridge: Harvard University Press, 35.
④ Bruner, J. S. (1960). *The Process of Education*. Cambridge: Harvard University Press, 7-8.

科知识结构的呈现方式必须与不同年龄学生的认知学习模式相适应；二是经济性原则，是指任何学科内容都应该按最经济的原则进行排列，在有利于学生的认知学习的前提下合理地简约；三是有效性原则，是指经过简约的学科知识结构应该有利于学生的学习和迁移。让学生掌握学科结构有助于学生掌握整个学科。

二、关于课程的内容及组织

结构主义课程理论在课程目标上是“知识本位”的，这反映在课程内容上则是关注学科的知识结构、以学科基本结构为核心组织课程。为此，布鲁纳等人积极推进中小学教材改革，在20世纪50年代到60年代研发了多个版本的教材，对世界各国的教育改革产生了深刻的影响。

结构主义课程理论强调，一个学科的课程应该由最基本的学科结构所构成，学科结构就是课程的基本内容。在布鲁纳看来，学科结构能够揭示这个学科的基本原理，如果课堂上仅仅关注特定的主题或技能而没有搞清楚学科的基本结构，那么这种教学就是事倍而功半的，因为它不利于学生在学习过程中进行概括。而且，从学生智力发展的角度来看，学习学科的基本原理对于智力的发展有益处；让学生们对学习知识感兴趣，就要让这些知识值得去掌握，也就是要让学生们感觉到这些知识在学习情境之外也是有用的。当然，从学习的效率来看，掌握学科结构有助于统整具体的知识和技能，并可以提高记忆的效率。

在呈现课程内容时，布鲁纳极力主张要体现基础的学科结构。布鲁纳阐述了四大好处：第一，理解基础的学科结构有助于理解该学科；第二，有助于记忆，因为只有把具体信息纳入知识结构，才能不至于很快忘记；第三，理解学科的基本原理和观念是获得“技能迁移”的基本渠道；第四，通过持续地再检验所讲授的材料，人们可以缩小前沿知识和基础知识之间的差距。① 课程内容的结构化其实也推动了课程内容的理论化和知识化，弱化琐碎的知识和技能，强调学科的基本概念和结构，这在很大程度上扭转了进步主义教育的影响，对提高美国中小学教育的学术标准具有积极的意义。

此外，结构主义课程改革的一个重要追求就是推动课程内容的现代化，使学校教育适应时代的需求。二战结束之后，世界科技发展日新月异，新知识、新技术和新发现层出不穷，这在客观上要求学校课程回应知识发展的趋势，在课程内容上体现时代性。为此，布鲁纳等人强调“新三艺”，认为这三门科目是现代社会的成员必须学好的基础科目；《国防教育法》也力挺“新三艺”的研发和教学，“为加强自然科学、数学、现代外语和其他重要科目的教学而提供财政援助”，这进一步强化了课程内容现代化这一诉求。

---

① Bruner，J. S. （1960）. *The Process of Education*. Cambridge：Harvard University Press，25-26.

为推动“新三艺”和其他理科课程改革，结构主义课程理论的拥护者强调对中学课程进行改革，以结构主义课程思想为指导改造传统的中学教材。在结构主义课程改革期间美国涌现了多种中小学的数学和科学教材，典型的教材有伊利诺伊大学学校数学研究小组（The School Mathematics Study Group）开发的 SMSG 数学、美国物理科学研究委员会（The Physical Science Study Committee）开发的 PSSC 物理、美国生物科学课程研究委员会（The Biological Sciences Curriculum Study Committee）开发的 BSCSC 生物等。

在课程内容的组织方式上，布鲁纳提出了“螺旋式课程”的概念。所谓“螺旋式课程”，也就是以与儿童思维方式相符的形式将学科结构置于课程的中心位置，随着儿童年龄的增长而不断拓展、加深并在必要时巩固先前的学习，使之在课程中呈现螺旋上升的态势。他认为，学科的教学应尽可能早地开始，并要采用智育上正确的形式，而且应同儿童的思维方式相符。另外，要让这些课题在以后各年级中扩展、再扩展。这也就是说，课程设计及教材编排不仅要依据儿童认知发展的程序和特点，而且要遵循每门学科基本概念或原理的连续性，使教材成为一套螺旋式的课程系统。

三、关于课程的实施

在课程实施方面，结构主义课程理论首先强调早期学习。对于课程的实施方式，进步主义教育秉持的是“从做中学”，因为这是促进学生经验增长的最好方式。但在布鲁纳看来，过去十多年来，美国的学校以学习难度问题为由将许多重要学科的教学推迟，由此浪费了宝贵的时间。他认为，所有学科的基本概念和原理都是简单的、强有力的；而且，儿童的身心发展有着“成熟加速化”的趋势。他提出了一个大胆的假设：“任何学科都能够用智育上正确的方式，有效地教给任何发展阶段的任何儿童。”①

布鲁纳的基本依据就是儿童的智力发展规律。在他看来，智慧发展的阶段是连续的、相继的，就性质而言，发展既有量的增长，也有质的变化。一般由动作向意向再向符号不断地演变，即从第一阶段的动作式再现表象到第二阶段的映像式再现表象，最后到第三阶段的符号式再现表象。布鲁纳承认发展阶段与年龄有关，但他也相信只要向儿童提供合适的机会，也可以引导儿童的智力发展。在发展的每个阶段，儿童都有他自己的观察世界的独持方式。教给任何特定年龄的儿童某门学科，其任务就是按照这个年龄的儿童观察事物的方式去阐述那门学科的结构。他认为：“任何观念都能够用学龄儿童的思维方式正确而又有效地阐述出来，而且这些初次阐述过的观念，由于这种早期学习，在日后学起来会比较容易，也比较有效和精确。”②

布鲁纳强调发现学习。在布鲁纳看来，学习活动不是单纯地掌握知识，它包含了三个

①② Bruner，J. S.(1960). *The Process of Education*. Cambridge：Harvard University Press，33.

同时发生的过程：（1）获得信息，这些信息往往是新的，能够取代原先不明确的信息；（2）转换，也就是使知识更能适应新的任务；（3）评价，也就是检验我们处理信息的方式是否能应对相关的任务。① 他认为，在教师的引导下，只要方式得当，儿童完全可以采取发现法进行学习，他们就像小的科学家那样去体验发现知识和原理的过程。布鲁纳的这种方法被称为"发现法"，即在教师的指导下，学生像科学家发现真理那样，通过自己的探索和学习，"发现"事物之间的联系，从而形成概念和原理。布鲁纳认为，用自己的头脑亲自获得知识的一切形式都可称为"发现"。但是，儿童的"发现"并不是真正意义上的发现，因为他们的"发现"相对于人类积累的知识来说是已知的，只不过对他们自己来说是未知的。

在学习过程中，布鲁纳强调内部动机，他感到运用奖赏或竞争等外在动机的收效是有限的，也是不能保持长久的，而内部动机是促进学习的真正动力。所谓内部动机，是指要从学习本身找出其根源和报酬。

第三节　影响及评价

结构主义课程理论的提出及推行有着特定的时代背景，它迎合了美国 20 世纪 50 年代末科技发展和教育改革的诉求，以布鲁纳的认知心理学为基本的理论依据，提出了学科基本结构、螺旋式课程、发现学习、内部学习动机等重要的概念，并阐述了一系列核心观点和命题，成为结构主义课程改革的指导思想。结构主义课程理论对美国的基础教育产生了深刻影响，这种影响超出了国界，影响到六七十年代世界多个国家的教育改革。结构主义课程理论也有其自身的缺点，这也注定了结构主义课程在 70 年代之后的教育改革中被抛弃。

一、结构主义课程理论的积极影响

结构主义课程理论推行学科中心主义的改革思想，它改变了 20 世纪初以来进步主义教育的传统，提升了中小学课程的学术标准，也在一定程度上提升了美国基础教育的质量。以杜威为代表的进步主义教育主张"儿童中心"，倡导"经验课程"和"从做中学"；而以布鲁纳为代表的结构主义课程则主张"学科中心"，倡导"学科结构课程"和"发现学习"，显然这是对进步主义教育的逆反，回应了美国当时提升学校教育质量、培养科技人才的呼声。

① Bruner，J. S.（1960）. *The Process of Education*. Cambridge：Harvard University Press，48.

除了受到社会背景的驱动，结构主义课程理论也有明确的心理学基础和具体的行动纲领。布鲁纳在《教育过程》一书中体现的教育思想具有时代性和科学性。他以最新的认知心理学成果为依据，对学生的学习和课程的组织等问题进行了深入论证，在一定程度上揭示了学生学习和课程教材开发的规律。作为一名心理学家，布鲁纳运用结构主义哲学思想和认知心理学的理论来探讨教育问题，为教育理论的科学化开拓了新的道路。他提出了“学科结构”的概念，强调学生掌握知识的基本概念、基本原理的重要性。另外，他主张发展学生的智力，重视直觉思维，强调发现法教学、螺旋式课程编制，以及重视教师在教学过程中的作用等，这些思想和观点都给人以有益的启示。此外，他倡导的以学科基本结构为核心的中小学教材开发也取得了很高的成就，不少教材成为经典。

结构主义课程理论回应时代的需求，强调学科知识的重要性和创新的价值，这对于美国发展科技、培养科技人才产生了积极的影响。结构主义课程理论强调优质教育，主张发展儿童的智力、培养天才，由此制定了严格的学术标准，采纳了重视学术性科目的课程政策，加强了自然科学、数学和现代外语的教学。这些措施适应了美国当时的需要，使美国的教育走上了重视科技人才培养的轨道。可以说，这次教育改革有针对性地纠正了“生活适应教育”的弊端，提高了美国教育的学术水平和质量。

结构主义课程理论对美国 60 年代的教育改革乃至世界上许多国家的教育改革产生了巨大的影响。50 年代末，一场声势浩大的以课程改革为中心的现代化教育改革在美国中小学广泛而深入地开展起来。很快，美国的课程改革走出国门，其他一些国家也轰轰烈烈地开展起教育改革运动，如日本、英国、法国、苏联等。这场世界范围内的教育改革以提高教育质量、开发学科课程、发展学生智力为口号，推动了课程的现代化和教学方式的革新。

二、结构主义课程理论的局限性

20 世纪 60 年代末，美国各种社会问题日益严重，社会动荡，人们对社会现实强烈不满。学校教育领域也面临一系列问题，如学生成绩下降、对学校不感兴趣等。在这种情况下，人们把美国教育出现的问题归因于教育改革，于是一场新的基于人本主义思潮的学校改革运动逐渐兴起，而结构主义课程改革则被迫终止。这也暴露了结构主义课程存在的局限性，其主要体现在如下几方面：

首先，从课程性质来看，结构主义课程是学术中心主义的，这种学术至上的课程理念在实践中不断受到怀疑和指责。结构主义课程理论以学习学科的基本概念和原理为课程设计的主旨，其学术色彩浓厚，关注学科知识而忽视学生的经验和感受，使得学校弥漫着压抑个性和非人道的氛围。而随后的教育改革则高举人本主义的旗号，反对学科中心课程，注重个人的自我实现；课程内容上提出“适切性”原则，即课程要符合学习者的兴趣、能力及需要，与其生活经验和社会状况密切联系；课程结构的组织上注重“统合”，打破教材界限，强调知识的广度而非深度，关心知识的内容而非形式；教学方法上倡导“掌握学习法”，以情感影响为主，提倡在师生之间建立一种情感上的联系；等等。显然，这些主张是对结构主义课程理论的“纠错”，改变了结构主义课程改革将目标锁定在“学术中心”和智力训练上这一做法。

其次，从课程研发的过程来看，结构主义课程强调以顶尖的科学家为主导研发课程，这种做法有其片面性。顶尖的科学家是学科领域的权威，能够把握学科的基础知识和基本技能，能够使中小学教材内容体现学术的前沿性和时代感，但是他们是基于学科知识来考虑问题的，不是基于学校教育的实际情况和学生的身心发展状况来考虑问题的。由于缺乏相关的教学经验和对学生心理发展特征的理解，他们选编的教材往往注重学科知识而缺少可接受性，这反而导致教育质量下降、大批学生掉队。

最后，从课程实施的方法来看，尽管发现法是学生学习新知识的重要方法，但它在应用方面有一定的局限。对于智力优异的学生来说，发现法的确可以锻炼思维、发挥智力训练的功用。但对于大部分普通学生来说，发现法的运用的确存在困难。而且，学生的学习过程毕竟不同于科学家的发现过程，发现法的运用对于学习情境要求高、耗时多，这与常规的学校教育多有冲突。

总之，结构主义课程理论既有它的时代性、科学性的一面，也有它绝对化、片面性的一面。从风靡一时到黯然退场，结构主义课程的起起落落恰恰说明学校教育的复杂性和课程改革的长期性、艰巨性。60年代末，结构主义课程退场，美国兴起了新的基础教育课程改革，其基本指导思想是追求个性发展、注重生活适应的人本主义思想。但10年之后人们发现，这种改革无助于学校教育质量的提高，反而助长了反理智主义的风气，造成学生学业水平下降、纪律松弛等现象。于是70年代末美国在基础教育领域又掀起了“回归基础运动”，人们重新反思结构主义课程的价值，重新强调读、写、算等基础知识和基本技能，注重基本概念和原理的讲授。显然，这些举措旨在消除人本主义教育改革带来的弊端，在一定程度上回归了60年代结构主义课程理论，拉开了80年代美国第三次教育改革浪潮的序幕，意味着要素主义教育思想的又一次复兴。

本章小结

结构主义课程理论是在特定时代背景和历史条件下提出并发展起来的，美苏争霸和五六十年代的科技大发展带来的智力竞争，尤其是苏联人造卫星上天的刺激，促成了美国《国防教育法》的颁布和伍兹霍尔会议的召开，由此成就了布鲁纳及其结构主义的心理学与课程思想。结构主义课程的核心追求体现在几个主要的方面：一是在课程目标上，强调掌握学科基本结构，也就是学科的基本概念、原理等基础知识；二是在课程内容上，体现学科前沿和时代性，以学科结构为核心选择课程内容，以螺旋式课程作为组织方式；三是在课程实施与教学方法方面，强调发现法，倡导学生去探究和发现知识。结构主义课程理论是美国50年代末基础教育课程改革的基本指导思想，它在一定程度上扭转了此前进步主义教育所追求的“生活适应”的倾向，提升了美国中小学的教育质量。但作为学术中心主义的课程理论，结构主义课程改革也存在过于强调知识的高深而忽视学生的经验、强调发现法而忽视学生的可接受性等局限，成为后来教育改革反思的对象。尽管如此，作为一种影响世界学校教育实践的重大理论，结构主义课程理论已被载入史册。

关键概念

《国防教育法》　认知发展阶段理论　学科结构　螺旋式课程　发现法

复习思考题

1. 结合20世纪五六十年代的世界政治格局，谈谈结构主义课程理论提出的历史必然性。
2. 布鲁纳是如何认识儿童心理发展规律的？谈谈其关于认知发展阶段的理论。
3. 什么是学科基本结构？谈谈结构主义课程的目标。
4. 如何认识和评价“发现法”？
5. 结合20世纪美国的教育改革历程，谈谈结构主义课程改革的优点和缺点。

本章阅读书目

1. 王天一等编著. 外国教育史（下册）. 北京：北京师范大学出版社，1993
2. ［美］布鲁纳. 布鲁纳教育论著选. 北京：人民教育出版社，1989
3. 陆有铨. 现代西方教育哲学. 北京：北京大学出版社，2012
4. 钟启泉主编. 课程论. 北京：教育科学出版社，2007
5. 杨明全主编. 课程概论. 北京：北京师范大学出版社，2010

第九章

实践性课程理论

导 读

实践性课程理论的提出是美国课程研究领域对结构主义课程改革所存在的弊端进行反思的结果。20世纪60年代末，结构主义课程理论在实践中饱受质疑，其标志性的“发现法”也风光不再。从最初风靡一时到最终黯然收场，这不能不引起人们的反思。在这种反思的过程中，新的课程思想不断萌芽并走向成熟，这就是实践性课程理论。从这种关联来看，实践性课程理论是针对结构主义课程理论的某些缺陷来立论的，如：结构主义课程强调学术性和理论性，实践性课程理论则淡化理论的影响而强调实践；结构主义课程主张以学科基本结构为中心开发课程，实践性课程理论则突出教师、学生、教材、环境四个“要素”的整合；结构主义课程理论强调科学家主导研发课程并实行“发现法”，而实践性课程理论则注重“课程集体”的参与和“审议”的方法。与经验主义课程理论、要素主义课程理论和结构主义课程理论相比，实践性课程理论尽管在理论体系和实践影响力等方面不如前者，但它却是当代课程理论发展的垫脚石：它开启了对主流课程理论进行批判的先河，改变了由某一种理论主导课程研究的格局，促进了当代美国课程研究从追求课程开发的技术到理解课程的转换，为后来课程理论的繁荣奠定了基础。

第一节 提出背景与代表人物

实践性课程理论是与施瓦布（Joseph Schwab，1909—1988）联系在一起的。作为结构主义课程理论的重要拥护者，施瓦布以生物学家的身份积极参与结构主义课程改革，对学科结构的重要意义深信不疑。然而，结构主义课程改革的衰落也深深刺痛了施瓦布，从20世纪60年代末开始，他积极反思这次重大的课程改革，由此提出了新的课程主张。因此，实践性课程理论的提出又与结构主义课程改革有着千丝万缕的联系。

一、提出背景

20世纪60年代堪称美国社会“混乱的十年”：二战之后的“黄金时代”已经趋于终结，美国经济衰退，在与苏联的竞争中悲观情绪弥漫；年轻人掀起声势浩大的“反主流文化运动”，中后期则掀起“反战运动”；反种族歧视和女权主义思潮勃兴；社会上失业率升高，贫困阶层扩大。60年代末70年代初是一个“危机潜藏的时代”，尽管也是一个有着巨大潜力的时代。“科学家、市民群体、政客还有普通人都在呼唤社会变革，要求在政治和其他实践领域如环境、技术、消费、就业、妇女权利、种族权利、国际关系等进行变革。很多60年代的反主流文化运动中所批判的东西被带入70年代的主流意识之中，尽管明显的抗拒少了，但人们核心的诉求并没有被触及。”①

显然，教育的发展不能超脱这一宏观的社会情境。在结构主义课程盛行的60年代，尽管美国学校教育的发展受到来自苏联的强大挑战，但在《国防教育法》等一些教育法案的支持下，美国政府加大了对教育的投入，学校教育呈现蓬勃发展的局面，堪称“黄金时代”。在布鲁纳等人的努力下，学校教育在整体上扭转了进步主义教育所追求的“生活适应”倾向，美国中小学的课程教材得到了很大程度的改造，学校教育质量在一定程度上得到了提升。但在结构主义课程改革运行10年之后，课程改革的积极效应开始消退，人们的热情消减，批判质疑的声音越来越大。

例如，结构主义课程改革强调对学科基本概念和原理的背诵与记忆，这引起不少中小学教师的不满。他们认为，教育应该激发教师和学生的热情，为学生提供探索、创造和表现自我的机会。学校中的课程与教学是学科本位的，这不能激发学生学习的兴趣，尽管有着科学家开发的教材，但也不能调动学生学习的积极性。还有，对教育的大规模投入是依赖于经济发展的，但经济的不景气导致联邦政府对学校的资助力度减弱，由此损伤了公立学校改革和发展的积极性，改革的效果也不能持久。

与此同时，在60年代中后期，有些学者和机构在联邦政府资助下对学校教育开展大规模的实证研究，其研究结果让民众对教育的努力失去信心。例如，1966年发布的《科尔曼报告》(Coleman Report) 就指出，“与学生的社会经济地位、家庭生活及同伴文化相

---

① Schubert, W. H., et al. (2002). *Curriculum Books: The First Hundred Years* (second edition). New York: Peter Lang Publishing, Inc., 193-194.

比，学校中的课程、教学及其他学校事务对学生的学术发展影响不大”[①]。在预测学生的学术发展时，其家庭的社会经济地位扮演着关键的角色，这一结论显然让学校教育显得苍白无力，让人倍感无助和沮丧。种种迹象表明，在60年代后期，结构主义课程理论已经不足以凝聚改革的力量以推动学校发展，新理论的出现已成为必然。

1969年，施瓦布受邀在美国教育研究协会年会上发表演讲，第二年这篇演讲稿正式发表，这就是他著名的四篇系列论文的第一篇——《实践：课程的一种语言》（The Practical：A Language for Curriculum）。在文章中施瓦布认为，当下的课程研究领域已经步入穷途末路，根本原因在于过于依赖理论。他倡导一种“实践的范式”，在与具体情境的互动中解决问题。此后，施瓦布在反思结构主义课程改革的基础上陆续撰写了多篇论文，其中公开发表的又有三篇，分别是《实践：折中的艺术》（The Practical：Arts of Eclectic）、《实践3：转化为课程》（The Practical 3：Translation into Curriculum）和《实践4：课程教授要做的事》（The Practical 4：Something for Curriculum Professors to Do）。这四篇论文奠定了实践性课程理论的基本框架。

二、代表人物

无疑，施瓦布是实践性课程理论的创立者和代表人物。作为生物学家，他曾是结构主义课程改革的忠实拥护者和重要领导者，然而在结构主义课程理论在实践中难以运行之时，他又积极反思其弊病，对自己曾经深信不疑的主张和举措作出批判和诊断，最终开宗立派，倡导课程研究的新取向，创立了实践性课程理论。

（一）施瓦布的生平及其教育事业

施瓦布出生于美国密西西比州的哥伦布市。在那里，他最初上的是私立小学，6岁之后进入公立学校读书，开始了对自然和知识的探索。施瓦布很早就表现出对自然和外界事物的兴趣，他的同学中没有几个人跟他有着共同的兴趣，好在他的校长是一位科学教师，经常鼓励施瓦布探索自然，允许他利用学校的实验室进行探究。施瓦布对蛇和其他动物产生了浓厚的兴趣，他还喜欢用斧头将家庭制作的火药点燃，这让他兴奋不已。施瓦布在进入中学后更是一帆风顺，他3年内就完成了高中的课业，15岁便进入芝加哥大学，从此与该校结缘并在该校工作了近半个世纪。

但在大学期间，施瓦布对于芝加哥大学的本科教学并不满意，因为当时的大学课堂授课方式机械、枯燥，对科学的探究、发现及讨论的过程变为单纯记忆结论。这让施瓦布很失望，其实在他人生的大部分时间里，他都在不停地与这种教学作斗争。他遇到了少数提

① Schubert, W. H., et al. (2002). *Curriculum Books: The First Hundred Years* (second edition). New York: Peter Lang Publishing, Inc., 195.

供积极教学方式的老师，其中有一位来自英语系。于是他在前一年半完成了要求的学习任务，随后把剩余的时间用来学习人文课程，并于 1930 年获得了英语文学学士学位。接下来的秋天，他开始在芝加哥大学攻读硕士学位，又回到了自己感兴趣的科学领域，于 1936 年获得了动物学硕士学位。同年他获得哥伦比亚大学师范学院的奖学金，后来他作为讲师回到芝加哥大学讲授生物科学。1939 年获得遗传学博士学位。

在施瓦布攻读硕士学位期间，美国教育家赫钦斯回到芝加哥大学就任校长。赫钦斯致力于复兴芝加哥大学的本科教育，在课程与教学领域进行了重大改革。鉴于施瓦布在人文学科和自然学科方面的丰富知识，赫钦斯邀请施瓦布参与他的改革，对人文学科和自然学科进行整合，并一起开发了一门通识课程，即“观察、解释与整合”（observation，interpretation，and integration）课程。这门课程实施四年，施瓦布负责自然科学领域内容的讲授。施瓦布在教学中能够很好地与学生沟通，受到学生欢迎，在芝加哥大学两次获得优秀教学奖。

施瓦布的才干获得了赫钦斯的信任，这使得施瓦布的职业生涯进展顺利。1942 年，施瓦布被调入学校考核委员会办公室，并负责为整个大学生物科学学科的综合评价命题。在赫钦斯的引荐下，施瓦布结识了两位重要的同事，即哲学教授麦基翁（Richard McKeon）和教育学教授泰勒。前者让他丰富了亚里士多德的哲学并让他阅读了杜威的作品，后者鼓励他关注博雅艺术课程并发展自己的课程原理。这两个人对施瓦布影响很大，从他的实践的课程理论中我们可以看到这两个人的影子。1941 年，施瓦布获得终身教职并晋升为讲师，1945 年晋升为副教授，1949 年获得自然科学正教授资格，1950 年获得教育学正教授资格。

20 世纪 30 年代后期，鉴于对教育教学的不断思考，施瓦布已经对教育研究和实践产生了一些影响，积极参与了在学校层面进行改革的讨论。40 年代，他早期的著作致力于开发和探讨芝加哥大学普通教育的本科课程。他亲自讲授这些课程，开展课堂讨论而不仅仅是讲授，将人文学科和自然学科打通、整合起来。50 年代和 60 年代，施瓦布开始了更宽泛的探究。从 1959 年到 1961 年，结构主义课程改革风生水起，施瓦布担任了改革方案——“生物学课程探究”中的教师培养项目委员会的主席，还主编了生物学新教材，主持编写了《生物教师手册》，成为结构主义课程改革的重要参与者。

1969 年，施瓦布主持了“大学课程与学生抗辩”（college curriculum and student protest）项目，为那些在学校中失败的焦虑的学生进行诊断。“他描述了基于博雅教育的课程变革和教学设施，这些可以有效帮助学生参与教育。他不认为本科教育就是死记硬背方法或记忆教条的结论，并探索了博雅艺术作为学生发现自己的问题的资源。”① 施瓦布在自

---

① Roby，T. W. (2005). What To Do about Joseph Schwab and Rabbis. *Journal of the American Association for the Advancement of Curriculum Studies*. Vol. 1.

然科学和人文科学领域的知识使得他能够进行学科整合，从而推动了芝加哥大学通识教育的发展。

1974 年，施瓦布从芝加哥大学退休，进入民主制度研究中心（The Center for the Study of Democratic Institutions）工作。在这里，施瓦布积极参与了众多问题的讨论，受加利福尼亚大学、斯坦福大学等多所大学和学院的邀请，围绕教育问题继续从事写作、课程开发以及教学等工作。1988 年，施瓦布在宾夕法尼亚州逝世。

（二）施瓦布的主要教育类著作及思想

施瓦布是一位生物学家，有着深厚的自然科学的知识基础。同时他投身教育的探索和改革，对人文学科又有深刻的理解。因此，施瓦布是一位眼界开阔、博学多才的学者，而且对事物有着敏锐的观察力和敏感性，这使得他能够提出不同于结构主义课程的新理论。

在大学教育中，施瓦布极力倡导博雅教育（或称通识教育），正是施瓦布的努力使得博雅教育在芝加哥大学深入人心，成为整合人文教育和科学教育的一次重要尝试。1978 年，两位学者韦斯特伯里（Ian Westbury）和威尔科夫（Neil J. Wilkof）将施瓦布的作品汇编成册，即《科学、课程与通识教育》。应该说博雅教育是改革大学教育的精髓。博雅教育是施瓦布教育研究的重要领域，他为此撰写了多篇文章，如《科学知识的本质及其与博雅教育的关系》等。

在基础教育领域，施瓦布以对结构主义课程改革的批判而闻名。1969 年他受邀在美国教育研究协会年会上演讲，在演讲中他对当时的课程研究领域进行了剖析，认为这个领域已经穷途末路、奄奄一息，原因是根深蒂固地依赖于将未受检验的理论直接进行应用。施瓦布相信，考虑到学科限制，任何既定的理论都是不完备的。他建议，该领域必须界定并解决自己的实践问题，这一观点激活了持续的课程论争。

1969—1986 年，施瓦布撰写了六篇论文（后面的两篇没有发表），这是一些关于实践的各种维度的系列论文：《实践：课程的一种语言》，对课程领域进行了基本批判；《实践：折中的艺术》，论证了折中的艺术如何可以得到恰当应用；《实践 3：转化为课程》，关注课程集体的组建和功能；《实践 4：课程教授要做的事》，特别提醒课程专家的制度角色。另外两篇描述了开发和利用课程要素的艺术。

第二节　基本的课程主张

结构主义思想、杜威的经验主义教育理论和古希腊实践哲学的传统是施瓦布提出实践性课程理论的基础。实践性课程理论表现为批判课程研究的弊端、建构新的课程观、提出“审议”的课程方法等。这些主张形成了独特的理论体系，由此构成了实践性课程理论的基本框架。

一、实践取向的课程思想的理论基础

尽管施瓦布对20世纪60年代结构主义课程改革的弊端进行了诸多批判，但结构主义思想是其课程理论的重要基础。此外，受杜威经验主义教育理论的影响，施瓦布特别关注教师和学生的经验在教育中的意义，由此提出课程的“四要素”。还有，古希腊崇尚实践理性的传统对施瓦布的“通识教育”思想和课程思想也产生了一定的影响。

结构主义（structuralism）是一种哲学方法论，它于20世纪初提出并逐渐运用于语言学、人类学、心理学和教育学等领域，其影响力在60年代达到顶峰。结构主义的提出源于一些学者对近代以来形成的“原子论”观点的不满，认为“原子论”只追求对事物局部的研究，而没有观照整体、没有建立局部与整体之间的内在联系。因此，他们将“局部”放置到“整体”之中去考察，进而解释事物内在的结构关系，由此提出“结构论”的思想，以此来阐述事物各部分之间的关系，进而揭示其发展规律。

20世纪50年代末，布鲁纳基于儿童认知发展的规律，提出了掌握学科基本结构的教育观点，推动了美国结构主义课程改革。结构主义思想贯穿于布鲁纳有关教育、课程与教学的各个方面，成为主导课程改革的理论依据和指导思想。在这场运动中，施瓦布也积极参与其中，作为生物学家和课程专家推动了这次课程改革运动，结构主义必然成为施瓦布有关教育思想和课程理论的思想基础。

施瓦布非常强调“学科结构”对课程编制的重要性。他指出，为什么课程编制者和教师应该关注学科结构？问题的答案有两个：其一，因为我们将课程与教学看作传递知识的主要途径；其二，因为我们将课程与教学看作培养艺术和技能的主要途径。课程编制者必须关注这两个方面，因此必须关注学科结构。[①] 在施瓦布看来，教育的主要任务在于传授知识、培养学生的艺术和各方面的技能，而要完成这些主要任务，就必须通过课程与教学。而传授知识、培养能力必然要依托不同的学科，因此学科结构就成为课程编制者需要关注的首要问题。

什么是学科结构呢？在施瓦布看来，学科结构意味着三件事情，关系到三个清晰而又相互关联的问题系列：第一个问题系列关系到决定学科的成分和组织、界定学科之间的显著差别并将不同学科之间的关系进行定位的问题；第二个问题系列关系到如何界定学科知识体系以及理解其优势和局限的问题，施瓦布称之为学科的“实质结构”（substantive structure）问题；第三个问题系列关系到学科的“句法结构”（syntactical structure）问

---

① Schwab，J. J. Education and the Structure of the Disciplines. In Westbury，I. & Wilkof，N. J. (Eds.)(1978). *Science，Curriculum，and Liberal Education：Selected Essays*. Chicago & London：The University of Chicago Press，229.

题。① 在这里，施瓦布并没有直接对“学科结构”进行界定，而是通过三个问题系列来回答学科结构的内涵。第一个问题系列在于揭示学科的“边界”，也就是说，学科结构能够告诉人们一个学科的问题范畴和探究领域，能够将不同的学科边界划分清楚，例如物理学和生物学有着各自的学科结构，其边界也很清楚。第二个问题系列在于界定学科的知识体系及其价值，所谓“实质结构”，其实就是某一学科的基本概念、原理等知识体系，也就是说，我们在讲解某一学科时需要传授哪些知识体系，它构成了学科的基本知识框架。第三个问题系列在于揭示探究某一学科时所运用的概念框架和方法，学科不同，其研究的概念框架和使用的方法也不同。施瓦布最后总结道：“三个不同的问题系列构成了学科结构的基本问题。第一，学科的组织问题：有多少学科、它们是哪些学科、它们之间是如何相互关联的。第二，每一门学科所具有的实质概念结构问题。第三，关于每一学科所具有的方法问题：证据和资料的标准是什么以及如何运用这些标准。”②

通过这一分析我们发现，施瓦布与布鲁纳在对什么是“学科结构”这一问题的理解上还是有差别的。布鲁纳所理解的“学科结构”就是指一门学科的基本概念、基本原理及其相互关系，其实就是一门学科的“知识体”；施瓦布所理解的“学科结构”除了包含“知识体”在内的“实质结构”之外，还有学科的组织和学科的“句法结构”，也就是说，还包含了学科的研究对象及探究的方法。因此，施瓦布关于“学科结构”的概念更精细，更有助于人们把握一门学科的本质，也更有助于指导学科课程的编制。

二、对课程领域“理论模式”的批判

20 世纪 70 年代美国的课程研究是由施瓦布的一篇著名论文开启的，即《实践：课程的一种语言》。在文章中，施瓦布认为，课程研究领域已经濒临死亡，死于不能服务于改进学校实践的探究模式。他批评的焦点在于课程研究的既有模式，也就是此前以“技术理性”为指导的、依赖于理论建构而忽视具体实践的课程研究与开发模式，他称之为“理论模式”。施瓦布倡导课程研究应该转变到新的“实践模式”，强调课程研究必须与实践问题进行互动，而不是像“理论模式”那样去推演。

1969 年，施瓦布在《学校评论》(*School Review*) 杂志上发表了《实践：课程的一种语言》。论文开门见山地谈到了自己的三个判断：“我将阐述三个观点。第一，课程领域已步入穷途末路。按照目前的方法和原则已经不能继续运行，也无益于有效推动教育的发展。它需

---

① Schwab, J. J. Structure of the Disciplines: Meanings and Significances. In Ford, G. W. & Pugno, L. (1964). *The Structure of Knowledge and the Curriculum*. Chicago: Rand McNally & Company, 10-14.

② Ibid., 14.

要新的原则——能够引领新的观点并指出各种问题的新原则。它需要新的方法以恰当回应新的问题。第二，课程领域陷入这一不幸境地的根源在于根深蒂固地、不经批判地、错误地依赖于理论。一方面，它（从教育领域之外）吸纳有关伦理、知识、政治和社会结构、学习、心理和个性的理论，并将这些借来的理论加以运用；另一方面，它努力建构教育理论，尤其是课程与教学理论。这些活动导致严重问题（如与学校的实际不相符）。第三，课程领域的复兴，其根本在于从理论追求转向其他三种模式，即实践、准实践和折中。"① 这三个判断的提出拉开了60年代末反思课程研究的序幕，也意味着一种新的课程理论的面世。

施瓦布对"理论模式"的批判基于三个方面的事实：首先，理论建构基本上是不能跟实际的教学问题相适合的，因为理论不可能将所有问题都考虑进来，因此理论不能被直接应用于特定时间和空间中的特定问题上。其次，很多借用的理论都是不充分的，有些很教条化。最后，即使某一理论适合特定的学科领域，但它并不能适合其他的学科领域。由此，施瓦布提出，课程应该立足于具体的课程实践的状况，从课程实践的各种事实出发，而不是从普遍的课程原理出发。这样，课程研究领域应该摒弃"理论模式"，而启用"实践模式"。

在施瓦布看来，"实践模式"与"理论模式"的区别体现在很多方面。比如：二者所采用的方法不同；二者所面对的问题来源不同；二者带来的结果不同；等等。特别是在带来的结果上，"理论模式"带来的是所谓的知识，以及普遍的、被认为是正确的陈述。因此，理论被认为是正确的、可以长期加以运用的，而且可以被运用于不同情境。这违背了学校教育的实践性这一根本属性。而"实践模式"带来的是"决策"，它针对具体问题去指导可能的行动。"决策"不存在真理性问题，它只有在实践中才能根据产生的效果加以判断。因此，为解决具体问题、促进学校发展，施瓦布认为应该用"实践模式"取代"理论模式"。

三、对课程本质的界定

施瓦布在反思结构主义课程的基础上认为，不能把课程理解为单纯的"学科知识结构"，如果这样，学者就可以根据自己掌握的知识体系将学科知识直接转换为课程了。事实上，由于缺少其他方面的要素的参与，这种课程是不能在实践中得到推行的，结构主义课程的失败证明了这一点。从实践操作和课程编制的角度，他提出了对课程的不同理解，并重新界定了课程的本质。施瓦布认为，在课程编制过程中，必须有五种经验参与其中，即学科、学习者、环境、教师和课程编制。② 除去"课程编制"活动本身，其他四个要素

① Schwab, J. J. The Practical: A Language for Curriculum. In Westbury, I. & Wilkof, N. J. (Eds.) (1978). *Science, Curriculum, and Liberal Education: Selected Essays*. Chicago & London: The University of Chicago Press, 287-288.

② Schwab, J. J. The Practical: Translation into Curriculum. In Westbury, I. & Wilkof, N. J. (Eds.) (1978). *Science, Curriculum, and Liberal Education: Selected Essays*. Chicago & London: The University of Chicago Press, 365.

构成了课程的实体，指出了课程的本质之所在。

（1）学科。学科代表了特定的知识体系，是学生课程经验的重要构成部分。课程内在地体现了不同的学科，因而要开发课程，就必须有掌握专门学科知识的学科专家介入。

（2）学习者。学习者是课程的主体，因此，学习者自身的状况是课程编制必须考虑的，包括：学习者已经知道了什么，他们需要在未来学习什么，哪些知识对他们来说是困难的或者容易的，哪些情绪情感会影响他们的学习，他们的学习需求是什么，等等。

（3）环境。学生的学习是在特定环境中进行的，环境影响课程实践的成效。施瓦布认为，环境既包括学校环境和课堂环境，也就是教师的教和学生的学得以发生的环境；又包含家庭环境、社区环境、文化情境等。这些环境对课程的实践产生复杂的影响，因此必须予以充分关注。

（4）教师。教师是课程实施的主体，对课程实践影响很大。教师本人的知识结构、教学方式和技能，以及教师的人格、个性和情绪、情感等，决定了教师对待学生和课程的态度。课程的目标正是通过教师的实施活动才转化为学生的学习效果。

根据施瓦布的理解，课程的“四要素”构成了一个有机的生态系统：学科主要是指以教材形式呈现的学科内容，它代表了为了学生的学习而重新加工整理了的学科知识体系，包括课程政策文件、教材和其他资料等。教材只是一个客观学习材料，它只有在与其他要素的相互作用中（如满足学生的需要和兴趣时）才具有意义。学习者和教师是课程的主体和创造者，学习者是实践性课程的中心，课程指向于学习者的发展；教师与学习者进行交互作用，教师的知识、素养等会对学习者产生深刻影响，是课程意义的诠释者。环境是指教师的教和学生的学赖以发生并使学习结果得以产生的所有情境，包括学校环境、课堂环境以及相关的家庭、社区、特定的阶级或种族群体等物质的、心理的、社会的、文化的因素等构成的整体环境。

四、实践性课程的“三种模式”

（1）“实践”。施瓦布认为，实践模式与理论模式的根本区别体现在很多方面，具体表现在目的、学科和问题的来源上。在目的方面，理论模式的最终目的在于追求被假定为真理的知识和普遍的陈述；实践模式的最终目的在于追求决策，即对可能的行动作出选择和指导。决策从来就不是真理性的，事实上，在付诸行动之前，对决策的判断只能是相对的，在付诸行动之后才能根据其结果作出好与坏的判断。在学科方面，二者也不相同：理论模式下的学科被认为是普遍的、无限延伸的或永恒的；实践模式下的科目往往被认为是具体的、特定的，易融于环境，因此容许非预期的变化。在问题的来源方面：理论模式的问题来自学科，这就是说，理论问题是我们的思想状态；实践模式的问题则来自与我们相关的事件的状态。施瓦布认为，目的、学科和问题来源的不同把实践模式与理论模式区别开来，与此并列的还有方法上的不同：理论方法（直接用于寻求知识）有很多，但每一种都具有相同的特征，即受同一种原理所控制；实践就没有这种指导原则。只有当我们考察具体情境时，我们才明确我们的目标。从总体上看，理论模式所采用的是“归纳”方法，它是线性的、程式化的；实践模式所采用的是“审议”方法，它是复杂的、流动的。

(2)“准实践”。施瓦布认为，对“实践”与“准实践”作出区分，部分是出于方便的需要，部分是因为实质的不同。学校教育内部不断增加的多种变化使得有效的实践性很难推行。例如，对于同质的一个儿童群体的教学作出明智的选择是困难的，但对于很多儿童群体、不同年龄阶段和不同家庭背景的儿童的教学作出同样明智的选择是更加困难的。因此，“准实践”决策具有模糊性和疑惑性。实际上，施瓦布提出“准实践”的假设是因为他看到了教育情境的复杂性。学校教育总是发生在一定的情境中的，这种情境是具体的、复杂的，而不是抽象的、一般化的。因此，宏观的理论在具体的教育情境面前就变得过于概括化，而具体的实践性操作也要根据复杂的教育情境作出变通，从而使明确、具体的“实践”决策变得模糊和不确定。

(3)“选择”。选择的模式显示了理论对于课程决策的有用性，它考虑到了特定的理论作为课程决策基础的缺陷，并在一定程度上修复了这些缺陷。施瓦布认为，不管是否应用到课程决策，理论对于课程决策的主要用途有两个：一是理论被用作知识实体。例如：斯金纳的行为主义的理论被用作学习程序的知识；弗洛伊德的心理学理论被用作发展个性的知识。二是一种理论所运用的术语和特性可以影响实践，例如，古希腊哲学家将学科划分为三类——逻辑、道德和科学，那么这种划分可以应用于对教育问题进行分解——发展认知能力、发展价值和态度以及获得知识。但是，施瓦布认为，由于理论所固有的缺陷，它的这两种用途的价值在对课程作出决策时遭到了损坏。这样，选择的操作模式在一定程度上可以修复理论的缺陷。这种修复作用表现在两个方面：第一，选择模式可以让人们看清楚某一既定学科的理论的特定缺失，并彰显其观点的偏狭；第二，选择模式允许将理论连续应用于实践，甚至将两个以上的理论联结在一起。施瓦布所谓的“选择”其实就是对理论的实践性应用。理论本身尽管是有缺陷的，但作为人类认识事物的一种结果，它仍然具有存在的合理性；施瓦布的观点其实就是有选择地将理论有针对性地运用于具体教育情境，从而实现理论的实践价值。

在这种实践性课程观中，“课程”的概念具有了不同于传统课程范式的一些特征。在《实践3：转化为课程》一文中，施瓦布认为，学者（例如大学教授、学科专家）在把学术材料转化为课程方面并不胜任。他认为，如果要承担起课程修订的任务，就必须在一个行动小组中拥有五种“经验实体”，即学科、学习者、环境、教师和课程编制。基于以上五种经验实体，施瓦布认为，学科、学习者、环境和教师构成了课程的“四个并列要素”。

五、“审议”的方法与行动研究

为了给实践性课程提供一种方法论的指导，施瓦布提出了“审议”的方法。之所以采用“审议”的方法，是因为实践性课程的目的不在于抽象归纳或演绎，而在于在具体情境中为行动提供决策。为了应对复杂的情境，“审议”就成为有效的方法。“审议是复杂的，审议的过程是艰巨的。它既涉及目的也涉及手段，而且必须将目的和手段作为相互制约的因素来看待。‘审议’方法的关键是在考虑目的和手段的同时，努力去界定相关的各项事实；必须努力去明确哪些事物是必需的；必须提出可选择的备案；必须对可能的后果进行平衡；必须衡量各种可选择的方案的投入和后果并从中选择出最好的一个。”①

从这一论述来看，所谓“审议”，其实就是相关的课程主体针对特定课程实践的问题进行沟通、讨论，提出解决问题的决策和多种可供选择的方案，并最终达成一致意见。基于“审议”的方法，施瓦布提出了开发课程的一种新模式，即“集体审议”。在施瓦布看来，课程审议的基本内容就是维持“四个基本要素”的协调和平衡，它们是课程审议不可或缺的资源。而要做到这一点，单凭学科专家是不行的，单凭教师也难以实现，因此需要有足以代表这些方面经验的集体的共同合作。“集体审议”就是多个相关的课程实践主体在特定情境中通过对问题的反复权衡而达成一致意见，这些主体包括校长、教师、学生、社区代表、课程专家、心理学家和社会学家等。

根据施瓦布的描述，“集体审议”的具体环节可能包括如下方面：（1）确定迫切需要解决的问题，这个问题必须来自真实的、具体的实践情境；（2）对各种事实进行讨论、作出判断、达成共识；（3）拟定各种可选择的方案；（4）对各个方案进行讨论和权衡，最终选出最佳的一个；（5）根据目标和手段的关系，对方案予以实施，并进行反思以求改进。

为更好地进行“课程审议”，施瓦布提出了三种“折中的艺术”：第一种是把理论视角跟问题相匹配的能力，这种艺术的局限是这两者往往不能很好地匹配；第二种就是去裁剪、顺应和联合理论视角以适应情境，但是，为一些情境问题提供相关指南的理论实体并不存在；第三种就是去发现新的适合情境的解决方案。这样，施瓦布的理论范式的类型是对理论这一术语的特殊使用，他坚决倡导理论知识作为实践探究的基础。

施瓦布提出的这一课程开发模式被认为是有关课程的“行动研究”（action research），即课程的实践行动与研究活动相结合，为提高对具体情境中的实际问题的理解和认知而进

① Schwab, J. J. The Practical: A Language for Curriculum. In Westbury, I. & Wilkof, N. J. (Eds.) (1978). *Science, Curriculum, and Liberal Education: Selected Essays*. Chicago & London: The University of Chicago Press, 319.

行的、以改进实践为目的的研究活动。在行动研究中，实践者即研究者，二者是直接同一的；实践过程即研究过程，实际问题的解决过程与研究过程也是合二为一的。实践模式将课程实践与课程研究统一起来，做到了课程问题的解决过程与课程研究过程、课程实践人员与课程研究人员的统一。

可见，课程的“行动研究”就是要求教师和其他教育实践者以研究的姿态参与到课程活动之中，通过基于研究的探索活动对其课程实践进行严格的反思，以最终提高实践的质量和水平。因此，行动研究在课程实践中的应用更关注提高行为和反应的质量而不是构建行动理论。行动研究的引入为课程实践带来了更高的理性思考水平和实践效果，是确保实践性课程得以推行的重要方法论基础。20 世纪 70 年代之后，“课程行动研究”成为课程研究领域的一个重要话题，这也得益于施瓦布的首倡。

第三节　影响及评价

施瓦布是一名生物学家，作为重要人物之一参与了 20 世纪 60 年代的结构主义课程改革。60 年代末，在看到结构主义课程改革遭遇挫折之后，他痛定思痛，连续发表四篇以“实践”为标题的论文，阐述了他对当时课程研究领域的反思，由此提出了实践性课程理论。施瓦布对课程研究领域的反思、质疑以及新的课程理论的提出，揭开了 70 年代之后课程研究领域整体反思的序幕，为此后当代课程理论的繁荣奠定了基础。

一、实践性课程理论的主要影响

（一）开启课程研究领域批判反思的时代

1918 年，博比特发表《课程》，标志着课程作为一个独立的研究领域的诞生。从诞生之日起，课程论的研究就受到现代“科技理性”的影响，追求课程开发的科学化和有效性，强化对课程目标的细化以及对课程开发过程的控制。1949 年，泰勒出版《课程与教学的基本原理》，提出了课程开发的“目标模式”（即确定课程目标、选择课程内容、组织课程内容、评价课程结果），课程开发成为一个线性的过程，其“程式化”登峰造极，并对随后的课程研究和开发活动产生了直接的影响。20 世纪 50 年代末到 60 年代末，布鲁纳、施瓦布等人推动的“结构主义课程改革”遵循“自上而下”的课程变革，推崇“研究和开发”模式，从大学、地方实验室和其他机构中提出方案和项目，并作为革新材料或产品而发散之，由专家学者开发学校课程和其他材料，然后交给教师在学校层面实施，体现出浓厚的“防教师”（teacher-proof）色彩，是“科技理性”指导下课程开发的直接体现。

博比特的课程编制思想

第一，分析人类经验。就是把人类广泛的经验划分为几个主要的领域。博比特认为，人类经验主要可以划分为十个领域：语言、健康、公民、社会生活、娱乐、心理健康活动、宗教、职业、非职业或专业化的实践活动等。

第二，工作分析。就是把经验的各个领域细划为较特定的活动，据此设计培训方案。

第三，确定目标。就是从执行多项活动所需要的能力中引导出课程目标。

第四，选择目标。就是确定目标系列，用以规划学生的活动。

第五，详细计划。就是为了实现目标而设计各种活动以及学习机会等。

资料来源：McNeil，J. D.（1981）. *Curriculum：A Comprehensive Introduction*（second edition）. New York：Little，Brown and Company，332-334。

结构主义课程改革失败后，施瓦布对当时的课程研究领域进行了一次“诊断”。他认为：课程领域已步入穷途末路，需要新的原则和方法以继续推进课程的发展；课程领域的这一不幸遭遇在于错误地依赖于“理论”；课程领域复兴的根本在于从原先的理论追求转变为实践模式。施瓦布摒弃了科学主义的课程开发，为课程研究领域带来了选择的方法，带来了“审议”的方法，带来了居于课程核心的“实践”，提出课程研究需要社会科学理论，而不是单纯依靠从心理学、科学管理等领域中借来的理论。施瓦布对现代课程论的贡献，也正在于通过确立实践性课程观而促使科学主义课程开发主导地位的崩溃，课程研究领域从此由“泰勒原理”的一枝独秀转变为各种课程话语百花齐放的新局面。

应该说，施瓦布的课程观植根于结构主义的思想，但可贵的是，他能够在遭遇挫折之后对自己所支持的理论进行批判和反思。他认为，以“泰勒原理”为代表的传统课程开发范式依赖于其他领域的专家来解决课程问题，而结构主义课程改革则转向依赖心理学和学科专家，它用关于课程领域的话语取代在课程领域内解决问题的行动，由局外人评论课程领域而没有参与其问题，体现了在新标签下重复旧的知识的趋势。这些因素导致了课程研究的危机，要求从理论范式转向实践范式。

施瓦布的反思与批判揭开了随后课程研究领域自我反思的浪潮。由此，曾经主导的“泰勒原理”和科技理性下的课程开发模式受到挑战并失去主导地位，这为课程研究领域的繁荣创造了条件。20 世纪 80 年代之后，课程研究领域出现了众多的理论流派和话语体系，当代课程研究进一步走向繁荣。应该说，这在一定程度上与施瓦布的敢于自我批判的精神密不可分，他本人也由此成为影响课程研究的重要人物。

（二）开启“教师参与课程开发”的先河

施瓦布认为，课程对理论的偏好侵蚀了人们对实践的关注，导致了人们过度追求课程开发的原理和程序。由此，他建议，课程理论家必须从追求普遍的原则转向实现课程实践。“施瓦布通过对理论的大胆质疑而解构了传统课程开发普遍原理的宏大叙事，将人们的目光重新拉回到具体的教育情境和课程实践，因此在价值取向上体现了哈贝马斯所提出的‘实践的兴趣’。”① 施瓦布所倡导的实践性课程观的核心特征在于“实践”、“准实践”和“选择”。这是一种实践取向的课程研究范式，体现出“实践的兴趣”的价值取向。它尊重课程研究和课程开发的情境性，注重教师课程角色的重要性，教师的课程作用和课程功能因此得以凸显。这种实践性课程观为教师的参与拓展了空间。

首先，实践性课程观关注具体的教育情境，突出了教师作为课程主体的重要性。实践性课程观并没有致力于寻求普遍的课程原理，而是关注具体的课程实践的开展。施瓦布认为，实践模式的最终目的在于追求决策，即对可能的行动作出选择和指导。实践性课程观致力于课程决策和课程行动，而决策和行动总是发生在一定的情境中，没有脱离具体情境的决策和行动。无疑，在这种强调情境的课程观中教师的课程意义得以彰显，因为教师是课程实践的主体，最了解具体的实践情境，对于在具体情境中如何作出课程决策和课程行为最有发言权。如果忽视了教师的存在，关注情境也只能流于空谈。

其次，实践性课程观关注对问题情境的理解，追求“四要素”的互动，确认了教师的课程功能的重要性。对问题情境的理解依赖于课程“四要素”的互动，在这种互动中课程意义得以显现。在《实践 3：转化为课程》中，施瓦布提出了学科、学习者、环境和教师构成了课程的“四要素”。施瓦布认为，教师的知识是课程小组必须具备的另一经验实体，这种经验实体包括教师知道的知识、他们学习新材料及新教学方法的弹性和准备情况，还有他们的个性、特征和主导的情绪，以及他们的一些背景情况等。对传统的科学主义课程开发来说，这一主张无异于惊雷，惊醒了“防教师”课程的迷梦。教师是课程意义结构的内在组成部分，没有教师的参与，课程意义就是不完整的，这是实践性课程观对“防教师”课程的当头一棒。

最后，实践性课程观尊重学生和教师的主体地位，致力于课程意义的一致性解释和课程意义的生成。教师是课程的实施者，学生是课程的最终接受者，任何课程都只有经过教师的课程运作和学生的理解才能转化为学生的知识结构。传统的科学主义课程开发并没有体现教师和学生的主体性，课程开发成为外部专家主导的过程。而实践性课程观则关注课程意义的生成与一致性解释，这就需要充分尊重教师和学生的主体地位，通过教师、学习者、学科和环境的积极互动而获得共识。施瓦布提出了“审议”的概念，课程审议其实就是课程参与者不断对话与交流、在课程决策和课程行为方面最终达成共识的过程。课程审议打破了专家的话语霸权，而有利于倾听参与者的不同声音。显然，这对于提高课程的质量并实现课程与教学的目标是有价值的。

---

① 杨明全：《革新的课程实践者——教师参与课程变革研究》，58 页，上海，上海科技教育出版社，2003。

二、对实践性课程理论的简要评价

（一）实践性课程理论的主要优点

一是恢复了"实践"在课程理论中的地位，诠释了课程的实践性这一根本属性。实践模式反对对"外来的"理论过分的、无根据的依赖，追求课程的实践价值，倡导对具体实践情境的理解与相互作用，强调课程理论必须解决具体的实践问题。这样，就把课程实践与课程理论有机地统一起来，从而使课程变得具有情境性和可操作性。

二是提出了"审议"的方法，主张通过"课程集体"协商开发课程。这一思想和方法体现了课程决策民主化的理念，使更多的利益关涉者参与课程开发和研制的过程，尤其是让广大一线教师参与其中。这在很大程度上提高了课程决策过程中的民主化和科学化水平，开启了"自下而上"的课程开发模式。

（二）实践性课程理论的主要缺陷

一是在实践中需要进一步研究如何创造可以运行的实践环境，在一定程度上缺乏可操作性。课程研究和开发是一种专业活动，实践性课程理论突出课程的实践性而弱化了其理论性，使得课程实践陷入"低水平重复"的危险之中。

二是它主张采用"自下而上"的集体审议的课程决策方式，让"课程集体"中的各方面代表发表自己的观点、意见，但由于课程主体的文化水平、利益需求、价值取向的不同，对课程问题也很难取得完全一致的看法。如果强势话语介入，那就很难做到真正的决策民主化。

本章小结

实践性课程理论是施瓦布在反思结构主义课程理论的基础上提出来的，它针对既有的课程理论研究过于强调依赖"外来理论"这一特征，强调课程研究和开发的情境性与实践性。在对课程本质的理解方面，提出了学科、学习者、环境和教师这四个要素的有机统一；在课程实践的操作方面，提出了"实践"、"准实践"和"选择"这三种模式；在课程开发的方法方面，提出了"审议"的方法；等等。实践性课程理论开启了 20 世纪 70 年代之后对课程研究领域进行批判反思的先河，也开启了主张"教师参与课程开发"的先河，在学术界和实践界都产生了积极的影响。当然，实践性课程理论本身只是一种理论主张，也存在一定的缺陷，具有一定的理想化色彩。

关键概念

实践　课程审议　课程集体　学科结构　课程的"四要素"

复习思考题

1. 结合施瓦布参与结构主义课程改革的经历，谈谈他是如何理解 20 世纪 60 年代末的课程研究困境的。

2. 什么是课程的“四要素”？如何理解这“四要素”之间的关系？

3. 在方法论上，施瓦布提出了“审议”的方法，你是如何理解的？

4. 实践性课程理论对于教师在课程开发和课程改革中应扮演的角色有什么启发？

5. 如何评价实践性课程理论的影响？

本章阅读书目

1. ［美］Ian Westbury，Neil J. Wilkof 主编. 科学、课程与通识教育——施瓦布选集. 北京：中国轻工业出版社，2008

2. 钟启泉主编. 课程论. 北京：教育科学出版社，2007

3. 杨明全. 革新的课程实践者——教师参与课程变革研究. 上海：上海科技教育出版社，2003

第十章

当代课程理论的繁荣

导 读

20 世纪 60 年代末，人们逐渐认识到科学原理和技术模式并不能解决课程领域的所有问题。此后，在世界范围内课程研究领域一度消沉、困顿，学者们以不同的隐喻来表征课程领域面临的这种困境。例如：施瓦布称之为“课程领域的穷途末路”①；派纳等人则宣称传统课程领域已“死亡”②；休伯纳称之为课程研究的“虚弱”③；杰克逊甚至质疑课程领域是否真正“存在”④ ……这些隐喻从一个侧面说明传统的科学主义课程开发用一种理性的、行为主义的程式将课程窄化为一种目标和结果，人们对此已经失去了原有的热情；深层的课程价值观正经历着一场急剧的冲突和转化，这种痛苦的过程也必将带来课程研究领域的新生。此后不久，施瓦布提出了“实践性课程观”；斯坦豪斯基于其在英国的课程改革实践提出了课程开发的“过程模式”；在美国以派纳为旗手的课程新生力量则高举“概念重建”的旗帜，致力于对传统课程研究进行一场“范式革命”。至此，传统的科学主义课程研究范式的主导地位被打破，新的课程价值观在不断嬗变中得以确立，人们得以在日趋繁茂的课程话语系统中听到多种清新而又富有活力的声音，课程研究领域开始迈入一

---

① Schwab，J. J. The Practical：A Language for Curriculum. In Westbury，I. & Wilkof，N. J. (Eds.) (1978). *Science，Curriculum，and Liberal Education*：*Selected Essays*. Chicago：University of Chicago Press，287.

② Pinar，W. F.，et al. (1995). *Understanding Curriculum*：*An Introduction to the Study of Historical and Contemporary Curriculum Discourses*. New York：Peter Lang Press，176.

③ Huebner，D. E. (1975). The Moribund Curriculum Field：Its Wake and Our Work. *Curriculum Inquiry*. Vol. 6，2.

④ Jackson，P. W. (1980). Curriculum and Its Discontents. *Curriculum Inquiry*. Vol. 10.

个有着丰富性和复杂性的多元发展的新格局。其中最主要的是概念重建主义课程理论（reconceptualism curriculum theory）、批判课程理论和后现代主义课程理论。这些课程理论阐述问题的视角不同、依据的理论各异，因此提出的课程思想也多有差别。在本章，我们将选择这三种课程理论进行剖析，借以梳理当代课程理论发展的基本脉络。

第一节　概念重建主义课程理论

20 世纪 70 年代中后期，在施瓦布掀起反思课程研究、倡导实践性课程理论之后，美国有一批课程学者也开始对既有的课程研究展开批判，这批学者被统称为“概念重建主义者”。他们以西方流行的哲学社会学思想（如现象学、存在主义、精神分析、批判理论、后现代主义、哲学解释学等）为基础，借用其中的一些概念和术语（如“文本”、“话语”、“理解”等）来阐释其课程思想，这些思想被统称为“概念重建主义课程理论”。正如美国当代课程论专家威廉·H·舒伯特等人所言：“概念重建主义者对课程思潮产生了巨大冲击，但对学校教育实践影响不大，他们的课程思想在很大程度上是建立在人文主义思想、人本主义心理学、当代社会学、历史学和哲学基础之上的。”[①] 这说明，概念重建主义者在建构其课程理论时受到当代西方很多哲学社会科学思潮的影响，主要有人本主义、存在主义、现象学、哲学解释学等思想。在进入 80 年代之后，派纳作为领军人物强势崛起，出版和发表了大量有关概念重建主义课程的文献，直到今天概念重建主义者仍然是活跃在世界课程研究领域中的一股重要力量。

一、概念重建主义课程理论的萌芽与发展

概念重建主义课程理论与结构主义课程改革的失败以及随后课程研究领域开展批判和反思活动密切相关。在批判传统课程研究范式的过程中，美国不少持相似观点的课程学者走在了一起并逐渐形成一个松散的阵营，由此掀起课程研究领域的“概念重建主义运动”。很难考证究竟是谁第一次提出“概念重建”这一口号，但确凿无疑的是，1973 年 5 月在纽约罗彻斯特（Rochester）召开的课程理论会议在很大程度上推动了这一运动。在这次会议上，美国本土的课程论学者几乎倾巢出动，知名人物悉数参加，如格林（Maxine Greene）、休伯纳、阿普尔、麦克唐纳（James Macdonald）和派纳等。会后，派纳等人把论文结集出版，即《意识提升、文化革命和课程理论》（*Heightened Consciousness, Cultural Revolution, and Curriculum Theory*）。该论文集成为概念重建主义运动的经典文

---

① Schubert, W. H., Schubert, A. L., Thomas, T. P., Carroll, W. M. (2002). *Curriculum Books: The First Hundred Years*. New York: Peter Lang Publishing, Inc., 198.

献。派纳后来评述说："我把这次会议同'文化革命'和'意识提升'等概念联系起来，这样的术语在今天可能会使人退避三舍，然而这都是把课程理论家的想法同政治和文化领域的发展联系起来的一次尝试。事实上，这后来成为概念重建主义运动的主题之一。来自全国的150多位学者参加了这次会议。"① 显然，这次会议探讨的主题和发表的观点带有明显的新特征，于是有人认为，"1973年召开的罗彻斯特课程理论会议是美国课程研究的分水岭"②。

此后，派纳在课程研究领域日趋活跃：1975年出版《课程理论化：概念重建主义者》（*Curriculum Theorizing*：*The Reconceptualists*），宣告传统课程研究领域已经崩溃，需要概念重建主义课程研究范式；1978年创办《课程理论化杂志》（*Journal of Curriculum Theorizing*），为概念重建主义者提供了发表话语的舞台，在该杂志上新话语、新观点不断涌现，该杂志很快成为教育理论界一本颇为前卫和新锐的杂志。从1973年开始，概念重建主义者每年都召开一次会议，直到1998年。1999年，派纳主编了《当代课程话语》（*Contemporary Curriculum Discourses*），以纪念《课程理论化杂志》出版20周年。③ 正是在派纳的引领之下，概念重建主义运动风生水起，成为美国课程理论研究的主流话语。1977年4月，在纽约召开的美国教育研究协会年会上，派纳曾放出豪言："如果课程研究以今天的速度变革下去，在20年内课程研究领域将与其50年来形成的传统有着根本的区别。"④

进入80年代之后，概念重建主义者致力于从反思传统课程理论走向理论建构和范式转换，即"课程理解范式"。在"课程理解范式"之下，课程研究领域出现了百花齐放的局面，各种思想和观点不断涌现，它们视角多元、话语各异，如女权主义、后结构主义、种族、美学、生态、自传、全球化等，在不同的视角之下产生了不同的课程思想，由此带动了当代课程研究的繁荣。

学者简介

威廉·派纳，美国教育家、课程理论家与国际知名学者。1969年，派纳在俄亥俄州立大学（The Ohio State University）获得教育学学士学位，毕业后在多所高中任教。后来，他返回俄亥俄州立大学继续学习，并获得硕士学位和博士学位。因在课程研究领域的出色成就而成为国际知名学者，在70年代早期他的名字就与概念重建主义密切相连。他推动了课程研究领域的"范式转换"，赋予"课程"动态的过程意义。此外，他

---

① Pinar, W. (1988). The Reconceptualization of Curriculum Studies, 1987: A Personal Retrospective. *Journal of Curriculum and Supervision*. Vol. 3, No. 2, 159.

② Sears, T. J. (1992). The Second Wave of Curriculum Theorizing. *Theory Into Practice*. Vol. 31, No. 3.

③ Kridel, C. Reconceptulization and the Curriculum Theory Conferences. In Pinar, W. (1999). *Contemporary Curriculum Discourses*: *Twenty Years of JCT*. New York: Peter Lang Publishing, Inc., 510-513.

④ Pinar, W. The Reconceptualization of Curriculum Studies. In Flinders, D. J. & Thornton, S. J. (2012). *The Curriculum Studies Reader* (fourth edition). New York: Routledge, 151.

还创建了《课程理论化杂志》，并组建了国际课程研究促进协会（International Association for the Advancement of Curriculum Studies）和美国课程研究促进协会（American Association for the Advancement of Curriculum Studies）。派纳长期在路易斯安那州立大学（Louisiana State University）任教，从事课程理论方面的研究与教学。此外，他到过多所大学进行访问并担任客座教授。1995 年，派纳出版了《理解课程》一书，对以“泰勒原理”为代表的传统课程研究范式提出挑战，倡导课程研究要从“课程开发范式”转向“课程理解范式”。2005 年，派纳到加拿大担任了大不列颠哥伦比亚大学（University of British Columbia）加拿大研究中心的主席。派纳与我国的课程研究界联系密切，与我国学者多次开展合作研究，2014 年出版了有关中国课程研究的著作《中国的课程研究：历史智慧与当代环境》（*Curriculum Studies in China*：*Intellectual Histories*，*Present Circumstances*）。

二、概念重建主义者的课程观：以派纳为代表

（一）原有课程研究范式的缺陷

伯恩斯坦将人文社会科学研究划分为四大领域：经验研究、哲学分析、现象学和批判理论。受此启发，派纳将课程研究领域的学者分为三种：“传统主义者”、“概念—经验主义者”、“概念重建主义者”。“传统主义者”的理论是指博比特、泰勒等人开创的课程开发传统，这一传统致力于基于“工具理性”的视角有效开发学校课程；“概念—经验主义者”的理论是指将社会科学的问题和方法直接用于研究和解释课程现象，使得课程研究与其他社会学研究没有区分。派纳认为，这两种课程理论在根本上是有缺陷的，而概念重建主义理论则为其增加了两个重要的因素，即“价值的负载”和“政治上的解放”。

派纳指出，传统的社会科学研究注重数据收集、提出假设、得出结论、积累知识；概念重建主义者把研究看作“不可推卸的政治行为和智力行为”。“因此，课程研究致力于不仅压制或解放开展研究的人，而且对该研究针对的人和学术领域之外的人产生类似的影响。”① 传统主义者的课程研究是“学校实践驱动”的，也就是说它是为了开发出学校课程，研究者追求对课程开发过程的控制以及课程实施的效率，遵从“工具理性”的价值取向；概念重建主义者的课程研究则抛弃了“工具理性”这一价值取向，而转向“人的解放”这一深层次的追求，注重对“价值”、“社会秩序”和“意识”等问题的思考。

---

① Pinar，W. The Reconceptualization of Curriculum Studies. In Flinders，D. J. & Thornton，S. J.（2012）. *The Curriculum Studies Reader*（fourth edition）. New York：Routledge，154.

（二）对“课程”术语的重新考证

派纳考证了 curriculum 的词源，认为它来自拉丁语 currere，意思是“跑马的过程”。他认为，currere 折射出的方法意味着“课程开展的过程”（to run the course），由此赋予了“课程”新的内涵。“在这一意义上，课程意味着为学生学习功课提供一种策略，以探究学术知识与自身生活历史之间的关系，这有助于实现自我理解和社会重建。”① 派纳认为，将课程看作“过程”，有助于帮助人们理解学术研究如何有助于理解学术自身，以及有助于人们在社会、政治和文化中确立自身，这是一种文化批判主义的视角，可以形成自我意识。

派纳指出，课程的这种方法论的展开有四个环节：回顾、进步、分析、综合。这一方法论有助于推动教育经验的“自传”（autobiography）研究。在“回顾”阶段，要把人的“存在经验”作为学术研究的源头，人们需要首先“重新进入”这一源头，进而扩大和转换自身的记忆。在“进步”阶段，就要明确“当下的状态”，因为未来就蕴含在“当下”之中。在“分析”阶段，学生需要考察过去和现在，由此拓展主体的自由空间。在“综合”阶段，学生将过去的意识和对现在的认知放在一起，从而有助于实现意识的提升。②

在为“课程”赋予“过程”的含义之后，派纳提出了“课程是复杂的会话”这一论断。在学校教育中，知识的传授与学生经验的获得是在具体情境中开展的，课程作为一个动态的过程必然蕴含了教师与学生在具体情境中的交互关系，教师与学生之间、学生与学生之间的会话是学校经验的基础，也是课程的一部分，因为它对学生的发展有着显著的影响。把课程作为“复杂的会话”来理解，揭示了课程的经验性和课程实施的情境性，彰显了学生的主体性，为理解课程内涵拓展了空间。

（三）概念重建主义课程理论的三种取向

第一种是政治的（或批判的）取向。进入 20 世纪 70 年代之后，批判“泰勒原理”主导模式的课程文献日趋增多，其中最主要的一种倾向就是政治的取向。在这一取向中，阿普尔是最重要的代表。派纳认为，阿普尔与概念重建主义课程理论的联系比其他人都密切，他在课程研究中提出的概念包括“隐性课程”、“霸权”、“再生产理论或依附理论”、“抵制理论”等，这些构成了当代课程知识的一些重要元素。③ 这一取向中影响力排第二的是吉鲁（Henry A. Giroux），他有关“意识形态教育”、“文化”、“抵制”等的理论对课程研究产生了深刻的影响。

第二种是女权主义取向。该取向的代表人物是派纳的学生格鲁米特（Madeleine Grumet）。她的观点受到自传文学、现象学和精神分析的影响。她对课程中的经验维度进行了分析，

---

① Pinar，W.（2004）. *What is Curriculum Theory*? New Jersey：Lawrence Erlbaum Associates，Inc.，35.

② Ibid.，37.

③ Pinar，W.（1988）. The Reconceptualization of Curriculum Studies，1987：A Personal Retrospective. *Journal of Curriculum and Supervision*. Vol. 3，No. 2.

指出了课程中的女性视角和女性经验。受女权主义思潮的影响，这部分学者针对课程中的性别现象展开批判，力主反思课程中的“男权主义”、提升女性意识，从而促进女性的自我解放。女权主义取向丰富了概念重建主义课程理论的话语体系，对当代课程思想产生了一定的影响。

第三种是现象学取向。代表人物是加拿大学者奥肯（Ted Aoki），他从现象学的视角阐述了课程理论和课程开发的一些问题。另两个代表人物是加拿大学者范梅南（Max Van Manen）和史密斯（David G. Smith）。现象学既是一种哲学观，也是一种方法论。运用现象学考察课程现象，意味着关注课程事件中的故事和学生经验，倡导“回归事物本身”，通过“意向还原”的方法考察教育和课程的本义。在西方，现象学的方法在教育研究中比较流行，它对概念重建主义课程理论的发展也产生了深刻的影响。

（四）作为“文本”理解课程

1995年，派纳等人出版了《理解课程：历史与当代课程话语研究导论》（*Understanding Curriculum*：*An Introduction to the Study of Historical and Contemporary Curriculum Discourses*），代表着概念重建主义课程理论登上新的高峰。该书英文版共1 143页，系统梳理了课程研究领域的基本思想和发展脉络，其规模之大、论述之精密令人震撼。不仅如此，该书最大的理论追求在于完成一场“范式革命”，即从“课程开发范式”转向“课程理解范式”。

在书中，派纳主张把课程作为不同的“文本”（texts）来理解，如历史文本、政治文本、种族文本、性别文本、现象学文本、后现代文本、自传/传记文本、美学文本、神学文本、制度文本、国际文本等等。该书还通过对多元课程意义的解读而试图解构课程领域既有的“宏大叙事”，还课程以丰富的意义，为多元的理解与解释拓展空间。显然，派纳等人对多元课程文本的列举是为了说明课程文本的丰富性，并不在于构建一种新的“课程原理”。对课程文本的列举是没有穷尽的，而且随着课程领域的不断扩展，新的文本与新的意义也会不断出现，需要以同样开放的视角进行理解与解释。应该说，对课程领域本身的这种“如实描述”可以去除工具理性对课程多元意义的遮蔽，使课程不再是“价值中立”的“课程产品”或僵硬的“学校材料”，而成为学生经验和教育意义的载体。学校教师也得以从自己的视角出发对课程文本进行理解与解释，在与学生的交互作用中共同建构知识、寻求超越。这样，课程变得鲜活、生动起来，学校教育的过程由此也可以得到改造并获得新生。

第二节　批判课程理论

20世纪80年代以来，批判课程理论在北美地区流行起来，并于90年代开始影响我国的教育研究与课程研究。这种理论最显著的特点，一言以蔽之，就是“批判”：不满于当下西方社会现实，对主流文化意识和经济、政治体制抱持不信任的态度；批判学校中存在的意识形态依附、贫困阶层和富裕阶层对立、不公正和霸权等现象，呼吁“人类解放”。

批判课程理论最初被派纳归入概念重建主义课程理论的阵营，体现出“政治的或批判的取向”。80 年代末，派纳认为课程研究领域已经完成“概念重建”并转向“课程理解范式”之后，批判取向的思潮仍然坚持其批判的色彩并进一步在学术界产生了更加广泛的影响。“20 世纪 80 年代，在概念重建阵营中有一个受批判理论影响的话语为课程研究提供了重要的新主张。批判课程理论的重要性不仅在于它有助于理解和促进课程的话语，而且在于它带来了针对受压迫阶层的有关公平和正义问题的深度批判。”① 鉴于此，我们单独对批判课程理论进行阐述，以深入揭示其基本主张和理论特征。

一、批判课程理论的思想基础

批判课程理论最直接的思想基础在于西方社会学中的批判理论。而当代批判理论则又是一个大的阵营，其学派林立、观点纷呈，但无论其具体主张如何，其源头都可以追溯到近代马克思提出的社会批判理论。马克思的社会批判理论是建立在他对资本主义社会制度及其社会问题进行批判考察的基础之上的。他通过对生产力和生产关系、经济基础和上层建筑、剩余劳动和价值规律等问题的深刻考察，揭示了资本主义的本质和人类社会发展的普遍规律，倡导通过无产阶级的革命斗争来真正实现彻底的人类解放。青年马克思对当时德国的政治制度、社会状况和现实生活持强烈批判的态度，他反对专制统治，追求自由意志，在逐渐认识到社会问题的根源之后进一步吸收了黑格尔的理性思想和费尔巴哈的唯物主义思想。19 世纪中期左右，马克思开始对资本主义经济制度和资产阶级政治经济学进行批判考察，阐述了自己的新的经济学、哲学和共产主义的理论学说，出版了《1844 年经济学哲学手稿》。该书包括四个方面的论述：一是以“异化劳动”为核心的政治经济学批判；二是以人的本质为核心的哲学批判；三是以扬弃异化为核心的共产主义批判；四是对黑格尔哲学的全面清算。② 马克思提出了“异化”的概念并将其作为资本主义社会批判的工具，这一概念也为后来的西方新马克思主义思想家所继承。马克思把“异化劳动”分为四个方面：一是劳动者同他的劳动产品的异化，即“物的异化”，工人生产的越多，他占有的对象越少，就越受自己生产对象的奴役；二是劳动本身的异化，即“自我的异化”，劳动成了使劳动者身体受到痛苦、精神受到折磨的异己的东西；三是人同自己类本质的异化，人应该通过对对象世界的改造成为类存在物，但在资本主义私有制中，人的活动只能表现为维持个人生存的手段，使人的类本质成为与人对立的东西；四是人与人之间的异化，表现为人与他人的关系处在分离与对立当中，这关系又引起阶级的冲突和对立。③

---

① Schubert, W. H., Schubert, A. L., Thomas, T. P., & Carroll, W. M. (2002). *Curriculum Books: The First Hundred Years*. New York: Peter Lang Publishing, Inc., 268.

② 参见余源培、吴晓明主编：《马克思主义哲学经典文本导读》，上卷，北京，高等教育出版社，1956。

③ 参见刘羽：《马克思的社会批判理论的逻辑演变》，载《学理论》，2012 (6)。

1845 年马克思撰写了《关于费尔巴哈的提纲》和《德意志意识形态》，标志着其社会批判理论逻辑发生了重大改变。他认为，现实的社会矛盾就是实践发展的产物，只有从实践出发，才能去解释世界和改造世界，从而解决人与自然、人与社会的矛盾。这表明马克思开始强调现实的、具体的社会实践，逐步确立起科学的实践观。马克思还认为，在生产中不仅生产出了物质生活资料，而且间接生产出了一切社会关系，这是历史运动的真相，人们之间的奴役和对抗究其实质是人们在物质生产领域中的支配与被支配的关系。这意味着马克思通过对生产力与生产关系的矛盾分析揭开了历史之谜，也找到了社会发展的动力，确立起唯物主义的世界观和方法论，同时标志着马克思的社会批判理论逐步走向成熟。

二战结束之后，相对和平的社会环境和科技进步促进了西方社会的大发展，社会财富大量积累，人们的生活水平有很大提高，社会领域没有了明显的阶级对抗和剥削现象，资本主义制度通过自身的调适而继续促进生产力的发展，19 世纪马克思所批判的社会现实似乎不复存在。然而，六七十年代，西方发展的“黄金时代”终结，西方世界引以为荣的文明和价值观遭受了重大质疑甚至颠覆。一批学者开始借用 100 多年前马克思的经典社会批判理论对西方传统的社会结构、统治机制、文明模式、价值体系进行反思和批判，由此促成了西方马克思主义社会批判理论的再次兴盛。因此，当代批判课程理论或多或少地关联着马克思社会批判理论的一些要素，继承了其批判精神和批判方法。但需要注意的是，当代批判理论在一定程度上继承了马克思经典社会批判理论的思想，但在本质上却是存在重大差别的。正如有学者指出的：“它们都没有脱离对资本主义社会的时代批判，同时对社会主义的发展进行了更适合西方国情、思维模式和价值观的追问，也对人类共同面对的问题和挑战进行了深度的思索。总体上来说，西方马克思社会批判理论既有时代的深远发展，也有对马克思社会批判理论的严重背离。”①

物质的高度发达并没有取消贫富差距，资本主义所倡导的价值观也不能解决社会公正和正义问题，更不能带来人的全面解放。于是，西方社会的批判思潮日渐兴起，其中以德国法兰克福学派的社会批判理论最具代表性，著名代表人物有霍克海默（Max Horkheimer）、阿多诺（Theodor W. Adorno）、马尔库塞（Herbert Marcuse）、哈贝马斯等。批判理论究竟“批判”什么呢？主要有这样几个方面：

一是现代国家、意识形态和文化批判。这是批判理论最核心的主题。批判理论的代表人物主张重新界定国家机器的概念和范围，把各种意识形态工具和文化手段也作为国家机器的组成部分。他们致力于剖析福利国家存在的问题，对当代资本主义国家的性质、结构、活动特点、合法性及其危机等进行全面分析。他们指出，意识形态今天已成为维护统治的主要力量，对文化意识形态的彻底批判已构成解放的主要途径。

---

① 张振鹏：《西方马克思社会批判理论研究综述》，载《高校社科动态》，2009（5）。

二是人的异化批判。他们把马克思原本意义上的劳动异化扩展到全部社会生活领域的异化批判，典型的是马尔库塞的观点。他认为，在发达工业社会中，人们不仅受到统治者的外部的、物质的压迫和统治，而且受到内部的意识形态的或心理的统治，沉沦于物质欲望的虚假满足中。人成了物质和技术的奴隶，沉醉于物欲而丧失了精神上的追求，丧失了批判性和创造性；人成了“单向度的人”，社会也是一个“单向度”发展的社会。①

三是科技理性批判。他们认为，科学技术的进步是以功利主义为基础的，文明越发展意味着对人的本性越严重的压抑和摧残。在科学技术高度发展的现代工业社会中，人的自然生活受到控制，人与自然的关系受到破坏，人的尊严丧失，生活越来越“非人性化”，人成了“没有思想、没有感情的机器”。用霍克海默的话来说就是：“科技理性使天堂与地狱联系在一起，使进步转化为退步。”②

四是现代性批判。现代性的核心是理性，这是西方文艺复兴以来其历史和文化的基本特征。然而，工业革命以来掀起的现代化运动却走向了另一个极端——追求“工具理性”和“消费主义文化”，带来人的压抑和社会危机。对现代性的批判反映了当代西方在物质极大富裕之后的心理焦虑和精神痛苦，暴露了社会中的内在矛盾和人性的扭曲，表达了人性的彻底解放的呼声。批判理论家通过对当代社会的剖析而对理性深深绝望，表达了对现代社会理性化进程的一种悲观主义情绪。

五是日常生活批判。其主要目的是恢复日常生活的本来意义，消除其中的异化现象，并实现人类的个性自由与精神独立，在日常生活与非日常生活的和谐状态中实现人类的全面发展。哈贝马斯认为，由于权力与金钱无孔不入的侵蚀，特别是大众传媒的冲击，生活世界日益边缘化，私人空间逐渐为公共空间所取代，生活世界中的成员已完全失去独立判断的能力与个体独立性，这又进一步导致了人们心理的普遍焦虑与失衡。③ 哈贝马斯的建议就是用交往理论重建生活世界与系统之间的和谐关系。

总之，批判理论从不同的视角对现代西方发达社会进行了剖析和批判，斥责“工具理性”对人的生活的压抑，弘扬人性的全面解放，反思现代化进程并重建交往理性。这一学派对当代社会科学产生了重大影响，自然也影响了当代西方课程论的研究。

二、批判课程理论的代表人物及其思想

（一）批判课程理论的知识谱系

由于对学校教育和课程进行“批判”的视角不同，批判课程理论观点杂陈、莫衷一是。20 世纪 70 年代，巴西著名教育家弗莱雷提出了以“被压迫者的解放”为目的的“解放理

① 参见张振鹏：《西方马克思社会批判理论研究综述》，载《高校社科动态》，2009 (5)。
② Horkheimer，M.，Adorno，T W. (1972). *Dialectic of Enlightenment*. New York：Seabury Press，14.
③ 参见张振鹏：《西方马克思社会批判理论研究综述》，载《高校社科动态》，2009 (5)。

论”，由此开启了批判教育学研究的大幕，对北美批判课程理论的发展产生了深刻影响。随后，一些知名学者基于社会批判的立场提出了诸多的教育和课程理论，这些理论多以“再生产”为概念框架，指出课程是既有社会秩序和阶层得以“再生产”和延续的工具，被称为“再生产理论”。80 年代之后，由于“再生产理论”固有的缺陷，北美批判教育学的研究开始转向“抵制理论”，致力于分析学校中的冲突、抵制等现象。20 世纪 80 年代之前，“再生产理论”占据明显优势；80 年代以后，“抵制理论”获得充分发展，并有取代“再生产理论”之势，这表现为许多早先持“再生产理论”的学者纷纷改弦更张，转向支持“抵制理论”。[①]

其中，“再生产理论”这一派系又有不同的视角和研究取向，吉鲁认为有三种取向，即以鲍尔斯和金蒂斯（H. Gintis）为代表的“经济再生产模式”、以布迪厄（Pierre Bourdieu）为代表的“文化再生产模式”和以阿普尔为代表的“霸权—国家再生产模式”。[②]“抵制理论”则以吉鲁为代表。为梳理其关系，我们用谱系学的方法对这些思想进行考察，大致整理出如下谱系（见图 10—1）：

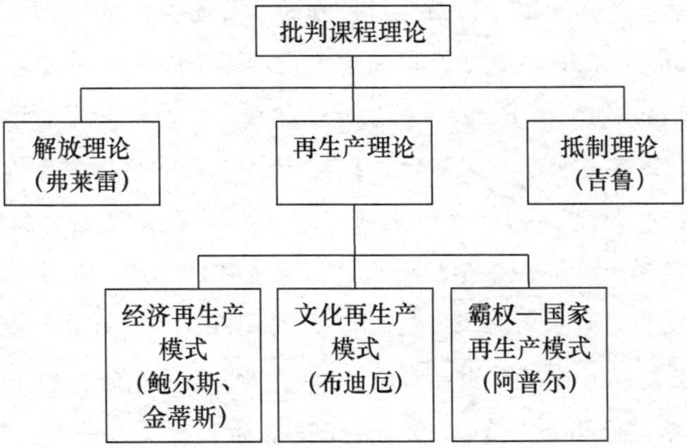

图 10—1　批判课程理论的谱系图

需要注意的是，在这一图谱中，三个支系并不是并行不悖、界限清晰的，它们在一定程度上存在前后相继和交融互动的关系：弗莱雷的“解放理论”无疑具有重要的引导作用，它在研究视角和方法上启发和滋养了后来的“再生产理论”；“再生产理论”也并非完全停滞之后整体转向“抵制理论”，其倡导者在反思前者的缺陷后转向后者，但并没有完全放弃前者，甚至部分学者一直在从事“再生产理论”的研究。

（二）弗莱雷的“解放理论”

在批判课程理论的派系中，“解放理论”因为倡导被压迫者的解放和社会重建而独树一帜，巴西教育家弗莱雷是这一支系的标志性人物。弗莱雷早期参与了巴西的扫盲工作，

① 参见张华：《美国当代批判课程理论初探（上）》，载《外国教育资料》，1998（2）。

② Giroux，H.（1983）. Theories and Reproduction and Resistance in the New Sociology of Education：A Critical Analysis. *Harvard Education Review*. Vol. 53，No. 3，261-281.

在卓有成效地开展成人教育的实践基础上，撰写了著名的《被压迫者的教育学》（*Pedagogy of the Oppressed*）。此后声名鹊起，其影响远远超出了成人教育的领域，提出了以培养批判意识为目的的“解放教育理论”，形成了自己独特的教育思想体系，成为批判教育学的重要代表人物。弗莱雷对传统教育学沦为“储蓄式教育”极为不满，认为由于其强调知识的所谓“中立性”而导致学生被动地接受合法化的知识，失去了对现实的批判反思而成为“被压迫”的社会结构的一部分，因此教育学应该是充满质疑的、反思批判的、不断挑战“压迫结构”的，只有这样才能实现个体的解放。

学者简介

保罗·弗莱雷，巴西教育家、哲学家，批判教育学的代表人物。他出身于巴西累西腓（Recife）的一个中产阶级家庭，但他亲身经历了20世纪30年代的经济大萧条，因生活贫困，举家搬迁到另一个城市生活。父亲在1934年逝世，这个家庭从此陷入困顿。弗莱雷从此与贫困孩子一起生活，见证了巴西普通民众的贫穷与生活的无助，这在很大程度上也塑造了他的教育观，由此他也确立了为提高贫民生活水平而奋斗的理想。1943年，弗莱雷进入累西腓大学（University of Recife）的法学院学习，同时还学习哲学和心理学。毕业后他没有从事法律工作，而是当了一名教师。1946年，弗莱雷被任命为伯南布哥的教育和文化社会服务局主任。他对贫民的生活情况有了更多的体察，开始酝酿一种“解放理论”。1961年，他进入累西腓大学，担任该校文化传播系主任。此后，弗莱雷参与了政府部门发起的扫盲运动，并在其中发挥了重要的作用。但在1964年，随着巴西军人政府的建立，这项扫盲运动被终止，而且弗莱雷由此被捕入狱。出狱后，他到智利工作了五年，继续从事扫盲工作。1968年，他出版了著名的《被压迫者的教育学》一书。1969年，弗莱雷到哈佛大学访学，第二年《被压迫者的教育学》以西班牙语和英语两种语言出版。完成了一年的访学之后，弗莱雷来到瑞士日内瓦，以教育顾问和专家的身份开展工作。1979年，他终于回到巴西，在此后继续推动巴西的成人扫盲工作，直到1997年逝世。

在弗莱雷的“解放教育学”中，“唤醒意识”是一个重要的基本概念，是指“人们不是作为一个接受者而是作为一个认识主体，以获得形成他们生活的社会文化现实和转变这种现实的能力的一种深层意识”①。要获得这种“唤醒意识”，人们必须投身参与到实践中，去理解人类作用于客观现实的途径和重要性，进行批判反思，去掉身上的桎梏，从而获得最终解放。可见，“唤醒意识”的获得既依赖于人的批判意识，也离不开行动和反思，它隐含在人们对真实世界的批判、行动与反思之中。学校教育的使命在于，以一种革命的方式把人们组织起来，去变革这个现实的世界，使人获得“唤醒意识”并实现主体价值。

① 于向阳：《保罗·弗莱雷的教育思想评述》，载《华东师范大学学报（教育科学版）》，1995（3）。

弗莱雷批判“储蓄式教育”，认为教育的本质在于“对话”。“储蓄”这一隐喻说明，传统的教育强调由教师把知识灌输给学生，就像把钱财储存到银行一样。这一隐喻是对整个被压迫状态的社会的一种映射：人失去主体性，人的行动是被动的、没有批判性的。为了建立一种“解放教育学”，弗莱雷主张基于师生对话开展教学活动。在“对话式教育”中，知识不再是一种既定的、需要灌输的东西，而是在人与人之间的沟通过程中得以建构的；对话的双方都是认识的主体，不存在一方对另一方的压制。

在对课程的理解方面，弗莱雷认为，课程在本质上是一种“反思性实践”，也就是需要有机整合“反思”与“行动”这两个要素。既然教育不是“储蓄式”地存储知识而是一种对话，那么就应该关注现实世界中的问题，反思性实践应产生于人们所处的具体而现实的实践环境和真实的问题之中。课程离不开教师和学生真实的经验和对话，他们是课程的主体，在双方的对话、问答和对现实世界的批判性思考过程中所产生的经验应该成为课程的内容。因此，作为“反思性实践”的课程也是一种师生共同参与意义创造的过程。

在课程实践的过程中，弗莱雷提出了建构“解放的课程”的四大原则：“(1) 以参与为基础，共同建构新课程；(2) 尊重各校的自主权，进行各种不同的实验；(3) 在课程中要运用‘行动—反思—再行动’的方法，加强理论联系实际；(4) 加强教师培训，在实践中批判性地分析课程。”① 可以看出，弗莱雷倡导的课程实践的目的是通过师生的参与、对话和反思以消除传统课程开发的“控制”色彩，进而实现学校课程的民主化。这是“解放教育”题中的应有之义，也是实现社会重建的必要步骤。

“储蓄式教育”的表现：

(1) 教师传授，学生接受；

(2) 教师知道所有事情，学生是无知的；

(3) 教师进行思考，学生是思考的对象；

(4) 教师讲，学生温顺地听；

(5) 教师进行纪律约束，学生被约束；

(6) 教师选择并强化他的选择，学生依从这种选择；

(7) 教师行动，学生通过教师的行动获得行动的对象；

(8) 教师选择教学内容，学生被要求掌握这些内容；

(9) 教师混淆了知识权威和职业权威，这种职业权威处于学生自己的反面；

(10) 教师是学习过程的主体，学生只是客体。

资料来源：于向阳：《保罗·弗莱雷的教育思想评述》，载《华东师范大学学报（教育科学版）》，1995 (3)。

---

① 黄志成：《弗莱雷解放教育课程建构论述评》，载《全球教育展望》，2003 (2)。

（三）阿普尔等人的“再生产理论”

受马克思提出的“再生产”概念的启发，“再生产理论”的倡导者套用社会中的阶级和文化“再生产”现象来分析学校教育，认为学校是主流意识形态“再生产”的产物，是进行社会和文化“再生产”的机构，学校中传授的知识和技能“再生产”出既有的社会劳动分工和阶层划分。在这部分学者的眼里，学生的学业失败是不应该受到责怪的，应受谴责的是作为社会再生产机构而发挥作用的学校：正是通过学校教育，社会的主流意识形态和阶层划分才得以继续下去。

学者简介

迈克尔·阿普尔，美国教育家，批判教育学的重要代表人物，其学术兴趣集中在教育与权力、文化政治、批判教学论以及课程研究等领域。他出生在新泽西州并在该州长大。在获得教育学博士学位之前，阿普尔曾经在新泽西州担任小学和中学的教师。1970年以来，阿普尔一直在威斯康星大学麦迪逊教育学院任教。阿普尔著作颇丰，出版了大量的教育类著作，包括《政治文化与教育》（*Cultural Politics and Education*）和《意识形态与课程》（*Ideology and Curriculum*）等。由于其在教育领域的成就，他荣获了美国教育研究协会颁发的“终身成就奖”。

“再生产理论”突出了学校的政治特征，改变了人们认为的“学校与政治无涉”的观点。根据这种理论，学校发挥“再生产”功能的表现有三个方面：首先，学校提供了不同的阶级和社会集团所需要的知识和技能，这使得不同群体得以进入有着鲜明阶层、种族和性别特征的劳动力市场；其次，学校在文化意义上被看作具有“再生产”的性质，其功能表现为分配合法化的知识、价值、语言和行为方式，这些因素使主流文化得以建构；最后，学校被看作生产经济和意识形态规则的国家机器，这些规则构成了国家的政治权力运作的基础。①“再生产理论”倡导者主要关注这样一些课题：学校和就业市场之间的关系、特定阶层的教育经验和不同社会团体的工作机会、学校文化和不同阶层的学生文化、国家的经济和意识形态如何影响学校的政策和实践等。

在该理论阵营中，鲍尔斯和金蒂斯的主张被称为“经济再生产模式”，他们提出了“对应理论”（correspondence theory），即不平等的社会经济结构和阶层关系是通过学校教育“再生产”出来的，学校中的人际关系体现了社会的等级分工，学校教育与经济结构存在对应关系。“价值观、规范和技能的等级结构模式构成资本主义劳动力和阶级相互作用动力机制的特征，该特征在班级日常际遇的社会动力机制中被镜子般地直接反映出来；通

---

① Giroux, H. (1983). Theories and Reproduction and Resistance in the New Sociology of Education: A Critical Analysis. *Harvard Education Review*. Vol. 53, No. 3, 258.

过其班级社会关系，学校教育把作为接受资本主义社会经济规则之必要条件的态度和倾向灌输给学生。”① 当然，这种“对应理论”把学校与其社会经济结构之间的复杂关系看作简单的、线性的对应关系，忽略了学校的自主性及其对社会经济结构的调适。

为挑战潜在的“社会控制”，教育者应该考虑如下问题：

- 课程是否被认为是理所当然地反映了学生已有的经验？
- 课程内容是否代表精炼了的社会现实？
- 课程中是否存在一些不言自明的领域？
- 课程中是否存在一些复杂的语言符号？
- 社会组织是否以合法的程序参与却让学生感到自己没有权力？
- 课程是否推动了社会分层与机会不均等？
- 合乎理性的思想体制是如何影响学校知识的？

资料来源：Bowers，C. A. (1984). *Giving Teaching Back to Teachers：A Critical Introduction to Curriculum Theory*. London，Ontario：The Althouse Press，57-69。

该阵营中另一重要支脉被称为“文化再生产模式”，代表人物是法国的布迪厄。布迪厄同样关注“资本主义社会为什么能对自身进行再生产”这一问题，但他把“文化资本”(cultural capital) 作为比经济更重要的因素进行考察。他认为，学校是一个自主的机构，它并不容易直接地受到政治和经济的影响，学校通过产生并分配主流的文化而“再生产”既有的权力关系。在布迪厄看来，文化是统治阶层利益和日常生活的中介，它表达的是统治阶层的经济和政治利益，这是社会秩序的自然现象。在阶级再生产过程中，学校是其重要的力量，它以一副“公正无私地传递有价值的文化”的面貌出现，其地位得以以公正和客观的名义得到提升。布迪厄用“文化资本”这一术语来说明学校进行“再生产”的社会机制。所谓“文化资本”，即“个人在隶属特定阶层的家庭中传承的不同的语言和文化能力的体系”②。“文化资本”这一概念说明，家庭背景普通的学生较少接触到上层社会的文化，这使他们在发展中处于不利的境地。由于学校课程是特定文化的载体，因此在“再生产”主流文化资本并予以合法化的过程中，课程发挥了极其重要的作用。

“霸权—国家再生产模式”是“再生产理论”阵营的另一支脉，代表人物是阿普尔。他受知识社会学的影响，注重对知识的社会性质进行微观研究，关注阶级、国家、霸权等对学校课程的控制与深刻影响。其中，“社会霸权”是他用于分析学校课程的重要术语。

① 张华：《美国当代批判课程理论初探（上）》，载《外国教育资料》，1998（2）。

② Giroux，H. (1983). Theories and Reproduction and Resistance in the New Sociology of Education：A Critical Analysis. *Harvard Education Review*. Vol. 53，No. 3，268.

"霸权不是抽象的意义集合，而是有组织地整合了意义和实践，也就是我们生活于其中的核心的、有效的、占统治地位的意义、价值观和行动系统。"① 作为一种特定的社会存在，"霸权"会利用权力和意识形态，再生产出统治阶级和附属阶级的社会关系，这揭示了学校教育对国家、阶级、意识形态等发挥的功能。在阿普尔看来，"社会霸权是一种过程，在这一过程中团体或权力阶层将主导的文化进行复制，社会的每一个机构和学校都是主要的传递这种模式的社会霸权机构"②。特定种族、社会阶层或性别的学生，通过显性课程、"隐性课程"等传递这种类似的信息，从而强化了社会的不平等。根据这一理论，教育机构及其课程对社会、意识形态和经济所起的作用大致包括如下三个方面："第一，学校为'再生产'一种不平等的经济提供了某些必要条件，从而有助于资本积累的过程；第二，学校是促进合法化的重要机构，社会群体通过学校实现合法化，社会和文化意识形态通过学校得以再创造、维持和不断地建设；第三，学校教育通过传递技术/行政管理知识而构成生产的重要力量。"③ 根据这些批判性分析，阿普尔对课程问题进行了深入反思，认为人们不仅要追问"什么知识最有价值"这一传统问题，还要回答"谁的知识更有价值"这一批判性问题。

（四）吉鲁的"抵制理论"

在思想源头上，"抵制理论"受欧洲"新马克思主义"思潮的影响。"新马克思主义"尝试重新检讨或修正马克思主义的古典理论，以马克思的"异化"理论和人本主义思想为立足点和理论基石，着力分析当代社会中的"冲突"和"抵制"现象，积极开展针对资本主义的国家权力、文化之都和意识形态的批判，致力于消除各种妨碍人主体性的异化力量，真正实现人的自由并确立人的主体性地位。受此影响，"抵制理论"对"再生产理论"在解决学校问题中的局限性进行深刻检讨，重新界定了"调和"、"权力"和"文化"在理解个人与主流社会之间复杂关系的重要意义，将学校作为对主流文化进行阻抗和挑战的场所，突出课程作为知识场域已经成为不同利益群体的"角力场"这一特征，剖析文化实践中的权力斗争、消除教育中的不平等与压迫。吉鲁是这一支系的主要代表人物。

学者简介

亨利·吉鲁生于1943年，是美国批判教育学的建立者和重要代表人物之一。他所涉的学术领域包括公共教育学、文化研究、青年研究、高等教育和批判理论。他曾在一所高中担任社会科教师6年，1977年获得博士学位。后来又在多所大学任职，包括在波

---

① Apple, M.(2004). *Ideology and Curriculum* (third edition). New York & London: Routledge Falmer, 5.

② Schubert, W.H., Schubert, A.L., Thomas, T.P., & Carroll, W.M.(2002). *Curriculum Books: The First Hundred Years*. New York: Peter Lang Publishing, Inc., 269.

③ 张华:《美国当代批判课程理论初探(上)》，载《外国教育资料》，1998(2)。

士顿大学（Boston University）工作6年，后来又在迈阿密大学（Miami University）任教。1992年，他被宾夕法尼亚州立大学（Penn State University）聘请来任教。吉鲁的学术思想受到一些思想家的影响，包括马克思、弗莱雷等人。他又是一位激进民主主义者，对社会公平和公正、贫困现象和年轻人的教育等极为关注。吉鲁勤于写作，已经出版了超过50本著作，如《教育中的理论与抵制》（*Theory and Resistance in Education*）等，在教育和文化研究领域颇有影响。吉鲁也获得了由美国教育研究协会颁发的“终身成就奖”。2015年，他又获得两项奖励：“变革世界奖”和“保罗·弗莱雷民主计划社会公正奖”。

“抵制理论”对“再生产理论”进行批判，力图超越单一的“文化再生产”关系，突出人的能动性和学校的自主性。吉鲁认为：“再生产理论家过于强调‘社会控制’的思想，并没有提出教师、学生和其他人如何在特定历史和社会情境中为其自身存在条件进行再生产。而且，人具有能动性，人创造了历史和社会（尽管也有其局限），这一点被忽视了。”[①] 为此，吉鲁认为，应该超越“再生产理论”，提出一种理论去挑战和改变学校的现实，去关注冲突、斗争和抵制问题，这就是“抵制理论”。该理论假设：工人阶级的子弟不仅仅是资本主义的副产品，受制于教师和学校的权威而被培养为特定劳动阶层；学校代表了特定的抗争领域，这一领域既有结构性冲突和意识形态冲突，也有学生的集体抵制。[②] 这说明，尽管学校课程被设计来固化资本拥有者的利益，学生也会寻找方法以抵制霸权的再生产。在“抵制理论”看来，学校是一个拥有相对自主权的机构，它不仅为反抗的一方提供展示的舞台，而且代表了冲突的一个来源并促使人们对主流社会的物质和意识形态利益进行“去功能化”。学校不是仅仅取决于主流社会的劳动力市场，它们不是单纯的经济机构，而是独立存在于资本主义市场经济的政治、文化和意识形态的特定地点。因此，学校的存在是与主流社会相冲突的，有时候对主流的假设提出挑战。例如，学校有时候提供“博雅教育”，这与社会上期望的专业化、工具化并适应市场需求的教育相左。

“抵制理论”的价值诉求在于为社会公正和自我解放而进行反思和斗争。吉鲁提出了三个假设：“（1）‘抵制理论’强调‘人的能动作用’，认为被压迫者不是简单、被动地接受统治。因而，‘抵制理论’的中心范畴便是：目的性、意识、常识的意义、非推论性行为的性质和价值。（2）‘抵制理论’认为权力从来就不是一维的，它既作为一种统治方式来施加，也作为一种‘抵制’行为而存在。（3）‘抵制理论’中内含着一种‘激进变革’

① Giroux，H.（1983）. Theories and Reproduction and Resistance in the New Sociology of Education：A Critical Analysis. *Harvard Education Review*. Vol. 53，No. 3，259.

② Ibid.，260.

的希望，这是对现实进行超越的积极因素。”① 显然，“抵制理论”试图确立一种理解学校教育过程及其与社会之间关系的理论框架，在这一框架中学校不再扮演单纯的“再生产”角色，而是具有了能动性的特征，学生通过自身的反思和文化建构而影响主流社会的变革。

“抵制理论”的研究范畴在于强调存在于家庭、学校和工作场所中的张力与冲突关系。学校是社会活动和实践的代理机构与场所，具有“相对的自主权”，其意义最终是政治的、文化的。“人们认识到，不同的领域或文化场景——学校、家庭、媒体——是由复杂的意识形态团体所控制的，它们之间很容易发生冲突。”② 对此，“抵制理论”予以批判，认为主流的社会经济结构体现在主流社会工作之中，并主张通过阶层与文化的调和，形塑学生日常生活的对抗性的经验。把课程作为复杂的会话，不仅符合主流社会的利益，而且包含了“解放”的一面和可能。

第三节　后现代主义课程理论

后现代主义课程理论是20世纪中后期欧美后现代主义思潮在课程研究领域的反映。它兴起于20世纪70年代，最初作为“概念重建主义运动”的一部分，体现出更为激进的“反传统”、批判“现代性”和“工具理性”的特征。80年代后期，在派纳宣布课程领域的“概念重建”完成之后，这部分激进的课程学者继续在后现代主义思潮的影响下揭示课程的后现代特征，由此形成了后现代主义课程理论。五六十年代，后现代主义思潮的崛起，堪称为“思想与观念的革命”，因为这种思想和观念如此具有冲击力，以至于它在人类生活的所有领域都对探索新的思想和行为方式提出挑战。当然，后现代主义思潮也是一个宽泛的概念，它包括后结构主义、整体生态主义、女权主义、多元文化主义等。后现代主义课程理论也是受这些思潮的综合影响而形成的。显然，后现代主义课程理论以其多元视角和丰富的课程话语而成为当代课程研究领域的一道风景。但是，后现代主义也体现出独特的思维方式和精神气质，往往流露出一些否定性、混沌性、悲观性甚至虚无性，作为一种思想探索在学术界有其声音，但在实践中少见其影响。

一、后现代主义课程理论的发展脉络

后现代主义似乎并不是一个具有统一思想的哲学流派，它更像一种以批判现代社会弊

① 张华：《美国当代批判课程理论初探（下）》，载《外国教育资料》，1998（3）。

② Giroux，H.（1983）. Theories and Reproduction and Resistance in the New Sociology of Education：A Critical Analysis. *Harvard Education Review*. Vol. 53，No. 3，285.

端、解构现代性为鲜明特征的文化思潮。一般而言，后现代主义起源于20世纪50年代以来西方思想家对当代资本主义社会及其文化特征的反思与体认，是对西方发达社会现代文化危机的一种反映。由于发达社会的一些社会和文化现象已经不能用传统的概念去描述，他们就启用了“后现代”这一术语。后现代主义与法国的一批思想家和文化学者是分不开的，福柯（Michel Foucault）、德里达（Jacques Derrida）、利奥塔（Jean-Francois Lyotard）等都是后现代主义思潮的重要代表人物。

后现代主义批判“文艺复兴”和“启蒙运动”以来形成的理性传统，认为这是现代性得以形成的基础。因此，凡是跟“理性”和“现代性”相关的观念和思想都处于后现代主义批判的枪口下，例如本质主义、基础主义、逻辑中心主义、表象主义、理性主义、人本主义等等，它似乎没有提出什么主张，但却旗帜鲜明地反对这些所谓“现代性”的主张，因此它具有明显的“否定性”。有人将后现代主义的基本特征归纳为如下几方面：（1）批判传统的“主体性”；（2）批判理性至上意义；（3）批判崇尚超感性的、超验的东西的传统形而上学；（4）批判以普遍性、同一性压制个体性、差异性的传统思维模式；（5）最终把对传统思想文化的批判归结为人的审美生活——自由生活的彻底实现，因此，美学问题和文艺评论成了后现代主义的主要话题。①

后现代主义思潮对西方课程研究产生了一定的影响，在其影响下逐渐形成了后现代主义课程思想。在课程研究领域最早引入后现代主义思潮的是彻里霍尔姆斯（Cleo Cherryholmes），他在1988年出版了《权力与批判：教育中的后结构主义考察》（*Power and Criticism: Post-structural Investigations in Education*）。此后，不少学者开始借用后现代主义的术语和批判方法研究课程问题，如1993年小多尔（William E. Doll，Jr.）出版了《后现代课程观》（*A Postmodern Perspective on Curriculum*），1995年斯拉特瑞（Partrick Slattery）出版了《后现代时代的课程发展》（*Curriculum Development in the Postmodern Era*），等等。1999年，彻里霍尔姆斯又出版了《解读实用主义》（*Reading Pragmatism*），提出了“批判实用主义”的观点，进一步阐释了后现代主义的教育观。进入21世纪之后，冠以“后现代主义”的课程研究作品频繁出现，俨然成为一时之风尚，成为课程理论思潮中的一股活跃的力量。据我国学者分析，后现代主义课程研究的发展大致经历了三个阶段：“第一个阶段主要是批判和反思现代课程研究范式；第二阶段出现了以开放系统和混沌理论为基础的后现代课程观、以生态问题为主题的后现代生态课程观、乌托邦取向的后现代主义课程理论、后现代女权主义课程理论等后现代课程研究成果；第三阶段是后现代主义课程理论的繁荣时期，课程理论研究者们对解构现代主义‘课程开发’范式之后重新建构课程的方式展开了多样化的探索，主要是结合其他学科的理论，包括多元文化理论、

① 参见张世英：《“后现代主义”对“现代性”的批判与超越》，载《北京大学学报（哲学社会科学版）》，2007（1）。

批判政治学、女权主义理论、解释学、神学、现象学、美学、未来学等展开研究，呈现出从‘课程开发’到‘课程理解’的趋势。”①

二、后现代主义课程理论对课程的理解——以小多尔的观点为代表

系统的后现代主义课程理论的提出归功于小多尔，他在《后现代课程观》中系统地提出了其后现代主义课程观，为后现代主义课程理论的发展作出了里程碑式的贡献。小多尔是一位广泛阅读现代和后现代著作的敏锐的读者。他在这些作品之间沟通，为我们思考、感知世界及探讨教育问题提供了一种全新的方式。小多尔提出的后现代课程观具有四个特点，即丰富性、回归性、关联性和严密性。②

（1）丰富性。丰富性是指课程具有不同的深度、意义和层次，具有多种可能性或多重解释。为了促使学生和教师发生转变和被转变，课程应具有“适量”的不确定性、异常性、无效性、模糊性、不平衡性、耗散性与生动性的经验。但对课程来说，怎样才能达到既激发创造性，又不会失去形式或形态的“适量”，却是无法事先确定的，这一问题要在学生、教师和文本之间不断地予以协调。

（2）回归性。小多尔认为，这种回归是转变课程的核心。回归也即杜威、皮亚杰、怀特海所倡导的“过程”。20 世纪 60 年代，布鲁纳的“螺旋式课程”与小学社会科学研究计划“人类：一门研究的课程”为界定回归性课程提供了一个开端。当然，回归与重复不同。重复是现代主义方式的重要因素，旨在促进预定的表现，它的框架是封闭的。回归旨在发展能力——组织、组合、探究、启发性运用某物的能力，它的框架是开放的。重复和回归的差别在于反思在其中的作用：在重复中，反思发挥消极作用，它切断过程；在回归中，反思发挥积极作用，因为思想要返回自身，如杜威的间接经验返回到原初经验，或者皮亚杰的内省智力返回到实用智力。

（3）关联性。小多尔认为，联系的概念对后现代转变性课程在两个方面具有重要意义：教育方面和文化方面。教育联系的焦点在于课程结构的内在联系，这些联系通过回归发展课程的深度。文化联系的概念产生于解释的宇宙学——强调描述和对话是解释的主要工具。

（4）严密性。小多尔认为，严密性是四个标准中最重要的一个，它防止转变性课程落入“蔓延的相对主义”或感情用事的唯我论。

后现代主义课程观以其“后现代的”设想挑战了传统的课程观，给人以耳目一新的感觉。在课程研究领域，后现代的课程思想成为备受关注的一种思潮。它给我们的启示在于，

---

① 张文军：《后现代课程研究的新航线》，载《浙江大学学报（人文社会科学版）》，2008（3）。

② 参见［美］小威廉姆·多尔：《后现代课程观》，北京，教育科学出版社，2000。

不要以封闭的观点看待课程问题，转换一下研究的视角，我们有可能看到更多、更美的风景。

学者简介

小威廉姆·E·多尔，美国路易斯安那州立大学教授，所涉学术领域为课程理论、教师教育。1953年在康奈尔大学获得学士学位，专业为哲学和历史；1960年在波士顿大学获得硕士学位，专业为哲学；1972年在约翰·霍普金斯大学获得博士学位，专业为教育学。在路易斯安那州立大学，小多尔是该校“课程理论项目”的主任，以及“霍尔姆斯小学教育项目”的主任。他从后现代主义的视角发展了“混沌和复杂性课程理论”（chaotic and complex curricula)。1993年出版《后现代课程观》。2005年，美国教育研究协会授予他“终身成就奖”，以表彰他在课程研究领域的杰出贡献。他曾多次到我国从事学术活动，对我国的课程研究产生了一定的影响。

三、后现代主义课程理论中的教师角色

后现代教育者以一种关联的和整体的观点看待课程问题。他们倡导开放性，反对封闭性；倡导“去中心”，反对集权化；在教学中倡导对话，反对权威。可以说，他们力图解构传统的“专家设计课程—教师实施课程”的关系，打破专家的权威，消除理论与实践之间的分歧。早在1987年，齐格蒙特·鲍曼（Zygmunt Bauman）就用后现代取向的诠释社会学的方法对西方知识分子元叙述（meta-narrative）中的前后相继的两种趋向进行了解释。他提出，现代社会中的知识分子可以用“立法者”这一隐喻来表征，而后现代社会中的知识分子则是“阐释者”。① 他认为，“立法者”是对典型的现代型知识分子的最佳描述。立法者角色由对权威性话语的建构活动构成，这种权威性话语对争执不下的意见纠纷作出仲裁与抉择，并最终决定哪些意见是正确的和应该被遵守的。与此相对，“阐释者”是对典型的后现代型知识分子的最佳描述。阐释者角色由形成解释性话语的活动构成，这些解释性话语以某种共同体为基础，其目的就是让形成于此一共同体传统之中的话语，能够为形成于彼一共同体传统之中的知识系统所理解。这一观点试图解构专家的权威，认为后现代社会中的专家应该是形成解释性话语的“阐释者”而不是构建权威性话语的“立法者”，由此对专家的权威性进行解构，确立其“阐释者”的角色。

小多尔则认为，教师无疑是一个领导者，但仅仅是作为学习者团体中的一个平等成员，即“平等者中的首席”(first among equals)。“‘平等者中的首席’界定了转变性后现

① 参见［英］齐格蒙特·鲍曼：《立法者与阐释者：论现代性、后现代性与知识分子》，5～7页，上海，上海人民出版社，2000。

代课程中教师的作用。作为平等者中的首席，教师的作用没有被抛弃，而是得以重新构建，从外在于学生情境转变为与这一情境共存。权威也转入情境之中……教师是内在于情境的领导者，而不是外在的专制者。"① 后现代女权主义者非常同情教师的弱势地位，鼓励教师积极在课程与教学中发表自己的看法并积极参与学校课程变革。依赖于"个人叙事"和"自传"的方法，后现代女权主义者倡导对"教师知识"进行研究，通过这种研究来赋权于教师，因为"教师的故事证明了他们在理解课堂中的有效价值"②，彰显了教师知识在课程变革和学校教育中的意义。

本章小结

由于以"泰勒原理"为主导的传统课程范式的式微，20 世纪 70 年代以来的课程研究日趋丰富和多元，由此出现了众多的课程思潮和话语体系。概念重建主义课程理论不满于传统课程范式所体现出来的"工具理性"色彩，要求用新的视角和方法去"重建"对课程的理解，推动课程研究从"开发范式"走向"理解范式"。批判课程理论则基于社会批判的视角，运用"异化"、"再生产"、"霸权"、"抵制"、"隐性课程"等概念作为分析工具，对当代西方社会的学校教育和课程体制进行了细致剖析和无情批评，在一定程度上揭示了社会控制、文化意识等在学校课程中的渗透及运作机制，它所秉持的"批判精神"仍然是当代社会所需要的。后现代主义课程理论则受到后现代主义思潮的影响，对课程领域的"现代性"予以批判，认为课程具有"丰富性、回归性、关联性和严密性"，赋予教师重要的地位。总之，这些课程理论丰富了课程研究的理论成果和学术知识宝库，但与"泰勒原理"、结构主义课程理论等相比，它们对课程实践的影响相对有限。

关键概念

批判教育学　解放教育学　再生产理论　抵制理论　后现代课程观

复习思考题

1. 概念重建主义课程理论的时代背景是什么？其主要代表人物有哪些？
2. 如何理解派纳所倡导的从"课程开发范式"转向"课程理解范式"？
3. 批判课程理论的代表人物有哪些？其主要思想是什么？

---

① ［美］小威廉姆·多尔：《后现代课程观》，238 页，北京，教育科学出版社，2000。

② Schwarz，G. & Alberts，G.（1998）. *Teacher Lore and Professional Development for School Reform*. Westport，Connecticut：Bergin & Garvey Press，3.

4.“再生产理论”分化为哪三种课程思想？请简述之。

5. 简述小多尔的后现代课程思想及其特征。

本章阅读书目

1. [巴西] 保罗·弗莱雷. 被压迫者教育学. 上海：华东师范大学出版社，2001

2. [美] 小威廉姆·多尔. 后现代课程观. 北京：教育科学出版社，2000

3. 黄志成. 被压迫者的教育学——弗莱雷解放教育理论与实践. 北京：人民教育出版社，2003

4. [美] 威廉·派纳等. 理解课程：历史与当代课程话语研究导论. 北京：教育科学出版社，2003

5. 张华，石伟平，马庆发. 课程理论流派研究. 济南：山东教育出版社，2000

下篇

课程的实践与变革

第十一章

课程开发的基本模式

导 读

从本章开始，我们从对课程理论的探讨转入对课程实践的分析。在课程实践中，最基本的问题就是课程的开发问题。本章讨论的是课程开发的基本模式，也就是可以指导我们完成课程开发过程的一些基本操作模式，主要包括“目标模式”、“过程模式”和“情境模式”。其中，“目标模式”是在20世纪中期美国课程论专家泰勒提出的“课程原理”的基础上发展而来的，强调以课程目标的确立为起点开发课程，具有很强的可操作性，因此在实践中影响最大；“过程模式”和“情境模式”在一定程度上是针对“目标模式”存在的局限而提出的，其基本的做法是强调教师的主动性和课程开发的情境性，是对“目标模式”的重要补充。

第一节 “泰勒原理”与“目标模式”

拉尔夫·泰勒，美国当代著名课程论专家和评价专家，1949年出版《课程与教学的基本原理》，该书被西方一些学者称为课程研究的“圣经”，书中阐述的课程理论被称为“泰勒原理”，他本人则被尊为“现代课程论之父”。对于泰勒在课程领域的贡献，瑞典当代著名教育家托尔斯顿·胡森（Torsten Husén）有这样一段评论：“泰勒的课程基本原理已经对整个世界的课程专家产生影响……不管人们是否赞同‘泰勒原理’，不管人们持什么样的哲学观点，如果不探讨泰勒提出的四个基本问题，就不可能全面地探讨课程问题。”

“泰勒原理”解答了“学校如何开发课程”这一问题，泰勒提出的课程开发程序被称为“目标模式”。

一、代表人物及提出背景

（一）泰勒生平简介

1902年4月22日，泰勒出生于美国芝加哥市。1921年，他在一所并不出名的多恩学院（Doane College）毕业，获得文学学士学位。大学毕业后，他在南达科他州首府皮尔市的一所中学教授科学课程。一年后，他考入美国南部的内布拉斯加大学（University of Nebraska），1923年获得文学硕士学位。

1927年，泰勒考入芝加哥大学，攻读博士学位。进入芝加哥大学后，他师从当时美国著名的心理学家康茨（George Counts）和贾德（Charles Judd），学习行为主义心理学；师从著名课程论专家查特斯，学习课程理论。芝加哥大学是一所私立的综合性大学，1891年创办。在芝加哥大学，泰勒刻苦学习，在学术上取得了巨大的进步，1927年取得哲学博士学位。

1927年毕业后，泰勒来到了北卡罗来纳大学任教。1929年，泰勒进入俄亥俄州立大学，担任学校成绩测试总监一职，协助改善大学的教学和提高大学生学业成绩。在这种情况下，泰勒第一次创造了中期评估，在评估时不再单纯依赖考试成绩和纸笔测验，而是通过收集证据来考察学生的表现。正因如此，泰勒被看作“档案袋评价”的最早倡议者之一。

1938年，泰勒回到芝加哥大学任教。他在该校担任教育学系主任、大学主考、社会科学院院长。正是在芝加哥大学，泰勒于1949年写下了著名的《课程与教学的基本原理》。

1953年，泰勒在斯坦福大学创建了“行为科学高级研究中心”并担任该中心主任，直到1967年退休。退休后的泰勒没有退出历史舞台，而是以饱满的热情活跃在教育领域，从事教育科学的研究，并在众多教育学术团体中任职。1994年，作为美国当代最负盛名的课程论专家，一代教育大师泰勒逝世。

作为一名教师，泰勒可谓“桃李满天下”。他的高足包括后来在课程与教学及教育评价领域享有盛誉的学者，如塔巴（Hilda Taba）、施瓦布、比彻姆（George Beauchamp）、古德拉德（John Goodlad）和布卢姆（Benjamin Bloom）等人。泰勒的学生古德拉德曾经对泰勒的影响作过评价。他说，泰勒既是教师，又是行政管理人员、学者、机构创建者、立言人、顾问、咨询者、朋友。不论担任何种角色，泰勒都能起到这个角色应起的作用。泰勒平时不关注从事某种活动会对自己的职业生涯有何种影响，只要这项任务有价值、需要去做，他就会为这项工作作出贡献，并始终愿意承担这类工作。在古德拉德看来，泰勒最大的贡献是在与他人交谈时给数千人提供的个人咨询。作为一名行政人员，由于泰勒学识广博、待人诚恳，深得人们的仰慕。泰勒的处世之道与他的人生哲学有关。他认为：一个人的美好生活，就是不断地试图使自己变得更富有人情、更善于学习、更有助于他人，以及与别人一起形成一种尊重每个人的潜力、不贪图他人为自己服务的社会。

（二）早期科学化课程开发运动

早期课程学者把课程作为一门科学来对待。1918 年，博比特出版了《课程》一书，致力于寻求课程编制的科学原则。他认为，课程就是儿童和青少年必须经历和做的事情，通过课程的学习儿童和青少年可以发展做事的能力并为成人生活作准备。可见，对他来说，课程编制的目的就在于，指出对于每一学科来说哪些知识是最重要的，并开发各种活动使学习者得到训练，从而促进其培养。鉴于原先的课程强调学科内容而没有提供一个如何开发课程的原则，博比特的《课程》就在于探究课程编制的一种程序，为人们提供一个如何确定学习需要、学习任务以及如何评价学习结果的线性的程序，以有效进行课程开发。1924 年，博比特出版了《如何编制课程》，进一步阐述了其课程编制的思想。在书中，他利用“工作分析”的方法，确定了学生学习的 800 多个目标以及相关的活动，这些活动种类繁多，从如何保护牙齿、鼻子和喉咙到让心脏和血管保持正常运作，从如何让家庭成为一个好的工作环境到拼写和语法，不一而足。

（三）“八年研究”

“泰勒原理”的提出有着深厚的实践基础。1929—1933 年，席卷美国、波及全球的经济大萧条，以一种不可抗拒的力量对学校教育提出了挑战：一方面，失业率剧增，致使大多数中学毕业生无法找到工作；另一方面，少数进入大学的学生中又有相当多的人在读了一年之后就退学了。因此，如何改进学校的课程与教学，以缓和日趋激化的社会矛盾，就成为当时美国教育界亟待解决的问题。为了寻找帮助学校教育走出绝境的途径，1934—1942 年美国进步主义教育协会率先发起了一项著名的“八年研究”。参与这项实验研究的，除了专业研究人员外，还有美国的 300 所大学、学院和选择出来的 30 所中学。这为泰勒建构完整的课程发展理论提供了契机。

“八年研究”是一个综合性的课程改革实验计划，不仅对美国大学入学要求和中学课程产生了深远的影响，同时由于它指出了教育目标、课程设计和评价过程之间存在密切的联系，因而它既孕育了教育评价领域，又为现代课程理论奠定了基础。泰勒在这一计划中担任课程评价的主持人。在总结“八年研究”经验的基础上，泰勒提出了课程开发的基本程序和方法。其主要思想集中于 1949 年出版的《课程与教学的基本原理》，它被公认为课程开发目标模式形成的标志。

二、泰勒的“课程原理”

（一）“泰勒原理”的理论基础

1．科学管理理论

泰勒提出的“课程原理”深受20世纪初诞生的科学管理理论的影响。泰罗（Frederick W. Taylor）是美国古典管理学家、科学管理思想的创始人。他在工厂的经历使他了解工人们普遍怠工的原因，他感到缺乏有效的管理手段是提高生产率的严重障碍。为此，泰罗开始探索科学的管理方法和理论。他从“车床前的工人”开始，重点研究企业内部具体工作的效率。在他的管理生涯中，他不断在工厂实地进行试验，系统地研究和分析工人的操作方法和动作所花费的时间，逐渐形成其管理体系——科学管理。1911年，泰罗出版了《科学管理原理》，指出管理是一门建立在明确的法规、条文和原则之上的科学。泰罗认为，科学管理的根本目的是谋求最高的工作效率，最高的工作效率是雇主和雇员达到共同富裕的基础，达到最高的工作效率的重要手段是用科学化的、标准化的管理方法代替经验管理。科学管理理论冲破了传统的落后的经验管理方法，将科学引进了管理领域，并且创立了一套具体的科学管理方法来代替单凭个人经验进行作业和管理的旧方法。而且，由于采用了科学的管理方法和科学的操作程序，生产效率成倍提高，推动了生产的发展，适应了资本主义经济在这个时期的发展需要。

当然，科学管理理论也有其局限性：它将工人假设为“经济人”，重视物质技术因素，忽视人及社会因素；它将工人看成机器的附属品，看成提高劳动生产效率的工具，因此在生产过程中强调严格服从，没有看到工人的主观能动性及心理社会因素在生产中的作用，认为人们只看重经济利益，根本没有责任心和进取心。科学管理理论体现出对工具理性的追求，而这一点也影响了“泰勒原理”，成为后来学者批判“泰勒原理”的一个靶子。

泰罗的科学管理理论影响了美国的工业化进程，也对泰勒提出自己的课程原理产生了重要影响。科学管理理论告诉人们，课程应该关注社会事务，并且以功利价值为导向。在《课程与教学的基本原理》中，泰勒提出的四个问题恰恰是在课程开发中追求效率和功利价值的体现。而且，四个步骤构成了课程开发的基本程序，体现出浓厚的控制与效率色彩，而这也是受到科学管理理论影响的体现。

2．行为主义心理学

行为主义心理学是美国现代心理学的主要流派之一，也是对西方心理学影响最大的流派之一。其代表人物包括华生、斯金纳等。1903年，华生完成了他的博士学位论文《动物教育：白鼠的心理发展》。接着，他留在芝加哥大学主持动物心理实验室的研究工作。1908年，华生离开芝加哥大学，前往约翰·霍普金斯大学任教授，在该大学任教期间发展了其行为主义心理学体系。1913年，他在美国的《心理学评论》杂志上发表了一篇题为《一个行为主义者眼中的心理学》的论文，这篇论文乃是行为主义心理学正式成立的一个宣言。1914年，他又出版了《行为：比较心理学导论》一书，标志着他的行为主义心理学理论体系已初具规模。在第一次世界大战期间，华生中断了其心理学的研究，1919年，他的《行为主义心理学》一书出版，这部书是华生的代表作。他在这部书中系统地表述了他的行为主义心理学的理论体系。

行为主义者认为，心理学不应该研究意识，只应该研究行为。所谓行为，就是有机体用以适应环境变化的各种身体反应的组合。例如，华生宣称心理学家应该像物理学家那样去使用意识，即只把它看作关于客观事物的经验，而不看作关于心理活动的经验。他认为，心理学研究行为的任务就在于查明刺激与反应之间的规律性关系，这样就能根据刺激推知反应，根据反应推知刺激，达到预测和控制行为的目的。

行为主义者认为，学习是刺激与反应之间的联结。他们的基本假设是：行为是学习者对环境刺激所作出的反应。他们把环境看成刺激，把与之伴随的有机体行为看作反应，认为所有行为都是习得的。行为主义学习理论应用在学校教育实践上，就是要求教师掌握塑造和矫正学生行为的方法，为学生创设一种环境，在最大程度上强化学生的合适行为、消除学生的不合适行为。例如，斯金纳认为，心理学所关心的是可以观察到的外表的行为，而不是行为的内部机制。他认为，心理学必须在自然科学的范围内进行研究，其任务就是确定实验者控制的刺激与有机体反应之间的函数关系。当然，他不仅考虑到一个刺激与一个反应之间的关系，也考虑到那些改变刺激与反应的关系的条件。行为主义的主要观点是心理学不应该研究意识，只应该研究行为，把行为与意识完全对立起来。在研究方法上，行为主义主张采用客观的实验方法，而不使用内省法。

行为主义心理学对泰勒的课程思想产生了深刻的影响。在阐述其理论时，泰勒经常运用该心理学来描述自己的主张。例如：在阐述课程目标时，泰勒就主张确立“行为目标”，即可以观测、可以控制的外显的目标；在课程实施方面，泰勒强调在学生作出学习的反应之后予以积极的反馈。

（二）“泰勒原理”的基本内容

“泰勒原理”是在19世纪末20世纪初一系列社会思潮的基础上提出来的，同时是对当时的课程开发方法的提炼和提升。在泰勒研究课程的年代，行为主义心理学大行其道，科学管理的思想则成为改变人们思维方式和行动方式的利器。受其影响，早期的课程研究者提出了一些有效开发课程的方法，如“工作分析”、“经验分析”等。这些方法一方面为泰勒提出自己的原理积累了素材；另一方面启发了泰勒去研制一种更科学、更有效的方法，甚至构建一种普遍适用的模式。美国在30年代经济大萧条背景下推行课程改革运动，泰勒积极参与其中，特别是作为评价组的组长亲历了著名的“八年研究”，这又为“泰勒原理”的提出奠定了坚实的实践基础。“泰勒原理”开宗明义，要求任何学校开发课程，都必须回答四个问题。其中第一个就是：“学校应该达到怎样的教育目的?”以此为导向，再去选择经验、组织经验进而评价结果。由于这一模式以确定课程目标为前提，因而又被称为课程开发的“目标模式”。由于这一模式便于操作、简洁明了，很受课程开发者的青睐，所以直到今天仍然被人们广为使用。

在《课程与教学的基本原理》中，泰勒开宗明义，提出开发学校课程所必须回答的四个问题：

(1) 学校应该达到怎样的教育目的?

(2) 为达到这些教育目的，应该提供什么样的教育经验?

(3) 怎样有效组织这些教育经验?

(4) 我们如何确定这些教育目的正在实现?

这四个问题描述了一个理性化的、逻辑的和分析的课程编制方法。首先，“泰勒原理”是一种理性化的课程开发模式。泰勒所提出的四个问题致力于寻求课程开发的理性的、合乎逻辑的原理，这一原理可以普遍适用于任何教育情境。经过探究和思考，泰勒找到了这一原理。从确定目标、选择经验、组织经验到评价结果，这是一个线性的、步骤明确的课程开发程序，符合客观的理性原则。其次，“泰勒原理”追求课程开发程序的“普遍适用性”。可以说，“泰勒原理”关注的是学校教育的“共性”，这一点从课程目标的确立中可以明显看出来。泰勒提出了确立课程目标的三个维度，即社会的需要、学生的需要和学科知识。这三个来源显然是在普遍意义上提出来的，不可能关注学生的个别差异性。可见，“泰勒原理”最终关注的是预期的课程产品，在这里，学生是顾客，课程开发就是一个商品生产的流程，生产出产品（课程材料）后交给消费者（学生）使用。最后，“泰勒原理”在价值取向上体现了科技理性所秉持的工具理性。工具理性的基本特征就是控制和效率。而“泰勒原理”正是确立了一个高效率的、容易控制的课程开发过程，通过该过程达到一个预先确定的目的。在这里，课程目的完全是预设的，而不是随着学生经验的展开而生成的；学生是接受教育的客体，而不是学习的主体，课程开发是一个客观的、价值中立的过程，而没有人的价值判断。显然，在这个原理的背后所隐藏的仍然是传统的工具理性。

当然，“泰勒原理”所体现的工具理性是那个时代所特有的价值观在课程领域的反映，它不可能超越时代精神特征和社会发展的现状。尽管如此，“泰勒原理”所代表的科学主义课程开发还是存在一些缺陷：学校教育具有情境性，课程开发也是一个复杂的过程，片面追求所谓的“程序”和“普适性”导致不可避免地忽视一些有意义的教育经验；课程目标更多的是在教师和学生主动建构知识、形成意义的过程中产生的，而不是预设的，仅仅关注预设的、可观测的行为目标，将忽视那些非预期的、不可观测的目标；“泰勒原理”追求客观的课程产品，它只追求达到目的的手段，而对目的本身的价值和意义缺少追问。

尽管如此，在今天我们学习和研究“泰勒原理”仍然具有重要的意义。

其一，有利于把握现代课程发展和演变的轨迹，了解课程理论的发展脉络，进而学会探究课程问题、发现课程规律。尽管“泰勒原理”已经提出了半个多世纪，但它的起因、内容以及发展的命运都值得我们去深思，尤其是它所反映出的一些规律性的问题，恰恰为我们理解和把握课程问题的本质提供了启发。

其二，有利于掌握课程开发的技术，指导实践。课程是学校教育的基本要素之一，课程设计和开发的能力是学校教师应该具备的基本素养。这涉及对课程问题的深入理解，以及一些基本的课程开发的技术。“泰勒原理”作为一种比较精细的课程开发模式，可以为我们在学校教育的实践中开发课程提供具体的指导。

其三，有利于提高洞察力，提升专业理解。教育是一种育人的事业，它需要人们对教育问题和现象作出价值上的解读和基本的判断，这要求教育工作者形成自己对教育的理解，使自己达到一定的专业高度。尤其对于中小学教师而言，课程理论知识可以丰富他们对教育教学的理解，使其从课程的角度而不仅仅是从教学的角度看待问题和教育事件，从而获得深邃的专业洞察力。

三、课程开发的“目标模式”

在课程开发领域，最主要的模式就是“目标模式”。该模式以“泰勒原理”为理论基础，以课程目标的确立为导向，从确定目标到选择内容、组织内容、评价结果，形成一个完整的流程。

（一）“目标模式”的含义

“目标模式”是20世纪初开始的课程开发科学化运动的产物。它以实用主义哲学为指导思想，深受行为主义心理学的影响，将目标作为课程开发的基础和核心，强调先确定课程的目标，再以精确表述的目标为依据进行评价。它是课程开发研究领域最具权威性的理论形态，也是教育实践中运用最为广泛的实践模式，目前在许多国家已广泛地用于课程的开发和教材的编写。“目标模式”的基本过程如图11—1所示。

（二）课程开发的基本过程

所谓“课程开发”，就是指完成一项课程计划的整个过程，它包括确定课程目标、选择和组织课程内容、实施和评价课程这几个阶段。现将这几个阶段作简要分析。

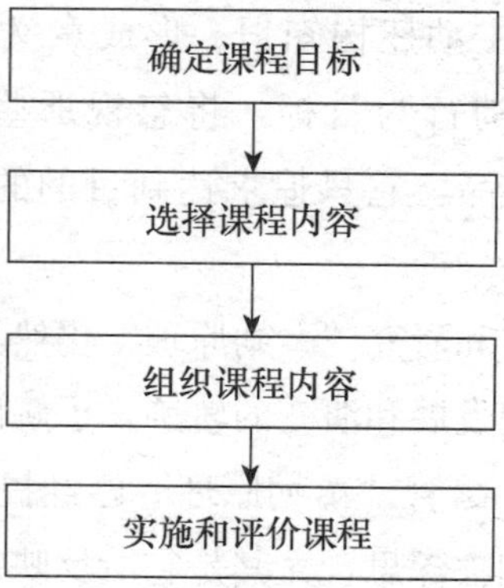

图 11—1　课程开发的目标模式

1. 确定课程目标

所谓课程目标，就是通过课程方案的实施而达到的预期的学习结果。在课程设计中，课程目标往往被描述为学习者经过一段时间的学习后应该达到的状态，或应该取得的学习结果。对学习结果的描述一般都用行为动词，如“理解”、“掌握”、“学会”、“记住”等。确定课程目标是课程开发的第一步，它指引着课程开发的方向，因此对于课程开发具有重要意义。

2. 选择课程内容

课程内容是指构成课程的基本要素，主要有各门学科知识、学习者要掌握的各种教育经验以及活动形式等。课程的教育价值在很大程度上是通过课程内容得以体现的，或者说，课程内容反映了教育者为学习者提供了怎样的发展机会。选择课程内容就是根据人们对学校教育目的的理解，结合课程目标，从学科知识、当代社会生活经验或学习者的经验中选择知识和经验的过程。这些知识和经验构成了课程的基本要素，是课程内容的基本载体。课程内容的选择乃是为学生提供怎样的发展机会的问题，是课程论研究的重要课题。

3. 组织课程内容

开发课程并不是将知识和经验选择出来堆在一起就行了，而是必须根据一定的原则和方式对这些内容进行组织。课程内容的组织是指在一定教育观的指导下，将所选择出的各种课程内容妥善组织成课程结构，以有效实现课程目标。如何组织课程内容体现了不同的价值取向，导向不同的课程形态，如学科课程与经验课程、分科课程与综合课程等。组织课程内容的基本方式有两种：一是垂直组织，就是将课程内容按纵向发展的序列组织起来；二是水平组织，就是将课程内容按横向关系组织起来。

4. 实施课程

课程开发的过程也包含了课程的实施。所谓课程实施，就是将设计好的课程方案付诸实践的过程。课程实施是一个行动的过程，通过这个过程将观念形态的课程转化为学生所能接受的课程，从而实现课程内在的教育意义。课程实施有不同的操作方式，即不同的取向，主要包括三种：忠实取向，即忠实地实现课程计划，将课程内容予以呈现；相互适应取向，即根据具体的教育情境调整和改变预定的课程计划，从而使课程、教师与学生相互适应；课程创生取向，即在具体教育情境中师生共同创生新的教育经验。

5. 评价课程

所谓课程评价，就是根据一定的课程价值观或课程目标，通过系统地收集信息并予以分析、解释，从而对课程方案及其效果进行价值判断的过程。一般来说，课程评价包括两个方面：课程方案的评价和学习结果的评价。其中，探讨最多的是学生学习结果的评价。课程评价在课程开发的整个过程中处于最后一个环节，发挥着重要的功能。

第二节　课程开发的“过程模式”

劳伦斯·斯坦豪斯是英国现代著名课程论专家和课程改革家。他对课程理论的贡献在于提出了课程开发的“过程模式”并倡导“过程原则”和“教师作为研究者”等理念。他于20世纪六七十年代在英国主持的“人文学科计划”（the humanities project）在世界课程发展史上具有重要地位，对后来的课程改革影响深远。他于1975年出版的《课程研究与发展导论》（*An Introduction to Curriculum Research and Development*）也成为课程研究领域的一本经典著作。

一、对“目标模式”的批判

斯坦豪斯是在批判“目标模式”的基础上提出课程开发的“过程模式”的。他认为，以“泰勒原理”为代表的“目标模式”不能普遍应用于所有课程开发，因为“目标模式”存在两个缺陷：一是它误解了知识的性质；二是它误解了改进课程实践的过程的本质。①他认为，“目标模式”适用于训练那些低层次的行为技能，但对于知识学习和发展人的高层次思维则不适宜。因为“目标模式”提供了一个达到预定目标的具体明确的操作程序，从而促进了训练过程，但不能帮助学生达到不可预期的行为结果。在斯坦豪斯看来，教育即引导儿童进入知识世界的过程，教育成功的程度也即是它所带来的学生不可预期的行为结果增加的程度。这种仅仅追求行为结果的“目标模式”忽视了知识内在的价值，无益于教育质量的提高。“目标模式”也不能帮助教师提高实践能力。应该通过参与课程开发而发展其在课程实践中的批判、反思意识和能力，这需要一种新的模式来实现，即“过程模式”。

---

① Stenhouse, L. (1975). *An Introduction to Curriculum Research and Development*, London: Heineman, 79.

学者简介

劳伦斯·斯坦豪斯，英国教育家、课程论专家，倡导提升教师在教育研究和课程开发过程中的积极作用。他还是英国东英吉利亚大学（University of East Anglia）“教育应用研究中心”的创办者之一。曾在苏格兰的圣安德鲁斯大学（Andrews of St. University）接受教育。他在20世纪六七十年代最有影响，主持了“人文学科计划”，对课堂教学进行了卓有成效的研究。他倡导“行动研究”，提出了一些富有创造性的观点，如“教师作为研究者”、“每一间课堂都是改革的实验室”、“没有教师发展就没有课程发展”等。他曾担任英国教育研究协会（British Educational Research Association）主席。1975年出版《课程研究与发展导论》。2013年，东英吉利亚大学将教育大楼以斯坦豪斯的名字来命名，以表彰他的贡献。

斯坦豪斯对目标模式的反对也是他的教育观的反映。在他看来，教育在本质上是反思性实践的一种形式，而不是一个技术的过程；好的教学是一种艺术，而不是对技术的掌握。受古希腊哲学家亚里士多德有关“实践”（praxis）思想的启示，斯坦豪斯非常关注实践。他认为，只有在实践中思想和行动才能融合在一起，只有通过反思性实践才能消解目的和手段的二元分离。以这种观点审视课程领域，可以发现目标模式在本质上是一种技术模式，是“社会工学”思想在课程领域的体现。“教育不是一个社会工学的过程，在该过程中目的和手段彼此分离……我们所说的教育目的并不是指教育过程的数量化产品，而是指从该过程中实现的教育质量。”① 教育目的和目标不只是可观测的学习结果，更多应体现为一些思想、价值和原则，教育目的构成了判断“什么是有价值的教育过程”的内在标准。

斯坦豪斯认为，知识以及教育本身具有内在的价值，无须通过教育的结果来加以证明。“目标模式”注重那些可以观测的行为结果，而忽视了那些不能预测的结果。最有价值的东西是不能预先详细规定的，它产生于问题情境和探究的过程。同时，受诠释学理论的影响，斯坦豪斯也非常尊重课程实践的情境性和参与者的“前判断”（prejudgment）或偏见，注重不同行为主体（教师、学生等）在课程发展过程中的参与、对话。因此，课程发展的过程不是一个预定的程式化线性发展的过程，而是在具体情境中通过反思性实践进行对话与理解的过程，由此，他提出了课程开发的“过程模式”。

二、“过程模式”的价值追求

如果说“目标模式”关注“目标”，那么“过程模式”则关注“过程”，它围绕一定的

① Elliott，J.（1983）. A Curriculum for the Study of Human Affairs：The Contribution of Lawrence Stenhouse. *Journal of Curriculum Studies*. Vol. 15，No. 2，109.

问题情境而展开。"过程模式"的一个基本原则就是斯坦豪斯所提出的"过程原则"。它的提出在于倡导教师对课程实践进行积极的反思批判，把过程原则转化为行动。在"人文学科计划"中，斯坦豪斯要求教师遵循五项"过程原则"。

在价值追求上，"过程模式"致力于发展教师和学生对知识和事物的"理解"并促进教师发展。斯坦豪斯认为，教师所传递的"知识"在本质上是"问题性"的，因此它允许个人判断的介入，而这种判断将导致理解的产生。"过程模式"也致力于促进教师的专业发展，因为在"过程模式"下教师与课程已经整合在一起。斯坦豪斯提出的"过程模式"实际上是从教师的角度来看待课程开发的，体现了教师与课程的深层次上的整合与有机统一。对于"课程"的概念，斯坦豪斯总是以教师的存在为基点来阐述与诠释，并相应地提出了教师与课程产生关联的核心论断。这是与斯坦豪斯一直关注实践、关注教师一脉相承的。"过程模式"的本质就是教师与课程的整合与统一。

1967—1972年由纳非尔德基金会资助的"人文学科计划"是斯坦豪斯实验其课程思想的"实验室"，也是他的很多著名论断产生的"温床"。正如有学者指出的：斯坦豪斯在"人文学科计划"中提供给教师的，是一种被看作一系列假设性课堂程序的课程，对于这种课程教师可以进行实验，因为实验是教师将教育思想转化为教育行动的基础。① 正是从对"课程"概念的这种理解出发，斯坦豪斯提出了另一个著名论断："教师作为研究者"。显然，如果课程被看作一种发展教育思想并进行验证的媒介，那么，教师必须在教育理论和课程理论的建构中扮演核心角色。斯坦豪斯认为，教师对体现在课程中的教育理论的运用应该在所有的课程研究中占据核心位置。但是，在他看来，教师的研究角色并不仅仅在于发展理论，不在于提出一种技术规则作为实现预期学习结果的方法。他反对把课程看作内容纲要，反对把课程发展作为一个"理性计划"的过程，因此教师的研究角色在于在课程实践中积极反思、批判与探究，在具体的问题情境中寻求解决问题的途径。

三、"过程模式"的内容及特征

（一）"过程原则"

"过程模式"的一个基本原则就是斯坦豪斯所提出的"过程原则"。在"人文学科计划"中，斯坦豪斯要求教师遵循如下五项"过程原则"②：

（1）教师应该与青少年一起在课堂上讨论、研究具有争议性的问题。

---

① Elliott, J. (1983). A Curriculum for the Study of Human Affairs: The Contribution of Lawrence Stenhouse. *Journal of Curriculum Studies*. Vol. 15, No. 2, 108-109.

② Ibid., 109.

（2）在处理具有争议性的问题时，教师有必要保持中立原则，例如，教师不以自己的观点要求学生应该被看作其责任的一部分。

（3）探究具有争议性问题的核心方式是讨论，而不是讲授。

（4）讨论应尊重参与者的不同观点，而不是试图达成一致意见。

（5）教师作为讨论的主持人，应该对学习的质量和标准负责。

从"过程原则"中我们可以看出，教师是课程开发的"过程模式"的焦点。在"过程原则"中，教师再也不是消极的课程实施者，而变成了积极的课程参与者和课程实践者。在传统的"目标模式"中，课程目标是第一位的，课程内容的组织、学习机会的安排和选择等都是服务于既定目标的，没有目标也就没有了课程。显然，在"目标模式"中，我们很难发现教师的位置。但是在"过程模式"中，教师的作用得以彰显，而且教师扮演的角色不是专家，而是平等的参与者与学习者。由于探究有争议性问题的核心方式是讨论而不是讲授，所以教师扮演学习者的角色将更有利于探究与讨论活动的开展。但同时，教师要对学生的学习负责，这意味着教师扮演的是一个高级学习者的角色。这就对教师提出了较高的要求。斯坦豪斯强调，要成为"高级学习者"，教师就需要具备探索的技能，要对所教学科或知识领域有深刻的理解与哲学思考，要对社会学科本质有关的价值问题及学科核心问题的关系有自己的理解，等等。而教师要具备这些技能就必须不断学习，显然这是一个过程，而不是一个结果。

从这种"过程原则"出发，斯坦豪斯提出的过程取向的课程观一直围绕教师的课程角色而展开，"没有教师发展就没有课程发展"、"教师作为研究者"等著名论断都是过程取向的课程观的引申和具体阐发。作为英国课程改革的策划者和著名课程论专家，斯坦豪斯一生都在关注教师的课程角色和课程功能，他提出的课程开发的"过程模式"也成为一种与传统的"目标模式"相抗衡的重要模式。

（二）对课程的理解

什么是"课程"呢？斯坦豪斯认为，课程不是预定的学习计划和目标，"课程是一种媒介，通过它教师发展自己的见解并学会将其转化为实践"①。在斯坦豪斯看来，课程就是教师发展的中介，课程发展的过程包含了教师的理解力和技能的发展，课程变革和修订依赖于教师的判断。正因如此，埃利奥特（John Elliott）把斯坦豪斯所主持的"人文学科计划"项目看作他与教学专业之间进行对话的一个现实的媒介。基于对"课程"的这种理解以及对推行课程改革的感悟，斯坦豪斯提出了两个著名论断："教师作为研究者"和"没有教师发展就没有课程发展"。同时，斯坦豪斯语重心长地指出：没有教师发展就没有课程发展并不意味着我们必须培训教师以创造一个适合于课程生存的世界。它意味着，在

---

① Elliott，J.(1983). A Curriculum for the Study of Human Affairs：The Contribution of Lawrence Stenhouse. *Journal of Curriculum Studies*. Vol. 15，No. 2，110.

真正的意义上课程并不是简单地提高教学的手段，而是表达思想以促进教师发展。当然，课程有着日常的指导用途：为教师的发展遮风避雨。但是学生从课程所受到的益处更多的是因为课程发展提高了教师素质而不是课程改变了日常的教学。①

1967—1972年，斯坦豪斯主持的课程改革项目“人文学科计划”得到了英国纳非尔德基金会的资助，这为斯坦豪斯实验其课程思想提供了条件。“人文学科计划”对传统的课程模式提出了挑战，该项目在推行过程中发挥了课堂教师的积极作用，运用“过程原则”将教师与课程有机联系在一起。显然，如果课程被看作一种发展教育思想并进行验证的媒介，那么，教师必须在教育理论和课程理论的建构中扮演核心角色，必然要求“教师作为研究者”。当然，教师的研究角色不在于提出一种技术规则作为实现预期学习结果的方法，而是在具体情境中研究课程适应学生的策略，从而有效地将课程内容转化为学生的知识。

（三）“过程模式”中教师的参与

在价值取向上，过程取向的课程观与实践性课程观都关注实践、关注对课程事件的理解，因此都服务于“实践的兴趣”。过程取向的课程观是基于课堂教学的层面教师的课程实践而展开的，它通过强调教师的课程运作而将课程意义传递给学生，从而最终达成对课程意义的一致性解释。因此，过程取向的课程观也是关注具体教育情境的，在具体情境中教师、学生、知识和环境积极互动，最终达成共识，实现了对课程意义的理解。

在哲学观和认识论上，斯坦豪斯的这种对教师与课程关系的阐述在某种程度上体现出诠释学的视角。例如，斯坦豪斯认为知识在本质上是问题性的。正是这种问题性为个人判断的介入打开了一扇大门，从而允许个人化的知识和对意义的建构。这是符合诠释学的基本观点的。还有，斯坦豪斯强调“判断”对于理解的重要性，认为课程开发的过程模式依赖于教师的判断而不是引导。这也符合诠释学的观点。因为在诠释学看来，每一个行为主体都拥有自己的“视界”。所谓“视界”，也就是在原先经验的基础上对事物形成的判断和个人化的偏见。这些判断和偏见是理解的条件，而不是障碍。斯坦豪斯承认判断对理解的重要性，其实就是允许个人化的理解与解释以及对意义的建构，这对于教师研究角色的扮演以及发挥自己的理解，从而创生课程而不是仅仅接受课程具有非常重大的意义。

与“目标模式”不同，“过程模式”关注“过程”，围绕一定的问题情境而展开，这样就为教师的课程参与提供了可能。首先，“过程模式”反对预设性。教育活动是复杂的，有些教育目标可以事先确定下来，但更多的目标是随着教育活动的展开而生成的。因此，“目标模式”的预设性只重视这些既定的课程目标，忽视了在课程实践过程中生成的目标，

① Elliott, J. (1983). A Curriculum for the Study of Human Affairs: The Contribution of Lawrence Stenhouse. *Journal of Curriculum Studies*. Vol. 15, No. 2, 110-111.

这正是过程取向的课程观所反对的。“过程模式”注重课程实践展开的过程，而这个过程无疑是由教师主导的，在过程取向的课程观中教师作为课程实践主体的地位得到了尊重。其次，“过程模式”允许教师对课程意义进行解读。课程的意义是在课程实践的过程中生成的，它是多元的，不同的人从不同的视角可以进行不同的解释。教师作为课程实践的主体，对于课程意义有自己的理解。但在科学主义课程开发范式中，课程内容、课程目标等都由外部专家预先设定，而且要求教师按照既定的课程计划将课程推向学生，这样就剥夺了教师对课程意义进行解读的权利。教师这一维度的缺失导致课程意义的偏颇，不利于课程质量的提高和学生对课程的理解。而在“过程模式”中，教师的解读成为课程意义产生的重要来源，教师可以根据具体的教育情境、不同的接受对象进行不同的解释，有利于学生的接受并达成共识。最后，从深层的文化意义上说，“过程模式”有利于形成教师参与和决策分享的课程文化。教师是课程实践的主体，教师的态度对课程变革的推行影响深远。“过程模式”允许教师参与课程决策，允许教师对课程意义进行解读，这样无疑会创造一种民主、合作、交流与参与的文化。由于教师的参与，课程变革带来的新观念得以与教师的观念兼容，从而为课程改革的推行搭建一个文化的平台，进而有利于课程变革的实施。

第三节　课程开发的“情境模式”

为了改进“目标模式”的“线性化”缺陷，斯基尔贝克（Malcolm Skilbeck）提出了课程开发的“情境模式”。这一模式强调课程开发过程中情境或场景的重要性，认为课程开发者要彻底、系统地对相关情境和课程要素进行分析，包括外部情境和内部情境；课程开发的过程是一个不断反馈和提升的过程，有助于提升课程开发的质量。

一、提出背景与代表人物

20 世纪 60 年代，以布鲁纳为首的一批科学家推动了美国的结构主义课程改革运动。这场运动对世界范围内的课程改革产生了重要的影响，特别是对其他发达国家产生了很大的影响，它们基本上也是根据布鲁纳的结构主义课程理论改革国内课程的。但在 60 年代末该运动遭遇挫折，全球范围内的结构主义课程改革陷入低潮。在澳大利亚，不少学者和教师开始寻找可以替代的课程理论和课程开发模式，其中，斯基尔贝克提出的“情境模式”就是比较有影响的一种。

斯基尔贝克是当今在全球范围内有影响的教育学者和课程论专家，曾专注于校本课程开发，也是“情境模式”的提出者。1971—1975 年，他担任英国阿尔斯特大学（University of Ulster）教育系教授；1976—1981 年，担任澳大利亚课程开发中心主任；1981—1983 年，担任英格兰和威尔士学校课程和评价研究协会主任；1981—1985 年，作为课程专业的教授在伦敦大学（University of London）任教；1986—1991 年，斯基尔贝克回到澳大利亚，在迪肯大学（Deakin University）任教。他是一位活跃的国际学者，除了在上述大学和机构工作之外，他还曾经在经济合作与发展组织、联合国教科文组织等国际组织工作过，主要从事教育政策分析、课程开发、中等教育管理、教师专业发展和教育改革等方面的研究。

学者简介

马尔库姆·斯基尔贝克是世界知名教育学者、课程论专家，在教育政策分析、课程开发、高等教育、中等教育、教学专业化和教育改革等方面均有研究。他的很多工作是在经济合作与发展组织和联合国教科文组织开展的。斯基尔贝克在悉尼大学（University of Sydney）获得学士学位，在伊利诺伊大学获得硕士学位，在伦敦大学获得博士学位。他出版了大量的学术作品，涉及的领域包括课程理论与课程开发、教育政策研究、中等教育研究和高等教育研究等。其中最有影响的是他的《校本课程开发》（*School Eased Curriculum Development*），该书已成为校本课程研究领域的权威著作。

二、"情境模式"的主要特点

首先，"情境模式"的首要特点是将"情境分析"作为课程开发的起点。这意味着"情境模式"将实践环境作为影响课程开发的重要因素予以考虑。"情境"包括内部情境和外部情境，这两种情境因素处于相互关联、相互制约之中，斯基尔贝克认为正是这种复杂的关系决定了课程的目标、内容及实施与评价。在这一点上，"情境模式"比"目标模式"更关注实践，它不追求课程开发的"普遍性"，而是针对特定实践情境而言的。因此，"情境模式"也成为后来校本课程开发的基本模式和依据。

其次，"情境模式"在开发环节上并不固定，具有一定的弹性。在"情境模式"中，尽管完整的课程开发过程需要完成每一个步骤，但不一定要遵循一个固定的程序。在完成情境分析之后，课程设计可以从对课程目标、内容等的系统分析开始，但也可以从对情境的评估、对评价数据的分析开始。究竟如何开展课程开发，其实还是基于具体情境的需要。一般而言，课程开发是要遵从"确立课程目标—选择课程内容—组织课程内容—形成课程方案—实施课程—评价课程"这样一系列环节进行的，但在特定情境中，可能需要突出某一环节。这样也可以将组织内容的基本原则和技术策略确定下来，然后进行其他环节的开发。这样一种理念也是为了观照课程开发的独特情境性。

最后，课程开发的各个环节密切关联，可以形成一个循环往复的连续性过程。在"情境模式”中，所有的要素和步骤环节都是相关的，但为了满足操作的需要可以将这些步骤予以单独分割。每一步骤都要与其他步骤相关，例如，不能单独将“评价”剥离出来进行考察。而且，课程开发工作在课程实施和评价之后并没有终结，而是要进行反馈与改进，这样又与最初的“情境分析”建立联系，从而形成了一个完整的“闭路循环”，有利于提升课程开发的质量。

三、“情境模式”的基本阶段

“情境模式”特别关注课程的情境或场景，因此第一步就是对外部和内部因素进行分析，这是第一个阶段的工作。第二个阶段是确立课程目标，包括长期目标和短期目标，这就需要分析具体目标和学生的学习结果。第三个阶段是设计课程方案，这就要求解决一系列问题，如：课程的时间跨度，课程的水平、结构与组织，课程的内容框架、实施方法和顺序等。第四个阶段是对课程的解释和实施。第五个阶段是反馈、评价、改进与重建。当然，“情境模式”是一个动态模式，不同的要素是有弹性的、互动的、可调整的；各个阶段是系统的，但不是根据固定顺序来进行的，可以画一个简单的图表来表示这一过程（见图 11—2）。为了具体说明每个阶段的工作，我们对每一环节进行简要阐述。

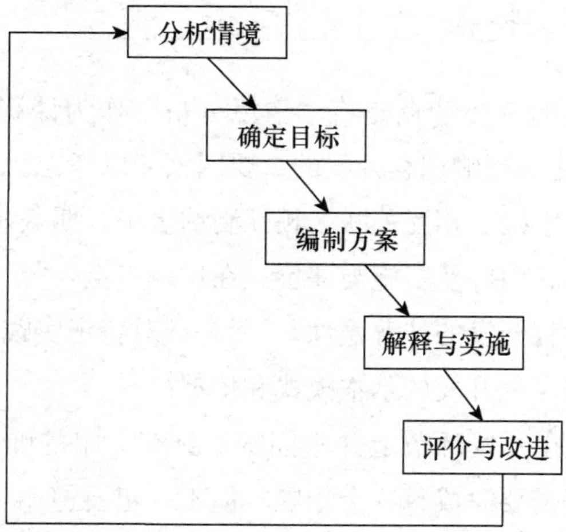

图 11—2 “情境模式”的基本步骤

（一）分析情境

根据“情境模式”，分析情境是开发课程的第一步。所谓的“情境”，是指与学校教育相关的、影响课程开发的各种因素的统称，包括学校之内的内部因素和学校之外的外部因素。内部因素与学校教育的实践和课程开发直接相关，包括学生和教师的状况、各因素的基本构成和结构、已有的教育资源，以及这些资源中存在的问题和缺陷等；外部因素尽管不属于学校之内的事情，但与课程密切相关，包括社会及其期望、劳动力市场的需求、社区的文化环境与价值观、学科科目的特征、各种资源和支持系统的特征等。①

在进行情境分析时，有一种分析模式或方法可以采用，即 SWOT 分析法。SWOT 是英文 strength、weakness、opportunity、threat 四个英文单词的第一个字母，意即优势、劣势、机遇和挑战。SWOT 分析法可以帮助决策者和课程开发者对学校的各种内外环境因素进行综合分析，从而权衡利弊、作出最合理的决策。对于学校而言，优势意味着学校自身拥有的、可以带来积极效果的内部有利因素，如良好的发展态势、稳定和高素质的教师队伍、充足的财政支持、良好的教育教学条件和设施设备等；劣势是指内部不利因素，即学校发展中的短板，包括发展理念落后、实施设备老化、资金短缺等；机遇是指外部因素中的积极因素，如新的教育改革理念、教育发展战略调整、新的教育技术手段、新的项目和资助等；挑战是指外部不利因素，即学校在发展过程中面对的一些压力，包括学校布局调整、生源结构变化、财政支持收紧、社区环境变化等。在课程开发过程中，SWOT 分析法有助于更好地进行情境分析，为下一步工作奠定基础。

（二）确定目标

在"目标模式"中，确定课程目标是课程开发的第一步，但在"情境模式"中，课程目标的确定并不是第一位的。在"情境模式"中，课程目标要符合特定教育情境和学生发展需求，因此，对课程目标的确定必须参照情境分析的结果。其中，最重要的情境因素是学校发展理念与学生发展需求。学校发展理念关系到一所学校的发展方向和人才培养的总体设计，显然课程目标要跟这一发展理念相吻合；学生发展需求是制约课程目标的根本因素，学生的认知发展水平、兴趣爱好、知识基础与发展愿望等决定着课程目标的设定，而且课程目标一般要用学生的学习结果来表达。

（三）编制方案

编制方案其实包含了选择课程内容和组织课程内容两个基本环节。确立了课程目标之后，课程开发的工作就要考虑"选择哪些课程内容以及如何组织这些课程内容以实现课程目标"这一问题了。课程的编制一般要形成一个文本性的课程方案，这个方案是课程实施的基本依据。当然，对于国家课程来说，课程方案涉及具体学科的课程标准和教材等课程文本；对于校本课程来说，很多课程方案难以实现"教材化"，但要有明确的目标说明、内容框架、实施建议和评价建议等，这样才能有计划地予以实施。

（四）解释与实施

这一步骤就是将课程方案付诸实施的过程。课程的解释与实施不仅包括课堂教学这种传统的形式，还包括课外甚至校外的一些调查、实验、实践甚至社区服务等活动。解释与

---

① Reynolds, J. & Skilbeck, M. (1976). *Culture and the Classroom*. London: Open Books, 6-10.

实施的基本依据是既定的课程方案，这是实现课程目标的关键环节。

（五）评价与改进

评价与改进意味着对课程的实施状况进行反馈并进行优化。课程评价包括两个基本的方面：对学生学习该课程的情况进行评价；对课程方案本身进行评价。“情境模式”在课程评价方面是与“目标模式”一样的，但它还有“改进”的要求，也就是与最初的情境分析建立关联，考察如何从学校发展和学生发展的角度继续优化课程，从而实现最佳效果。因此，评价与改进环节既是上一个循环的结束环节，又意味着开启下一个循环，从而进行更优化的课程开发。

总之，在课程开发的几种模式中，最常用的还是“目标模式”，因为它简洁、明确、可操作，但由于存在一些缺陷，“过程模式”和“情境模式”才被提出来，用来改进其不足，从而更好地完成课程的开发。在开发课程的过程中，学校可能并不完全根据某一个模式来进行，而是择其所长，根据课程开发的具体目的来选择或整合这些模式，这也恰恰体现了理论的简洁性与实践的复杂性。

本章小结

课程开发的“目标模式”是基于“泰勒原理”而提出的，它是课程开发领域最经典的模式，已经存在了半个多世纪，成为课程开发的基本依据。“目标模式”是一个线性的模式，即遵循确定课程目标、选择课程内容、组织课程内容、实施课程和评价课程这几个完整的阶段，最终完成“课程产品”并实施下去。尽管这一模式具有很强的可操作性，但也存在一些弊端，而“过程模式”和“情境模式”则反映了课程开发的实践性和复杂性，意味着课程开发必须依赖学校的教师，并在情境分析的基础上开发出符合学校发展理念和学生发展需求的课程。在学校课程建设的过程中，可以综合考虑这三种模式的优点，扬长避短、灵活运用，以更好地开发高质量的课程。

关键概念

泰勒原理　目标模式　过程模式　情境模式　SWOT 分析法

复习思考题

1. “泰勒原理”的基本内容是什么？有什么影响？
2. 什么是“目标模式”？如何运用“目标模式”开发课程？
3. 什么是“过程模式”？如何运用“过程模式”开发课程？

4. 什么是“情境模式”？如何运用“情境模式”开发课程？

本章阅读书目

1. ［美］泰勒．课程与教学的基本原理．北京：人民教育出版社，1994
2. 杨明全．世界著名教育思想家：泰勒．北京：北京师范大学出版社，2012
3. 杨明全主编．课程概论．北京：北京师范大学出版社，2010
4. 钟启泉主编．课程论．北京：教育科学出版社，2007

第十二章

课程开发的基本环节

导　读

为了有效进行课程开发，人们往往要遵循一定的程序或模式，其中最基本的做法就是根据“目标模式”将课程开发分为几个环节，即确定课程目标、选择课程内容、组织课程内容、实施与评价课程。从理论上说，这些环节基本上是根据“泰勒原理”推导出来的，因此“泰勒原理”为这些开发环节提供了基本的理论依据。在这些环节中，确立课程目标是开发课程的第一步，课程目标是开发课程的基础；随后就是选择和组织课程内容，也就是将有助于实现课程目标的知识技能和其他学生经验选择出来并将其作为课程内容的一部分，然后根据一定的原则予以组织；接下来是实施课程，也就是将课程方案落实到课堂层面，转化为学生的学习结果；最后是评价课程，主要是对学生的学习情况进行评价，对课程实施的情况进行评估。

第一节　确定课程目标

课程目标的确定是整个课程开发过程的起点，体现了课程的价值和应有的教育意义。从不同的视角出发，可以将课程目标分为不同的类型，如行为目标、表现性目标等。一般而言，课程目标体现的是学生的学习结果。为了更好地指导学生的学习，需要体现出具体、明确、有层次性等特征。

一、课程目标的内涵

（一）课程目标与教育目标

1918年博比特提出“课程目标”这一术语，用以指儿童在未来生活中需要掌握的能力和知识以及需要形成的态度和习惯的形式。博比特与查特斯将教育目标的分析作为课程开发的出发点和归宿，他们运用“活动分析”理论来强调通过分析人们社会活动的结果来确定课程目标。泰勒的经典著作《课程与教学的基本原理》中系统研究和分析了如何确定教育目标这一核心问题，并没有将其与教育目标和课程目标作细致的区分，而是在同一层面互用这几个概念。泰勒认为，课程工作者应该从研究“学习者本身”、“当代生活”和“学科专家建议”三个方面综合考虑教育目标的选择，并且这三种来源缺一不可，它们共同为学校教育目标奠定坚实的基础。① 对学生的研究、对社会的研究和对学科的研究三个方面成为后续课程研究认同的课程目标的主要来源，三者的关系也成为学界争论的焦点。

教育目标是教育目的的下位概念，它体现的是不同性质的教育和不同阶段的教育的价值，如基础教育、高等教育、职业教育、成人教育分别具有不同的教育目标。课程目标是教育目标的下位概念，它是具体体现在课程开发与教学设计中的教育价值，如不同学科的目标、具体教学过程的目标。② 课程目标是课程本身要实现的目标，是学校培养目标在教育教学过程中的具体化。钟启泉先生认为：“教育目的、培养目标、课程目标与教学目标是不同层次的教育目标。教育目的最宽泛，层次最高，指导范围最广，它是一个长期的目标。培养目标次之，是针对一个学段或一种类型的学校，培养目标对教育目的的解释具有独特性、针对性，也可以体现一个学校的办学指导思想和办学特色；而课程目标与教学目标是最具体的，它的制定必须要考虑教育目的、培养目标的要求。”教育目的、培养目标、课程目标与教学目标的关系可以用图表来表示（见图12—1）。③

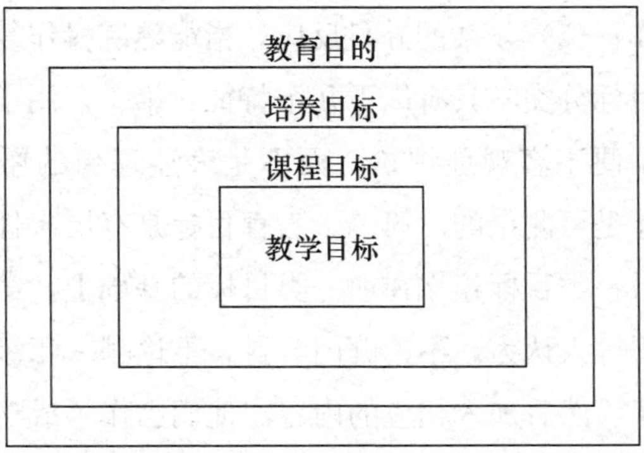

图12—1　教育目的、培养目标、课程目标与教学目标的关系图

① Tyler，R. W. (1949). *Basic Principles of Curriculum and Instruction*. Chicago：The University of Chicago Press，16.

② 参见张华：《论课程目标的确定》，载《外国教育资料》，2000（1）。

③ 参见钟启泉主编：《课程论》，108页，北京，教育科学出版社，2007。

在教育教学过程中教育目标可能包含多个方面，虽说有不少人对教育目标的分类作了种种尝试，但影响最大的，应该是美国学者布卢姆等人提出的教育目标分类学。布卢姆等人认为，一部完整的教育目标分类学应该包括认知、情感和动作技能这三个基本的领域。

1. 认知领域的教育目标

认识领域的教育目标从低级到高级共分为六级：(1) 识记，对先前所学内容（包括对具体事实、方法、过程和理论等）的回忆；(2) 领会，能把握所学内容的意义，具体表现为能用自己的话表述，能加以说明，能进行简单的推断；(3) 应用，能将所学内容运用于新的具体情境，包括概念、方法和理论的应用；(4) 分析，能分析所学内容的结构；(5) 综合，能创建新的知识结果，例如拟订一项操作计划或者概括出一组关系等；(6) 评价，能依据内外在标准对所学内容进行价值判断，这是最高水平的认知学习结果。

2. 情感领域的教育目标

根据价值内化的程度，情感领域的教育目标从低级到高级共分为五级：(1) 接受，指注意某种现象；(2) 反应，指主动参与教育活动；(3) 价值评价，指接受某种价值标准、偏爱某种价值标准和愿意为某种价值标准作奉献；(4) 价值观的组织，指能对不同的价值标准进行比较，建立内在一致的价值体系；(5) 品格的形成，指能运用价值体系长时期地控制自己的行为。

3. 动作技能领域的教育目标

动作技能领域的教育目标从低级到高级共分为五级：(1) 知觉，指运用感观获得以后可以用于指导动作的相关信息；(2) 定向，指从生理、心理和情绪等方面作好活动的准备；(3) 有指导的反应，指对某一动作技能的模仿和尝试；(4) 机械动作，指能以某种熟练和自信的水平完成动作；(5) 复杂的外显反应，指能熟练操作复杂的动作。

布卢姆等人的教育目标分类学具有以下几个特征：第一，用学生外显的行为来陈述目标。制定教育目标是为了便于客观地评价，而不是表述理想的愿望。事实上，只有具体的、外显的行为目标，才是可测量的。第二，教育目标是有层次性的。他们将学生行为由简单到复杂按序排列，后一类目标建立在前一类目标的基础上。第三，教育目标分类学是超越学科内容的。布卢姆等人认为，不论哪门学科，不论哪一年级，都可以把教育目标分类学的层次结构作为框架，然后加入相应的内容。他们已作了成功的尝试，制定了十几门学科的教育目标。

在当代，奥利娃（Peter Oliva）从两个层面界定了课程目标：“课程目标就是用没有成就标准的一般性术语表述的取向和结果。课程规划者希望学生在完成了一个特定学校或学校系统的课程计划的部分或全部后，达到这一取向或结果。”奥利娃将课程目标界定为课程规划者预设的学生学习的取向或结果，学生需要按照课程计划完成部分或全部的学习，课程目标表现为用一般性的、抽象的或具体化的、可以测量的术语的表述。

（二）课程目标的界定

泰勒从教育目标的重要性出发，从各方面去分析目标是什么。他指出，目标是人们有意识地追求的对象，即学校教职人员想实现的宗旨。在“泰勒原理”中第一步便是明确学校应力求达到怎样的教育目的，而这些目标将成为选择教学材料、勾勒教学内容、形成教学步骤以及准备测验和考试的标准。对于如何筛选这些教育目标，泰勒提出了教育目标的五个来源。第一，对学习者本身的研究。教育工作者要对学习者进行全面深刻的研究，明确掌握学生的特点。第二，对当代校外生活的研究。也就是要把课程内容联系实际，对生活经验和社会问题进行梳理，选出有助于学生发展的内容。第三，学科专家对目标的建议。学科专家的见解要准确运用，真正地理解其内涵。第四，利用哲学选择目标。第五，利用学习心理学选择目标。要想真正地理解学生，就必须掌握一定的心理学知识。这五个来源把学习者、生活和理论研究三者联系起来。教育目标的制定离不开这三者，任何单一的信息都不足以为明智地选择教育目标奠定基础。

在泰勒的模式中，目标既是选择、创造和组织学习经验的决定因素，又是开发评价程序和评价工具的规范，也是课程过程的起点和归宿。泰勒认为，教育是改变人的行为方式的过程，并采用了行为目标（behavioral objective）这一术语。行为目标克服了课程目标模糊性和随意性的缺陷，使其具有较强的可操作性，并为评价的效度提供了依据和条件。

纵观课程目标研究的发展，课程目标的含义一直是广大专家和学者所争论的焦点。目前，对课程目标概念的理解，尽管理论界也存有异议，但其基本观点还是比较一致的，即普遍认为，课程目标是在课程设计与开发过程中课程本身要实现的具体要求，它意味着一定阶段的学生在发展品德、智力、体质、素养等方面所达到的程度。

那么，如何确立课程目标呢？首先，课程目标设计要以现代教育教学质量观、人才观为指导，以适应社会发展和人类发展的需要；其次，“泰勒原理”中对课程目标的表述方式也作了相关的阐述：课程目标不只是教师要明确的，要在一定程度上从学生的角度来表达目标，要在已有的概括化的陈述方式上，加上一些行为化的目标；最后，课程目标设计要系统化、科学化，体现一定的逻辑性，这一逻辑性要结合具体学科知识的特点，还要结合学习者的心理发展特点，同时不能忽略与时代相结合的特点。

二、课程的“三维目标”

我国新一轮的基础教育课程改革以“课程标准”取代了沿用多年的“教学大纲”，反映了新课程改革所倡导的基本理念。在课程标准中使用了“课程目标”这一概念。它作为课程标准的核心部分，是指导整个课程编制过程最为关键的准则，是课程编制的起点，也指出了课程实施的最终追求。正确认识课程目标及其相关概念，对于课程开发具有重要的意义。

新课程提出了“三维课程目标”，也就是在三个维度上体现课程的目标，即知识与技能、过程与方法、情感态度与价值观。新课程的三维目标不是指三个目标，而是指三个维度。学生学习任何知识和技能都要运用一定的方法，具体的学习都要经历一个过程，在这个学习过程中，学生总会伴随一定的情感和态度，包含一定的价值观。所以说，三维课程目标是一个问题的三个方面，而不是独立的三个目标。在课堂教学中，不能完成了一维目标再落实另一维目标，它们是联系在一起的，是一个整体。

在具体的教学中，新课程的三维目标要体现在具体的教材中，但这要求教师全面理解课程与教材，以深入挖掘出三维目标。每一堂课的课程目标是教师在认真研究课程标准、教材和学生的基础上提出来的。同样的教材，面对不同的学生，提出的课程目标也不一样。

三、确立课程目标的技术

（一）撰写“目的概述”

要明确地陈述课程目标，设计者就首先要对所设计的课程形成总体的理解。这种理解可以通过对课程目标的宏观描述来表达。所谓“目的概述”，是指从宏观角度对课程的价值和教育意义进行描述。撰写“目的概述”是为了对课程的功能进行论证，进一步明确课程开发的价值，并从这一价值出发阐发具体的课程目标。

例如，在美国七年级地理课程的目的概述中，解释了一系列有关“为什么七年级的学生需要一门基础的美国地理课程”的观点。这个例子可以表明这一阶段的地理课程目标是如何提出学习者的需求、社会的需求和课程内容的。这一“目的概述”具体如下：

> 美国地理课程致力于帮助学生在七年级水平上对他们在地球上的物理位置以及与包括美国疆域在内的整个环境形成一种理解。这种理解将提高学生对他们的城市、国家、洲和地区的意识，有助于他们了解当地跟美国的其他地方可以进行怎样的比较和对比。本门课程将关注使用地图来进行位置定位和导向，以及解释地方性人口中心及其形成的原因。而且，学生将更好地去理解地理位置如何对城市、地区和国家的经济产生影响，尤为重要的是，地理位置如何影响他们的生活方式。“家”将产生新的意义。通过对污染的关注和对人们在节约资源方面所付出努力的了解，学生将逐渐欣赏

自身所处的环境。学生对地理的理解将使他们更舒服地生活在他们的环境中，由此成为未来的富有活力的公民。①

（二）目标的表述要具有可操作性

在课程目标的表述上要考虑操作性的问题，课程目标越具体就越便于操作。新的课程标准提供了一些可供操作的动词，如对于知识的了解，课程标准没有简单地用“了解”一词来描述，而是以“说出、背诵、辨认、列举、复述”等操作性较强的动词来进一步刻画“了解”的具体含义，以便学生在学习过程中把握。这就要求教师深入理解新课程的三维目标，真正把三维目标具体贯彻在每一节课中，让学生在三个方面的基础上实现全面发展。例如，在具体的一节语文课中，教师要事先把目标明确化。所谓明确化，是指以学生的表述方式展示出来，如掌握排比句的结构、学会用排比句造句等一些具体的目标表述。

在描述具体课程目标时，可以用一些行为动词来表达学生应该如何去做，这样可以更好地说明学生的学习结果并以此来描述课程目标。例如，在我国新一轮基础教育课程改革过程中，在起草各科课程标准时都用一些基本的行为动词来描述目标（见表 12—1）。

表 12—1　课程标准中部分行为动词的界定

类型		水平	各水平的含义	所用的行为动词
知识技能目标动词	知识	了解	再认或回忆知识；识别、辨认事实或证据；举出例子；描述对象的基本特征	了解、知道、描述、说出、举例说明、列举、表述、识别、比较、简述、对比
		认识	位于“了解”与“理解”之间	认识
		理解	把握内在逻辑联系；与已有知识建立联系；进行解释、推断、区分、扩展；提供证据；收集、整理信息等	阐述、解释、估计、理解、计算、说明、判断、分析、区分
		应用	在新的情境中使用抽象的概念、原则；进行总结、推广；建立不同情境下的合理联系等	评估、使用、验证、运用、掌握
	技能	独立操作	独立完成操作；进行调整或改进；尝试与已有技能建立联系等	测量、测定、操作、会、能、制作、设计

（三）课程目标要具体、明确、有层次性

课程目标一定要具体、明确，才能发挥导向作用。还有，为了让课程目标发挥导向作用，在表述课程目标时可以根据教育水平和对学生的要求体现出不同的层次和水平。

例如，我国《普通高中物理课程标准（实验）》中的具体课程目标分三个维度表述（见表 12—2）。

① ［美］Leigh Chiarelott：《情境中的课程——课程与教学设计》，20～21 页，北京，中国轻工业出版，2007。

表 12—2　《普通高中物理课程标准（实验）》中的具体课程目标

知识与技能目标	学习物理学的基础知识，了解物质结构、相互作用和运动的一些基本概念和规律，了解物理学的基本观点和思想； 认识实验在物理学中的地位和作用，掌握物理实验的一些基本技能，会使用基本的实验仪器，能独立完成一些物理实验； 初步了解物理学的发展历程，关注科学技术的主要成就和发展趋势以及物理学对经济、社会发展的影响； 关注物理学与其他学科之间的联系，知道一些与物理学相关的应用领域，能尝试运用有关的物理知识与技能解释一些自然现象和生活中的问题。
过程与方法目标	经历科学探究过程，认识科学探究的意义，尝试应用科学探究的方法研究物理问题，验证物理规律； 通过物理概念和规律的学习过程，了解物理学的研究方法，认识物理实验、物理模型和数学工具在物理学发展过程中的作用； 能计划并调控自己的学习过程，通过自己的努力能解决学习中遇到的一些物理问题，有一定自主学习的能力； 参加一些科学实践活动，尝试经过思考发表自己的见解，尝试运用物理原理和研究方法解决一些与生产和生活相关的实际问题； 具有一定的质疑能力、信息收集与处理能力、分析与解决问题能力和交流合作能力。
情感态度与价值观目标	能领略自然界的奇妙与和谐，保持好奇心与求知欲，乐于探究自然界的奥秘，能体验探索自然规律的艰辛与喜悦； 有参与科技活动的热情，有将物理知识应用于生活和生产实践的意识，勇于探究与日常生活有关的物理学问题； 具有敢于坚持真理、勇于创新和实事求是的科学态度和科学精神，具有判断大众传媒有关信息是否科学、可靠的意识； 有主动与他人合作的精神，有将自己的见解与他人交流的愿望，敢于坚持正确观点，勇于修正错误，具有团队精神； 了解并体会物理学对经济、社会发展的贡献，关注并思考与物理学相关的热点问题，有可持续发展的意识，能在力所能及的范围内，为社会的可持续发展作出贡献。 关心国内外科技发展现状与趋势，有振兴中华的使命感与责任感，有将科学服务于人类的意识。

资料来源：中华人民共和国教育部制订：《普通高中物理课程标准（实验）》，9～10 页，北京，人民教育出版社，2003。

再如，我国《普通高中化学课程标准（实验）》对目标要求的描述所用的词语分别指向认知性学习目标、技能性学习目标、体验性学习目标，并且按照目标的要求分为不同的水平，对同一水平的学习要求采用了多种行为动词进行描述。①

认知性学习目标的水平：

知道、说出、识别、描述、举例、列举
了解、认识、能表示、辨认、区分、比较
理解、解释、说明、判断、预期、分类、归纳、概述
↓应用、设计、评价、优选、使用、解决、检验、证明

① 参见中华人民共和国教育部制订：《普通高中化学课程标准（实验）》，3～4 页，北京，人民教育出版社，2003。

技能性学习目标的水平：

初步学会、模仿

初步学会、独立操作、完成、测量

学会、掌握、迁移、灵活运用

体验性学习目标的水平：

感受、经历、尝试、体验、参与、交流、讨论、合作、参观

认同、体会、认识、关注、遵守、赞赏、重视、珍惜

形成、养成、具有、树立、建立、保持、发展、增强

第二节　选择课程内容

课程内容是构成课程的基本要素。从某种意义上说，课程设计、课程目标、课程实施以及课程评价，都是围绕课程内容的安排而展开的。因而，但凡谈论课程，都必须从课程内容的角度来加以考量。课程设计是关于内容的组织安排，课程目标是选择和决定内容的依据，课程实施是内容的逐步实现，课程评价是对内容产生的结果的判断。课程内容反映了不同的课程价值观、课程结构观以及课程设计观，人们的课程内容观不同，课程内容的选择和组织方式也就不同。

一、课程内容的含义与发展

（一）关于课程内容的界定

关于课程内容的含义，课程理论界一直存在两种影响较大的观点：一种观点认为，课程内容是在教育机构范围内要向学生灌输的知识；另一种观点认为，课程内容是在一门课程中所教授或所包含的知识，也是指一些学科中特定的事实、观点、法则和问题等。① 前者是社会学的观点，认为课程内容与教育目标直接相关，课程内容反映了社会权力控制的法则；后者是技术学的观点，是从课程内容的设计及构成的角度来定义课程内容的。这两种观点都把课程内容仅仅局限于间接经验或理论知识，有一定的局限性。实际上，课程内容的基本性质是知识，它具有直接经验和间接经验两种形态。

任何形式的课程都必须包括一定的直接经验和间接经验。间接经验是指理论化、系统化了的书本知识，它是人类知识的基本成果；直接经验是指与学生现实生活及其需要直接相关的社会知识、自然知识及技能的总和，如社会生活经验、学生处理与自然事物的关系

---

① 参见［瑞典］胡森主编：《简明国际教育百科全书·课程》，64、110页，北京，教育科学出版社，1991。

的知识与经验、技能与技巧等。因此，从总体上说，课程内容就是根据特定的教育价值观和课程目标，有目的地从人类的知识经验体系中选择出来，并按照一定的逻辑序列组织、编排而成的知识体系和经验体系的总和。关于课程内容的理解，需要重点把握如下两点：

第一，课程内容是根据特定的教育价值观和课程目标而选择和组织的内容体系。课程内容不是单一的知识体系，它是根据特定的课程价值取向和课程目标而精心选择和改造加工后的内容体系。

课程内容都是以课程目标为直接依据选定的，并在一定程度上体现了课程目标的要求。课程内容的合理性程度，制约着教育目标和课程目标的达成，影响着人才培养的成效。因为在人类通过教育传递经验的过程中，存在一个突出的矛盾即人类经验的无限丰富性与个人学习的时间、精力的有限性之间的矛盾。这一矛盾的存在，决定了课程内容的选择性特征，使得人们在不同的历史时期都面临着“什么知识最有价值”这一经典的课程内容问题。正因如此，课程内容不可能包括人类社会的所有经验，人们只能根据一定的标准选择那些对于个体的成长和社会化最有价值、最基本和最需要的经验。

第二，从课程发展的历史来看，课程内容是发展的、多元的、多形式的，在不同的时代和不同的国度，由于社会生产力水平、政治体制与教育目的不同，课程内容也有不同。

在原始社会，正规学校尚未出现，年长者传授给年轻一代的是生活与劳动经验，如部落的风俗习惯和渔猎、饲养、种植的技能等，这是最早的课程内容。在古代社会，劳动者只能在生活和劳动中受教，统治阶级的子弟则在学校受教。如中国在西周就有“六艺”之说，古希腊的学校课程则主要是所谓的“七艺”。到了近代，学校课程的知识内容和形式逐渐分化，出现了以学科为中心的学科课程或分科课程，比如物理、化学等。

（二）课程内容的特征

我们从这些对课程内容的界定中不难发现学者对课程内容的共识：首先，课程内容是一系列系统地组织起来的学科知识的总和；其次，课程内容的界定不仅要关注内容，还要关注课程内容之间的相互联系。综合这些对课程内容的界定，我们总结出课程内容的主要特征有：

1. 课程内容是系统地组织起来的知识

具体地说，这些知识包括：一定的知识、技能、技巧，如数学课程中的一些数学、运算法则等；行为和习惯，如化学课程中的一些实验活动；等等。其中，各项内容又包括直接经验和间接经验。直接经验是指学生通过亲身参与实践，在真实的场景中学到的知识；间接经验是指一些课本教材中的、不是学生通过亲自体验学到的知识。

2. 课程内容要经过组织和编排

这是指课程内容在经过层层筛选后要按照一定的规则来组织和编排，而不能杂乱无章地随意堆砌。虽然有些课程内容是相似的，但各个国家会根据各自的国情、学生的特征等因素来对课程内容进行编排。

“泰勒原理”对课程内容的见解是对学习经验进行选择与组织。所谓学习经验，是指学习者与外部环境之间的相互作用。学习是通过学生的主动行为而发生的。学生的学习主要取决于他自己做了什么，而不是教师教了什么。因此，学习经验既不等同于课程的内容，也不等同于教师的活动，而是意味着学生是一个主动的参与者。

（三）课程内容的发展

进入 21 世纪，课程内容的改革又进一步呈现出了生活化、综合化等新的趋势。如：我国新一轮基础教育课程改革就强调加强课程与学生生活和现实社会的联系，强调综合性、加强选择性并确保均衡性。《基础教育课程改革纲要（试行）》规定：“改变课程内容‘难、繁、偏、旧’和过于注重书本知识的现状，加强课程内容与学生生活以及现代社会和科技发展的联系，关注学生的学习兴趣和经验，精选终身学习必备的基础知识和技能。”英国 2007 年掀起的课程改革同样注重加强课程内容与儿童生活的联系，强调让学校课程适应社会需要，特别重视儿童的生活技能，要求学校培养出适应知识经济需求的“候选人”。2008 年 3 月 28 日，日本颁布了新的《学习指导要领》。它以活用型学力观为指导，明确指出要培养学生的生存能力——确实的学力，包括三个重要因素：掌握基础的、基本的知识和技能；活用基础知识和基本技能，具有解决问题所需要的思考力、判断力；具有学习兴趣和热情；等等。

二、课程内容的不同取向

课程内容是根据特定的教育价值观以及相应的课程目标而选择出来的。如前所述，学科的发展、当代社会生活的需求和学习者的需要是确定课程目标的三种基本依据，课程内容相应地也有三种基本取向。

（一）课程内容即教材或学科知识

这种取向把课程内容看作学生应该习得的学科知识来对待，而知识的传递是以教材为依据的。这种取向的实质是从知识本身出发，强调课程内容的来源主要是人类长期积累的知识，课程目标就是经过选择并把这些有价值的知识系统化为一定的科目或学科，然后将这些学科的知识传授给学生。美国从幼儿园到八年级传统的教育计划（见表 12—3）为我们提供了一个样例。我国历史上的“礼、乐、射、御、书、数”所构成的“六艺”、欧洲中世纪初的“文法、修辞、辩证法、算术、几何、天文、音乐”所构成的“七艺”，以及 20 世纪 50 年代末兴起的学科主义课程改革运动和 80 年代兴起的新学科主义课程思潮都强调根据知识内在的性质和逻辑结构来组织课程。我国 50 年代初引进苏联凯洛夫主编的《教育学》后的几十年里，基本上都是遵循了课程内容即学科知识的观点，把课程内容作为学科教材来处理。这种取向把重点放在学科教材上，虽然有利于考虑到各门学科知识的系统性，使师生明确教与学的内容，从而使课堂教学工作有据可依、有章可循，但是这也在一定程度上造成了一系列的弊端，其中最明显的就是教材里规定的课程内容不能很好地反映学生的学习兴趣和需要，忽视了教师参与课程内容开发的积极性和主动性。因为这样，师生很容易把课程内容当成事先规定好的东西而被动地传授或学习，并把它当成一项外在的任务去完成或应付，而不再赋予其新的意义与内容。

表 12—3　　美国从幼儿园到八年级传统的教育计划

学科	幼儿园到三年级	四年级到六年级	七年级和八年级
英语	介绍阅读和写作（发音，默读和出声朗读，语法和拼写的基本规则，词汇，写作和书法，初级作文和图书馆的利用）	介绍批判性阅读（儿童文学，独立阅读和书面报告，更高级的语法、拼写、词汇，作文技巧）	七年级：初级语法和作文纵览 八年级：初级文学分析纵览
社会	介绍历史、地理和公民（重要的美国史实：探索者和土生的美国居民，美国的节日、风俗和象征，公民责任，地形、气候和地图）	四年级：到美国内战的历史 五年级：从 1865 年以来的美国历史 六年级：到中世纪的世界历史	七年级：从中世纪到 1990 年的世界历史 八年级：世界地理和美国的宪法政府
数学	介绍数学（数字和基本的运算，分数和十进制，圆，几何图形，长度，面积和体积的计算，条状图表，评价和基本的统计）	中级算术和几何（数论：负数、百分数、指数；直线图：毕达哥拉斯定理和基本的概率）	从下列的一年课程中选二：数学总论，代数预备课程，代数
科学	介绍科学（植物和动物，食物链，太阳系，岩石和矿物，气候，磁铁，能量和运动，事物的组成和简单的实验）	四年级：地球科学和其他主题 五年级：生命科学和其他主题 六年级：物理科学和其他主题	七年级：生物学 八年级：物理和化学
外语	（选修课）	介绍外语（基本的词汇、语法、阅读、写作和会话以及文化资料）	正式的语言研究（强烈推荐两年）
艺术	音乐和视觉艺术（歌曲，唱片，乐声进而音乐器具，绘画，雕塑和视觉影响）	音乐和视觉艺术（伟大的作曲家，音乐风格和形式，基本的音乐理论，伟大的画家，对艺术和创造性项目的解读）	音乐欣赏和艺术欣赏（每科要求一个学期）
体育/健康	体育和健康（身体的控制，健美，运动，游戏和锻炼，运动精神，安全，卫生，营养，药物防护教育）	体育和健康（团体和个体的运动，第一时间的救助，药物预防教育，合适的性教育）	体育和健康（在团体运动中的战术，体操，有氧运动法，自我健康评价，药物防护教育，合适的性教育）

资料来源：[美] 乔治·J·波斯纳：《课程分析（第三版）》，98～99 页，上海，华东师范大学出版社，2007。

（二）课程内容即社会生活经验

课程内容即社会生活经验的取向的最明显表现是把课程内容看作学习活动。20 世纪以后，一些课程专家看到了科学技术的进步对社会发展的影响，并试图作出相应的反应。博比特曾明确指出，课程应当对社会的需要作出反应，并通过研究成人的活动，识别各种社会需要，把它们转化成课程目标，再进一步把这些目标转化成学生的学习活动。后来，查特斯等人又将其观点进一步发展，提出了“活动分析法”这一著名的课程编制技术。20 世纪 40 年代，我国教育家陈鹤琴提出了活教育的三大目标，其中“做中学、做中教、做中求进步”、“大自然、大社会都是活教材”也反映了这种取向。这种取向的重点是放在学生做些什么上，而不是放在教材体现的学科体系上。它特别注意课程与社会生活的联系，关注的不是向学生呈现什么内容，而是让学生积极从事某种活动，强调学生在学习中的主动性和学习兴趣。例如，不是告诉学生科学发现的基本步骤和需要注意的事项，而是让学生通过参与科学发现活动的过程来了解其内部规律，并主动地生成问题、解决问题。

在课程发展史上，关于课程内容与社会生活经验相结合的关系问题主要存在三种典型的观点：“被动适应论”、“主动适应论”和“超越论”。

所谓被动适应论，是指学校课程是使学习者适应当代社会生活的工具。这种观点的典型代表是博比特和查特斯，他们主张将当代社会生活经验作为课程的主要内容。他们认为，学校课程应当以适应当代社会的需要为根本宗旨，教育在本质上就是为有效的成人生活作准备。被动适应论的观点忽略了教育的主动性，把教育的功能误解为对社会生活经验的复制，把社会生活等同于成人生活，忽略了儿童与成人的差异。

主动适应论则认为，个人与社会是互动的、有机统一的，教育与社会也是互动的、有机统一的，学校课程不仅适应着社会生活，还不断改造着社会生活。在 20 世纪的课程理论中，社会改造主义课程理论属于典型的主动适应论。社会改造主义课程理论主张学校课程应以社会生活经验为核心，并指向社会生活经验的改造。具体来说，应把重视个人经验的课程改造为重视集体经验、社会经验的课程，把重视个人智能发展的课程改造为重视集体意志统一的课程，把指向当前社会经验的课程改造为指向未来社会经验的课程。

20 世纪 70 年代以来，受现象学、存在主义、社会批判理论、后现代主义等哲学思潮的影响，出现了超越论。该理论认为，教育是教育者与受教育者两类主体通过交往而形成的学习共同体，它和社会的其他群体之间的关系是主体与主体之间的关系——“交互主体的关系”，而不是客体与主体之间的关系即工具与工具的使用者之间的关系。因此，学校课程不是被动地传递某些流行的社会生活经验的工具，而应主动选择社会生活经验，不断地批判与超越社会生活经验，并不断地构建新的社会生活经验。

（三）课程内容即学习者的经验

这种取向体现了经验本位的课程观。历史上，凡倡导经验课程的课程理论流派大都把学习者的经验置于课程内容的核心或重要地位。如18世纪法国卢梭倡导的“自然教育论”及相应的浪漫自然主义经验课程理论、20世纪上半叶杜威倡导的“进步主义教育论”及相应的自然主义经验课程理论、20世纪70年代以来流行的人本主义经验课程理论等。

课程内容即学习者的经验取向主张学习是通过学生的主动行为而发生的，学生的学习取决于他自己做了什么，而不是教材呈现了什么或教师要求做什么。因此要把学生的学习活动及其体验纳入课程内容之中，并特别关注课程应当通过哪些活动展开以及怎样展开。学习经验取向还强调学生是学习的主动参与者，每个学生对课程内容的体验是不一样的，坐在同一个课堂里的两个学生，可能有两种不同的学习经验，教师的职责是建构适合于学生能力与兴趣的各种教育情境，以便为每个学生提供有意义的经验。

课程内容即学习者的经验取向注重主体的自我意识的提升与自身的解放方面的追求，强调师生在课程开发中的主体地位与创造精神的培养。我国新一轮的基础教育课程改革也开始注重学生的反思性学习和研究性学习，这是一个巨大的历史性变革。主要表现为：第一，尊重学习者的个性差异。强调每个学习者都是平等的，都有其独立的人格和尊严，学习者经验的选择过程，实质上是学习者的自我选择过程，课程选择应真正尊重学习者的个性差异，形成个性丰富的、人性化的课程。第二，确立学习者在课程开发中的主体地位。强调课程结构要适应学生的个别差异，为学生提供更多的选择性，就必须充分发挥学生在课程内容开发过程中的主体作用，引导学生利用已有的知识和经验，根据自己的需要和目标，主动地探索知识的发生与发展，与教师和其他学习者共同开发课程。第三，关注学习者的社会生活经验。学习者在选择与接受社会生活经验的同时也在创造着社会生活经验，他们通过日常生活、与他人交往生成自己的个人知识和同伴文化，而这也是重要的社会生活经验。

以上三种取向的课程内容，都有其合理性和局限性，它们都是在不同时代、针对不同的社会要求而提出并实施的，是不同的哲学观、教育观、儿童观和课程观在具体实施中的体现。它们都强调一方的重要性而忽视或轻视另一方的重要性及作用，或用形而上学的方法孤立地、片面地、静止地去看待某种因素或价值，这都是不足取的。实际上，无论是“学科知识”、“社会生活经验”还是“学习者的经验”，都是课程内容来源的不可分离的一部分，它们之间是相互融合、不可分割的：学科知识和社会生活经验只有转化为学习者的经验，才能成为相应的课程内容；离开了学科知识和当代社会生活的价值，学习者的经验也没有什么意义。具体到中小学课程内容来说，它一般包括以下几个领域的内容：

一是关于自然、社会和人的基础知识。这些内容主要包括各门科学的基本事实、基本概念、基本原理或基本理论等方面的书本知识。中小学各门学科课程的内容主要涉及这些方面的理论知识。

二是关于认识活动方式的能力和技能。这主要包括一般智力技能（如观察能力、记忆能力、思维能力、想象能力、创造能力等）和各种操作能力方面的内容（如身体运动技能、各种艺术活动技能、操作各种简单生产和生活工具的技能等）。

三是关于发展实践活动能力的经验。这主要包括发展组织能力、自我管理能力、自我调控能力、自我评价能力、语言表达能力、审美能力、品德行为能力，以及解决实际问题的能力等方面的经验。

三、课程内容选择的范围

人们对课程内容范围的认识是逐步提高的。凡是人从经验中获得的事实、观察结果、资料、知觉、感性、设计和解决问题的方法，以及将经验重组形成的理念、概念、通则和计划等都可以进入课程内容。马什认为，课程内容的范围应包括知识、技能、价值和态度，知识通常以基本概念、原则及事实为主，技能的面很广，如思考和研究技能、沟通技能等。①

1. 知识

知识是人对事物的属性与联系的认识。知识的价值不仅在于促进人类社会的发展，而且在于丰富个体的精神生活。当我们谈及知识的范围时，我们所指的知识是人类经过许多代而累积起来的系统化了的知识，这些知识浩如烟海，随着社会发展和科技进步，其总量剧增。要妥善把握人类知识的总体，就需要对知识进行提纯和标类。通常人们把知识总体笼统地划分为四大领域：自然科学、社会科学、数学和人文科学。但这种划分过于简单，难以满足人类社会发展的需求。

20 世纪 60 年代以后，许多学者纷纷提出了新的知识类别划分体系。教育家赫斯特（Paul H. Hirst）在回答“什么知识最有价值”这一经典课程问题时，提出了七种理解世界的知识形式：数学、自然科学、关于人的知识、文学和艺术、道德、哲学、宗教。知识既可以划分成各种领域，也可以划分为各种类型，掌握一门学科就是掌握组成这门学科的各种知识的类型。所以，课程设计者在选择知识范围时还必须充分了解知识的类型，否则就可能因为偏重此类知识类型而忽视彼类知识类型而造成课程内容难度或密度方面的不当。课程知识的分类如表 12—4 所示。

① Marsh，C. &Morris，P.（1991）. *Curriculum Development in East Asia*. London：The Falmer Press，15.

表 12—4 课程知识的分类

分类标准	课程知识的类型	
知识的来源	直觉知识	
	理性知识	
	经验知识	
知识的内容	知如何	
	知什么	
教学内容或学科内容结构	具体的知识	术语的知识
		具体事实的知识
	处理具体事物的方式方法的知识	惯例的知识
		趋势和顺序的知识
		分类和类别的知识
		准则的知识
		方法论的知识
	学科领域中的普遍原理和抽象概念的知识	原理和概括的知识
		理论和结构的知识

资料来源：钟启泉主编：《课程论》，151 页，北京，教育科学出版社，2007。

2．学习经验

学习是一个主动的过程，学习者是主动的学习个体，他们通过主动地探索生活世界来尝试学习新的内容、发现新的事物。课程设计者在选择课程内容时，不但要确定知识内容，提供学生所面对的事物，还要选择学习经验，提供学生主动学习的机会。学习经验是使内容变成科学、使目标成为可能的基础。所以，课程设计者应充分了解学生的学习背景、兴趣爱好，分析引发学生反应的学习情境，安排合适的情境，以激发学生的学习行为，促进学生的有效学习。

选择学习经验强调的是学习者在学习的过程中扮演着主动角色这一事实，提醒课程设计人员不该忘记，当学生能表现某种特定行为的一致性，并且它成为学生日常生活的一部分时，学生才是真正学到这种行为。“事实上，学生是不能被迫去学习心智和情绪的行为形式的，只有在利诱或压迫下，学生个体才会进行无意义和痛苦的学习。”① 所以，课程设计人员的职责是帮助学生了解学用配合的方法，构建适合于学生能力与兴趣的各种情境，以便为每个学习者提供有意义的经验。

把选择学习经验作为课程内容选择中的一个重要方面，突破了“课程内容是知识的灌

① 黄光雄、蔡清田：《课程设计——理论与实际》，120 页，台北，五南图书出版公司，1999。

输系统"的观念，也突破了"课程内容是外部施加给学生的东西"的观念，因为"学生是否真正理解课程内容，取决于学生的心理建构。从某种意义上说，学生已有的认知结构的情感特征对课程内容起着支配作用，它们是受学生控制的，而不是由学科专家支配的。知识只能是'学'会的，而不是'教'会的"①。

第三节　组织课程内容

课程内容在经过一系列的选择后，就要面临如何被有效地组织这个问题。课程内容的组织是指在一定的教育价值观的引导下，为有效地实现课程目标，将各种课程要素妥善地进行组织、安排以使之产生合力，促进学习达到最大累积效应的过程。② 课程内容的组织方式有多种，但总的来说有三大类。

一、纵向组织与横向组织

在课程内容的组织中比较有影响力的就是纵向组织。纵向组织也称序列组织，是指按照某些准则以先后顺序对课程内容进行排列。通常教育家们都主张将学习内容从已知到未知、从具体到抽象进行组织。大教育家夸美纽斯主张，要按从简至繁的序列安排教学内容，这也是纵向组织原则的一种体现。这样的组织方式也体现在我们的课程中，例如英语课的学习，就是从简单的字母开始，然后到单词再到句子，最后到文章。这种方式有利于学生掌握知识，符合学生的认知心理，但是这样容易把知识割裂开来，导致学生在实际中不能把所学的知识联系起来解决问题。

20 世纪 70 年代以后，一些教育家开始提出横向组织（也称为水平组织）的原则，即要求打破学科的界限和传统的知识体系，将各门学科的知识横向地联系起来，其本质是将人类知识还原为一个有机的整体。他们认为，学科的划分是人为的结果，而人类的知识本来是一个整体，各学科之间存在不可分割的联系，将它们相互联系起来真实地反映了客观世界的整体性。这样的课程体现在我们的课程中就是近年来开展的综合课，例如在一些学校开展的生命课，就是把生物、化学、数学三门课程横向组织、综合起来学习的方式。这样的方式有利于提升学生的综合能力、全面解决问题的能力，但是在具体的操作过程中，会遇到很多的问题，例如容易使学生的思维混乱。

随着社会的发展，横向组织的综合课程已成为一种需要，我们必须创造各种条件促进综合课程的发展。

---

① 施良方：《课程理论——课程的基础、原理与问题》，109 页，北京，教育科学出版社，1996。

② 参见杨明全主编：《课程概论》，240 页，北京，北京师范大学出版社，2010。

二、逻辑顺序与心理顺序

按逻辑顺序组织课程内容是指按照学科本身的体系和内在的逻辑组织课程内容。它强调学科固有的逻辑顺序和知识结构，目的是带给学生系统化的知识。它还强调“学科中心”的思想，从这一点看来，它没有考虑到学习者的思维习惯、兴趣和经验背景。

按心理顺序组织课程内容是指按照学习者的心理发展特点组织课程内容。它强调课程内容应符合学习者的心理发展特点，符合认知活动的顺序。持这一观点的人认为，在学生与课程的关系上要以学生为中心，学科的逻辑顺序处于从属地位。它过于强调学生的中心地位，而忽视了学科的内在逻辑顺序，是有失偏颇的。

目前的课程已经很少只关注其一了，都是把逻辑顺序和心理顺序两者相结合。只有把学科的本身系统和学习者的心理发展特点相结合，才能使学科内容真正地发挥作用，学生也才能学习到符合自身发展阶段的知识。

三、直线式与螺旋式

直线式是指将课程内容按照直线形式进行组织、编排，使前后出现的内容基本上不重复。它能够较为完整地反映一门学科的逻辑体系，并且前后内容不重复，前面安排过的内容在后面不再呈现，因而被认为是效率较高的一种组织形式。但它并不完全符合学生的心理发展特点，有可能出现课程内容的顺序不符合学生的发展阶段的情况。

螺旋式是指在不同学科或不同阶段，使课程内容重复出现，并逐渐扩大其广度和深度，后面的内容是前面内容的扩展和加深，使之呈现螺旋式上升。这种方式更符合学生的认识发展规律，能使其对课程内容的理解逐步加深。但它容易造成课程内容的臃肿和不必要的重复。这就要求教育工作者了解整个的课程体系，以更好地把握教学内容的度。

教育工作者要在具体的实践中仔细分析学科特点和学生特点，并在此基础上有效地组织课程。如数学等逻辑性强的学科宜以直线式为主，语文、政治等学科则宜以螺旋式为主。

课程内容的选择要考虑到三方面的因素：社会发展的需要、学习者身心发展的特点和学习者的需要。基础教育课程改革在课程内容方面的具体目标也正体现了这些要求。将知识、经验和活动辩证地统一于课程内容中，同时在课程内容上有弹性地安排进度，以使其适合每个学生的发展，是新一轮基础教育课程内容改革的重大突破。

第四节　实施与评价课程

课程的实施是将既定的课程计划付诸实施的过程，课程评价则是对课程的开发和实施效果进行评估的过程。这两个阶段涉及具体的教育教学情境，对课程目标的实现有着重要的影响。

一、课程实施的含义

（一）课程实施的界定

考察课程研究的有关文献可以发现，中外学者从不同的视角对“课程实施”这一术语作出了不同的界定。一种界定是将课程实施归入课程变革的研究范畴，认为课程实施是将课程变革的措施付诸实践的过程；另一种界定是将课程实施作为课程开发和编制的环节之一，认为课程实施就是实施课程计划和课程方案的过程。

从课程变革的视角对课程实施作出界定是国外课程研究的传统。课程实施这一术语英文为“curriculum implementation”。“implementation”的意思是贯彻、完成、履行等。实施的对象显然是一项新的课程革新措施、课程方案等。因此，在国外，一般是将课程实施看作将革新思想转变为实践的过程。例如，加拿大教育改革专家富兰（Michael Fullan）认为：“课程实施是把某项改革付诸实践的过程。它不同于采用某项改革（决定使用某种新的东西），实施的焦点是实践中发生改革的程度和影响改革程度的那些因素。”① 富兰的这一界定已经成为课程实施的一个经典定义。在他看来，课程实施是课程变革过程的一个重要的阶段或环节，实施涉及缩小现存实践与革新所建议的实践之间的差距。

富兰的这一定义获得了我国学者的广泛认同。在我国学界，对课程实施概念的探讨基本上是对这一定义的翻译或诠释。一般认为，课程实施是课程与教学中的核心环节，涉及课程变革或创新。可见，无论是国外还是国内，都将课程实施作为课程变革过程的一个环节，认为课程实施是将革新付诸实践的过程。这种认识是将课程实施放在课程变革的背景下来分析的，或者说，课程实施与课程变革相伴生，分析“课程实施”总是连带着“课程变革”而无法将二者剥离。从课程变革视角对课程实施的分析实际上探讨的是“课程变革的实施”，即如何推行新的课程革新计划以实现课程变革的理想。

在国外，课程实施的研究归属于课程变革研究的范畴，这是20世纪70年代以来国外课程研究领域所形成的传统。在我国，尽管人们基本上认同这种界定，但由于教育情境和话语系统的差异，人们也赋予了“课程实施”新的理解。这种新的理解就是从课程开发的视角将课程实施作为课程开发过程的一个环节。在这种视角下，“课程实施”即“实施课程计划和课程方案”，也就是将既定的课程推向学生、将课程内容转化为学生知识结构的内在组成部分的过程。这是我国教育界尤其是教育实践界通常所认同的一种理解，课程论学者对此也作出过不少探讨。例如，我国学者施良方从课程目标、课程内容、课程实施和

① ［瑞典］胡森主编：《简明国际教育百科全书·课程》，156页，北京，教育科学出版社，1991。

课程评价等维度分析了“课程编制的原理”。显然，他将“课程实施”作为课程编制的一个阶段。他指出：“我们把课程编制定义为完成一项课程计划的整个过程，它包括确定课程目标、选择和组织课程内容、实施课程和评价课程等阶段。”①

（二）课程实施与教学的关系

在课程开发的视角下，课程实施被看作课程编制和开发过程的一个环节，是从确定课程目标到评价学习结果这一完整的课程事件的一个有机组成部分。由于课堂教学是实施课程计划的主要渠道，因此在课程开发的视角下，课程实施与教学的概念又产生了千丝万缕的联系。受传统教学观念的影响，在教师的心目中，课程更多地表现为书面的课程文本，如教科书、教学计划和教学大纲等。对课程的实施也就是将这些课程文本推向学生、将课程内容传递给学生的过程。在这种语境下，课程实施与教学的界限显然难以划清，甚至很多人认为，课程实施实际上就是教学。这种理解强调了课程与教学的统一性，在一定程度上有利于弥合课程与教学的分离，因此在一定范围内也得到了人们的认同。但是，课程实施与教学毕竟不是同一个概念，它们之间不能简单地画等号，在教育过程中二者有着彼此不可替代的意义。教学关涉学校教育活动的过程和方式，强调特定的教学目标的设立以及教学过程和教学手段的有效性与可能性问题；课程实施则从课程论的角度更多地考虑提供怎样的机会以使儿童增长经验、获得知识、发展情意、完善人格，这可以从课程实施的本质上看出来。

二、课程实施的本质与过程

任何课程变革策略或课程计划，如果设计出来后就束之高阁而不经过具体的实施步骤推向学校教育的实践，那么不管为此投入多少资金、它的设计有多完善，都不会转变为现实的教育效果。因此，无论是课程变革时期，还是在变革之后相对稳定的一个时期，课程实施都是至关重要的。

课程实施在本质上是一个行动的过程，通过这一过程将观念形态的课程转化为学生所接受的课程，从而实现课程内在的教育意义。国外学者对课程实施的理解正折射出该术语的这种本质。例如，美国学者奥恩斯坦（Allan C. Ornstein）等人指出：“课程实施是一个‘做’的过程，它致力于改变学习者个体的知识、行为和态度。它是一个创造课程方案者和传递课程方案者之间的互动的过程。”② 课程实施在本质上既涵盖了将新的课程方案付诸实践的过程，又涵盖了将新课程制度化、推行课程计划的过程。前者需要教育行政人

① 施良方：《课程理论——课程的基础、原理与问题》，81页，北京，教育科学出版社，1996。

② Ornstein，A. C. & Hunkins，F. P. (1998). *Curriculum：Foundations，Principles，and Issues* (third edition). Boston：Allyn and Bacon，292.

员、专家和教师等各种群体的共同努力；后者则要靠教师发挥主体性，由教师将课程落实到课堂教学的层面。目前，课程学者对课程实施的定义实际上都谈到了课程实施的本质，只是从不同的视角强调了课程实施的不同方面。

对课程实施的关注出于人们对课程变革的反思。20世纪60年代之前，课程实施问题并不是课程研究的重要课题。但是，60年代末结构主义课程改革运动之后，人们进行了很多的反思，认为这次课程改革没有实现预期目标的重要原因不在于课程方案没有设计好，而在于没有真正将新课程推行下去。由此，有关课程实施的问题引起人们的注意，并很快成为课程研究领域的重要组成部分。由于课程实施研究是在反思课程变革的背景下诞生的，因此，对课程实施的研究一开始就关注如何在实践中将革新方案最大程度地贯彻下去。课程实施是一个转化的过程，不仅是对新课程方案的采用，更重要的是采用后将其贯彻下去。在这里，课程实施已经成为达成预期教育目标的手段，它影响着大规模课程变革运动的推行，左右着改革目标的落实，是影响课程变革的关键因素。

在国外，人们将课程变革作为一个过程，而课程实施就是这个过程的重要组成部分。富兰有一句名言："变革是一个过程，不是一个事件。"在他看来，课程变革的成功运行需要经历四个阶段：起始阶段、实施阶段、持续阶段和结果阶段。① 起始阶段就是作出决定以采纳某一项变革；实施阶段即将某一课程变革的思想或变革措施付诸实践；持续阶段亦称制度化阶段，是实施阶段的继续；结果阶段是一个附加的阶段，其目的在于对整个变革过程进行宏观的考察和彻底的评论。富兰的观点代表了国外课程实施研究的传统，即"将实施作为变革的过程"、"课程活动也就是变革活动"。

但是，课程实施并不仅仅是指对课程变革的实施。从课程实践活动的周期来看，在课程被设计、开发出来之后，就需要将课程计划付诸实践从而将其转化为现实的教育效果，这也就是通常人们所说的"实施课程"。要将课程计划转化为学生的学习结果，显然离不开教师的课程运作。因此，课程实施与教师的关系又成为课程实施研究无法回避的一个课题。教师的课程实施是一种转化的行为，即将预先设计好的课程计划转化为学生所接受的现实的课程形态，进而转化为学生的学习结果。在这个转化过程中，教师不可避免地介入个人的观念和意志。这样，课程实施也是教师重建课程的过程。从深层的哲学认识论基础来看，教师对课程的重建实际上是不同主体之间通过对话而达成共识的过程，是通过对课程文本的解读而达成对课程意义的一致性理解的过程。"教师的课程实施就是一个教师与课程设计者、教师与课程文本、教师与学生以及教师与课程实践的情境之间的持续对话的过程，在这个过程中，通过不断的对话与会话而达成共识、生成意义。"②

---

① Fullan, M., et al. (1991). *The New Meaning of Educational Change* (second edition). London: Cassell Educational Limited, 48.

② 杨明全：《革新的课程实践者——教师参与课程变革研究》，111页，上海，上海科技教育出版社，2003。

三、课程评价的含义

（一）评价的内涵

在课程研究中，“评价”一词是最难理解的概念之一。对于什么是课程评价，学术界并没有给出一个明确的答案。有些人认为课程评价是指课程成果评价，而有些人则认为它是指课程方案评价。有人认为课程评价是价值关涉的，是研究一门课程某些方面或全部的价值的过程；有人认为评价过程实质上只是一个确定课程与教学计划实际达到教育目标的程度的过程，与价值问题无关。学者们对课程评价内涵的界定如此不同，以至于人们在理解课程评价时存在很大的差异，而中小学教师往往把课程评价理解为以考试为主要形式的量化评价，这影响着教师的课程评价行为和取向。

一般认为，课程评价是根据某种标准，以一定的方法对课程计划、活动及其结果等进行描述和价值判断的过程。它应包括两个方面，即对学生学习结果的评价和对课程本身的评价，并是这两个方面的有机统一。对于学生学习结果的评价，就是在课程实施之后对学生所实现的预期目标的程度进行鉴定，它反映了课程实施的效果；对于课程本身的评价，就是对课程方案本身进行描述和价值判断。对学生学习结果的评价方法有很多，主要可以划分为量化评价和质性评价，如纸笔测验、档案袋评价等，用以考查学生在学业上的进步；对课程本身的评价往往把评价焦点放在课程标准、教材上，根据既定标准对教科书、教学单元等进行鉴定，如早在 1980 年，美国课程论专家麦克尼尔（McNeil）等人就讨论了用于评价阅读教材质量的一般标准，如阅读过程的连贯性、目标的合适性、教学内容和教学方法的适切性等，然后依据这些标准对教材的相应方面进行验证。

实际上，如果既要评价学生学习结果，又要评价课程方案本身，那么就会使课程评价的活动过于复杂，增加课程评价实际运作的难度。而且，通过对学生学习结果的评价，人们也可以发现课程方案的优势与缺陷，从而也能提出改进的建议，达到评价课程方案本身的效果。因此，教育过程中的课程评价往往是针对学生学习结果的评价和鉴定，更多地倾向于对学生学习结果的评价，通过对学生学习结果的评价来评价课程实施的效果。但是，我们必须清楚，课程评价并非单一的对学生的评价，还要对课程计划本身及其实施情况进行评价，这样才能全面、深入地认识课程的优劣，从而对课程及其实施进行改进和修正。

（二）课程评价的目的和方法

对于课程评价的目的，人们的理解也不尽相同。有人认为，课程评价就是为了考查课程与教学在多大程度上达成了既定教育目标，这样在评价中就会侧重于学生学业成绩的评量。也有人认为，课程评价的主要目的在于确定课程设计的效果，阐明课程和周围环境的关系，并估计采取课程方案的可能结果，为决策者提供改进的意见。总的来看，课程评价是学校教育过程的重要一环，其基本的目的就在于对课程计划、活动及其结果等进行描述和价值判断，确定课程与教学是否实现教育目标，以提供改进的反馈意见，更好地促进学生的发展。因此，课程评价是服务于学生发展的，以促进学生发展为最终目的。

对于课程评价的方法，总体来讲可以分为两类，即量化评价和质性评价。所谓量化评价，就是对学生的学业成绩进行数量化的描述，它以纸笔测验为主要形式进行标准测验和常模测验。量化评价是建立在科学实证主义的认识论基础之上的。众所周知，科学崇尚的是客观和量化，随着人们对科学的盲目崇拜，量化就成了客观、科学的代名词，认为只有定量的研究、量化的数据才是科学的，进行量化的评价才能得出客观、可信的结论。确实，数量具有简明、精确的特点，能够减少人为的主观推论，而且能够用现代化的科技所提供的统计工具进行数据处理。但是，教育毕竟是一种复杂的人类社会活动，量化评价把复杂的教育现象简化为简单的数据，不仅不能保证对客观性的承诺，而且更重要的是往往丢失了教育中最有意义、最根本的内容。因此，人们不断反思量化带来的弊端，并提出了相应的质性评价。所谓质性评价，就是力图通过自然的调查，全面、充分地解释和描述评价对象的各种特征，以阐明意义、促进理解。质性评价反对把教育现象简化为数字的做法，主张全面反映教育现象的真实情况，倡导真实性评价。质性评价的提出改变了量化评价对评价对象的"客观"描述和数字化处理的做法，更多地关注真实情境下的教育现象，符合现代认知心理学对学习的研究，是一种新的评价范式。

当然，量化评价和质性评价并非截然对立。质性评价是对量化评价的一种反思批判和革新，它可以弥补量化评价的不足，从更深层次上把握教育现象。而作为一种新的评价范式，质性评价是为了更逼真地反映教育现象。量化评价和质性评价代表着不同的评价理念，二者各有不同的特点，也分别适应于不同的评价目标和评价对象。量化评价能够直接反映评价对象的特质，适用于某些简单、单纯、可以数量化的教育现象；质性评价则注重真实的教育情境，具有全面、深刻的特点，更适用于对复杂的教育现象的评价。因此，这两种评价方法并非分道扬镳、沿着不同的方向发展。事实上，质性评价是由于不满于量化评价模式而发展起来的，二者在发展的过程中倾向于结合而不是截然对立。可以说，两种评价方法适用于不同的评价对象和评价目的，能够形成互补关系，从而更好地实现评价任务。

四、课程评价的基本方式

（一）纸笔测验

纸笔测验是现代测量和评价的基本手段，是指在纸上呈现一系列的标准化问题，要求学生给予书面回答的一种测验。纸笔测验对学生来说可以大规模实施，而且问题多为标准化的客观题，最后用分数反映学生学习的情况，有助于进行统计和分析。常见的题型有填空题、选择题、是非题、问答题或议论文形式的测验题。

纸笔测验是目前教育教学和课程实施过程中最常见、最易操作、最便捷的评价方式之一，在评价中占主导地位。它对于课程中认知性目标的评价有着不可取代的价值，非常适合用于评价学生对基本事实的记忆和解决结构性很强的问题的能力。

但是，纸笔测验也有其缺陷：一是评价范围狭窄，强调认知目标和学习结果，而对学习者获得知识的过程、方法及学习者知识结构的变化则无法测评，更不适合对学生的情感、态度、价值观等非学业素质的测评，也不适合用于评价学生的综合素质；二是纸笔测验最终凭考试分数衡量学生的学习情况，这种量化的方法关注学生对知识和技能的识记、理解和简单运用的情况，而对学生综合运用知识技能的能力，以及在真实世界中运用知识创造性地解决实际问题的能力不够重视；三是纸笔测验发挥了评价的鉴别和选拔功能，强调分层和筛选，这在一定程度上会给学生的心理、情绪带来负面的影响。

纸笔测验是传统的量化评价的典型方式，由于其具有客观、数量化和可操作等优点，目前仍然是课程评价的主要方式。但鉴于纸笔测验也存在一定的局限，随着教育改革和评价改革的不断推进，课程评价方式日趋多元，日益强调多种评价方式的综合运用，包括表现性评价、档案袋评价等。

（二）表现性评价

表现性评价是 20 世纪 90 年代由美国学者提出的一种评价方式。跟纸笔测验这种量化评价方式相比，表现性评价是质性评价的一种具体形式。它是让学生通过完成实际任务来表现其自身的知识和技能，从而对其表现出来的成就水平所进行的评价。它要求学生展示自己的学习活动或者展示自己能够利用知识和技能来完成某一些实际的任务，其目的就是让学生在真实的情境中展示其成就水平。例如，可以让学生独立设计一个实验，在戏剧阅读中通过角色扮演来表达戏剧中人物的情感等。

与传统的纸笔测验相比，表现性评价的测验情境更加接近于真实生活。在具体的测试方式上，表现性评价不再借助客观化的标准试题，而采用了更丰富的测试手段，如建构式的反应题、书面报告、演说、实验设计和操作、资料收集和作品展示等。它强调在具体、真实或者模拟生活的情境中让学生完成特定任务，再由教师对学生的操作表现和学习成果进行评判。可以说，表现性评价是一种质性的评价方法，有利于考查学生综合运用知识解决实际问题的能力。它不仅将综合思考和问题解决联系起来，而且让学生去解决真实的或与现实生活相类似的问题，具有实践性、过程性、发展性和整体性等特点。

表现性评价是基于具体情境的评价方式，它将评价与课程实施融为一体。它对学生来说也是一项真实的实践活动，可以围绕学习任务展开，活动的结果是学生创造的一些有形的产品或表现活动，以此反映出学生的思考过程。

但是，表现性评价在课程实施过程中有一定的难度，相对于纸笔测验来说，也有其不足。比如：对教师的要求较高，教师如果没有把握表现性评价的内涵及操作规范，则容易流于形式；评价过程复杂，要花费较长的时间；评价的结果不量化，其客观性容易引起质疑；等等。

本章小结

本章所阐述的课程开发的基本环节是根据“目标模式”的基本程序而展开的。“目标模式”是20世纪初开始的课程开发科学化运动的产物，它受行为主义心理学的影响，将目标作为课程开发的基础和核心，强调先确定目的、目标，再以精确表述的目标为依据进行评价。它是课程开发研究领域最具权威性的理论形态，也是教育教学实践领域中运用最为广泛的实践模式。这一模式指出了一个完整的开发课程的过程——确立课程目标、选择课程内容、组织课程内容、实施课程、评价课程，这为实践中开发课程提供了指导。

关键概念

课程目标　课程内容　课程组织　课程实施　课程评价

复习思考题

1. 你是如何理解“课程目标”这一概念的？在确立课程目标的过程中，有哪些技术性的要求？

2. 什么是“课程内容”？选择课程内容需要遵循怎样的原则？

3. 组织课程内容的方式有哪些？

4. 什么是“课程实施”？“课程实施”与“教学”有什么不同？

5. 什么是“课程评价”？课程评价有哪些基本的方式？

本章阅读书目

1. ［美］乔治·J·波斯纳. 课程分析（第三版）. 上海：华东师范大学出版社，2007

2. ［美］Leigh Chiarelott. 情境中的课程——课程与教学设计. 北京：中国轻工业出版社，2007

3. 施良方. 课程理论——课程的基础、原理与问题. 北京：教育科学出版社，1996

4. ［美］拉尔夫·泰勒. 课程与教学的基本原理. 北京：中国轻工业出版社，2008

5. 杨明全. 世界著名教育思想家：泰勒. 北京：北京师范大学出版社，2012

6. 杨明全主编. 课程概论. 北京：北京师范大学出版社，2010

第十三章

学校课程建设与创新

导 读

中小学校的课程建设与创新是素质教育改革的必然要求，也是学校创建自己的学校文化和获得特色发展的必由之路。在当今时代，学校层面的课程建设与创新包括很多方面：一是对学校课程设置的分析，研究学校的课程结构并对国家课程、地方课程和校本课程进行整合和协调安排；二是课程的研发与设计，也就是根据学校办学理念和学生发展需求，由学校自主研发与设计课程，包括开发校本课程、拓展学科课程等。学校推动课程建设与创新的根本目的在于，丰富和革新既有的学校课程文化，形成独具特色的学校课程体系，以满足学生个性化学习需求并促进教师专业发展。

第一节　学校课程设置的分析与调整

分析学校中的课程设置是全面把握学校课程体系所必需的，其中很重要的工作是对学校中既有的“三级课程”进行分析与整合。所谓三级课程，是指随着我国 2001 年新一轮基础教育课程改革的推进而在学校中出现的三种课程类型，即国家课程、地方课程和校本课程。对三级课程进行整合，目的在于梳理学校中既有的课程类型、课程设置、课程结构和门类等，充分发挥各种形态的课程的教育功能和价值，使各种课程产生聚合效应，从而实现“1＋1＞2”的效果，更好地为学生发展服务。

一、三级课程的内涵及功能

严格来说，对国家课程、地方课程和校本课程的划分应该属于课程管理这一范畴，是同我国三级课程管理体制分不开的。2001 年，教育部《基础教育课程改革纲要（试行）》规定："改变课程管理过于集中的状况，实行国家、地方、学校三级课程管理，增强课程对地方、学校及学生的适应性。"这是新中国成立以来我国在课程管理领域的一次重大变革。这三级课程管理所对应的课程形态即为国家课程、地方课程和校本课程。因此，三种课程形态的划分主要还是从课程管理和开发主体的角度来进行的。三者在课程权力的归属上不同：国家课程属于国家教育行政部门开发和管理；地方课程由地方教育行政部门开发和管理；校本课程则由学校自主开发和管理。一般而言，实行中央集权型课程管理的国家推行以国家课程为主导的课程体制，实行分权型课程管理的国家则更容易推行地方课程和校本课程。

（一）国家课程

国家课程是指由国家统一开发和管理、通过国家行政力量在全国范围内推行的课程。它体现了国家的意志，是专门为未来公民接受基础教育之后能够达到基本素质要求而开发的课程。国家课程体现在官方课程文件中，如课程标准、教学大纲、教科书等。国家课程由政府组织专家学者统一开发，在全国范围内实施，对一个国家的基础教育质量起着举足轻重的作用。

国家课程是基础教育阶段学校课程体系的主体部分，其基本功能在于使学习者获得基本的学校教育，培养具有一定文化素养的国民，是实现教育公平的重要手段。其最显著的功能在于确保所有学习者学习的权利。国家课程是全国范围内都要实施的课程，它要保证所有学龄儿童都享有学习课程的权利，通过获得知识、发展能力和道德情感，成长为一个积极的具有责任感的社会成员。由于国家课程关注共性和普适性，因此其要求通常是中等水平，这样就可以保证绝大多数学习者都达到国家课程标准，从而避免因要求过高而将那些处境不利的人排除在外。

（二）地方课程

地方课程是指由地方教育行政部门依据当地的政治、经济、文化、民族等发展需要而开发和管理、在地方范围内推行的课程。它由地方教育行政部门（在我国一般指省一级的教育行政部门）主持开发和管理，体现地方的风土人情和教育特色，是传承地方文化、传播地方知识的重要手段，可以满足地方对学生发展的区域性要求。地方课程在充分利用地方教育资源、反映基础教育的地域特点、增强课程的地方适应性方面有着重要价值。

我国在课程管理领域长期实行高度统一的课程制度，这与各地社会发展的差异性与多样性之间存在一定的矛盾。而地方课程的主要功能就在于弥补国家课程不能反映地方教育情境这一缺陷，有助于实现地方的教育意图和教育目的。国家课程强调的是"普适性"，但实际上国家课程是很难满足全国不同地区、不同学校、不同学生的需要的。国家课程只是规定了基本的标准和要求，对于国家课程所不能涵盖的内容，地方课程可以弥补。

（三）校本课程

校本课程的概念是一个舶来品，在西方是指学校自主开发的课程，在我国有两种不同的课程形式：一是指为满足具体学校的发展需求和学习者的学习需求，充分利用当地和学校的课程资源而开发的多样性的、可供学生选择的课程，是在国家课程之外的、由学校自主研制和实施的课程；二是指国家课程的校本化实施，即学校和教师通过选择、改编、整合、补充、拓展等方式，对国家课程和地方课程进行再加工，使之更符合本校和学习者的需要。无论哪种方式，校本课程都是由校长和学校教师根据学生的需求而在具体教育情境中开发或改编的课程。校本课程的本质体现在：在课程权力方面，学校拥有课程自主权；在课程开发主体方面，教师是课程开发的主体；在课程开发场所方面，具体学校是课程开发的场所。

校本课程开发是20世纪70年代以来英国、澳大利亚等国流行的一种与国家课程开发相对应的课程开发策略，90年代以来逐渐被引入我国。我国的校本课程开发是在中小学多年来实施的活动课、选修课和兴趣小组活动的基础上继承和发展而来的。校本课程是在学校本土生成的，既能体现各校的办学宗旨、学生的特别需要和本校的资源优势，又与国家课程、地方课程紧密结合，具有多样性和可选择性。校本课程的主要功能在于，关注学习者的个别差异，满足他们多样化的学习需求。国家课程和地方课程都面向数量庞大的学习者群体，不可能关注每一个学习者个体，而校本课程恰恰是基于学校发展学习者个性化的学习需求而开发的。

三级课程管理体制

为保障和促进课程适应不同地区、学校、学生的要求，实行国家、地方和学校三级课程管理。

教育部总体规划基础教育课程，制订基础教育课程管理政策，确定国家课程门类和课时。制订国家课程标准，积极试行新的课程评价制度。

省级教育行政部门依据国家课程管理政策和本地实际情况，制订本省（自治区、直辖市）实施国家课程的计划，规划地方课程，报教育部备案并组织实施。经教育部批准，省级教育行政部门可单独制订本省（自治区、直辖市）范围内使用的课程计划和课程标准。

学校在执行国家课程和地方课程的同时，应视当地社会、经济发展的具体情况，结合本校的传统和优势、学生的兴趣和需要，开发或选用适合本校的课程。各级教育行政部门要对课程的实施和开发进行指导和监督，学校有权力和责任反映在实施国家课程和地方课程中所遇到的问题。

资料来源：中华人民共和国教育部：《基础教育课程改革纲要（试行）》，2001-06-08。

二、学校的课程结构

任何一所学校都会根据特定的教育目的和育人目标，对学校中开设的课程类型、学科以及课时等方面进行安排，这种安排的结果就形成了一定的课程结构。分析学校课程的结构，有利于从整体上对学校课程体系和状况有一个明确的把握，从而在课程建设的过程中有的放矢，提升学校课程的质量。

（一）课程结构的内涵

一般而言，结构是指事物的各个组成部分之间的有序搭配和排列，用来描述事物各部分之间的构成关系，如“桌子的结构”、“知识的结构”等。而所谓课程结构，是指课程体系各部分的组织搭配和比例关系。

在这个概念里有三个关键词，即体系、组织搭配、比例关系。课程体系，也就是所有的课程门类，不是指某一门具体课程，这意味着课程结构是针对学校课程的整体而言的。组织搭配意味着学校中全部的课程之间不是杂乱无章的，而是根据一定的规则进行组织化、结构化的处理，从而体现各种课程门类之间的配合关系。比例关系意味着各门具体课程在“量”上（表现为课时）存在差别。所以，课程结构起码要涵盖三个方面：（1）课程要传递什么样的知识，即课程的知识构成；（2）这些知识以什么样的方式来传递，即课程的形态结构（如必修课或选修课、学科课程或活动课程）；（3）不同类型的课程形态在整个课程结构中的时间分配，即课程的课时比例。

从这一分析来看，理解课程结构需要注意三个方面：（1）课程结构是针对学校课程的整个体系而言的，是课程体系的骨架；（2）具体某一门课程不存在课程结构，但存在科学知识的结构；（3）凡是有学校课程存在的地方，就有课程结构的问题，也就要处理各种搭配关系。

确立合理的课程结构具有重要的意义：首先，对特定的人才培养而言，课程结构意味着为学生提供相应的知识框架和能力结构。课程的知识结构能够转化为学生的素质结构和能力结构，例如数学课程能够转化为学生的数学思维和数学知识，语文课程则可以转化为学生的语文素养和相应的语言能力，等等。其次，课程结构使得各种门类的课程得以体系化和系统化，有助于安排教学。课程结构在很大程度上是为了课程实施和教学的便利而进行组织和搭配的。最后，课程结构体现了教育活动的组织性和计划性，科学、合理的课程结构是学校教育活动的基础。课程体系在落实到课堂教学层面之前，必须经过合理的规划与安排，体现教学活动的组织性和计划性，这样才能有利于教师的教与学生的学，提高教育教学的效果，从而更好地实现课程的教育价值。

（二）对课程结构的分析

对课程结构进行分析，需要从三个层面进行：国家课程政策层面、学校课程体系层面和具体课程的学科结构层面。

在国家课程政策层面上分析课程的结构，就是要考察国家宏观的课程规划。我国教育部2001年颁布了《基础教育课程改革纲要（试行）》，由此启动了新一轮基础教育课程改革。在这次改革中，课程结构的调整是一个重要的方面。该纲要规定，整体设置九年一贯的义务教育课程：小学阶段以综合课程为主（品德与生活、语文、数学、体育、艺术等）；初中阶段设置分科与综合相结合的课程（思想品德、语文、数学、外语、科学、综合实践活动等）；高中以分科课程为主；从小学至高中设置综合实践活动并作为必修课程。这是对中小学课程结构的宏观要求。再如，我国在2003年启动了高中课程改革，对高中阶段的课程设置进行了调整，在课程结构上提出了“学习领域”、“科目”、“模块”这三个层次，具体如表13—1所示。①

表13—1　　我国2003年普通高中课程计划（实验）

<table>
<tr><th>学习领域</th><th>科目</th><th>必修学分
（共计116学分）</th><th>选修学分Ⅰ</th><th>选修学分Ⅱ</th></tr>
<tr><td rowspan="2">语言与文学</td><td>语文</td><td>10</td><td rowspan="17">根据社会对人才多样化的需求，适应学生不同潜能和发展的需要，在共同必修的基础上，各科课程标准分类别、分层次设置若干选修模块，供学生选择</td><td rowspan="17">学校根据当地社会、经济、科技、文化发展的需要和学生的兴趣，开设若干选修模块，供学生选择</td></tr>
<tr><td>外语</td><td>10</td></tr>
<tr><td>数学</td><td>数学</td><td>10</td></tr>
<tr><td rowspan="3">人文与社会</td><td>思想政治</td><td>8</td></tr>
<tr><td>历史</td><td>6</td></tr>
<tr><td>地理</td><td>6</td></tr>
<tr><td rowspan="3">科学</td><td>物理</td><td>6</td></tr>
<tr><td>化学</td><td>6</td></tr>
<tr><td>生物</td><td>6</td></tr>
<tr><td>技术</td><td>技术（含信息技术和通用技术）</td><td>8</td></tr>
<tr><td>艺术</td><td>艺术或音乐、美术</td><td>6</td></tr>
<tr><td>体育与健康</td><td>体育与健康</td><td>11</td></tr>
<tr><td rowspan="3">综合实践活动</td><td>研究性学习活动</td><td>15</td></tr>
<tr><td>社区服务</td><td>2</td></tr>
<tr><td>社会实践</td><td>6</td></tr>
</table>

在学校课程体系层面上分析课程结构，就是要考察学校中开设的课程总量、类型和课时比例关系。我们可以从课程表中分析学校在特定学段的课程结构。下面是某小学二年级的课程表（见表13—2）。

① 参见中华人民共和国教育部制订：《普通高中课程方案（实验）》，4页，北京，人民教育出版社，2003。

表 13—2　　二年级课程表

	星期一	星期二	星期三	星期四	星期五
1	数学	语文	语文	语文	语文
2	语文	数学	数学	数学	语文
3	音乐	体育	音乐	健康教育	体育
4	信息技术	班会	班会	班会	品德与生活
5	体育	诵读	美术	形体	班队品德课
6	美术	英语	品德与生活	英语	

从这张课表中我们可以看到有关课程结构的一些具体信息。例如，该校开设了语文、数学、体育、音乐、美术、信息技术和英语等学科课程，还开设了诵读、品德与生活、班队品德课等综合类和活动类课程；在学科课程的课时安排上，各科目之间存在差异，比如每周语文 6 课时，数学 4 课时，音乐、美术、英语各 2 课时，等等。

第二节　课程的设计与组织

随着新一轮基础教育课程改革的推进，特别是三级课程的提出与新的课程管理体制的运行，由中小学校自主研发与设计课程已经成为教育实践的一种新要求。由于课程主题、知识体系和课程目的存在差异，具体的课程研发与设计工作也存在很大不同，然而课程设计的一个重要环节——课程组织，则是学校设计课程过程中都会面临的问题。

一、课程设计与组织的基本范畴

每一种或每一门课程的设计都是独特的，在课程组织方面也不可能完全一致。美国课程学者波斯纳（George Posner）指出，组织的重要功能是使许多部分形成相互依赖和彼此协调的整体一致性。就课程组织而言，这“许多部分”就是课程要素。而对课程要素的理解极大地受到对课程概念理解的影响，因而，在不同的课程观念影响下，对课程组织的理解也不可避免地会因对课程要素理解的不同而不同。① 波斯纳等人还提出，要根据预期的学习目标来组织课程内容，也就是要先对上位的学习目标进行系统分析，然后根据学习目标的分类来组织课程内容，从而有利于学生的学习。② 但在设计过程中，课程组织领域往往又面临一些基本的问题，我们用“基本范畴”来表征这些问题。所谓课程组织的基本

① Posner，G. J. (1995). *Analyzing the Curriculum*. New York：McGraw-Hill，Inc.，122.

② Posner，G. J. & Rudnitsky，A. N. (2006). *Course Design：A Guide to Curriculum Development for Teachers*. Boston：Pearson Education，Inc.，120.

范畴，也就是在组织课程时设计者需要处理的一些最基本的关键概念和问题。这些基本范畴表明了组织课程时应该考虑的重要维度和基本问题，恰当处理这些基本范畴是组织课程的关键。我们认为，课程组织涉及的基本范畴有范围、层次、连续性和平衡性。

（一）范围

顾名思义，课程的范围（scope）是指课程内容所涵盖的领域，直观来说，也就是课程内容的“宽度”或者“覆盖面”。由此可见，课程的范围划定了某一特定课程的内容界限，明确范围问题是设计课程的重要工作。

课程范围的确定要服从于课程目标和课程教育功能的预先设定，也就是说，要根据既定的课程目标和该门课程的教育功能而选定课程的内容范围。课程范围决定了哪些知识、技能等课程要素进入课程，对于实现人才培养目标至关重要。

划定学科界限和课程内容的界限，要思考的问题是：“这门课程属于哪个学科？如果涵盖了多个学科，那么各自的边界在哪里？”这是一个需要思考的基本问题，影响到课程设计的基本方向。例如，我们要设计一门小学“中国历史”课程，在范围问题上我们就需要考虑将这门课程从其他众多的课程中圈定出来，它在范围上涵盖了中国历史上发生的一些基本历史事件、人物和影响等，它明显不能等同于其他学科（如语文、数学、科学等）。如果课程的内容涵盖了多个学科，那么就需要确定各个学科的哪些内容范围进入该课程。要做的工作相同，只不过更加复杂。

由于课程的范围决定了课程在水平方向上的覆盖面，因此它又被称为课程组织的“横向维度”。

（二）层次

划定了学科的内容界限之后，就要考虑在这个范围内哪些具体的知识、技能等内容要素进入课程。这就涉及课程组织的另一基本范畴，即层次（level）。所谓课程内容的层次，也就是课程内容的水平，通俗来说，就是课程内容的难易程度。

任何一个学科的内容都是庞杂的，要穷尽任何一个学科的知识和问题都是不可能的。而且，学校课程的一个重要特征就是根据学生的身心发展确定课程内容。因此，结合学生的发展确定课程内容的层次和水平就成为一个重要问题。例如，还是小学“中国历史”这门课程，在明确了基本的历史事件、人物等内容之后，就要思考另一个问题：“什么层次的知识可以进入本门课程？”由于是小学阶段的历史课程，在浩如烟海的中国历史事件和人物等方面，我们只能选择一些最基本的历史事实、历史人物及其思想等，让小学生知道中国历史的朝代更迭和最基本的发展规律：“夏商与西周，东周分两段。春秋和战国，一统秦两汉。三分魏蜀吴，二晋前后延。南北朝并立，隋唐五代传。宋元明清后，皇朝至此完。”至于这些朝代和最基本的史实背后的思想渊源、民族冲突与融合等深层次的问题，可以留到中学阶段再编写进去。

如果说范围决定了课程内容的“宽度”，那么层次则决定了课程内容的“深度”。因此，层次问题涉及课程组织的另一重要维度，即“纵向维度”。

课程组织并不是把内容选定出来然后堆到一起即可，而是必须把既定的内容根据一定的序列予以安排，这样呈现出来的课程才能有助于教师的讲授和学生的学习。在课程组织的纵向维度中，还有一个涉及课程内容中各概念、技能等知识点的序列问题，特别是在自然科学的学科中这个问题比较突出，这就是国外学者经常强调的顺序（sequence）问题。课程的顺序在本质上体现了学科内容发展的逻辑性，一般而言体现了由小到大、由少到多、由易到难的原则。例如，在设计“生物”这一门课程时，我们在选定了基本的课程内容之后，就必须考虑：“根据怎样的序列安排这些内容?”总体而言，这个顺序就是：细胞—组织—器官—系统。这些内容是前后相继的，前面的内容是后面内容的基础，后面内容是前面内容的拓展和加深，由此课程内容体现出学科发展的逻辑性。

（三）连续性

课程内容的连续性（continuity）是指各知识、技能等知识要素之间的衔接、连贯性和平稳过渡。连续性意味着在组织课程内容时不能出现一些明显的“间隔”和“停顿”，也就是说，在内容上不能有明显的“跨度”而使课程的内容不连续。

连续性体现的是课程内容主题之间的顺畅过渡，它要求课程设计者对选择出的知识点等内容主题进行合理编排，从而使课程内容体现出流畅性。例如，在“中国历史”这门课程中，唐朝和宋朝是中国历史上两个重要的朝代，在经济、政治、文化等领域都颇有建树。从唐朝灭亡到北宋建立也不过半个多世纪，对中国历史来说可谓“弹指一挥间”，似乎可以忽略。然而，如果在组织课程内容时直接从唐朝过渡到宋朝，那么学生有关中国古代史的知识链条就会不完整，也不利于学生对宋朝这个上承五代十国、下启元朝的重要朝代进行深入理解。尽管从907年到960年只有短短的50多年，中国大地上却相继出现后梁、后唐、后晋、后汉、后周这五代，以及在这五代之外还相继出现了前蜀、后蜀、吴、南唐、吴越、闽、楚、南汉、南平和北汉等十余个割据政权，后世统称为十国，这对于小学生的学习来说确实很复杂，但可以简述之以便于小学生掌握，这样就体现了课程内容的连续性。

连续性与层次（或顺序）是相关的。一般而言，连续性强的课程内容，其层次性也较强；反之亦然。例如，在“中国历史”这门课程中，有A、B、C三个版本，其组织课程内容的方式如表13—3所示。

表13—3　　三个版本的小学“中国历史”

“中国历史”A	“中国历史”B	“中国历史”C
夏	夏	商
商	商	夏

续前表

“中国历史”A	“中国历史”B	“中国历史”C
西周	西周	东周
东周（春秋、战国）		西周
秦	秦	秦
西汉	西汉	东汉
东汉	东汉	西汉
三国	三国	两晋
两晋		三国
南北朝	南北朝	隋
隋	隋	南北朝
唐	唐	唐
五代十国		宋
宋	宋	五代十国
元	元	明
明	明	元
清	清	清
中华民国	中华民国	中华民国

这三个版本中，A 有着很好的层次性，也很好地体现了连续性；B 的层次性很强，但连续性方面有欠缺；C 的层次性和连续性都很差。显然，A 最有利于学生的学习，而 C 则不能有效促进学生的学习。

（四）平衡性

课程设计是一个系统工程，除了要考虑具体科目的课程设计之外，还要考虑整体的学校课程的组织和架构。国外学者所说的课程组织的平衡性（balance）其实就是从这个整体架构出发而对课程组织提出的要求。所谓平衡，意味着很多方面的协调统一：科学与艺术的平衡、知识与技能的平衡、智育与体育的平衡、学术与职业的平衡……整个学校课程体系的设计确实需要考虑平衡性问题，因为学校课程应该致力于引导学生在各个领域获得均衡的发展。

对于一门具体课程的设计来说，平衡性的要求意味着课程设计者不但要考虑本门课程的设计问题，还要考虑本门课程与其他课程的关联与协调，从而使课程的教育功能最大化。为此，课程设计者需要跳出学科本位的思维方式，从学校课程的全局和学生均衡发展的需求出发设计具体课程，使课程体现出综合教育价值。

学者简介

乔治·波斯纳，美国当代著名课程论专家，也是全球有影响的课程设计与学校发展咨询师。1965 年获得心理学学士学位，1970 年获得心理学硕士学位，1972 年获得教育心理学博士学位。1996 年以来，他一直作为独立教育咨询协会（Independent Educational Consultants Association）的专家而从事相关的咨询与服务工作，在学术研究领域则以学校课程设计和课程分析见长。1972 年进入康奈尔大学任教，在课程与教学领域担任教授，现已退休。

二、课程组织的基本取向

所谓基本取向，也就是在组织课程内容的过程中体现出来的价值追求和基本做法。总体而言主要有三种取向，即以学科为中心组织课程、以学生为中心组织课程和以社会问题为中心组织课程。

（一）以学科为中心组织课程

以学科为中心组织课程是一种主要的课程组织方式，也是一种古老的课程组织方式。其可以追溯到我国春秋时期孔子提出的“六艺”，即礼、乐、射、御、书、数这六门课程。几乎在同时代，古希腊的“七艺”课程也是一种古老的学科课程，即文法、修辞、辩证法、算术、几何、天文、音乐这七门课程。随着现代学校教育制度的确立，学校课程根据学科设置对应的教学科目，每门科目有目的、有意识地陈述专门的知识体系，这就是现代意义上的学科课程。以学科为中心组织课程强调围绕学科知识来组织课程，突出人类知识及其发展的逻辑性和系统性，注重学科知识的累积。

进入 20 世纪以来，以学科为中心组织课程得到了一些教育哲学流派的支持，如永恒主义、要素主义和结构主义等。永恒主义认为，真理具有普遍性和永恒性，主张以永恒科目作为课程组织的基础，这些永恒科目包括语法规则、阅读、修辞、逻辑和数学，以及西方文明史上的各类名著。要素主义认为人类文化遗产中永恒不变的、共同的要素即人类文化遗产的精华是课程组织的基础，主张学校课程要以读、写、算为主，开设语文、数学、物理、化学、历史、地理、外国语和古代语等基础学科。结构主义主张以学科结构作为课程组织的基础，也就是学校课程要围绕学科的基本概念、原理和方法来组织。

以学科为中心组织课程有利于学习者系统地学习人类文化遗产，有效地掌握学科知识并促进智力的发展。但这种做法在一定程度上限制了知识的范围，不具备包容性的特质，因而妨碍多种目标的追求。它对学习者也不够重视，忽视了学生的需求、兴趣和经验，而且过于强调学科逻辑，难以培养学生在社会、心理、身体等方面的全面发展。

（二）以学生为中心组织课程

以学生为中心组织课程就是围绕学生的兴趣、需要、心理需求等组织课程，从而促进学生的和谐发展。在教育发展史上，主张儿童中心和自然教育的一些教育家对以学生为中心组织课程情有独钟。例如，美国教育家杜威把儿童的本能作为他们获得经验的基础，认为教育的中心是儿童，提出“学校科目互相联系的真正中心，不是科学，不是文学，不是历史，不是地理，而是儿童本身的社会活动”①。杜威认为，“教育即生长，除此之外别无目的”、“教育即经验的改造或改组”，因此在他的实验学校中，所有课程的组织方式都是以儿童为中心的，学校中的课程都是经验课程，其目的是促进学生与生俱来的能力得以生长，并发展和改造学生的经验。

以学生为中心组织课程把知识作为教育的手段，而非目的。这种课程组织适应了学生的个性差异，鼓励学生主动学习，建立自己独特的知识结构。但它在重视学生经验的同时，忽视了对教育具有关键意义的社会目标。过分偏重学生中心的课程组织也不利于学生建立逻辑严密的知识体系和掌握各种必备的技能，从而有弱化学术标准的嫌疑。

（三）以社会问题为中心组织课程

在这种取向中，社会问题成为组织课程的核心线索。其潜在的假设是：课程要为学生适应或改进社会生活作准备，学生应能够将书本知识转化为解决社会问题的能力和方法。以社会问题为中心组织课程特别注意课程与社会生活的联系，强调学生在学习中的主动性。例如，1988 年美国化学学会编写出版的《社会中的化学》（*Chemistry in the Community*）就是这种取向的典范。它是一套中学化学教材，面向将来不打算以化学为专业的学生，力图通过向学生介绍化学对于社会的作用来展示化学的迷人之处。该课程打破了以学科知识为中心组织课程的传统，而是以社会问题为中心来组织课程。在我国，新的高中化学选修模块中的“化学与生活”、“化学与技术”也明显具有以社会问题为中心组织课程的性质。

这种取向的课程组织突出了学校课程的社会发展功能，看到了学校教育对社会的改进和改造的价值，突出了课程促进社会发展、改善社会秩序的功能。但如何选择社会问题、哪些问题适合进入课程内容、如何通过课程的设置来促进社会公平和正义，这些问题恰恰是难以回答的。因此，这种取向的课程组织并没有成为组织课程的主流，只能作为学校组织课程的辅助形式。

这三种取向是理论上的归纳和提炼，需要注意的是，在课程设计的实践中，这三种取向并不是界限分明的。也就是说，实际上人们不会完全根据某一种取向去组织课程，哪怕

① 转引自华东师范大学教育系、杭州大学教育系编译：《现代西方资产阶级教育思想流派论著选》，8 页，北京，人民教育出版社，1980。

是纯粹的学科课程（如数学、物理、化学等），而是根据课程内容的性质和课程目标的具体要求对特定的局部内容进行另类的安排。例如，在我国现行的小学学科课程中，大部分并不是完全根据“以学科为中心”的做法组织课程的。其基本做法是：设计者在总体上尊重学科知识发展的逻辑，但在局部地区为了调动学生学习的兴趣，增加书本知识与实际生活的联系，或以学生的经验为中心，或以某些特定的问题为中心调整和组织课程内容。

第三节 不同形态的课程组织与实例分析

由学校开发的课程主要有两种形态，即学科课程和综合课程。不同的课程形态其组织方式存在一定的差异，本节我们结合具体实例对这两种形态的课程组织进行详细阐述。

一、学科课程的组织

学科课程以学科知识为中心选择课程内容，怎样将众多的学科知识组织起来是课程设计的一个重要问题。一般而言，在完成了课程内容的选择之后，接下来就要根据课程组织的一些原则对这些内容进行组织，基本的环节包括划分课程单元、编排课程单元、将课程内容教材化。

（一）划分课程单元

所谓单元（unit），是指由一系列知识、技能等课程要素组成并具有内在一致性的、相对完整的一个学习单位。也就是说，一个单元的课程内容具有相对独立的教育价值，对学生会产生一定的意义。不同的课程设计者对课程单元的称呼可能不同，譬如“单元”、“章”或“部分”等，这方面并没有固定的要求。每一个单元要有一个标题用以说明该部分的课程内容，如小学“中国历史”可以有这样的一些单元：“第一单元：夏朝”、“第二单元：商朝”等。

每个单元涉及的课程内容在范围上要大体一致，也就是在知识、技能等课程内容的量上要大体相等。这样有利于根据学时进行安排，有助于课程的实施。那么，每个单元的量多大算是合适的呢？这要取决于具体学科知识的性质以及学生是否有能力把握。例如，在小学“中国历史”课程中，如果将“奴隶制社会”设计为一个单元，那么在范围上就过于宽广，因为它涵盖了“夏朝、商朝和周朝”三个朝代，学生把握不住，不如设计为三个单元即“第一单元：夏朝”、“第二单元：商朝”、“第三单元：周朝”。

课程单元的编排顺序要符合课程内容的既有顺序，体现课程组织连续性的相关要求。

也就是说，不同单元的排列要根据知识发展的逻辑进行，前后相继、相互关联。各单元之间一般不会相互涵盖，也就是不存在交叉的地方。但在特殊情况下，为了巩固学生所学、进一步强化不同单元的知识点之间的关联，也可以设计为下一个单元部分地在内容上与前一单元重合，所谓螺旋式课程在很大程度上就是这种设计的结果。

（二）编排课程单元

课程内容被划分为单元后，接下来的工作就是将这些单元按照一定的规则进行编排。最直接的做法就是根据学科知识发展的逻辑将各个单元依次罗列下去。这种做法体现了课程内容的层次，也体现了课程组织的连续性。例如，“普通数学”这门课程涉及有关整数、小数、加减法、乘除法、测量、集合等内容，根据这些内容的性质，大概可以划分为对应的单元。①

- 整数
- 测量
- 小数
- 公制
- 整数的减法和除法
- 有限小数运算
- 整数的加法和乘法
- 集合
- 10 以上的整数
- 数轴
- 实数

显然，这些单元是杂乱无章的，没有体现数学知识的发展逻辑，需要对其进行编排。根据数学知识的发展逻辑，我们大致可以对这些单元进行如下编排：

- 第一单元：整数
- 第二单元：整数的加法和乘法
- 第三单元：整数的减法和除法
- 第四单元：集合
- 第五单元：10 以上的整数
- 第六单元：数轴
- 第七单元：小数
- 第八单元：有限小数运算

---

① Posner，G. J. & Rudnitsky，A. N. (2006). *Course Design：A Guide to Curriculum Development for Teachers*. Boston：Pearson Education，Inc.，147-148.

- 第九单元：实数
- 第十单元：测量
- 第十一单元：公制

为了帮助学生合理、有效地搭建知识结构，课程设计者可以进一步对既有的课程单元进行分析和研究，提炼出更上位的、包摄性更强的概念框架，然后根据这个框架对单元进行分组。这样就能更好地体现各单元之间的联系，从而形成“知识树”，帮助学生对所学的知识进行融会贯通。同样是“普通数学”这门课，这些单元大致可以分为这样几组：测量、整数、小数和集合。其各自包含的单元有：

- 测量：公制、测量
- 整数：整数、整数的减法和除法、整数的加法和乘法
- 小数：小数、实数、有限小数的运算
- 集合：集合、数轴、10 以上的整数

对分组进行安排序列则是：整数、集合、小数、测量。所以，最终的单元安排如下：

整数

- 第一单元：整数
- 第二单元：整数的加法和乘法
- 第三单元：整数的减法和除法

集合

- 第四单元：集合
- 第五单元：10 以上的整数
- 第六单元：数轴

小数

- 第七单元：小数
- 第八单元：有限小数运算
- 第九单元：实数

测量

- 第十单元：测量
- 第十一单元：公制

显然，上述的这一最终组织编排方式体现了对既有课程内容的分析，既尊重了学科知识发展的逻辑，又体现了各知识单元与上位知识的关系，有助于促进学生的学习。

（三）将课程内容教材化

所谓将课程内容教材化，就是根据有利于学生有序学习的基本原则和教材的体例对课程内容的编排和呈现方式进行改造，从而有利于教师的教学与学生的学习。在这里，

“教材化”是一个关键词，为什么要进行教材化的处理呢？因为教材是学生学习的基本素材，教材是根据学生的心理发展逻辑和知识水平而编写出来的，其体例和编写风格适合学生学习。一般而言，中小学生所使用的教材都是图文并茂、语言活泼、可读性强的，容易得到学生的认可。因此，将课程内容教材化是对学校课程设计的一个特殊要求，这也体现了课程设计与学术著作的不同：学校课程的设计可以不追求知识的系统性和专业性，但必须有利于教与学，而学术著作则必须突出知识的系统性与理论创新，而不必追求可读性。

教材的体例很鲜活，一般包括如下部分：单元知识点、例题（或案例）、练习题和思考题等。根据学科性质的不同，学科课程在呈现方式上不完全一样，但在课程组织的过程中都必须考虑教师教学与学生学习的便利性。除了要突出的基本概念、基本原理之外，还必须增加一些有利于学生巩固知识、开阔眼界、进一步自学的内容。对于中小学生来说，这些辅助性的课程内容会对他们的学习有所帮助。

二、综合课程的组织

学科课程的设计相对简单、直接，因为涉及的课程内容只在特定的学科范围之内。但综合课程的设计要复杂一些，因为课程内容是跨学科的，甚至是经验化的。因此，在设计的环节上，综合课程的设计与学科课程的设计也有差别。

（一）确定课程综合化的水平

确定课程综合化的水平意味着课程设计者首先要明确要设计的综合课程在多大程度上是综合的。它要回答的问题是：这门课程跨了哪些学科？涉及学生的哪些经验？有关学科的关联程度有多大？美国学者雅各布斯（Heidi H. Jacobs）认为，综合课程的内容从低到高有六种层次：基于学科（discipline based）、学科并列（parallel disciplines）、多学科（multi-disciplinary）、跨学科（inter-disciplinary）、综合日（integrated day）和完全融合方案（complete program）。① 根据这一理解，结合课程设计的实际，我们认为实践中的综合课程主要有如下类型：

1. 基于学科的综合课程

这类综合课程是以某一学科的概念和原理等内容为基础，为了更好地解释说明这些概念和原理而将相关的其他学科的内容纳入进来，从而形成基于该学科的一门综合化的课程。这种课程的综合化水平比较低，因为它基本上还是基于某一特定学科、以该学科的知识体系为课程内容而架构起来的。在我国，随着基础教育课程改革的不断推进，传统的学

① Jacobs，H. H. (1989). *Interdisciplinary Curriculum：Design and Implementation*. Alexandria：Edwards Brothers，Inc.，14.

校科目在表现形式上都增加了一些经验化的内容，目的是加强学科知识与学生经验的联系，促进书本知识在社会生活中的应用。这些改造了的学校科目其实就是这种“基于学科的综合课程”，如小学阶段的“数学”，其主要内容是初步的一些数学知识和原理（整数、小数、分数、四则运算等），但除了数学知识，课程中明显增加了很多经验和活动设计，这符合综合课程对综合化的最低要求。

2. 学科拼合的综合课程

这类综合课程将相关学科建立一种简单的联结，学科之间的关系是平行的、并列的，没有主要学科和辅助学科之分。这种综合课程的设计是为了强化相关学科在某一主题上的联系，以促进学生整体性地学习知识和认知世界。目前，我国中小学似乎尚未出现这种综合课程的形式，美国的“社会科”（social studies）可以算是一个例子。“社会科”主要涉及的学科包括历史、地理、公民教育等，这几个学科在某一个主题上是可以结合在一起的，如谈到美国独立战争的某一场战役：从历史学科的角度可以分析该战役的时间、地点、人物、影响等；从地理学科的角度可以分析该战役的地理环境、双方阵地布局、天气的影响等；从公民教育的角度可以分析该战役对美国独立的意义、英雄人物的爱国情怀等。

3. 学科互补的综合课程

这类综合课程的关键点在于学科互补，通常是由两门主要的学科构成，这两门学科在教育功能上可以产生互补的效果，从而提升对学生的教育价值。美国化学学会设计出版的《社会中的化学》就是一个例子。它打破了以系统的化学为中心编排课程的传统做法，而在课程内容上将社会学的一些问题整合进来，除了化学的一些基本概念和原理之外，社会问题成为该课程的另一重要维度。这样，两个学科就产生了互补的效应：整合社会问题是为了阐述化学原理的社会应用并提高学生学习的兴趣，而化学的知识和原理则是解决社会问题的一种重要途径和手段，二者相辅相成。

4. 学科融合的综合课程

这类综合课程围绕学习的主题将相关的学科真正整合起来，打乱学科知识的体系之后再将课程内容重新组织起来。尽管还能分清具体知识属于哪个学科，但学科的体系和知识逻辑则消失了，在课程内容上展现出来的就是一种融合的状态。例如，美国中小学普遍开设的STEM课程，它融合了物理、化学、生物，以及技术应用、材料革新和数学这些学科与领域的基本知识，并将工程学的内容整合进来，增加了学生动手做、科学实验等内容，其目的是培养理工科人才。STEM已经成为美国21世纪之后推进理工科教育改革的一个重要方向。“金融危机之后，奥巴马政府在STEM教育方面继续不断加大投入，鼓励学生主修STEM，培养其科技理工素养”，提出“改善所有美国学生的STEM教育”这一改革口号。①

① 参见杨明全：《“后金融危机时代”美国教育发展战略规划及启示》，载《全球教育展望》，2012（7）。

5. 综合经验课程

这也就是我们常说的经验课程。这种课程是综合化水平最高的课程形态，它在内容上已经没有学科痕迹，完全根据学生的学习经验予以组织，往往表现为一系列的学习活动方案。在课程实施上，该类综合课程非常灵活，完全服务于既定的设计理念和课程目标：它可以在课堂内，也可以在课堂外；可以在校内，也可以在校外；可以由教师主讲，也可以放手让学生去活动。在美国，每年中小学都有几次实地考察课（field trip），这是一门列入课程计划的课，其实就是拿出一天的时间来专门安排学生外出活动。在奥兰多，有的学校安排学生们到迪士尼乐园去参观一天，这也算完成这门课了。在我国，综合实践活动课程其实就是一种经验课程，尤其是其中的社区服务、社会实践等活动，完全跟具体学科没有关系，只是为了发展学生的某些经验而设计的，体现了很高的综合化水平。

总之，不同类型的综合课程体现了不同的学科性和综合化水平。如果根据“学科性”和“综合化”两个维度建立一个矩阵图，那么这几种综合课程的大致位置如图 13—1 所示。

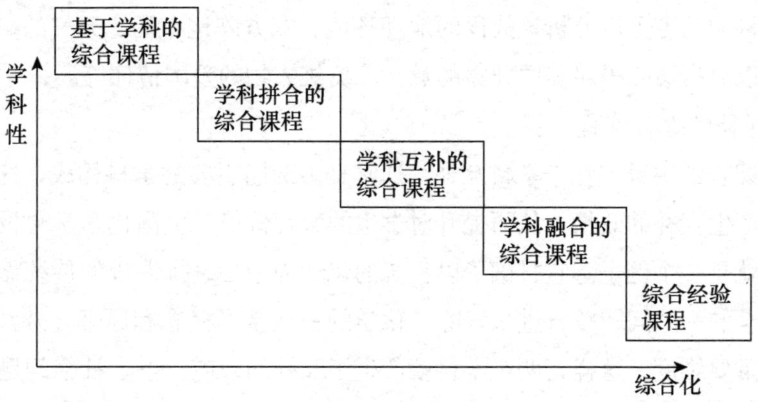

图 13—1　不同类型的综合课程的矩阵图

明确这几种类型的综合课程的学科性和综合化水平有助于课程设计者分析要设计的综合课程的内容结构并合理组织其内容。显然，不同的综合课程对设计者的要求是不一样的，课程设计者必须思考一系列的问题，诸如：这门课程涉及哪些基本学科？其综合化程度有多高？不同学科之间的联系是怎样的？在多大程度上体现知识的体系和学生的经验？如何有效整合相关学科？等等。在明确了该课程的综合化水平之后，课程设计者就可以准备开展下一步的组织工作了。

（二）分析课程内容的结构，形成课程单元

由于综合课程涉及多个学科，其内容要比分科课程更为庞杂，因此需要对课程内容的基本结构进行分析，然后形成课程单元。这一环节在实质上与组织学科课程的内容是相同的，只不过要复杂一些。所谓课程内容的结构，其实就是建立一个可以分析的框架，通过这个框架将所有的课程内容体系化和规范化，从而可以放到一个框架中进行分析，这样就形成了一定的结构。

我们结合具体例子来阐述如何分析课程内容的结果并形成课程单元。以美国《社会中的化学》为例，它将社会问题整合到化学的学习中来，从而达到了“学科互补”的效果，体现了综合课程的教育价值。在课程内容的组织上，课程设计者可谓用心良苦。该课程经历了多次修订，我们将第二版和第四版的内容进行对比，从中可以发现设计者的组织思路（见表13—4）。①

表13—4 《社会中的化学》第二版和第四版内容结构比较

第二版	第四版
第一章 满足用水的需求	第一章 水：探究溶液
第二章 化学资源的保护	第二章 材料：结构和使用
第三章 石油：用于建筑还是燃烧	第三章 石油：键的破坏和形成
第四章 了解食物	第四章 空气：化学和大气
第五章 世界中的核化学	第五章 工业：利用化学反应
第六章 化学、大气与气候	第六章 原子：核的相互作用
第七章 健康：危害与选择	第七章 食物：生命所需的物质和能量
第八章 化学工业：承诺与挑战	

从表13—4中可以看出，为了阐述社会中的化学问题以及化学原理在解决社会问题中的应用，课程设计者抽取了几个关键领域：水、材料、石油、空气等。这些领域确立之后，课程组织的“骨架”就有了，课程内容的结构自然也就初步建立了：将既定的具体课程内容根据这些领域进行分类处理并对应放置，也就是将“血肉”充实到“骨架”上。这样，课程内容的组织结构就完成了。每一章其实就是一个相对独立的课程单元，探究和学习的主题相对独立和完整，能够独立发挥教育功能。这样，课程单元的分析和设计也就完成了。

这个例子有两点值得我们注意：(1) 综合课程的内容组织要回应设计理念和课程目标，体现时代性和经验性。《社会中的化学》第四版更符合美国科学教育的新要求，用更大的篇幅介绍了核化学、有机化学、化学工业以及生物化学等内容，突出了“绿色化学”的价值导向，更符合新时代社会发展的理念。这些内容在结构和组织上得到了突出和强调。(2) 要充分考虑学生的经验特征和可接受性。在学科课程中，课程内容的结构要根据学科知识的发展逻辑进行组织、编排，体现出层次性和连续性。但在综合课程中，由于已经没有了明显的学科知识逻辑，因此在课程单元的安排上就很难再找到一个合理的逻辑关系，这时需要考虑的就是一个基本的出发点：如何便于学生学习和掌握。《社会中的化学》第四版的内容组织从最日常的“水”开始，然后是材料、石油、空气、工业、原子、食物，逐次展开，有助于学生接受。

（三）对课程单元的内容进行精细化组织

由于学科课程以具体学科的知识体系为内容，因此在划分并编排完课程单元之后，

① 参见江栋：《美国中学化学教材Chemcom的分析研究》，山东师范大学硕士学位论文，2005。

课程的雏形已经形成并具有了“课程”的意味。但综合课程没有明显的学科知识体系，在完成课程单元的结构化分析与组织之后，还要对具体课程单元的内容进行精细化的组织。

我们还是以《社会中的化学》第二版的第一章“满足用水的需求”为例，来说明课程设计者是如何对课程单元的内容进行精细化组织的（见表 13—5）。①

表 13—5　《社会中的化学》第一单元课程内容的精细化组织

标题	故事情节	内容选编
A：水的质量	三天的时间如何有效地利用有限配给的水？	深化对水的重要性的认识，具体包括：污水处理实验、调查家庭用品用水情况、作出节水的决策。
B：水及其污染物一览	开始怀疑水溶物影响了水质。	水的性质、溶解度、基本的化学用语、基本粒子及物质的电性、水中常见的阴阳离子介绍及检验。
C：鱼类死因的调查	悬浮物这一可能导致鱼类死亡的原因已经去除。	气体在水中的溶解及与温度的关系，可能的污染物——酸类、离子化合物及重金属离子、分子物质的简单介绍。
D：水的净化和处理	鱼类死亡依然是谜，但已排除农药、化肥和工业废水等因素。	自然界的水净化，水的净化和软化处理，硬水软化的实验活动，污水处理厂的典型流程以及氯气作为消毒剂的利与弊。
E：综合考虑：鱼类死亡，由谁负责	揭开了鱼类死亡的谜底：是由于溶于河水中的空气过量。	模拟镇议会会议，通过角色扮演讨论：谁应该对此事件负责？谁应该承担费用？指出：生活中的化学问题仍然存在，对化学的探究刚刚开始。

表 13—5 所体现的内容呈现方式体现了课程设计者对课程单元内容的分析和组织思路，显然这种处理已经使得现实生活中杂乱无章的社会问题清晰化，是对具体问题的凝练和提炼，由此课程具有了现实的教育价值，可以放置到学校教育的情境之中让学生去学习。如果不经过这种组织和分析，那么尽管社会问题很生动，它也不能产生直接的教育价值。这也就是课程设计的意义之所在。

（四）将课程内容教材化

这一步骤与学科课程的组织是一样的，同样是为了更好地让学生接受和学习，把课程方案更鲜活、更生动地呈现在学生面前。但考虑到综合课程的跨学科和经验性，在将课程内容教材化的过程中会有一些更加灵活的调整，从而使课程方案更能体现课程目标、更适合学生学习。

在《社会中的化学》中，课程设计者设想了一些具有情境性的故事情节，通过这些故事情节将相应的社会问题和化学知识导入进来。例如，在第一章“满足用水的需求”中，课程设计者编写了这样的一个故事（当然这个故事来源于社会生活）。②

---

①② 参见江栋：《美国中学化学教材 Chemcom 的分析研究》，山东师范大学硕士学位论文，2005。

> 两名中学生发现 Riverwood 社区的 Snake 河中有大量梭子鱼死亡，这引起了当地居民对水安全的忧虑。当地政府采取了相应措施，比如：暂停从 Snake 河中抽水，饮用水将从 Mapleton 运来，取消社区‘秋季钓鱼计划’，学校也停课三天，并发布了水危机期间的水配备方案和用水指导，等等。与此同时，一些水利工程师和化学家对事件展开调查。接着，教材谈到居民对这一事件的反应，由此引出本章的两个主题：我们能够得到足够的水满足需求吗？我们能够得到足够纯净的水吗？教材以寻找鱼类死因为主线展开该章内容。

这种对内容的处理就能够调动学生的兴趣，帮助学生更快地进入问题情境，并将相关的化学知识运用到对具体问题的解决中。教材化处理是一个复杂的过程，不同学科、不同年龄阶段的学生所需要的教材化设计是不同的。对综合课程内容的教材化组织要根据课程的性质、设计理念、课程目标和学生的认知水平及发展状况来作出调整，它没有固定的模式，因此也挑战了课程设计者的智慧和设计艺术。

本章小结

随着素质教育改革的不断深化与推进，我国中小学的课程体系正在发生深刻的变化。学校课程建设与创新则是新时期素质教育改革对中小学校在课程领域的一个新要求。教育工作者可以从一些基本的问题入手推动学校的课程建设与创新，包括：分析与调整学校中的课程设置，目的是使学校课程体系符合办学理念与学生的发展需求，探索学校特色化发展道路；研发与设计课程，这是课程创新的具体方面，体现了课程建设的情境性和以学生发展为本的理念；在普通高中开设大学选修课程，这是提升课程的适应性、增加高中课程的可选择性的必要举措，也是联系大学与高中的重要纽带。总之，学校课程的建设与创新需要校长和教师积极提升课程意识，自觉参与到课程变革的过程中来，将自己的教育智慧创造性地运用到课程建设领域，为促进学生的个性化发展奠定基础。

关键概念

国家课程　地方课程　校本课程　课程结构　课程组织

复习思考题

1. 什么是“三级课程”？其各自的功能是什么？
2. 如何理解课程组织的内涵及其在课程设计过程中的意义？学科课程与综合课程的组织要遵循哪些基本的步骤？

3. 案例分析

某高中的几位历史老师为了让学生深入了解美国的历史，决心一起设计一门“美国历史”课程。经过几个月的准备，他们积累了大量的美国历史素材，于是着手组织这些课程内容。他们每人提供了一个组织架构，然后碰头一起讨论从而作出最终决定。但经过讨论之后，他们在两个方案之间难以作出决定。下面是两个方案的组织架构，如果你参与他们的讨论，你如何作出选择？请根据课程组织的理论和技术，对这两个组织方案作出评论。

“美国历史”A

1. 北美的起源
2. 早期北美的原住民
3. 欧洲与新大陆
4. 英国对美洲东北部的殖民
5. 殖民地生活
6. 殖民地人民与宗主国的关系
7. 美国革命
8. 美国政府的基础
9. 美国向西部的拓展

“美国历史”B

北美原住民

1. 北美的起源
2. 早期北美的原住民
3. 北美向西部的拓展

殖民地社会

4. 殖民地生活
5. 美国政府的基础

北美殖民地问题

6. 欧洲与新大陆
7. 英国对美洲东北部的殖民
8. 殖民地人民与宗主国的关系
9. 美国革命

本章阅读书目

1. ［美］乔治·J·波斯纳. 课程分析（第三版）. 上海：华东师范大学出版社，2007

2. ［美］奥恩斯坦．课程：基础、原理和问题．南京：江苏教育出版社，2002
3. 杨明全主编．课程概论．北京：北京师范大学出版社，2010
4. 张华．课程与教学论．上海：上海教育出版社，2000
5. 钟启泉主编．课程论．北京：教育科学出版社，2007

第十四章

课程管理与课程领导

导　读

随着课程改革的推进，课程管理领域也发生了一些显著的变革，即从“课程管理”（curriculum management）逐渐转向“课程领导”（curriculum leadership）。在学校层面，校长的课程领导是学校课程创新的决定因素。课程领导体现了校长对教育教学专业事务的引领和管理，是校长的专业领导力的一个重要方面。随着我国素质教育改革的深化以及基础教育课程改革的不断推进，提升校长的课程领导力已经成为课程改革的基本要求，也是落实课程改革的理念、促进课程创新的基本保障。在本章，我们将聚焦这一问题，阐述校长课程领导的内涵，以及在我国课程管理制度改革的背景下校长课程领导力的转型与提升，剖析校长如何在创新课程的过程中发挥引领作用。

第一节　制度创新与课程管理的转型

课程是学校教育中的一个具体的专门领域。在国家层面，课程管理仍然发挥着基本的制度设计和实践引领的功能，体现为自上而下的管理职能。但在学校层面，随着课程改革的推进，校长对课程事务的单纯管理已经不能满足学校课程创新的需求，在理念上需要从“行政权威”转向“专业权威”，在概念上则需要从课程管理转向课程领导。这种转型体现了新时期学校教育的制度创新，也回应了课程改革的基本要求。

一、制度创新的内涵及意义

制度创新是近年来在社会改革与创新领域出现的一个新的术语，它表达的是在管理制度层面如何通过改变已有的规则而产生新的管理职能并提升其效率，从而使制度与时俱进，发挥更积极的效能。在课程管理领域，制度创新同样具有重要的意义。

（一）制度创新的内涵

制度是人类的伟大发明。即使在穴居时代，原始人群也会在相互交往中通过不断冲突和磨合，逐渐建立起一些交往的规则，大家约定俗成，这些规则也就成了制度。因此，制度是特定的社会组织乃至整个社会为了实现某种功能和特定目的而必须遵守的一系列规范体系。制度是一个社会的博弈规则，是人们制定的、规范人们相互关系的约束条件。制度的成因较为复杂，既与社会交往互动直接相关，也与一定的偶然性相关，所以制度不容易形成，但一旦确定就比较稳定。

既然制度是一定的组织为了保障其运转的有效性而形成的特定规则，那么也就必然意味着制度是与特定的组织联系在一起的，是组织所特有的内部要素之一。制度的这种社会性意味着它是人类社会关系的一种表现，必然受到人类的物质基础和社会条件的制约，正如马克思所言："不是人们的意识决定人们的存在，相反，是人们的社会存在决定人们的意识。"① 那么，随着生产力的发展和社会关系的不断调整，制度也必然经历不断变迁的过程。在这个过程中，制度创新成为推动制度变迁的重要途径。

所谓制度创新，无非就是在人们现有的生产和生活环境条件下，通过创设新的、能够更有效地激励人们行为的制度，进一步规范组织的运行，从而实现社会的持续发展和效率的提升。制度创新的核心内容是社会政治、经济和管理等制度的革新，是支配人们行为和相互关系的规则的变更，是组织内部要素与其外部环境相互关系的变更，其直接结果是激发人们的创造性和积极性，促进社会资源的合理配置，最终推动社会的进步。可以说，所有的创新活动都有赖于制度创新的积淀和持续激励，通过制度创新得以确立新的制度化规则，并以制度文化的方式持续发挥自己的作用，这是制度创新的积极意义之所在。各种社会组织都需要进行制度创新，如企业制度创新、行政制度创新和文化制度创新等。这为考察教育制度创新提供了宏观背景和参照系。

（二）制度创新的意义

首先，制度创新为课程管理的变革提供了宏观的制度环境。广义上，制度是一种规则，是组织系统运作的依据，因此也是规范人们行为的一种平台。纵观社会变革的历史，凡是能够带来社会巨大进步的变革在很大程度上都来自体制上的突破，包括政治制度、经济制度和文化制度。可以说，只有具备了新的制度平台，在该制度规范下新的规则才能运

① 《马克思恩格斯选集》，2版，第2卷，32页，北京，人民出版社，1995。

行，从而有助于创新性的思想和行为的产生。课程管理的变革是一种创新性的思想和行为，它也要求外部制度环境的变革和突破。

其次，制度创新为课程管理的变革提供了思想基础和变革的方向。制度创新为学校领导力变革提供了制度的平台，这一平台中很重要的是思想基础和变革方向。思想基础意味着制度创新所秉持的理念同样也是学校领导力变革要坚持的理念。显然，课程管理制度的变革不能违背或僭越这一思想基础，而只能是对这一思想进行诠释和落实。

最后，制度创新为课程管理的变革提供了内容。之所以提出课程管理的变革的课题，是因为制度创新要求学校变革领导模式，进而变革学校教育领域内具体的制度，回应宏观制度变革的需要。课程管理变革的重要内容就在于，促进学校层面课程教学制度的创新，回应宏观制度创新的呼唤，为制度创新在学校中的推行奠定基础。

二、我国的课程管理制度及其转型

顾名思义，课程管理是指根据一定的政策规定和制度要求，有组织地对有关课程的事务进行协调，从而推动课程的建设与实施，最终达到预定目标的过程。课程管理既包含了教育行政部门在宏观层面对课程事务的组织与调控，也包含了学校层面所发生的一些管理行为，如课程的编制、调整、课时分配与各门学科课程的安排等。

（一）课程管理的模式及内容

课程管理的内容是与课程管理的模式密切相关的。也就是说，在不同取向的管理模式之下，具体的课程管理行为及其产生的后果是不一样的。总体而言，在世界范围内主要有两种课程管理模式，即集权型课程管理模式与分权型课程管理模式。在集权型课程管理模式下，课程管理的权力集中在国家层面，它强调政策指令的上传下达，强调课程的统一性。具体来说，在这种模式下，国家制定统一的课程标准、拟订统一的教学计划并确定评价标准；所有地区、所有学校都设置相同的学科、运用相同的评价标准，甚至有的国家要求使用相同的教材和课程表。因此，集权型课程管理模式的主要特点是：(1) 由国家教育行政部门制定课程标准和教学大纲并通过政令颁布实施，地方政府和学校依照执行；(2) 国家统一规定科目设置、课程内容、教学时数和培养目标等，执行全国性或区域性的统一的中小学升学考试或毕业考试；(3) 国家行使对中小学教材的审定权。

与此相对，分权型课程管理模式将课程管理的权力集中在地方层面，强调地方和学校的独特性与差异性。在这种模式下，国家不统一规定全国通用的课程标准、教学大纲和评价标准等，而是由各地区规定各自的课程标准、教学大纲和课程设置，在地区范围之内这些课程要求是统一的。这种课程管理模式的主要特点是：(1) 课程设置和管理实行分权体制，国家不作统一规定，课程管理的主体是地方和学校；(2) 国家不统一规定科目的设置、课程内容、课程标准和培养目标等，而是由地方自主决定；（3）教科书的编写、审定、发行不作统一规定和限制，地方和学校可自由选择和确定教材。

显然，我国实施的是集权型课程管理模式。从课程行政管理角度来说，我国课程管理的内容主要包括以下几个方面：（1）制定课程计划，主要包括各级各类学校的课程设置、课程结构与课时的分配等；（2）研制课程标准，主要包括研制各学校科目的课程标准、教科书审核标准、评价标准等；（3）开发国家课程，主要包括对学校和学生的发展需求进行调研、编写各科教科书、分配课时等；（4）指导课程实施，主要包括教材研究、教学目的的确定、教材教具的研发等；（5）推进课程评价，主要包括对国家课程实施的监督、学习结果的检验和评估、测验管理、课程的改进等。

（二）我国的课程管理制度

1999年6月，我国颁发了《中共中央国务院关于深化教育改革全面推进素质教育的决定》，提出“调整和改革课程体系、结构、内容，建立新的基础教育课程体系，试行国家课程、地方课程和学校课程”。这标志着我国基础教育在课程权力方面进行了重大的调整，使地方和学校参与课程开发和管理得到了政策上的保障。在此基础上，2001年6月，我国教育部印发《基础教育课程改革纲要（试行）》，明确指出：“为保障和促进课程适应不同地区、学校、学生的要求，实行国家、地方和学校三级课程管理。”三级课程管理是一个管理层面的概念，从课程管理的角度出发，把基础教育课程管理由单一的国家管理扩大为国家、地方和学校三级共同管理，地方和学校也参与到课程管理中来，各管理主体可以根据所享有的课程管理权限，承担相应的管理责任和义务，与中央一起对基础教育课程进行创造性的管理。

在三级课程管理体制之下，不同行政主体拥有不同的管理职责。教育部的课程管理职责为：“总体规划基础教育课程，制订基础教育课程管理政策，确定国家课程门类和课时。制订国家课程标准，积极试行新的课程评价制度”。省级教育行政部门的管理职责为：“依据国家课程管理政策和本地实际情况，制订本省（自治区、直辖市）实施国家课程的计划，规划地方课程，报教育部备案并组织实施”；经教育部批准，“可单独制定本省（自治区、直辖市）范围内使用的课程计划和课程标准”。学校的管理职责为：“在执行国家课程和地方课程的同时，应视当地社会、经济发展的具体情况，结合本校的传统和优势、学生的兴趣和需要，开发或选用适合本校的课程”；“学校有权力和责任反映在实施国家课程和地方课程中所遇到的问题”。

三级课程管理的实施是一种制度创新，它对各级管理主体提出了新的要求。在学校教育的实践层面，教育行政部门的管理与校长的管理已经不再是单纯的“传达”与“执行”的关系，而是体现出新的特征。它要求教育行政部门和校长重新梳理各自的权责，共同致力于推动学校课程的改革与创新（见表14—1）。

表 14—1　　校长和行政管理机构的管理职责

校长	行政管理机构
● 在教育行政机构确立的课程结构和政策框架之内，拟订课程计划； ● 保证课程计划的实施； ● 负责日常课程决策； ● 对一些经费支出提出预算，包括发展基金、特殊教育基金、政府支持的其他可预期的资助等； ● 预算被批准后提出详细的支出计划，有计划地提交有关经费使用的监控报告。	● 提出一个宽泛而平衡的课程结构和政策框架； ● 为国家课程的传播与评价提供基本保障； ● 进行恰当的监控，对校长提供的报告进行评估； ● 根据预算监控学校的经费支出。

资料来源：Brundrett，M. & Rhodes，C.(2011). *Leadership for Quality and Accountability in Education*. London：Routledge，26。

（三）课程管理制度的转型

“管理”是一个古老的术语，英文 manage 来源于拉丁语 manus，意思是“手”，显然跟手的操作有关系，后来延伸到一般性的技巧操作。在历史上，西方一些学者对于“管理”这一概念多有提及，但真正系统地确立管理理论的，则是美国的泰罗。1905 年，他出版了《科学管理原理》一书，标志着现代科学管理理论的确立。他的管理学理论受到行为主义心理学和效率思想的影响，强调对系统内部要素的控制和制约，通过垂直的科层化管理来提高管理效率。但是，这一经典的管理理论在 20 世纪 70 年代之后受到了挑战，特别是英国刮起的“新管理主义”之风对“泰罗主义”产生了巨大的冲击，它强调管理应减少层级，主张赋权和地方分权。与此同时，领导学的理论也从管理理论内部发起了挑战，特别是通过对成功的领导行为的分析，揭示了成功的领导不是去命令、控制、监督，而是去倾听、合作、指引。传统的课程管理发端于泰罗的“科学管理的原理”，课程领导兴起的过程事实上也是对以科层性、从上至下的传统课程管理体制的批判和挑战的过程。“课程领导”的提出预示着课程管理研究领域的“范式转换”。

那么，课程管理跟课程领导有什么差别呢？管理的职能在于保证组织的秩序，使组织减少混乱，使其更高效地运转起来；领导的职能在于规划引领，产生影响，寻求建设性的变革。对于这两个术语，国外也有学者进行了比较（见表 14—2）。

表 14—2　　管理与领导的比较

管理	领导
“产生秩序和一致” ● 计划/预算 ● 组织/人事 ● 控制/解决问题	“产生变化和运动” ● 建立远景/制定策略 ● 人员匹配/交流 ● 激励/鼓励

资料来源：[美] 彼得·诺思豪斯：《领导学：理论与实践》，6 页，南京，江苏教育出版社，2002。

课程管理是行政人员依据相关的规章制度对学校中的课程进行的管理活动，强调通过运用各种课程管理策略而形成课程管理的机制，根据政府的意志规范学校中的课程事务，保证学校对既定课程的实施。而课程领导则消减了课程管理中的行政命令的意味，强调从学校的具体情境出发推动课程教学领域的变革，以专业的精神引领学校开发高品质的课程，从而促进学生的有效学习。可见，课程管理强调标准化的操作，要求校长等管理者根据“规定动作”实现对课程事务的管理；课程领导则注重具体的课程制度环境，强调在复杂的学校情境中，通过有效的专业引领而提升课程的品质，进而引领学生的发展。前者关注管理任务的落实，而后者则看重课程品质和学生学习品质的提升，二者所持的课程观、学习观以及对教育的根本信念是不同的。例如，美国学者亨德森（James G. Henderson）等人在《革新的课程领导》一书中就指出，“革新的课程领导的核心是致力于课程开发、执行教育计划和教学互动，这一核心符合民主社会学生的最佳的教育利益。我们建构了一个学习的范例，这种学习倡导深思熟虑、多元智能、多元素养、以表现性学业成就为本、敏锐的个人洞察力、文明、公正平等、多元文化等等”①。他们对传统的课程哲学与革新的课程哲学进行了比较（见表 14—3）。

表 14—3　传统的课程哲学与革新的课程哲学之比较

传统的课程哲学	革新的课程哲学
● 学科学习以预定的技能与内容为本位。 ● 使用标准化的教学结果。 ● 信赖标准化测验。 ● 学会服从权威。 ● 学会在充满竞争的精英领导的教育背景下做到合作与顺从。	● 学科学习采用建构主义式活动，以思考为中心。 ● 使用多元素养的表现性结果。 ● 信赖个性化的以学业成就为本的测验。 ● 学会承担多样化的终身的探究责任。 ● 学会做有见识的民主公民，理解平等、文明和多样性。

资料来源：［美］亨德森、霍索恩：《革新的课程领导（第二版）》，5 页，杭州，浙江教育出版社，2005。

课程领导所带来的课程管理的“范式转换”其实并没有消解管理中固有的以制度规范组织行为的本义，而是在制度创新的语境下，从变革与创新的视角寻求对科层化管理的超越，用更加专业的意识和精神去引领学校层面课程的发展。现代学校管理理论是建立在标准化、注重常规和效率的工厂模式基础之上的，学校管理的目的就是服从上级所强加的规章制度和政策。这种管理是线性化的上传下达，结构稳定而且可以预测，其权力的运作脉络非常清晰。这种传统的管理思想适用于规范化的管理，对于处于稳态的教育实践具有很高的管理效率。但是，今天的学校教育所处的情境则日趋复杂，这种传统的管理思想对于这个复杂的学校系统缺少必要的应变。课程领导这一思想的提出恰恰反映了当今时代学校教育实践对新型管理思想的期待 。显然，在今天的教育情境中，制度化的管理不能单纯靠制度去加以规范，还需要专业的意识、革新的思想和道德的指引。

① ［美］亨德森、霍索恩：《革新的课程领导（第二版）》，1 页，杭州，浙江教育出版社，2005。

三、制度创新对校长课程领导的意义

“领导力”是近年来管理理论领域中出现的一个新概念，代表着管理理论从强调“权力”和“控制”向强调“组织”和“引领”的视角转换。“领导力”这一概念突出了管理者应该具备的专业素养和领导素养。要培养这样的领袖人物，显然不能仅仅关注管理层面的知识修养，更应关注更高层次的领导力再造。在这里，“领导”不再局限于“管理”，而是要引领组织变革和创新，将组织及其成员从现在带向所期望的未来。制度创新的内涵在于，调整组织内部及其与外部相关因素的关系，通过理顺群体之间的关系而发挥其整体的创造性，这正是领导力所要求的。从这个意义上说，制度创新对学校领导力的变革具有重要的意义。

首先，在课程事务的管理中倡导课程领导的意义在于将课程管理的功能定位在通过提升课程品质而促进学生有效学习上。从根本上说，任何课程都是为学生提供发展机会的过程。通过这个过程，学生获得知识、形成技能、发展情意。课程领导的要义，无非就是使这一机会更加丰富多彩、更加适合学生的学习经验，从而使课程对学生来说真正具有意义。因此，课程是学生进行学习和发展自我所经由的途径，它与学生的学习行为密不可分。在行政主义的管理之下，课程管理所发挥的功能局限于通过对教师行为的规范来落实既定的课程内容，而不会灵活地根据具体情境来发展有利于学生学习的课程。而课程领导所追求的，是更加关注具体情境中的课程，关注学生的学习需求，使课程为学生的发展服务。“课程领导所发挥的功能，在于使学校的体系及教育能达成增进学生学习品质的目标。”① 这句话很明确地阐明，课程领导关注学校教育的核心问题，即学生的学习问题。正如美国学者亨德森所批判的：“太多学校制度侧重管理目标、经济和效率，而非有意义的学生学习。”②

其次，从课程管理向课程领导的转换促使校长关注专业性领导素养的提升。长期以来，在管理主义的体制之下，中小学校长习惯于以行政的指令管理学校的各项事务（包括课程事务），长于上传下达而短于专业引领。这样，导致校长的专业性不强，甚至不熟悉课程教学的业务问题，成为上一级管理部门的行政工具，丧失了对学校教育教学的专业引领功能，仅仅成为教育行政管理链条上的一个环节。在今天这种复杂的教育情境中，制度创新的潮流促生了很多新的理念和新的举措，校长的专业素养的提升应该提到议事日程上来。在传统的管理体制下，我国的中小学校长所起的作用主要是管理而非领导。制度创新要求领导者改变单一的行政管理模式，而要进行课程领导，校长只有具备较高的专业素养

---

① ［美］Allan A. Glatthorn：《校长的课程领导》，25 页，上海，华东师范大学出版社，2003。

② ［美］亨德森、霍索恩：《革新的课程领导（第二版）》，2 页，杭州，浙江教育出版社，2005。

才能应对。

最后，倡导课程领导有助于阐明校长和教师的道德意蕴。教育者的道德修养一直是衡量其教育水准的重要标尺，在当下的教育环境中教育者的职业道德仍然是公众所关注的重要话题。但是，单纯从学理上强调其重要性似乎不能有效规范某些教育者在道德领域和道德问题上的所作所为，因为那只能靠舆论的监督，目前还不具备条件将其纳入法制的轨道。但从课程领导的视角来考察，校长和教师都承担着学校课程的管理和开发的责任，这是其作为专业人员的必然要求。在课程领域，中小学生的课程和课堂教学不可能是价值无涉的，这就要求教育者必须对课程教学事务进行价值评判，这就只能靠专业伦理来规范了。显然，校长和教师要恰当地处理课程教学中的价值问题，其前提是他们本身要有较高的职业道德水准，这是从专业素养的角度提出的要求。教育者的课程领导力的提升，也就意味着其处理价值和伦理问题的能力的提升，这有助于彰显教育者的道德素养。

第二节　课程领导的内涵、原则与职能

在学校教育的实践中，校长履行的主要是一种管理的职责：对学生的管理、对教师教学的管理以及对学校其他日常事务的管理。这是从教育行政的角度对校长这一概念的传统界定。而在课程改革的过程中，校长除了要发挥原有的管理职能外，还要体现对课程与教学改革的关注，并证明自己在该领域的专业领导能力。这已经不再是传统意义上的管理职责，而是在课程改革的背景下校长必须承担的新职责——课程领导的职责。

一、课程管理与课程领导的内涵

校长对学校课程领域的管理是其专业工作的一部分，因此，“课程管理”这一术语表达的正是校长的这一职责。但近些年来，特别是进入21世纪以来，课程文献中更多地开始用“课程领导”来表达校长的这种职责。这种变化恰恰折射出课程改革与管理的理念上的不同。

1. 课程管理

课程管理是校长学校管理工作的一部分，是针对课程领域的管理，尤其是通过人员安排、课时计划等管理活动而为落实国家课程标准和课程计划创造条件，在学校自主开发的课程领域则意味着为校本课程的设计、实施、评价等创造条件。因此，课程管理主要涉及对人、财、物的统筹安排，是一个自上而下、通过行政指令而发挥作用的过程，典型地体现了“管理”这一术语的特点。

课程管理是与行政权威密切相关的。根据有关学者的研究，“管理”主要有三种类型：

(1)“为顺从而管理”，通常是指服从于组织运作，在管理的过程中管理者经常运用惩罚与奖赏的手段以提高效果；(2)“为成果而管理”，也就是把来自专业机构及管理单位的外在控制转移至内部的及个体学校的专业自主方面，鼓励被管理者达成预期的成果；(3)“为建立可持续的组织生态而管理”，这意味着把学校作为一个组织生态而进行管理，能够考虑到学校的可持续发展，但也是在一个封闭的系统之内进行管理活动。①

2. 课程领导

鉴于课程管理具有浓厚的行政色彩和上传下达的服从关系而没有体现应有的自主性和开放性，随着教育改革的推进和教育理念的变革，在世界范围内人们开始逐渐使用“课程领导”这一术语取代“课程管理”。人们一般把“领导”理解为一种指挥群体活动的行为，它通过领导者或领导团体所特有的权力、人格魅力、专业素养等对群体行为产生引领作用，以实现群体共同的目标。因此，这意味着两个方面的改变：改变学校接受上级行政部门的指令之后才开始围绕学校的课程展开活动和运作的认识，以及改变行政和管理是从学校的上司和外部提供驱动力的观念。

那么，什么是课程领导呢？“课程领导”并不是一个新的概念，在20世纪中期之后美国的课程论研究领域就已经提出了这一概念。但真正引起人们重视并引发学术界深入探讨则是在20世纪90年代之后，代表性的人物和著作主要有：格拉索恩（Allan A. Glatthorn），代表作是1987年出版的《课程领导》(*Curriculum Leadership*)；布鲁贝克（Dale L. Brubaker），代表作是《激活课程领导》(*Revitalizing Curriculum Leadership*)；亨德森和霍索恩，代表作是《革新的课程领导》（*Transformative Curriculum Leadership*）。这些学者对“课程领导”的界定也不尽相同，有的从课程领导的具体活动方面指出课程领导的五个活动内容：建立愿景、管理课程与教学、监督教学、监控学生的学习进度、提高教学的气氛；有的从课程领导的目的上强调学生学习的改进和教师的专业发展；有的则从课程领导的功能上突出课程领导应致力于使学校能达成增进学生学习品质的目标。②

学者简介

亨德森，生于1945年，现为美国肯特大学（University of Kent）课程教学与学习学院教授，在课程设计、课程领导领域有着很高的声望，撰写了多本专著。他在达特茅斯学院（Dartmouth College）获得历史学学士学位，在威斯康星大学获得教育学硕士学位，在斯坦福大学获得教育学博士学位，专业为课程与教学研究。毕业后进入罗斯福大学（Roosevelt University）工作，从讲师晋升为副教授，后来进入肯特大学并于1996年在该校晋升为教授。在课程领域，亨德森主张教师应该鼓励学生进行“3S学习”，即

①② 参见钟启泉：《从“课程管理”到“课程领导”》，载《全球教育展望》，2002（12）。

"自我导向的学习"(self-learning)、"社会学习"(social learning)和"学科科目的学习"(subject matter learning)。2004 年，亨德森与同事一起创办了《课程与教学杂志》(*Journal of Curriculum and Pedagogy*)，在学术界产生了广泛的影响。目前他已有三本著作被翻译为中文，除了《革新的课程领导》之外，还有《反思教学：成为一位探究的教育者》(*Reflective Teaching: Becoming An Inquiring Educator*)和《课程智慧》(*Curriculum Wisdom*)。

综观学者们的研究，我们可以这样认为：课程领导是课程实践的一种方式，是指引、统领课程改革、课程开发、课程实验和课程评价等活动的总称。它的目的是影响课程改革与开发的过程和结果，实现课程改革和课程开发的目标。这一定义强调，课程领导具有普遍性。这也就是说，凡是有课程改革与课程开发的地方，不论是国家、地方、学校层面还是课堂层面，都需要课程领导。此外，课程领导的主体可以是个人，也可以是组织与团体以及教育行政部门，在学校层面则更突出的是校长个人的课程领导行为（见表 14—4）。

表 14—4 美国课程领导的层次及其功能摘要

层次	课程领导的功能
州层次	● 制订州定的课程架构，包括了广域的目的、一般的标准以及毕业的规定； ● 制订州的测验，以及各个必修学术科目的实作表现标准； ● 提供各项必要的资源给各地方学区； ● 定期评估州定的课程架构。
学区层次	● 制订和执行与课程相关的政策； ● 拟定高品质的课程之标准； ● 以州定教育目的为依据拟定教育目的； ● 确认各阶段的学习方案，制订必修科目，并且完成各学科教学时间的分配； ● 就各个科目而言，设定核心课程或是学生必须精熟的课程，包括其范围与顺序的图示，以及课程的指引； ● 选用教学材料（包括教科书）； ● 编拟课程为本的测验，以及其他可资运用的实作评量工具，以便补州标准化测验之不足； ● 为学校层次提供财力和其他的资源，包括专门技术的支援； ● 定期评估学区制定的课程。
学校层次	● 以学区的课程标准为依据，拟定高品质的学校课程之标准； ● 补学区所制订的教育目的之不足； ● 拟定各该学校的学习课程； ● 拟定以学习为本的功课表； ● 决定课程统整作法的性质及程度； ● 定期监看与协助课程实施的情况。
班级层次	● 拟定全年的教学活动行事例； ● 拟定各单元的计划； ● 充实课程与补救教学； ● 定期进行课程评鉴。

资料来源：[美] Allan A. Glatthorn:《校长的课程领导》，18 页，上海，华东师范大学出版社，2003。

二、课程领导的原则与意义

在课程改革中强调校长的课程领导，实际上就是要求校长超越传统的行政管理职能，扮演起课程领导者的角色。校长作为课程领导者，应采取民主的、相互沟通的领导方式，并扮演教育理想家、课程与教学改革者、协同合作者、共同学习者、公开支持者以及知识的建构者等角色。这种理念致力于摆脱传统的管理模式，关注真实的教育情境，回应知识的革新和社会变迁的需要，整合个人、群体、组织、社区以及文化的需求，并重视教师的专业发展。

（一）基本原则

1. 权力分享与责任分担的原则

要重视中央教育行政部门、地方教育当局与学校这三者的权力和责任的重新分配，通过民主参与和决策分享，促进学校教师的专业自主并提高其课程开发能力。

2. 依托专业能力实现课程领导的原则

专业的课程领导者要比行政领导更有效率、更自然。由于课程领导者能够证明自己有能力去组织课程实践活动、去提供咨询服务并满足学校中其他成员的需求，他在领导的过程中管理的事务其实是单纯的，因为这些事务都集中在学校课程领域。课程领导帮助学校开发能够满足学生需要的课程。其专业能力包括有效地与他人开展工作的能力、课程规划的能力、鼓励大家有效交流与合作的能力等。

3. 课程建设与教师专业发展相结合的原则

课程领导强调教师的专业发展，将课程开发过程与教师的专业发展内在地整合在一起。教师不仅是单纯的课程接受者，同时也是课程的创生者和研究者，课程开发过程因而也就是教师专业发展的过程。学校校长作为课程领导者，要积极创造条件为校本课程开发和教师专业发展提供机会，使教师与新课程一起成长。

4. 理论与实践相结合的原则

为了保证课程领导的有效运行，校长应不断加强学习，掌握一定的课程理论知识，形成独特的领导艺术，证明自己的课程领导能力。在实践中，校长需要让教师队伍中那些有威望、有经验者自愿参加课程开发委员会的课程运作，形成制度化的工作模式，从而保证课程开发的持续进行，并迅速、有效地解决课程开发过程中遇到的问题。理论与实践的结合是校长发挥课程领导作用的关键。

（二）倡导课程领导的意义

从实质上来看，倡导课程领导的意义在于促使中小学校长从“行政权威”转向“专业权威”。因为传统的课程管理体现了“管理与操控”的做法，强化了自上而下的行政管理，在一定程度上挤压了学校课程创新的空间以及教师的课程智慧，不利于中小学校的课程建设。而课程领导则以更加开放的姿态赋予学校的校长和教师更多的专业自主权，有利于发挥校长的“专业权威”。在课程领导的理念之下，校长的管理行为不再局限于对既定政策的上传下达，校长可以为学校成员提供必要的基本支持与资源，进而充实教师的课程专业知识和能力，促进学校课程的改革与创新。在目前我国已经实施三级课程管理的制度框架之下，校长发挥课程领导的职能已经具有了现实的制度基础。

课程领导对中小学校长提出了更高的要求。如果说对学校事务的管理职责体现了校长的行政权威，那么对课程的领导则体现了校长在课程与教学方面的专业权威。校长要发挥课程领导的职能，就必须具备一定的课程哲学观、课程专业知识以及明确的办学理念，并能够通过领导行为促进学校成员的专业发展；校长必须是课程与教学的行家里手，在课程改革中能够积极推进一系列的课程开发，其中包括校本课程的规划、设计、实施和评价等，以为学生提供适切的学习计划和发展机会。实际上，强调课程领导的最终目的，在于通过课程革新为学生提供更加适切的学习机会从而促进其发展。正是在这个意义上，欧美国家普遍重视课程领导。它们一方面强调校长应与相关人员共同工作以发挥课程领导的职能；另一方面强调课程领导是使组织和团体实现课程改革目标的过程，并借此为学生提供高质量的学习内容从而使学生受益。

在我国，人们对“课程领导”这一概念相对陌生，对“课程管理”则更加熟悉。其实，“领导”与“管理”在意思上尽管很相近，但两者毕竟存在差异。“领导”意味着民主的、内部驱动的统领行为，领导行为的发生往往依赖于领导者的专业权威和个人魅力；“管理”则是强迫的、外部授权的行为，它更多依赖于行政权威和法律、法规的约束。

为了成功实现课程领导，首先，校长应该为课程改革创造一个良好的环境。为此，校长应积极接受新的教育思想和课程理念，积极进行课程改革的实验，推进课堂教学改革，为新课程的落实奠定基础。其次，校长应确定清晰的办学理念，并与其他学校成员一起制定学校发展目标，规划学校课程设置，指引学校发展的方向。最后，校长应积极创设一种民主、参与、合作、向上的学校文化，在课程改革中发挥实际的影响力，鼓励教师主动参与各种课程决策，并且直接或间接地支持教师参与学校课程变革，从而引导和促进教师的专业发展，并为学生提供完整的学习计划。

三、校长作为课程领导者的职能

课程领导的主要职能是：首先，制定行政领导和专业领导工作框架，包括建立明晰的组织结构、营造和谐的组织气氛、建立融洽的人际关系等；其次，确定课程建设的基本工作领域，如目标的制定、课程委员会的组建、国家课程的调整、学校课程的研发等，以实现课程目标。校长的课程领导的职能主要表现在以下几个方面：

（一）决策职能

决策职能是校长课程领导的核心，它是对有关教育的目的和手段的一种判断。影响课程决策的基本因素包括学校的办学理念、学生的需求、教师的知识基础和专业技能等。此外，家长的参与也可以提高课程决策的民主化程度与科学化水平。

为发挥决策职能，校长的课程任务主要有：及时传达上级教育行政部门的政策指令；保证课程的实施是在国家课程框架和要求之内；监督评价的过程；选择教材和其他学习材料；对学生的成绩进行评议；开展教师专业发展活动；围绕课程问题开展研究；等等。

（二）组织职能

组织职能主要是指课程领导者通过建立组织机构、分配课程领域人员及组织的责任和权限，制定课程实施的规章制度，协调课程实施中的各种关系，把各种力量尽可能地组织到实现课程目标的活动上来。

为发挥组织职能，校长需要对课程事务有一个总体规划，把握具体情况，形成具体而合理的工作思路；然后建章立制、建立组织网络，将责任落实到具体人员身上，调动全校教师的力量共同参与学校课程的建设。为有效开展组织工作，校长需要明确责权关系，提高绩效意识，并建立明晰的奖励和惩罚制度，真正调动每一个人的工作积极性。

（三）引领职能

引领职能是指课程领导者对课程建设情况的监督和检查。要求领导者随时掌握信息，及时发现课程实施过程中的问题，分析问题产生的原因，采取恰当措施给予引导与矫正，确保课程实施的正常运行。

课程领导者是帮助者和引领者。课程领导者只有以一种开放的、包容的和促进的方式去工作，才能获得成功。课程领导者不具有传统的权威，他是学校的员工之一，其权威来自专业领域。他只有证明自己有能力去领导专业事务，才能获得支持。

第三节　校长课程领导的主要课题

从课程管理到课程领导意味着“行政权威”让位于“专业权威”，这对中小学校长来说确实是一个不小的挑战。在课程改革不断推进的背景下，校长的课程领导面临诸多的课题，包括树立课程领导的新理念、规划与设计课程以及明确课程领导的工作领域等。

一、树立课程领导的新理念

在学校层面，课程领导主要是指校长的课程领导。校长的课程领导力就是指校长运用行政的和专业的影响力，在一定的制度环境中有效地对课程事务进行管理从而实现学校发展目标的能力。领导力就是要提供指导并施加影响，一方面，领导者不是把目标强加给追随者，而是与他人一起朝着共同的目标努力，即为了学生的全面发展而共同改进教育教学工作；另一方面，领导者主要是跟其他人一起工作，为他人的有效工作创造有利条件，因而领导力在学校改进中会产生间接的和直接的作用。因此，领导力不是指某一方面的能力，而是包含校长的价值理念、办学思想、学识、人格、情感、意志等综合素质，是驾驭、引领、发展学校的综合能力。发挥这种领导力，首先需要确立一些新的理念。

1. 确立新的课程发展观

作为学校的管理人员，中小学校长关心的是学校日常工作的开展，对于课程问题往往缺少关注。在我国，教育者对课程的理解比较狭隘，一般局限于国家规定的课程文本，如教材、教学参考、课程标准等，而这些都是国家事先确定的，学校的领导者似乎把这些既定的课程文本落实下去即可。在这样的观念下，课程被看作各学科甚至是各门课程的教材。这种理解把课程看作学生的对象化的存在、使课程跟学生的经验相脱节，导致学生对学习不感兴趣、课程对学生失去意义。确立新的课程发展观，也就意味着教师要充分认识课程对学生各方面发展的重要性，课程的发展是服务于学生的学习和发展的。

在新的课程发展观之下，校长的课程领导蕴含着丰富的内容。校长不能把学校看作教育行政的最基层的单位，不能认为落实国家的课程政策即可。校长的课程领导需要关注的是如何发展适合学校具体情境的课程。校长应该做课程变革的发起人，应该是学校层面课程创新的基本力量。整体性的课程改革往往遵循“研究—开发—传播”模式，由国家自上而下地推动；但国家课程改革的推进离不开学校层面的课程革新，离不开自下而上的课程变革，显然，这需要校长的推动和积极参与。

2. 引导教师明确自身的课程角色

课程领导是针对课程事务的管理活动，因此教师也是课程领导者之一。教师的课程角色非常重要。但是，在课程发展史上，教师曾经长期被排除在课程事务之外。20 世纪 70 年代之后，施瓦布提出了实践取向的课程观，把教师看作课程的四个要素之一；斯坦豪斯提出了课程开发的过程模式。课程理论的发展越来越彰显出教师在课程事务中的重要角色，要求教师担当起课程领导者的责任。

在实践中，教师也需要摆脱传统的接受式课程实践模式，从课程事务的“局外人”转为“参与者”。在传统的接受式课程实践模式中，教师的课程主体地位丧失，教师成为单纯的传递课程内容的工具和手段，这是工具理性的价值观和二元论思维在教师与课程二者关系上的体现。由于该方式强调对课程内容的复制，教师的课程行为萎缩为向学生传递课程材料中的知识技能。结果，教师的课程角色和课程意识泯灭于单向的信息传递中，教师沦为“教书匠”：他们无非是根据他人提供的教学方法讲授他人开发的课程，实现他人制定的教学目标。显然，在这种传统的课程实践方式中，教师丧失了主导课程事务的权责，在课程事务中我们几乎听不到教师应有的声音。但是，教师与课程的关系如此密切，以至于课程意义的体现根本离不开教师的阐释，诚如国外学者所言，“教师的日常生活已经与课程整合在一起，教师与课程不可分隔，就像骨骼与肌肉不可分隔一样”①。从这个视角来看，教师也必须在课程领导中发挥自己的课程角色。

3. 促使学校成为真正意义上的“学习型组织”

在当代社会“终身学习”的教育理念中，“学习型组织”是推动终身学习的基本概念之一。学习型组织倡导团结、协调与和谐，要求在组织内部建立完善的自我学习机制，发扬学习、思考和创新的精神，要求组织中的成员进行系统的思考和团队学习。那么，什么样的组织才是学习型组织呢？一般认为，学习型组织要具有如下要素：建立共同愿景、促进团队学习、改变心智模式、追求自我超越、进行系统思考等。

从上面对学习型组织的描述中可以看到，一个组织是否成为学习型组织，关键在于这个组织的成员是否能够善于不断学习。学习型组织中的成员均应养成终身学习的习惯，只有这样才能形成组织良好的学习气氛。当然，这种学习也是“全员学习”和“全过程学习”：学习必须是全体成员的学习活动，任何人都不能游离在外；学习也必须是贯彻组织运行的整个过程的学习。因此，这样的学习不但重视个人学习和个人智力的开发，更强调组织成员的合作学习和群体智力（组织智力）的开发。学习型组织通过保持学习的能力，及时铲除发展道路上的障碍，不断突破组织成长的极限，从而实现持续发展。学校要成为学习型组织，显然就需要提升校长的领导力。促使学校成为真正意义上的学习型组织，是课程领导的内在要求。

从教育行政管理的角度来看，传统的管理是一种垂直型行政管理，强调政令的上传下达，学校是行政管理体系的基层单位。要让学校成为学习型组织，就需要在管理模式上进行变革，在学校内部更加强调扁平型组织结构，将决策权向组织结构的下层移动，让最下层单位拥有充分的自主权，从而减少时间成本，让组织的成员更有机会去学习。当然，校长作为课程领导者，要努力成为服务型领导。学习型组织是由那些为他人和组织的愿景而奉献自己的领导建立的，领导应将权力、观念、信息分给大家，将自己奉献给组织。因此，革新的课程领导需要从行政理念转向服务理念。

二、规划与设计课程

在美国学者亨德森等人看来，课程的设计与规划有四个层次：课程平台设计（platform designing）、课程方案规划（program planning）、课程科目规划（course planning）

① Walker, D. F. & Soltis, J. F. (1992). *Curriculum and Aims*. New York: Teachers College, Columbia University, 1.

和课程单元（课）的规划（unit/lesson planning）。[①] 这四个层次也体现了由外到内、由大到小的关系。根据亨德森等人的理论，结合我国课程规划和设计的实际情况，我们认为，课程的规划与设计主要有四个方面的工作：课程的顶层规划、课程大纲的规划、具体课程的设计、课程单元（课）的设计（见图 14—1）。

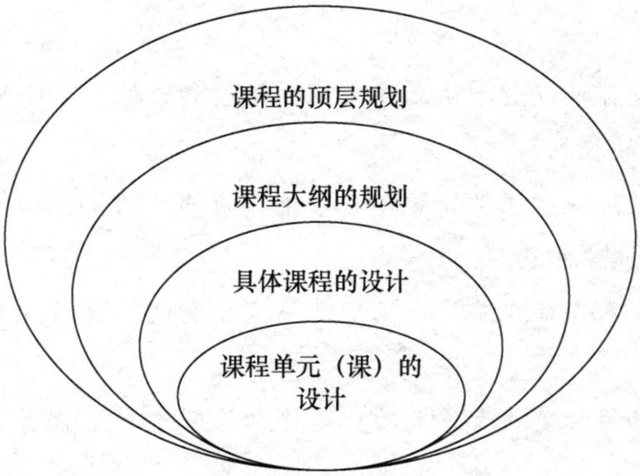

图 14—1　课程规划与设计的四个层次

（一）课程的顶层规划

课程的顶层规划其实更多地需要在国家课程管理的层面来进行。如：教育部组织课程专家研发各科课程标准并提出实施和评价的建议；确立课程理念和宏观课程目标，提出培养人才的标准；研发各科教科书和其他辅助材料；确立课程结构，合理安排课时；等等。这些属于宏观的顶层设计，它确立了课程的总体价值追求，设定了学校课程实施的基本框架，对所有的课程事务进行了规范和统一的限定，有利于发挥国家课程管理的指导作用。

在学校层面，课程的顶层规划意味着明确本校课程建设的基本理念、原则和方式，即在国家课程管理的框架之下搭建自己的课程发展平台。学校的顶层规划需要一个课程委员会，其成员包括校长、教师、家长和学生代表等。学校课程委员会需要通过讨论进行顶层规划，由此奠定课程规划的基础。顶层规划必须符合国家课程标准的要求，并体现课程改革的导向与学校的办学理念。它体现了课程委员会成员对学校教育、课程和改革理念的理解，体现了大家共同的价值观与教育追求，并以书面的形式将这种理解规定下来，从而指导后面的课程规划活动。顶层规划包含了课程规划的总体目的、指导课程规划的基本原则、相关课程政策的基本要求，以及将这些要求在国家课程、地方课程和校本课程中体现出来的具体举措等。顶层规划是课程规划的灵魂，体现了基本的教育观与课程观，影响着学生的学习与经验的获得。

---

① Henderson, J. G., et al. (2007). *Transformative Curriculum Leadership* (third edition). New Jersey: Pearson Education, Inc., 96-97.

案例：课程的顶层规划需要讨论的问题

1. 在课程设计者看来，什么知识是最有价值的？这种知识可以为教师和学生带来怎样的收获？

2. 我们需要今天的年轻人掌握怎样的思考能力？他们获得的知识是否有助于社会的公平和正义？

3. 如何创建课堂环境以使学生远离隔离、压迫和疏远？这种环境能否强化有色人种、女性、少数种族的权利？

4. 什么样的学校环境和课堂环境允许学生作为真正的个体而自由地走到一起？这种环境认可存在相互竞争的利益吗？

5. 教师和其他大人怎样才显示出他们是关爱儿童的？教师和学生是否能够自由地表达彼此的需求？

6. 我们认为哪些经验是最有意义的？是什么使得这些经验有意义？这些经验如何支持学科知识？

7. 什么样的知识和能力能使一个人在今天和将来都过上丰富的、民主的生活？

8. 在我们的讨论过程中，我们坚持怎样的儿童观、学习观、知识观、权力观？

9. 在“隐性课程”中体现了有关种族、阶层、性别、伦理的怎样的价值观、态度和假设？

10. 在我们考察我们的故事、笔记和其他叙事材料时，这些材料中渗透了怎样的价值观和原则？

资料来源：Henderson，J. G.，et al.（2007）. *Transformative Curriculum Leadership*（third edition）. New Jersey：Pearson Education，Inc.，102-105。

（二）课程大纲的规划

课程大纲是课程的总体框架，显示了课程的教育价值、课程理念、培养目标、内容结构以及实施和评价方式等。因此，尽管课程大纲并不是课程本身，但它对于指导具体课程的设计具有重要的意义。可以说，它是一张“施工的蓝图”，从总体上对具体课程作出了基本的限定，是指导课程设计的基本课程材料。

校长领导下的学校课程委员会需要对课程大纲的规划负责。在规划课程大纲的过程中，需要讨论的主要是一些宏观的问题，比如学校的毕业要求、课程的理念和价值追求、对学科科目的理解，以及其他一些有关课程本质的问题。课程委员会需要讨论在基础教育阶段的学生经验、每年级的最低能力要求、课程评价的要求、教师的专业发展、课程的内容、课时安排等。其任务主要是：

- 阅读和分析国家课程标准等课程文件，形成对课程目标的整体性理解；
- 理解教师和学生的真实情况和教与学的需求，收集相关的课程材料；

- 结合学校的办学理念，阐述课程的教育价值和育人目标；
- 在学校层面进行课程规划与引领。

在我国三级课程管理的制度框架之下，国家课程由国家统一规划和开发，地方课程由地方教育行政部门组织规划和开发，对这两种课程中小学校予以实施即可。需要中小学校规划和开发的课程一般是校本化的课程，也包括对国家课程和地方课程的校本化实施。在学校层面，课程大纲的规划一般需要先期的调查研究以及进行试验，因此一般需要一年的时间，这样编写出来的课程大纲才更合理。

（三）具体课程的设计

具体课程的设计是指设计某一门既定的课程，主要包括确定课程目标、选择课程内容、组织课程内容、形成课程方案等环节。课程目标要根据本门课程的学科定位和育人价值确定；选择课程内容就是根据既定的课程目标，从相关学科、社会生活和学生经验中选择相关的课程要素组成课程内容；组织课程内容就是将课程内容根据一定的规则和要求组织起来，最终形成具体的课程方案。由于中小学的课程一般都与一些学科具体相关，因此在确定课程目标和选择课程内容时并不复杂，只要根据设计的理念和意图开展相应的工作即可。最复杂的环节是组织课程内容，因为课程组织要权衡很多方面的因素，如课程内容的性质、学科的性质、学生的认知水平和接受能力、教师教学的特征以及具体的教育教学环境等。

在经过有效的组织之前，既定的课程内容是无序的，它们的教育意义有限。而课程内容的组织过程则凝聚了设计者的教育理念和设计智慧，它能够将看似杂乱无章的内容组织起来从而使其产生新的意义，成为促进学生发展的素材。

例如，对于小学一年级的学生来说，识字是一个重要的学习任务，而单纯的集中识字又比较枯燥，调动不起学生的兴趣。因此，设计者尝试新的理念，即在小学生熟悉的社会生活情境中融入识字教学，从而提高小学生识字的效率。设计者选择的生活情境有：

> 上学歌；我们的校园；幸福拍手歌；亡羊补牢；鞋；轻一点，再轻一点；我爱我的学校；我爱学习；汉字图画；拔苗助长；我的家；超级市场；掩耳盗铃；去动物园；五官歌；汉字变化；识字歌；认识部首；我们的城市；过马路；找朋友；姓氏歌；称呼；拾贝壳；浪花；小白船；打翻了；风；娃哈哈；我爱地球，我爱祖国；我们的祖国多么广大；长江；黄河；八月十五月亮圆；对歌；十二生肖歌；孙悟空打妖怪；月光光；守株待兔；刻舟求剑。

显然，在没有进行组织之前，这些内容显得繁杂错乱、毫无章法，无论是对教师的教还是学生的学，都非常不利。课程设计者于是进行了分组和归纳，提炼出八个单元：快乐的校园生活；有趣的汉字；快乐大家庭；幸福的生活；大自然的歌；祖国，你好；外婆的歌谣；中国古代成语故事。

课程设计者将既有的内容分类划归各个单元，经过组织加工之后，得到了如下课程组织的架构①：

第一单元　快乐的校园生活

1. 我爱我的学校
2. 上学歌
3. 我们的校园
4. 我爱学习
5. 幸福拍手歌

第二单元　有趣的汉字

6. 汉字图画
7. 五官歌
8. 汉字变化
9. 识字歌
10. 认识部首

第三单元　快乐大家庭

11. 找朋友
12. 姓氏歌
13. 称呼
14. 鞋
15. 轻一点，再轻一点

第四单元　幸福的生活

16. 我的家
17. 超级市场
18. 去动物园
19. 我们的城市
20. 过马路

第五单元　大自然的歌

21. 拾贝壳
22. 浪花
23. 小白船
24. 打翻了
25. 风

① 这是深圳某小学一年级实验学本的课文目录，参见郑飞艺：《小学语文课程组织变革研究——基于实践的考察》，华东师范大学博士学位论文，2009。

第六单元　祖国，你好！

16. 娃哈哈

27. 我爱地球，我爱祖国

28. 我们的祖国多么广大

29. 长江

30. 黄河

第七单元　外婆的歌谣

31. 八月十五月亮圆

32. 对歌

33. 十二生肖歌

34. 孙悟空打妖怪

35. 月光光

第八单元　中国古代成语故事

36. 守株待兔

37. 亡羊补牢

38. 拔苗助长

39. 掩耳盗铃

40. 刻舟求剑

从这个例子可以看出，并不是只要有了知识和经验等课程要素就能够自动产生教育价值，这些课程要素只有经过恰当、合理的组织之后才能作为教与学的材料进入学校，才能对学生产生实际的教育意义。这就像“画龙点睛”的故事一样，尽管“龙”的身躯已经画好了，但只有“点睛”之后它才能腾空而去。课程要素的简单堆积是无助于学生学习的，只有经过设计者的组织加工之后才能鲜活起来，才适合学生去学习。

（四）课程单元（课）的设计

为方便学生有计划地学习，一般而言某一门完整的课程都是由多个课程单元构成的。课程单元是一个相对独立的课程组成部分，类似于课程的“组件”，在总体上体现了课程的理念和教育价值。我国中小学师生往往习惯于将课程单元称为“课”。在课程设计的过程中，为了探索经验、更合理地开展课程设计，一般都要在完成课程大纲之后先设计一个单元作为样本，从中积累经验。课程单元的设计要符合课程的整体设计，并要更具体，而且往往要更多地体现学生的日常经验。

例如，由北京师范大学出版社出版的义务教育课程标准实验教科书《语文》（三年级下册）共设计了 12 个课程单元（即 12 课）：第 1 课“亲情”、第 2 课“春天的脚步”、第 3 课“可爱的小生灵”、第 4 课“智慧”、第 5 课“读书”、第 6 课“奇妙的石头”、第 7 课

“特产”、第 8 课“尊重与平等”、第 9 课“观察与发现”、第 10 课“奉献”、第 11 课“书信”、第 12 课“走进森林”。每一课都包含了两三篇课文和“语文天地”两部分。我们以第 1 课“亲情”为例。这一课有三篇课文：《礼物》、《奶奶最喜欢的铃儿》和《平分生命》；在“语文天地”部分，编写者设计了很多类型的题目供学生强化练习，如“选字组成词语”、“读读写写加点的词语”、“仿照课文写一写”、“阅读和背诵古诗”、“开卷有益”等。总体而言，第 1 课就是一个课程单元，也是整个教材的样板。有了第 1 课的经验，后面的课程单元就容易编写了。

三、明确课程领导的工作领域

中小学校长已经习惯了传统的行政管理的套路，并形成了一些学校管理和行政领导的思维方式和行动模式。那么，要想进行课程领导，并在课程改革中有所作为，校长应该做些什么呢？尽管我们不可能列举一张无所不包的行动清单，但确定一个基本的行动框架还是有可能的。在课程领导方面，校长应采取的具体措施主要涉及如下几个方面：

（一）规划学校发展前景和设置学校课程

学校发展前景是学校师生对本校发展的共同愿望和设想，而课程设置则是实现这一发展前景的具体步骤。学校发展前景的规划主要依赖于校长的办学理念和教育哲学。当然，学校发展前景并不是由校长或少数几个人决定的，规划学校发展前景应该整合教师、家长、学生的观点，通过真诚的沟通以达成共识。在课程设置上，校长要领导学校其他成员在国家课程所提供的必修课和选修课的基础上，开发具有地方特色的校本课程。例如，有的学校依山傍水、风景宜人，校长便可以组织教师开发“热爱我们的绿色家园”等校本课程，以培养学生的环境保护意识。校本课程的开发和设置要在课程改革的框架之内进行，要符合《基础教育课程改革纲要（试行）》以及其他文件的有关规定。

（二）健全学校的课程开发组织

著名课程论专家施瓦布认为，课程开发是慎思的过程，因而他建议学校成立由校长、教师、学生代表以及校外专家与学者等共同组成的课程开发小组（或课程改革小组、课题研究小组等），这对于学校层面的课程改革具有重要意义。因为它使得课程改革的积极参与者有了自己的组织，他们可以在这个组织中发出自己的声音并进行积极的探索。课程开发组织的成立也会唤起学校成员专业发展的需要，以此为契机，还可以举办一些校本的教师培训活动。例如，为了使教师领会课程改革的理念、把握新课程的精神，可邀请课程研究的知名专家与学者到校讲学，并对学校的课程开发工作进行指导等。

（三）组织合作型教师团队，形成制度化的工作模式

在进行课程领导的过程中，校长要有意识地打破教师在教学中各自为政的局面，组织

合作型教师团队，创建新型的教师文化。新课程的实施尤其是校本课程的开发，更需要教师群体的努力。以学校为本位的课程领导需要校长和全体教师的通力合作，需要学校全体成员在课程开发过程中的精诚合作和智慧分享。同时，为了推进课堂层面的教师合作，应强调不同学科教师之间的切磋和交流，为此可定期举办说课、观摩课等活动，给教师的交流创造机会。当然，为有效地开展这些活动，应该形成制度化的工作模式。无疑，校长对于创建有效的工作模式责无旁贷。

（四）促进教师的专业发展和学生的个性发展

促进教师的专业发展是校长课程领导的一个重要内容。教师是课程改革中不可缺少的要素，是推动课程改革的基本动力，离开教师参与的课程改革不能取得预期的效果。因此，校长要关注教师的课程参与情况，为教师参与课程决策和相关的科研活动、参与教材编写和推进课堂教学改革等创造条件，使教师有机会发挥自己的聪明才智，积极反思自己的课程实践和教学实践，促进教师的专业发展。当然，课程领导的最终目的是促进学生的发展。因此，学生发展是校长进行课程领导的出发点和归宿。这样，我们便知道，课程领导的核心就在于通过对课程与教学的不断改革，为学生的发展提供适切的学习内容和发展机会，从而促进学生个性的发展。

总之，课程领导是课程改革的重要推动力。在课程改革的过程中，应努力超越传统的管理模式，重新审视校长课程领导的职能，使课程改革的过程同时成为校长不断发展的过程，以课程领导塑造并展示新型的校长形象。

本章小结

课程管理和课程领导是学校课程实践的具体领域。从课程管理向课程领导的转变意味着校长对课程的管理职能从传统的“行政权威”转型为“专业权威”，突出了校长对学校课程建设的领导责任与专业引领。这种转型的前提是基础教育课程领域不断深化改革、三级课程管理制度开始运行并日益成熟。由此校长拥有了一定的课程自主权，可以在学校层面规划并设计课程，推进课程改革与创新。在领导课程建设的过程中，校长不再是一个单纯的管理者，而是一个专业引领人和提供帮助者，由此校长的领导行为也会发生相应的变化，在课程领导的概念框架下，学校不再是一个单纯的行政管理的组织单位，而是日益成为一个专业工作的场所和学习型组织。

关键概念

课程管理　课程领导　制度创新　三级课程管理　课程单元

复习思考题

1. 在学习完本章的内容之后，请选择其他相关的文献进行深入阅读，关注以下基本概念并做读书笔记，然后对这些概念进行解释：

（1）课程管理。

（2）课程领导。

（3）制度创新。

（4）三级课程管理。

2. 假如你是一位小学教师，你和同事们想改变一下小学生学习科学知识的方式，于是你发动大家一起设计一门有关科学知识的课程，但不能以分科课程的方式进行设计，而是要设计成主题统整的课程方案，在特定主题上将物理、化学、生物等各科知识综合起来。经过讨论之后，同事们委托你来设计一个篇幅为 2～3 页纸的课程单元方案，请完成这个任务。

3. 假如你是一位中学校长，为引领学校的特色化发展，你认为应该通过学校课程的建设与创新来体现学校的发展特色。为此，你召开了一次全校教师大会，向全校教师阐述了你的课程理念。你如何向全校教师阐述自己的课程理念呢？

本章阅读书目

1. ［美］布拉德利. 课程领导. 北京：中国轻工业出版社，2007

2. ［美］亨得森，霍索恩. 革新的课程领导（第二版）. 杭州：浙江教育出版社，2005

3. ［美］Allan A. Glatthorn. 校长的课程领导. 上海：华东师范大学出版社，2003

4. ［美］Leigh Chiarelott. 情境中的课程——课程与教学设计. 北京：中国轻工业出版社，2007

5. 许象国. 基本教育课程管理概论. 上海：上海教育出版社，2002

第十五章

课程变革与教师专业发展

导 读

学校课程必须因应社会的变革与需求而作出相应的改变，因此课程变革已经成为学校教育发展中的常态。在课程变革的过程中，“没有教师发展就没有课程发展”，教师的作用举足轻重，课程变革与教师专业发展密切相关。进入21世纪以来，我国在基础教育领域进行了大规模的课程改革运动，这对教师的专业发展具有积极的促进作用。为更好地实现课程变革的目的，教师应积极参与到课程改革的进程之中，这既有助于课程改革的推进，又能带来自身的专业发展。

第一节 课程变革的原理及实践

课程变革是学校教育实践中经常发生的教育事件。为明确课程变革的规律和原理，我们需要探讨课程变革的性质、功能及过程。21世纪以来我国推动的基础教育课程改革体现了课程变革的原理，对当前以及未来我国的课程实践产生了深刻的影响。

一、课程变革的性质

要深入认识课程变革这一教育事件，我们就需要考察课程变革的性质，包括其动因、本质及结果。这三个方面界定了课程变革本身的属性，是认识课程变革的基本维度。

（一）课程变革的动因

变革作为一种过程，必然伴随着旧事物的消亡和新事物的诞生。理解这种革故鼎新的动因首先应在事物所赖以存在的社会中寻找变革的根源。社会是一个大的组织，有其自身的发展和变化的规律，处于固有的、自然动态的发展过程之中。社会组织的变革是无法控制的，但一些新的理论有助于我们理解社会变革。“如果一个组织一味坚持稳定性，那么它将注定失败，因为它会变得僵化而不善于变革。反之，如果它一味追求不稳定性，那么它将变得支离破碎，成功只存在于一个组织始终使自己处于稳定和不稳定这两种状态之间。这是一种混沌状态，是一种不断变化的结构。”① 任何组织为了成功地存在下去都追求稳定与不稳定的中间状态——混沌状态，而这种混沌状态存在无限的变革的可能性，它追求的正是变革和超越。

社会组织追求变革与超越的混沌状态是课程变革的深层动因。我们没法感受到这些动因，只有通过理性地思考才能认识它们。任何事物都有存在的条件，条件的变化会引起相应的变革，而这种条件的变化是可以感受到的。对于教育和课程变革来说，存在条件的变化会使其系统内部和外部产生变革的力量，这些力量又会促使变革的发生。国外有学者认为，从广义上来说至少有三种力量促使课程发生变革：第一，自然灾害，如地震、洪水、灾荒等；第二，外部力量，如重大的技术和价值观的改变等；第三，内部条件，如当技术内在的变革导致新的社会模式和需要出现时，或当社会团体觉察到教育价值和教育结果之间出现矛盾时，课程变革就会发生。②

学者简介

富兰，加拿大教育改革专家，多伦多大学（University of Toronto）教授，曾担任该校教育研究院院长；国际知名教育变革研究专家，主持了多项有关教师培训、学校咨询和评价的项目；出版了多部有关教育变革的专著，如《变革的力量》（*Change Forces: Probing the Depths of Educational Reform*，1993）、《教育变革的新意义》（*The New Meaning of Educational Change*，2001）等。1969 年，他在多伦多大学获得博士学位，专业为社会学，随后在多伦多大学任教。1988 年，他被任命为该校教育学部主任。1996 年担任该校教育研究院院长。2003 年退休，现在仍作为多伦多大学的荣誉教授。2012 年，为表彰他在教育变革领域以及为政府决策所作的杰出贡献，加拿大政府授予他“加拿大大勋章”（Order of Canada）。

---

① ［加］迈克·富兰：《变革的力量：透视教育改革》，201～203 页，北京，教育科学出版社，2000。

② Fullan, M. G. & Stiegelbauer, S. (1991). *The New Meaning of Educational Change* (second edition). London: Cassell Educational Limited, 17.

（二）课程变革的本质

变革是事物渐进地改变自身性质的过程。课程变革的本质一般是指课程的某种变革、改革或变化。理解课程变革的本质，关键是理解变革与改革两个概念的内涵。利思伍德（Leithwood）认为，课程是指有关教育学生的经验，其涵盖教育哲学观、价值观念、目标、组织结构、材料、教学艺术、学生实践、评估以及学习结果等。富兰引用利思伍德对课程的定义，认为上述课程诸方面发生的任何变化都可称为课程变革。课程变革的含义在小的方面可以指单一学科的变化（如新的阅读计划的改变），在大的方面可以指综合性变动（如对某一年龄阶段的儿童实施教育的综合规划）。这样，课程变革可以指教学本身或环境教学在教育安排的条件下所发生的一切变动。①

“变革”与“改革”是两个相近的词汇，一般通用，但深入分析也会发现一些不同。变革是一种非常宽泛的定义，它涉及课程与教学领域的一切变动。但无论多么宽泛，有一点是必须明确的：课程变革对于被其影响的人来说一定产生某种新意，否则不能称其为变革。改革也是形容具体变革的一个概念，但往往指综合性更强、程度更深的变革。课程改革更多的是人们有意识地为改进某一方面而进行的变革，它往往涉及学校体制的变化和课程的全面修正等。它的基础是价值观念的重大变化或方向的调整，而且常常首先在制度方面展开。因此，课程改革属于根本性的重大变革，常常引起大范围的变动与震荡，它在激进程度上更高，属于深层的、根本性的课程变革。课程变革涵盖了课程改革，或者说课程改革是课程变革的一个方面，是深层的、激进的课程变革。两者在本质上是相通的：它们在本质上是一项思想活动，是深思熟虑的、有目的有方法的行动，致力于解决特定的实践问题并改进实践。“历史把课程变革描述为情境之中的行动，而不是计划和目标，因为它把情境与行动联系起来，推动进一步的行动或结果。”②

（三）课程变革的结果

课程变革的目的在于导向课程进步。但我们必须清醒地认识到，并不是所有的变革都导向进步。因此，我们有必要关注一下课程变革的结果。考察课程变革的结果，可以从两个维度来分析，即课程变革的真正实施和课程变革的价值与技术质量。课程变革的真正实施是指课程变革的计划是否真正在实践中推行下去。课程变革的价值与技术质量是指谁从变革中受益以及课程变革的计划在开发方面是否具备技术上的质量。每一个维度都有两种情况，即肯定的和否定的。这样我们就得出了四个课程变革的变量：课程变革真正得到实施（肯定的）；课程变革没有真正实施（否定的）；课程变革具有价值与技术质量（肯定的）；课程变革没有价值与技术质量（否定的）。把这四个变量放进一个坐标系中，就可以

---

① 参见［瑞典］胡森主编：《简明国际教育百科全书·课程》，62页，北京，教育科学出版社，1991。

② Reid，W.(1986). Curriculum Theory and Curriculum Change：What Can We Learn from History? *Journal of Curriculum Studies*. Vol. 18，No. 2，60.

得出课程变革的四种结果（见图 15—1）。

课程变革的真正实施		肯定	否定
课程变革的价值与技术质量	肯定	Ⅰ	Ⅱ
	否定	Ⅲ	Ⅳ

图 15—1 课程变革结果的四种状况

资料来源：Fullan，M. G. & Stiegelbauer，S. (1991). *The New Meaning of Educational Change* (second edition). London：Cassell Educational Limited，18。

图 15—1 为我们分析课程变革的结果提供了一个框架。结果Ⅰ代表了我们推行课程变革的理想结果：开发出的课程变革计划在技术上是高质量的，也是我们认为有价值的，并且这种计划在实践中真正推行了。结果Ⅱ代表了课程变革计划是有价值的，在技术上也是高质量的，但由于特定原因而没有在实践中推行。结果Ⅲ代表了变革计划在开发方面是没有多高技术质量的，或没有价值，但这种变革计划却在实践中被推行下去。也就是说，实施了一个不好的课程变革计划。结果Ⅳ是一种有趣的结果：课程变革的计划在开发上是没有多少技术质量的，在实践上也没有被实施而是被摒弃掉。

二、课程变革的功能

课程变革是为了适应社会发展的特定需求，也就是发挥社会适应的功能。此外，课程变革还发挥着自我更新的功能。20 世纪 50 年代之前，人们对课程变革的思考依附于对教育的理解，课程变革涵盖在教学论和教育评价改革之中，没有把课程变革作为独立的因素分离出来，因此也少有对课程变革的系统研究。但在“结构主义课程改革”失败之后，人们开始认识到专业的课程变革研究的重要性。20 世纪 50 年代以来，开始了课程领域内独特的和专业化的课程改革，这一改革体系注意了它与其他社会体系，特别是职业体系、政治体系和教育体系的相互作用。① 专业化的课程改革促使人们对课程变革进行反思和研究，通过反思和研究，人们看到了课程实施的重要性——任何课程变革最终还是要落实到课程实施的层面从而实现其初衷。

（一）社会适应功能

课程变革的社会适应功能强调教育系统和课程设置应适应由于社会其他系统的变化而带来的新的要求。这一功能的潜在假设是：课程变革应该而且能够服务于社会变革与文化

① 参见［瑞典］胡森主编：《简明国际教育百科全书·课程》，13 页，北京，教育科学出版社，1991。

变迁。这一功能使人们看到了课程与其他社会系统之间的相互作用。在这种情况下，社会外部环境的变革是课程变革的最直接的推动力。美国的“结构主义课程改革”就是一个例子，这一改革强调学术中心课程的重要性，这说明社会提出了对课程进行变革的需要。学校课程就是要通过革新而适应社会的发展。

课程变革的社会适应功能受到新教育社会学者的关注。20 世纪 70 年代以来，受知识社会学、符号互动理论和人种志方法论的影响，西方教育社会学研究开始关注学校知识背后的社会控制、文化再生产和权力分配，从而产生了新的研究领域——课程社会学。课程社会学从微观层面对课程系统内部知识的选择、分配、传递、评价等进行社会学分析，为人们理解课程变革提供了新的视角。例如，巴兹尔·伯恩斯坦认为，课程社会学涉及“社会如何选择、分类、分配、传递和评价其公共的教育知识，既反映了社会权力分配的状况，又反映了社会控制的一些原则”①。社会权力分配和社会控制在出现变革时就提出了课程变革的需要，课程变革必然会在某种程度上反映课程权力的重新分配，以便调整对学校课程的社会控制。西方学者还对“隐性课程”所隐藏的价值观念或意识形态的控制非常关注，如阿普尔认为，“课程知识的选择和分配不是技术性的问题，而是阶级、经济的权力、文化霸权之间相互作用的产物，是显性的或潜在的价值冲突的产物”②。课程成了保存现有的社会特权利益和知识、经济关系的基本工具，课程变革关键受到深层的社会文化与价值观念的推动，因此，课程的变革就是为了适应它们的新的要求。

（二）自我更新功能

学科结构运动的失败迫使人们对这次课程变革作出反思。例如，该运动的第二号旗手、美国著名的课程论专家施瓦布反思的一个问题就是：学术中心课程是否在教育教学实践中被教师接纳并真正实施过？在此之前，课程研究领域是不关注课程实施的。“泰勒原理”提出了四个基本的课程命题：（1）学校应该达到怎样的教育目的？（2）为达到这些教育目的，应该提供什么样的教育经验？（3）怎样有效组织这些教育经验？（4）我们如何确定这些目的正在实现？“泰勒原理”确立了科学化课程开发范式的里程碑地位，但我们可以看到泰勒并没有提出课程实施的问题。导致课程实施问题凸显出来的，还是那一场学科结构运动。学科结构运动的失败使人们清醒过来：并不是只要把课程变革计划设计得尽善尽美就可以取得好的效果。于是课程实施的研究开始进入课程专家的视野，而对课程实施的关注使人们认识到了课程变革的另一功能：自我更新功能。课程改革不单纯是调整教育系统以适应由于其他社会系统的变化而带来的新的和紧迫的要求，不单纯是人们为弥补“文化滞后”的一点尝试，还要在“自我更新”的领域内作出一些尝试。

课程变革的自我更新功能主要通过课程实施来实现。课程实施就是把某一课程计划在

---

① 转引自吴永军：《课程社会学》，63 页，南京，南京师范大学出版社，1999。

② 转引自上书，75 页。

教育实践中推行的过程。在这一过程中，课程系统在内部不断调整课程要素，以提高课程的适切性，同时产生新的课程要素，在实践过程中达到自我更新。这意味着重新定义教育目的和教育内容，也会引起其他社会领域的变化。从这一功能来看，课程变革并不是消极地适应社会变革，而是会对其作出积极的反作用，在一定程度上推动或阻碍社会变革。

三、课程变革的过程

富兰有一句名言：变革是一个过程，而不是一个事件。不同的学者、不同的变革模式对课程变革的过程有不同的理解。我们首先分析一下富兰对于课程变革过程的理解，然后分析课程变革的“研究、开发与传播”模式对课程变革过程的理解。

（一）富兰的课程变革模式

富兰认为，课程变革遵循开始（initiation）、实施（implementation）、持续（continuation）、结果（outcome）四个阶段（见图 15—2）。①

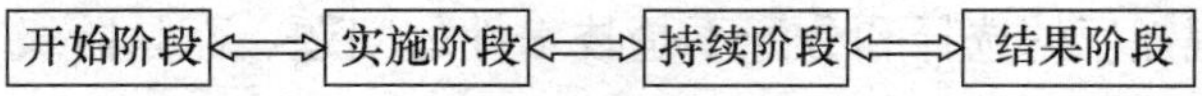

图 15—2　课程变革的过程

第一个阶段是开始阶段，或称启动、采用阶段。开始阶段就是要作出决定以采纳或进行某一项变革。富兰认为，最理想的开始阶段应具备三个“R”：中肯（relevance）、准备（readiness）和资源（resources）。中肯包括变革的需要、变革开始的明确性（还有参与者的理解）以及实用性（能够真正提供给教师和学生的东西）之间的相互作用；准备包括学校进行开发或采用某项革新的实践和概念性能力；资源是关于支持性因素的积累和提供，这也是变革过程的一部分。富兰认为，课程变革的资源是课程变革应该首先考虑的因素，因为它是变革的基础。

第二个阶段是实施阶段，或最初的使用阶段（在课程变革过程中该阶段往往处于前两年或前三年）。该阶段包括试图将某一课程变革的思想或变革措施付诸实施。开始阶段和实施阶段之间的关系是密切结合并相互作用的。开始阶段可能有一些混乱，或忽视了变革过程的参与者。但是，开始阶段不佳的课程变革是否能取得成功就取决于实施阶段的努力了。因此，实施阶段是课程变革的关键阶段。

第三个阶段是持续阶段，或联合阶段、常规阶段、制度化阶段。该阶段是指作为一项进行中的系统过程，课程变革是否得以建构，或由于摩擦和被抛弃而消失。持续阶段是实施阶段的继续，预示着课程变革计划实施的结局，即课程变革的结果。

---

① Fullan, M. G. & Stiegelbauer, S. (1991). *The New Meaning of Educational Change* (second edition). London: Cassell Educational Limited, 48.

第四个阶段是结果阶段。富兰认为，结果阶段是一个附加的阶段，其目的在于对整个变革过程进行宏观的考察和彻底的评论。通过对结果阶段的考察，我们可以对课程变革作出价值判断，最终证明它是否成功。

（二）“研究、开发与传播”模式

“研究、开发与传播”模式（research，development and dissemination model），简称RD & D模式，是课程变革的基本模式。其基本特点是：存在一个以理性为基础的、清晰可分的工作阶段；把课程变革作为一个技术化、线性发展的过程；研究团体处于开发的中心，课程变革从中心推向外围。这种模式遵循“研究—开发—传播”的步骤，把课程变革划分为明确的三个阶段：研究阶段、开发阶段和传播阶段（见图 15—3）。

图 15—3　课程变革的 RD&D 模式

第一阶段是研究阶段。该阶段主要是确立课程变革的基本价值取向，以指导课程变革的开发与传播。这与课程变革目标的确立有关。

第二阶段是开发阶段。该阶段即新课程的获得阶段，以第一阶段确立的基本价值取向为指导，开发出新的课程。

第三阶段是传播阶段。该阶段即使用新课程的阶段，包括由传播机构把新课程向外围传播，再由学校教师在具体教育教学情境中推行。如果把传播阶段具体化，它又可分为传播阶段（把新课程介绍给学校）和采用阶段（教师实施新课程）。① 不管是三个阶段还是四个阶段，课程变革的“研究、开发与传播”模式在理论上都明确提出了课程变革的几个步骤，并因为其可操作性而得到人们的普遍认可。但该模式借鉴了工业生产的流程，把课程变革作为工业生产过程看待。通过研究开发新的“课程产品”，然后由教师在实践中进行“消费”。显然，这三步或四步过于机械，忽视了教育情境的复杂性。而且，教师远离课程变革过程，只是作为外围人员而忠实地推行新课程，这样必然忽视教师的重要地位，没有认识到教师对课程变革意图的理解的重要性。理论上对课程变革的阶段划分很难在实践中行得通，教师积极推行新课程成了该模式的关键，教师参与课程变革成为必需。

在认识到这一模式的缺陷以后，很多学者在此基础上提出了变式。例如哈夫洛克（Havelock）提出了课程变革的“联动过程模式”（linkage process model）。该模式提供了课程使用者与设计者之间的反馈。还有，美国兰德公司在 20 世纪 70 年代通过研究提出了“兰德课程变革动因模式”。他认为，课程变革过程应该包括三个阶段。第一阶段是启动阶段，课程变革的发起者对课程变革计划作出解释，使课程使用者理解与接受。第二阶段是实施阶段，课程变革的实施关键是对课程计划作出适当调整，以使其适应具体教育实践情

① 参见张华：《课程与教学论》，340～343 页，上海，上海教育出版社，2000。

境的需要。第三阶段是合作阶段，需要课程专家、教育行政人员、教师和社区代表等密切合作，以使课程变革计划不断进行下去。此外，所罗门从如何把课程变革转变为行动的角度对课程变革进行了分析。他认为，把课程变革转变为行动的模式有四种。① 第一种是自上而下、排除教师的模式。该模式完全忽视了教师的作用，认为课程内容的传授可以越过教师而直接由课程专家和学科专家传授给学生。这种变革注定要失败，因为课程变革计划实际上并没有真正付诸实践。第二种是自上而下的、“垂直”培训的模式。课程变革的决策由“上面”作出，但通过在学科和教学价值观方面对教师进行培训而鼓励并允许教师在某种程度上参与进来。第三种是教师导向的模式。这种模式往往在日常课堂教学中产生，鼓励教师进行行动研究，但这种模式也需要其他有权势的机构参与进来。第四种是民主型模式。这种模式更注重课程文化氛围，只有在民主的氛围中才能产生这种模式。虽然所罗门只是提供了把课程变革转变为行动的四种模式，并没有对具体的课程变革过程进行分析，但为我们理解课程变革的过程提供了另一种视角。

第二节　我国新世纪课程改革的实践举措

我国早在1992年，就颁布了《九年义务教育全日制小学初级中学课程计划（试行）》，规定开设地方课程，由地方政府规定统一的课程计划和教学大纲，教材实行“一纲多本”。1996年，颁布《全日制普通高级中学课程计划（试验）》，规定学校应合理设置本学校的选修课和活动课，真正打破了必修课一统天下的局面，使学校拥有了一定程度的课程自主权。1999年，颁布《中共中央国务院关于深化教育改革全面推进素质教育的决定》，提出调整和改革课程体系、结构、内容，建立新的基础教育课程体系，试行国家课程、地方课程和校本课程。这标志着我国基础教育在课程权力方面进行了重大的调整，它突破了以往课程权力过于集中、难以适应地方与学校具体情境的弊端，推动了课程决策民主化的进程。2001年，颁布《基础教育课程改革纲要（试行）》，明确提出，建立国家、地方、学校三级课程管理政策，增强课程对地方、学校及学生的适应性，改革课程管理过于集中的状况。这进一步强调了课程权力的再分配，使地方和学校参与课程开发与管理得到了政策上的保障。

一、关于课程结构

课程结构的调整是本次课程改革的重要方面。它搭建了新课程的基本框架，体现了课程改革的一些新理念，包括：整体设置九年一贯的义务教育课程；高中阶段采取“学习领

① Solomon, J. (1999). Meta-scientific Criticism. Curriculum Innovation and the Propagation of Scientific Culture. *Journal of Curriculum Studies*. Vol. 1, 12-13.

域”、“科目”和“模块”这三种课程形态，实施学分制；从小学到高中开设综合实践活动课程；等等。

（一）义务教育阶段的课程结构

在义务教育阶段，整体设置九年一贯的义务教育课程。从课程类型方面来看，新的课程结构强调在小学阶段以综合课程为主，初中阶段设置分科与综合相结合的课程。此外，新的课程结构对原有的一些分科课程进行了整合。例如，原有的物理、化学和生物被整合为科学，开设新的综合课程形态如品德与生活（小学 1～2 年级）、综合实践活动。为了增加课程的可选择性，新的课程结构倡导适当减少必修课程的比重，突出选修课程在学生发展中应有的地位，以使新课程能够更好地适应学生个性化的学习需求，增加课程的选择性。为了增强课程对地方和学校的适应性，新课程结构适当减少了国家课程的比重，在课时分配上给予地方和学校进行课程开发活动的空间，将 10%～12%的课时给予了地方课程和校本课程的开发与实施。为了改变过于注重知识传授的倾向，新的课程结构关注非学术类课程在发展学生动手实践能力和创新能力中的作用，使课程与学生的生活和社会生活相联系。

从学科方面来看，《基础教育课程改革纲要（试行）》规定：小学低年级开设品德与生活、语文、数学、体育、艺术（或音乐、美术）等课程；小学中高年级开设品德与社会、语文、数学、科学、外语、综合实践活动、体育、艺术（或音乐、美术）等课程。初中阶段开设的课程主要包括思想品德、语文、数学、外语、科学（或物理、化学、生物）、历史与社会（或历史、地理）、体育与健康、艺术（或音乐、美术）以及综合实践活动。《纲要》还规定，学校应努力创造条件开设选修课程，在语文、艺术、美术课中加强写字教学。

从课时比例方面来看，新的课程结构对这些基本科目的课时分配也作出了相应的调整，以体现课程结构的均衡性。一些科目如语文、数学等长期以来一直作为优势科目而占据了较大的比重，造成了课程体系的科目结构不平衡，“为此，新的课程计划分别将语文所占的比重由原来的 24%（1992 年）降至 20%～22%，将数学由原来的 16%（1992 年）降至 13%～15%，并对其他传统优势科目所占的比重进行了适当的下调。同时，将下调后积累下来的课时量分配给综合实践活动和地方与校本课程。其中，综合实践活动因此而拥有了 6%～8%的课时量，地方和校本课程拥有了 10%～12%的课时量”①。

（二）高中阶段的课程结构

在高中阶段，为了增加课程的综合性和可选择性，高中课程在结构上采取了“学习领域”、“科目”和“模块”这三种课程形态。也就是说，首先把具有相似的教育功能的课程作为一个大的学习领域，如“科学学习领域”包括了物理、化学和生物等科目，其次在学

① 有宝华：《重建我国基础教育的课程结构》，见钟启泉等主编：《为了中华民族的复兴，为了每位学生的发展——〈基础教育课程改革纲要（试行）〉解读》，69 页，上海，华东师范大学出版社，2001。

习领域之下设“科目”，最后在科目之下设“模块”，也就是相对独立的学习单元，以便于更灵活地安排课程，从而满足学生多样化的学习需求。

高中教育是义务教育之后更高层次的基础教育，它更加强调学科知识的系统性与逻辑性。考虑到高中生身心发展的特征以及高中教育的特征，《纲要》提出高中课程结构以分科课程为主。为了使学生在普遍达到基本要求的前提下有个性地发展，课程标准应有不同水平的要求，在开设必修课的同时，应设置丰富多彩的选修课程。另外，高中教育是联结基础教育和高等专业教育的纽带，也是学生走向社会、加入劳动大军的前奏，为此，新的高中课程结构要求开设技术类课程。2003 年，教育部颁布《普通高中课程方案（实验）》，该方案明确体现了新的课程结构。

（三）开设综合实践活动课程

《纲要》规定，“从小学至高中设置综合实践活动并作为必修课程，其内容主要包括：信息技术教育、研究性学习、社区服务与社会实践以及劳动与技术教育”。加强信息技术教育的目的在于，培养学生利用信息技术的意识和能力；设置研究性学习这一领域的目的在于，让学生通过实践，增强探究和创新意识，学习科学研究的方法，发展综合运用知识的能力；设置社区服务与社会实践的目的在于，增进学校与社会的密切联系，培养学生的社会责任感；加强劳动与技术教育的目的在于，使学生了解必要的通用技术和职业分工，形成初步的技术能力。当然，这四个部分是国家为了帮助学校更好地落实综合实践活动而特别指定的几个领域，而不是综合实践活动内容的全部，其他的非指定领域如班团队活动、学校传统活动等也属于综合实践活动的内容。

二、关于课程标准

课程改革提出的一个重要目标，就是以课程标准取代原有的教学大纲。与原先的教学大纲相比，课程标准不是对教学内容的具体规定，主要是对学生学习结果的描述，而这种描述是可达到、可评估的；它是关注大多数学生的，提出的是一些基本的要求；课程标准的规定是有弹性的，其范围涉及知识与技能、过程与方法、情感态度与价值观三个领域。《纲要》对课程标准的要求，主要体现在如下几个方面：

（一）课程目标的陈述应包括知识与技能、过程与方法、情感态度与价值观三个维度

《纲要》规定，课程标准应体现国家对不同阶段的学生在知识与技能、过程与方法、情感态度与价值观等方面的基本要求。长期以来，我国的学校教育以单一的知识目标为主导，《纲要》的这一规定就是为了打破传统的课程与教学过于注重知识传授的倾向，引导学生质疑传统、挑战权威，不断提高其批判反思的能力；学校教育不仅要传授知识，还要发展情意、塑造道德人格等，促进学生全面、和谐、健康地发展。

《纲要》指出，课程标准应规定各门课程的性质、目标、内容框架，提出教学和评价

建议。根据这种要求，在学者研究的基础上，国家课程标准的框架已经形成，并适用于各个具体学科的课程标准。它包括前言、课程目标、内容标准和实施建议四部分。此外，在已经出版的各学科课程标准（实验稿）中，各科课程标准最后还附加了“附录”部分，阐述各学科课程实施应注意的一些问题以及教学建议。

（二）课程标准对不同的教育阶段应有不同的要求

《纲要》规定，幼儿园教育要依据幼儿身心发展的特点和教育规律，坚持保教结合和以游戏为基本活动的原则，与家庭和社区密切配合，培养幼儿良好的行为习惯，保护和启发幼儿的好奇心和求知欲，促进幼儿身心全面、和谐地发展。

义务教育课程标准应适应普及义务教育的要求，让绝大多数学生经过努力都能达到，体现国家对公民素质的基本要求，着眼于培养学生终身学习的愿望和能力。

普通高中课程标准应在坚持使学生普遍达到基本要求的前提下，有一定的层次性和选择性，并开设选修课程，以利于学生获得更多的选择和发展的机会，为培养学生的生存能力、实践能力和创造能力打下良好的基础。

（三）各科课程标准应加强对学生世界观、人生观和价值观的教育

《纲要》规定，制定国家课程标准要依据各门课程的特点，结合具体内容，加强德育工作的针对性、实效性和主动性，对学生进行爱国主义、集体主义和社会主义教育，加强中华民族优良传统、革命传统和国防教育，加强思想品质和道德教育，引导学生树立正确的世界观、人生观和价值观；要倡导科学精神、科学态度和科学方法，引导学生创新与实践。

三、关于教材

世界范围内，教材或教科书的使用制度一般有三种，即国定制教科书、审定制教科书和自由制教科书。长期以来，我国采用的是国定制教科书制度，由国家教育行政部门按照课程标准或教学大纲统一组织编写教科书，并在全国范围内使用。《纲要》对这种传统的教材政策提出了改革的要求，对教材改革的有关规定反映了目前我国教材政策的走向。《纲要》的规定主要表现在如下方面：

（一）教材的开发和利用应符合教育发展的要求并反映时代精神

在改革的目标和方向上，教材改革应有利于引导学生利用已有的知识与经验，主动探索知识的发生与发展，同时应有利于教师创造性地进行教学。

在内容的选择和组织上，教材内容的选择应符合课程标准的要求，体现学生身心发展的特点，反映社会、政治、经济、科技的发展需求；教材内容的组织应多样、生动，有利于学生探究，并提出观察、实验、操作、调查、讨论的建议。

在课程和教材资源的利用上，要积极开发并合理利用校内外各种课程资源。学校应充分发挥图书馆、实验室、专用教室及各类教学设施和实践基地的作用，广泛利用校外的图书馆、博物馆、展览馆、科技馆、工厂、农村、部队和科研院所等各种社会资源以及丰富的自然资源，积极利用并开发信息化课程资源。

（二）完善基础教育教材管理制度，提升教材的高质量与多样性

实行国家基本要求指导下的教材多样化政策，鼓励有关机构、出版部门等依据国家课程标准组织编写中小学教材。建立教材编写的核准制度，教材编写者应根据教育部有关文件，向教育部申报，经资格核准通过后，方可编写。完善教材审查制度，按照国家课程标准编写的教材及跨省使用的地方课程的教材须经全国中小学教材审查委员会审查，地方教材须经省级教材审查委员会审查。教材审查实行编审分离。

改革中小学教材指定出版的方式和单一渠道发行的体制，严格遵循中小学教材版式的国家标准。教材的出版和发行试行公开竞标，国家免费提供的经济适用型教材实行政府采购，保证教材质量，降低教材价格。

加强对教材使用的管理。教育行政部门定期向学校和社会公布经审查通过的中小学教材目录，并逐步建立教材评价制度和在教育行政部门及专家指导下的教材选用制度。改革用行政手段指定使用教材的做法，严禁以不正当竞争手段推销教材。

四、关于课程管理与评价

课程的管理与评价是课程改革十分重要的两个方面。在课程管理方面最突出的亮点就是实施三级课程管理制度，这体现了国家、地方和学校在课程权力方面的再分配；在课程评价领域则倡导过程性评价和表现性评价等新的评价理念。

（一）三级课程管理制度

当前新课程政策的一个重要特征，就是实行三级课程管理制度。所谓三级课程管理制度，就是把原先在中央水平上过于集中的课程决策权力分配一部分给地方和学校，使地方和学校参与课程开发，从而出现国家课程、地方课程和校本课程并存的局面，使课程更加适合地方和学校的具体教育教学情境。当前课程管理制度的这种改革折射出我国课程政策从集权走向有限度的放权的趋势。

三级课程管理制度对国家、地方和学校所拥有的课程权责进行了较为明确的划分，它的提出和运行打破了课程权力高度集中于中央的格局，为地方和学校积极发展课程开拓了空间。至此，地方、学校、教师和家长等分享课程权责、参与课程决策的理念已初见端倪并不断发展，从而有力地推动了课程决策民主化的进程，标志着我国高度集中的课程管理体制开始发生本质性的变化，也是我国长期奉行的中央集权型课程政策发展变化的一个例证。当然，这种“放权”是有限的，甚至说是相当有限的。总体上，中央的课程权力还是居于绝对的主导地位。

（二）课程评价

根据教育部2001年颁布的《基础教育课程改革纲要（试行）》，新一轮基础教育课程改革在课程评价领域提出了如下要求：

> 建立促进学生全面发展的评价体系。评价不仅要关注学生的学业成绩，而且要发现和发展学生多方面的潜能，了解学生发展中的需求，帮助学生认识自我，建立自信。发挥评价的教育功能，促进学生在原有水平上的发展。
>
> 建立促进教师不断提高的评价体系。强调教师对自己教学行为的分析与反思，建立以教师自评为主，校长、教师、学生、家长共同参与的评价制度，使教师从多种渠道获得信息，不断提高教学水平。
>
> 建立促进课程不断发展的评价体系。周期性地对学校课程执行的情况、课程实施中的问题进行分析评估，调整课程内容、改进教学管理，形成课程不断革新的机制。
>
> 继续改革和完善考试制度。在已经普及九年义务教育的地区，实行小学毕业生免试就近升学的办法。鼓励各地中小学自行组织毕业考试。完善初中升高中的考试管理制度，考试内容应加强与社会实际和学生生活经验的联系，重视考查学生分析问题、解决问题的能力，部分学科可实行开卷考试。高中毕业会考改革方案由省级教育行政部门制定，继续实行会考的地方应突出水平考试的性质，减轻学生考试的负担。
>
> 高等学校招生考试制度改革，应与基础教育课程改革相衔接。要按照有助于高等学校选拔人才、有助于中学实施素质教育、有助于扩大高等学校办学自主权的原则，加强对学生能力和素质的考查，改革高等学校招生考试内容，探索提供多次机会、双向选择、综合评价的考试、选拔方式。

总之，改革是防止课程政策的制度性疲惫的有效举措。任何制度都是在一定的社会经济、政治、文化情境下形成的，不管当初如何有效，当这种制度赖以存在的环境发生变化时，制度本身就不能一如既往地与其环境相适应。制度如果不能因应经济文化的变化，就会制约发展、抗拒变革，这就产生了所谓的“制度性疲惫”。对于课程制度而言，同样存在这种问题。因此，如果对宏观的课程政策不断作出调整从而影响课程制度的实际运作，就会有效地防止由于长期运行而带来的制度性疲惫。从世界范围来看，对课程政策的周期性改革是各国完善课程制度、推动学校教育不断发展的基本策略。反观我国课程政策演变的轨迹可以看出，我国每十年左右就会对课程政策进行一次较大的调整。这是课程发展的客观要求，也是课程政策实践运作的一个基本规律。每一套课程教材体系推出后，都要经过一个相对稳定的实施期限。经过十年左右的实践运作，课程政策的实际效果在很大程度上得以实现。如果变动过于频繁，就会影响课程效果的发挥；反之，如果长时间不作变革，就无法因应外界环境的变动而失去发展和前进的机会。我国现行的课程政策和课程教材体系基本上是在20世纪80年代末90年代初形成的。进入21世纪后，整个国际环境和社会政治、经济、文化背景发生了很大变化，对基础教育课程与教学提出了新的挑战和期待，因此课程政策也必须作出相应的变革。

第三节　课程改革对教师专业发展的促进

课程改革与教师专业发展二者之间存在一个“循环效应”：一方面，教师专业发展是课程改革的重要支撑；另一方面，课程改革为教师专业发展提供了机会，促进了教师专业发展。二者可以形成一个良性循环，而前提是教师要积极理解课程改革、参与课程改革。本节将揭示这种“循环效应”的一个方面：在课程改革的背景下，教师的课程参与可以跟课程改革的要求形成互动，使教师在推进课程改革的同时促进自身专业发展，从而确立起“课程发展即教师发展”的理念。

一、课程改革的本质及其对教师的影响

要认清课程改革的本质，首先就要明确两个概念：课程变革和课程改革。课程变革一般是指课程的某种革新、改革或变化。课程是学校教育的一个核心概念，它围绕学生的学习经验而展开，涵盖教育哲学观、价值观、课程目标、教育内容的组织、学习结果及其评价等等。实际上，课程领域的上述任何变化都可称为课程变革。从小的方面说，课程变革可以指单一学科的变化（如新的阅读计划的改变）；从大的方面说，课程变革可以指综合性的变动（如对某一年龄阶段的儿童实施教育的综合规划的变化）。可见，课程变革的概念非常宽泛。但其核心的特质在于，课程变革对于被其影响的人来说一定产生某种新意，否则，不能称其为变革。而“改革”也是形容具体变革的一个概念，但往往指综合性更强、程度更深的变革。课程改革更多的是人们有意识地为改进课程的某些方面而进行的变革，它往往涉及学校体制的变化和课程的全面修正。课程改革得以发生的前提在于价值观的重大变化或方向性调整，而且常常首先在制度方面展开。因此，课程改革属于根本性的重大变革，常常引起大范围的变动与震荡。

课程改革的本质在于产生某些新意，这些新意是原先所没有的，因而意味着某些挑战；对于这些变化和挑战，教师又首先遭到冲击，因为教师是课程实施的主体，也是推行课程改革的重要力量。课程改革对教师的影响，实际上就是教师通过对改革所带来的挑战的积极回应而创造了专业发展的新的生长点。

首先，课程改革为教师专业发展提供了动力。这种动力来源于课程改革对教师提出的挑战和要求。课程改革对于被其影响的人来说会产生某种新意，这种新意打破了教师常规的教育教学活动，给教师的专业活动带来了新的不确定性，从而给教师造成了焦虑、需求

新知识的心理状态，为教师的专业发展提供了现实的心理基础。同时，课程改革在本质上是课程价值观的重大调整，它以新的课程理念整合原有的课程与教学，提出新的课程形态以及新的教学方式、教学观念，体现出课程与教学的“范式转换”，使教师面临新的挑战，从外部给教师提出了专业发展的要求。无论是教师自身的专业发展的心理状态，还是外部的“范式转换”对教师提出的新要求，都是一种动力，推动教师在课程改革的过程中积极参与专业发展的活动，从而提升自身的专业形象和专业素养。

其次，课程改革为教师专业发展提供了方向。在课程改革之前，教师已经在教学实践中逐渐形成了一套自己独有的教学哲学、教学观念和教学技能，它们在原有的课程与教学中卓有成效。但是，课程改革对原有的课程与教学提出了变革的要求。在新的情况下，教师原有的教学观念和技能已经不再适应新的情况，必须作出相应调整。因此，课程改革为教师提供了专业发展的方向，教师要根据新课程的需要促进自身的专业发展，重建自己的教学哲学、教学观念和教学技能，从而适应新的课程与教学。

最后，课程改革为教师专业发展提供了新途径。教师专业发展的常规途径是在职进修。这种制度化、常规化的在职进修往往是一种外控式的、制度性的要求，一般不存在很大的外界压力和内部需求，因此教师也没有积极性。课程改革带来了一些非常规的途径，这些途径不是制度性的要求所能提供的，而是学校为了自身发展和教师个人的需求而采取的一些应对改革的措施。例如，本次课程改革积极倡导校本课程的开发，它主要由校长和学校教师承担，校本课程开发活动无疑可以为教师专业发展提供新的途径。因为在校本课程开发过程中，教师拥有课程开发的权力并承担相应的责任，而且往往由校长和相关教师组成课程小组，共同完成课程开发的任务。为了完成校本课程开发，教师必然内在地要求学习相关的课程知识，培养课程开发的技能等。显然，校本课程开发也促进了教师的专业发展。

二、课程发展即教师发展

“课程发展即教师发展”的理念是课程改革推动教师专业发展的基本体现。课程发展可以提升教师专业形象，提高教师专业素养，推动教师专业自主和专业成长。它具体表现在如下三个方面：

（一）课程改革要求教师重新界定自身角色

我国具有集权型课程开发的传统，课程开发是由专家主导的，教师处于课程权力的最底层。课程专家和学科专家主导课程开发过程，并制定详细的课程纲要、课程标准和课程目标，编写教科书等教学材料。在这个过程中教师没有发言权，他们只不过用别人开发的课程与教材达到别人制定的课程与教学目标。因此，集权型课程开发通过开发详细的课程材料而尽量减少教师的介入，从而使教师成为单纯的课程接受者。本次课程改革在一定程度上体现了“参与决策”和“民主分享”的课程开发理念，使新课程在价值观、认识论、教育观等方面不同于原有的课程。因此，教师原有的认识论、教育观和课程观也要作出相应的变革，以真正推行新课程、实现新课程的理想。这就要求教师重新界定自身的角色，努力成为学习者、研究者和课程开发者。

在课程改革过程中，教师首先要明确，课程的实施不是一个“复制”的过程，不是由专家学者开发出来、传递给教师然后由教师传递给学生的。课程只有经过教师的理解与诠释、经过教师的“二次加工”以后，才能把“官方课程”转变为“可操作的课程”，从而把课程知识转化为学生认知结构的有机部分，真正实现新课程的教育效果。英国课程论专家斯坦豪斯早就指出，课程的研究和发展是教师的责任，教师的工作不仅要被研究，而且要由教师自己来研究。课程知识不是专家、学者传授给教师的，而是由教师和学生在对话中不断建构和生成的。因此，教师必须转变角色，做一个学习者、研究者和课程开发者。教师不仅要在课程实践中应用理论，更要经由实践不断再建构理论。在课程改革的过程中，教师要将每一间教室都变成课程实验室，而自己则扮演实验者和研究者的角色，这对于落实课程改革的理想至关重要。成功的课程改革一定要鼓励教师参与，教师不能站在课程改革之外；只有教师认同改革理念，参与改革过程，在改革中学习和成长，做改革的行动者，激起自下而上的改革，才能实现改革的目的。

（二）课程改革要求教师对课程与教学进行“概念重建”

受传统教育学的影响，中小学教师往往把“课程”作为“教学内容”来理解，导致了“课程即学科”的不完整认识。这样，课程在教师的观念中窄化为“学科”，甚至窄化为“教材”，而“教学”也只不过是课堂授课的过程。这些显然不适应课程改革的要求，需要对这些基本的概念进行重新解释和理解。

对于课程，教师们要清楚，课程是一个有计划地安排学生学习机会的过程，并使学生获得知识、参与活动、增加体验。课程是一种动态的过程，是生成性的，而不是僵化不变的；是与学生经验相关联的，而不是远离学生生活的。课程不是一套教材、一组课表，而是一组特定形式的教学实验，教师将教育理念转换为假设，然后在实际中加以验证。课程不是根据预定目标开发出的课程产品，课程是一种文本，有着大量可供解释的空间。课程的意义是由师生共同建构的，通过师生的对话而赋予课程新的意义。

对于教学，人们往往把教学看作教师的“教”与学生的“学”的简单拼合。教师的“教”只不过是把书本上的既定知识传授给学生，是信息的单向度传递；学生的“学”也只不过是单纯接受教师讲解的知识。因此，传统意义上的教学忽视了教师和学生在互动过程中对知识的主动建构。事实上，教学作为人的一种社会活动，它首先是教师和学生日常生活的一部分。传统对“教学”的定义过于强调学校与教室中的“教学”行为，而忽视了教师和学生的生活世界中发生的教育意义的建构。建构主义教学理论认为，知识并非被动地接受的，而是有认知能力的个体在具体情境中通过与情境的相互作用而建构出来的，只有这样获得的知识才能真正为学生所拥有。因此，学生对知识的学习不应只是盲目地接受教师的传授，而应主动选择、主动建构，并将知识纳入自己的经验世界。

（三）课程改革要求重建学校文化

重建学校文化的关键是要确立起参与、合作、对话与民主的学校文化。当前，参与、合作、对话与民主已经成为新时代精神的基本写照。在这种新的时代精神的观照下，学校教育领域也应确立教师参与课程的理念。教师参与课程改革是新一轮基础教育课程改革的要求。强调教师的课程参与是学校民主化的重要内容，也是改进学校课程、提高教育质量的重要途径。因为在合作的学校文化中，教师专业个人主义的教学行为得以被打破，教师之间可以加强合作、充分交流，从而提高课程的适应性和课程质量。对于学生来讲，学校文化的重建意味着个性化学习权利的实现。新型学校文化要求转变学生观，学生不是被动的知识的接收器，而是知识的积极建构者，是有待点燃的火把。新型的学校文化应尊重学生的个体差异性，允许学生根据自己的学习需求去学习，以求得每一个学生的发展。

学校文化是教师和学生在学校和班级的特定场所内，由于拥有独特的社会结构、地理环境、人文景观而形成的学校独有的一系列传统习惯、价值规范、思维方式和行为模式的综合。对于课程改革来说，学校文化的变革是课程与教学的最深层次改革，是教育改革的内核。当前，“隐性课程”日益引起人们的关注。相对于主要以书本为载体的显性课程来说，“隐性课程”是隐含在课程背后的基本假设和前提，它对学生的影响是看不见的、潜移默化的，它影响学生的价值观、情感和态度，对学生的发展影响深远。“隐性课程”越来越成为学校文化的重要组成部分。注重“隐性课程”的假设，创设积极的学校文化氛围，是课程改革的重要任务。

反观世界课程改革的历史可以发现：人们往往更加关注对课程的改造，对教师问题则重视不够。正因如此，历史上几次大规模的课程改革只能无疾而终。在某种意义上，可以说任何改革最终将归结于人的改革。因此我们坚信，教师无疑将是课程改革的最终聚焦点。我们倡导教师参与课程改革，呼吁重视教师专业发展，无非是珍惜历史教给我们的智慧，真正显示人们的理性思考。

第四节　教师参与课程改革

教师参与课程改革是新时期我国素质教育改革和课程改革的必然要求，也是回应社会需求、推动学校特色发展和学生个性化发展的重要途径。教师是课程实践的主体，教师参与课程改革的过程并承担积极的角色将有助于学校层面的课程创新。

一、对传统课程实践的反思

教师是课程实践的主体。但是，近代制度化的学校教育产生之后，尤其是19世纪末以来，现代技术理性的膨胀使教师的课程功能受到排挤，教师在课程事务中由“中心”彻底走向“边缘”，教师的课程功能萎缩。长期以来，教师逐渐远离课程研制以及其他课程事务决策的过程，成为单纯的课程内容的讲解者和知识的传递者。教师的课程实践主要是执行外部专家的课程指令，忠实地实施专家学者开发的课程材料。可以说，这种传统的课程实践方式发挥的是一种“文化复制”的功能，致力于将体现于课程中的人类文明成果客观、忠实地传递给下一代。评价教师的课程实践的标准，就是看教师是否忠实地再现专家学者的课程意志、将课程内容传递给受教育者。这种课程实践的运作方式强调对课程内容的客观呈现，它的本质就在于对课程内容的复制，因此，我们可称之为接受式课程实践。

在接受式课程实践背后隐藏着一种对课程的潜在假设，那就是：将课程看作独立于教师和学生的法定知识，这些知识是客观的、价值中立的，课堂中的教育行为就是由“拥有知识”的教师把这些知识传递给“无知”的学生。对于这种课程假设，英国著名教育社会学家迈克尔·扬在《未来之课程：从“新教育社会学”到学习的批判理论》一书中进行了很好的批判。在迈克尔·扬看来，课程变革的过程中有一种传统的课程假设，这种假设认为“课程即事实”。“课程即事实”是一种保守主义的研究观点，而这种研究观点的出发点在于“作为产品”的课程，而不是在更为广阔的社会情境中，由教师和学生通过实践而产生的课程。从教育社会学的角度，迈克尔·扬认为，课程实践应关注实践情境和社会关系，而不是预设的课程产品。“社会关系是指教师和所教知识的关系，以及课堂情境与更广阔的社会情境之间的关系。正是在社会情境中，课堂实践得以形成，并包含了关于知识和课程的假设。”① 由此出发，迈克尔·扬认为，“课程即事实”导致了人们将课堂实践的运作过程看作知识的实体从拥有知识的教师向没有知识的学生传递的一种过程：课程即事实这一概念及其内在的知识观将知识看作外在于学习者（包括教师和学生）的，通过它在教学大纲和课本中的具体体现，已经被人们广泛地接受，并对我们的教与学的概念产生了深刻的影响。② 迈克尔·扬的批判针对的实际上是接受式课程实践对课堂中社会关系的一种淡忘。因为“课程即事实”的观点将课程看作物品或产品，并将其在课堂中展示出来，由学生去学习或接受。显然，这种观点遮蔽了教师、学生和课程决策者之间的社会关系，而这些参与者与教育情境之间的关联正是课程产生的真正根源。

另外，在传统的课程实践下，学生只不过是接收课程内容的“容器”，对课程目标和内容的确定毫无发言权。学生是教授的“对象”，是研究的“客体”，这种主客二分的对象

---

①② Young，M. F. D. (1998). *The Curriculum of the Future：From the “New Sociology of Education” to a Critical Theory of Learning*. London：The Falmer Press，1，25.

化思维严重损害了学生学习的主体性和课程实践的参与性，致使学生的学习方式单一、对课程内容不感兴趣，学校成为成人社会对未成年人实施霸权、进行控制的场所。在新的时代，随着课程理念的不断变迁和课程范式的转换，这种接受式课程实践已越来越不适应课程改革的需求。在课程改革的背景下，要落实课程改革的理想，必须重新审视教师、课程和学生三者的关系，倡导教师与学生的课程参与，从而发展一种新型的参与式课程实践的运作方式。

参与式课程实践折射出人们对课程的重新理解。传统观点认为，课程是学校外部专家预期的课程计划，由外部专家将预设的课程传递给教师，然后由教师传递给学生。显然，相关因素之间呈现的更多的是一种单向度的线性关系（见图 15—4）。在这种关系中，教师只是专家的“传声筒”，教师成为传递知识的工具。但在参与式课程实践中，教师由消极的旁观者变为积极的参与者，课程也不再是预设的学习材料，而是教师和学生通过对话而相互理解、达成共识的过程。在这一方式中，相关因素之间呈现的更多的是一种互动性的网络关系（见图 15—5）。

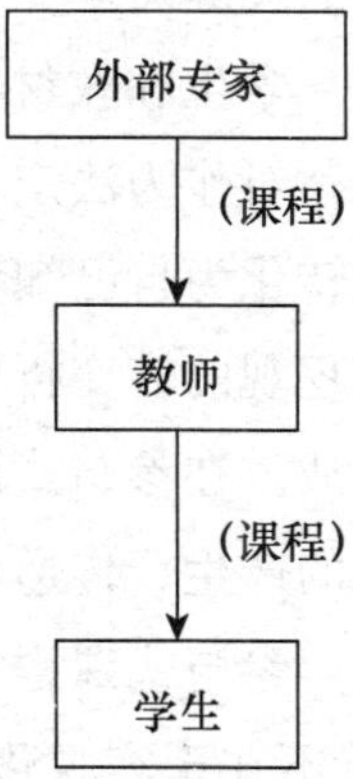

图 15—4　教师、学生与课程的单向关系

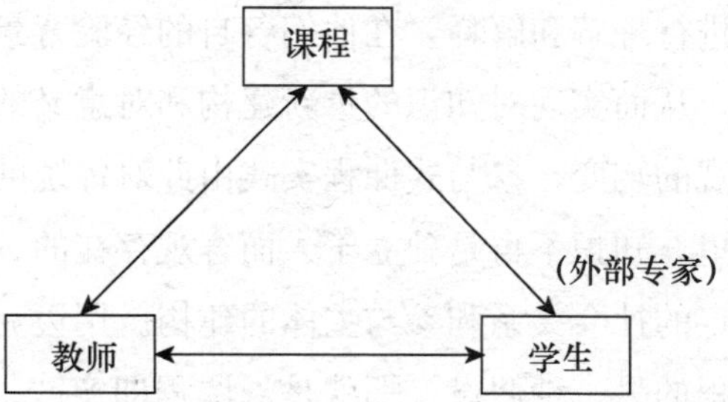

图 15—5　教师、学生与课程之间的互动

教师对具体实践情境的了解和对有关学生的知识的把握是他们参与课程设计的根基，也是倡导参与式课程实践的合理性基础。教师与学生、与课程之间的互动是发生在具体课堂情境中的，教师的知识和专业经验的增长也是发生在学校和课堂的教学情境这一土壤中的。而外部专家则隐退为一种谦逊的顾问的角色，为三者的互动提供全程的智力支撑。“教师对课程改革的发言权取决于他们在具体情境中的课程实施。由于其工作的性质，教师对制度性话语的贡献并不能跟学科专家相比，或跟教学法专家相比。教师的专业性根植于其工作的具体情境：学校的、课程方案的、课堂的情境等。他们沉浸在课程实施的具体情境中，并从中发出自己的权威声音。”①

① Kirk，D. & Macdonald，D. (2001). Teacher Voice and Ownership of Curriculum Change. *Journal of Curriculum Studies*. Vol. 33，No. 5，559.

二、参与式课程实践的合理性分析

在当今信息化社会，科学技术理性和人文价值理性呈现融合的趋势，课程日趋实践化、过程化，这进一步拓展了教师和学生在课程领域作为的空间。人们开始超越单纯的二元论和对象化思维，开始交互地而不是线性地考察事物之间的关系。由此，变革传统课程实践方式不仅是必需，而且成为可能。在哲学诠释学的视野里，人们以认知主体的身份参与对事物的理解与解释，通过交流与沟通而达成共识、达成"视界融合"。教师、学生和课程是学校教育的基本要素。教师和学生可以自主地对学校课程进行理解与解释，并通过对话与讨论，达成共识，生成课程意义。也就是说，经过教师的课程运作和学生经验的建构，课程内容得以转化为学生知识结构的有机构成部分，从而实现课程内在的价值和既定的教育目的。因此，课程是教师和学生在具体情境下随着教育过程的展开而不断生成与建构的，它不是僵死的"学习材料"，而是充满各种意义的"文本"，是丰富的教育意义的载体。这样，对课程的"理解"与"解释"成为参与式课程实践的关键词。

参与式课程实践更多地将课程看作在具体实践情境中教师、学生和教材相互作用，从而产生课程意义的各种文本，它允许教师和学生积极参与其中，对作为法定知识的课程内容进行理解和解释，在他们各自的经验背景中将课程中的知识转化为自己知识结构的一部分，从而实现对知识的重新建构和对意义的重新诠释。这种课程观的转变折射出深层的知识观的转变，参与式课程实践由此对传统的知识观也提出了挑战。在参与式课程实践的视野里，知识不再是独立于人而客观存在的、价值中立的，知识的产生、传递和分配离不开一定的社会关系和参与主体的建构。用迈克尔·扬的观点来说，参与式课程实践反映了对课程的另一种假设，那就是：课程即实践。这种观点的出发点不在于客观化的知识本身，而在于知识如何为参与者所生产。"在教育中，这种观点一直关注师生的课堂实践，关注诸如学校的科目或者学生能力的发展等这样一些教育的现实情况，关注这些实践的产物……知识不再被当作为了让教师进行分配和传递的东西，不再是从学术'发现者'那里传递下来的私有财产，知识成为师生合作的产物。"① 跟接受式课程实践相比，参与式课程实践在课程观、知识观、教师观和学生观等方面都提出了不同的假设，这些假设有利于人们重新认识课程实践以及课程本身的价值，深入思考教育活动对于人类发展的意义。

作为参与式课程实践的另一精神内核，"参与"意味着对弱势群体的赋权。在现代学校课程体制下，教师和学生无疑是弱势群体，因为在以"泰勒原理"为代表的自上而下的

① Young，M. F. D. (1998). *The Curriculum of the Future*：*From the "New Sociology of Education" to a Critical Theory of Learning*. London：The Falmer Press，27-28.

课程决策模式下，教师和学生对课程问题几乎没有发言权，他们是课程事务的“边缘人”。参与式课程实践方式的核心要求是，教师在课程事务中能够实现民主参与和权责分享，自主地理解、诠释并建构课程意义，也就是真正实现教师的课程参与问题。参与式课程实践方式体现出如下特征：首先，在宏观课程政策方面，教师有机会参与课程决策的过程，表达自己的课程意志并行使课程权力。这就需要拓展教师对课程事务反映意见的渠道，为教师提供机会以表达其课程意志。其次，在课程文本的产生过程中，教师享有参与的权力，并承担相应的专业职责。尤其是在校本课程开发的过程中，教师必须担当课程开发的主体，以主人公的姿态参与校本课程开发的全过程。最后，在课堂层面的课程实施中，教师应该摒弃忠实地“复制”既定课程内容的实践方式，参与对课程意义的理解与诠释，从而取得更好的教育效果。在这个层面的课程实践中，教师要积极、负责地对官方课程进行“二次开发”，使课程既符合自己个性化的教学需求，又能满足学生个性化的学习之需要。

除了需要真正对教师和学生赋权之外，参与式课程实践的成功运作还需要参与者主体意识的觉醒。只有参与者真正认识到自己是课程实践的主体、以主人公的心态对待课程实践，“参与”才能是真正意义上的参与。从哲学诠释学的视角来看，教师在实施课程的过程中肯定会介入或渗透自己的观念，课程实施不可能是一个与教师本人的视界“无涉”的过程。但是，目前看来，这种介入或渗透很大程度上都是自发的、无意识的，而且教师对课程的调适大都是个人化的，即为了自己教学的便利。我们倡导教师的参与式课程实践，就是致力于将这种“自发”转变为“自觉”，促使教师课程意识的觉醒，即促使教师有意识地参与课程改革的过程，从新的视角理解“课程”的概念及其与学生的关系，在具体情境中创生新的课程意义。所谓“参与”，就是行为主体自愿、主动地介入行动过程，并进行意见交流与权责分享，从而实现行为主体的自主与自觉的一种活动的态度。那么，“参与”就意味着决策分享和权责分担，意味着以团体成员的身份进行合作、对话与交流，意味着思想的表达、意见的沟通和利益的体现，它是一种自主、自愿的活动，也是一种意识。

三、教师参与校本课程开发

教师参与课程改革的途径和方式有很多，比如参与课程决策、参与课程研究以及参与课程开发的过程等。其中，开发和研制课程是教师参与课程改革的重要方面，但是教师的课程参与往往更多地体现在学校和课堂层面，因而参与校本课程开发是教师参与课程改革的重要途径。

（一）校本课程的本质及教师的参与

校本课程是以学校为基地开发的课程形态，是与国家课程相对而言的。理解校本课程的本质有三个基本的要点：第一，校本课程的提出以课程权力的下放为前提。在国家课程的概念框架内，课程权力是集中于国家的，即中央政府拥有课程决策权，学校教师只能作为既定课程产品的“消费者”而被排除在课程开发过程之外。只有在课程权力不再集中在中央，而是下放到学校后，校本课程才有发展的空间。第二，校本课程的开发主体是学校的校长和教师。国家课程由校外的专家学者开发，但校本课程则必须由学校的教师开发，它反映的是教师的声音而不是专家学者的意愿。国家课程的开发者、实施者和评价者分离；校本课程的开发者、实施者和评价者“三位一体”，都由教师担当。因此，在校本课程中，学校教师是课程的主人，而不是消极的接受者。第三，校本课程开发的场所是具体学校。国家课程的开发由政府组建专门机构或委员会，在学校之外的场所进行。校本课程的开发则发生在学校，是在具体教育情境中进行的课程开发。因此，校本课程的本质体现在三个方面：在课程权力方面，学校拥有课程自主权；在课程开发主体方面，教师是课程开发的主体；在课程开发场所方面，具体学校是课程开发的场所。

我国学者崔允漷认为，校本课程开发实质上是一个以学校为基地进行课程开发的开放民主的决策过程，即校长、教师、课程专家、学生以及家长和社区人士共同参与学校课程计划的制定、实施和评价活动。[①] 以教师为主体进行的校本课程开发是一个民主参与的、开放性的课程决策过程。校本课程开发者既有学校内的教育人员，也有学生及其父母，还有学校外的社区人士等，众多的人员参与其中，体现出校本课程开发的民主性和开放性。同时，校本课程开发注重具有情境性和适应性的课程结果。校本课程开发既是一个过程，也是一个结果，这个结果就是适应性和多样性的课程产品。校本课程开发的动因要么是学校内部自发，要么是回应外部压力；在开发空间上以具体学校为主体，但参与者不限于学校内，可以由学校内外人员合作进行。因此，校本课程开发以开发出适应性和多样性的课程产品为追求。

校本课程开发与教师的参与是内在地联系在一起的。“校本课程开发在本质上是一个教师发起的自下而上的课程现象。……校本课程开发一直是教师专业生活的道德组成部分，它致力于为学生提供最有效的学习机会。”[②] 教师是校本课程的开发者和解释者，对校本课程开发和实施负有责任，因此，教师的参与体现了校本课程开发的本质规定性。

教师与校本课程的密切联系，还体现在教师开发校本课程可以促进教师专业发展上。校本课程开发的一个本质规定性就是教师分享校本课程决策并进行课程开发。马什等人认为，“尽管校本课程开发需要家长、学生和教师的介入，但最后一种群体需要直接参与”[③]。

---

① 参见崔允漷：《校本课程开发：理论与实践》，90页，北京，教育科学出版社，2000。

② Marsh, C., Day, C., Hannay, L., & McCutcheon, G. (1990). *Reconceptualizing School-based Curriculum Development*. London: The Falmer Press, 3.

③ Ibid., 51.

在校本课程开发中，教师的积极参与为其专业发展提供了契机。教师参与校本课程开发有利于提高教师的责任感和成就感，因为他们可以针对学生设计不同的课程，得到学生的认同之后他们将体验到成功的愉悦。此外，在校本课程开发中，教师团结合作，进行意见交流，在共同解决问题中形成融洽的同事关系，使参与者体验到心理上的归属感。如南京师大附中的校本课程开发历程就有力地证明了这一点。该校是一所百年老校，在 20 世纪 90 年代初，就进行了“必修课程分层教学改革”的实验，近几年又进行了选修课程和综合实践活动课程的开发。经过近 10 年的发展，学校所用的选修类课程、技术类课程和活动类课程的大纲均出自本校教师之手，呈现出“全体教师参与校本课程开发”的新格局。该校进行校本课程开发的过程说明，校本课程开发促进了教师的专业发展，提高了教师队伍个体的和整体的业务素质，培养与锻炼了一支既能教学又能进行科研的高素质的教师队伍。① 校本课程开发可以促进教师专业发展，这无疑是教师参与课程改革的一个积极的“副产品”。

（二）教师参与校本课程开发的活动方式与阶段

教师进行校本课程开发的活动方式是校本课程研究的焦点之一。1985 年，奈特（Knight）在多项个案研究的基础上提出，教师在校本课程开发中的活动类型很宽泛，“从对既存课程材料的微小变动到彻底更新”，都属于校本课程开发的活动类型。1987 年，布雷迪（Brady）认为，教师的活动类型包括对课程材料的创生（creation）、调适（adaptation）和选择（selection）。② 1990 年，马什等人出版了《校本课程开发的概念重建》（*Reconceptualizing School-based Curriculum Development*）一书，对教师参与校本课程的有关问题进行了详细探讨。他们认为，可以根据“活动方式”、“参与人员”和“投入时间”三个维度对校本课程开发的基本类型进行划分。教师的“活动类型”包括新课程材料的创生、既存课程材料的调整、从既存课程材料中作出选择和探究活动领域。

国外学者对教师进行校本课程开发的活动方式进行了有益的探讨。我国学者崔允漷提出了一种新的分类设想。他认为，从教师的具体活动方式来看，校本课程开发可以分为课程选择、课程改编、课程整合、课程补充、课程拓展和课程新编等，从广义上划分为三大类：课程选择、课程改编与课程新编。③

教师参与校本课程开发从深层上体现了一种课程观念和实践的转型，即将课程从写就的课程文件转变为活生生的课程。④ 由于教师的参与，校本课程开发具有了生活经验的意蕴，使课程从枯燥的“学校材料”转变为教师和学生得以在日常生活中建构经验的

---

① 参见崔允漷：《校本课程开发：理论与实践》，168 页，北京，教育科学出版社，2000。

② Marsh, C., Day, C., Hannay, L., & McCutcheon, G. (1990). *Reconceptualizing School-based Curriculum Development*. London: The Falmer Press, 49.

③ 参见崔允漷：《校本课程开发：理论与实践》，90 页，北京，教育科学出版社，2000。

④ Ibid., 15.

"体验课程"成为可能。在校本课程的语境里，学校成为课程革新的场所，教师则是推动课程革新的最重要的驱动力。正是在校本课程开发这一实践领域内，教师拥有了大量课程创新的空间。随着我国三级课程管理的推行，越来越多的中小学校将尝试开辟校本课程这一新的课程领地，一些起步较早的学校在有关专家的指导下也进行了较成功的探索，为校本课程开发的全面推行提供了有价值的经验。在这些学校里，由于教师参与校本课程开发，学校走上了朝气蓬勃的发展之路。在外部专家的帮助下，在对学校教育的情境分析和对学生需求状况的调查分析的基础上，学校教师经过充分的意见交流和经验分享而合作进行校本课程的开发。很多学校开发出多门独具特色的校本课程，几乎每一位教师都承担一定的校本课程开发与实施的任务，使传统的学校教育焕发出新的生机与活力。

教师参与校本课程开发所进行的活动主要是提供见解、参与课程研制的讨论、收集资料、编写教材等，或对原有课程进行选择，或改编原有课程，或开发新课程。但在课程开发的团队里，每个人的作用和表现并不相同。马什等人通过深入研究提出了教师参与校本课程开发的阶段说。他们认为，教师参与校本课程开发通常经历六个阶段，而且在不同的阶段教师的表现也不同。这六个阶段及教师的主要表现如表 15—1 所示。①

表 15—1　　教师参与校本课程开发的阶段及表现

阶段	主要表现
第一阶段：个人实验	对与他人一起工作没有信心 不愿意与他人分享观点
第二阶段：交流观点	愿意私下交流秘诀 愿意尝试同事的观点
第三阶段：寻求信息	非正式地拟订任务并期望成功 从事独立的搜寻工作（如查找资料）
第四阶段：最低责任地参与	承担只需有限的领导技巧的角色 在参与中倾向于不愿抛头露面
第五阶段：主动地参与	成为活动中的主要参与者 愿意组织和领导不同形式的活动
第六阶段：承担主要的领导角色	有了充分的准备去倡导并规划活动方案 监督成果并在需要维持团队工作效率时采取措施

马什等人的研究说明，教师参与校本课程开发是有一个过程的。教师的参与跟年龄和教学经验没有直接的关系，没有经验的年轻教师可能比经验丰富的老教师更有参与的热情，所处阶段可能更高，表现更为积极。实际上，教师参与开发校本课程的过程，也是他们领悟课程改革的理念、体验新课程的过程。因此，要积极引导教师从低级阶段向高级阶段迈进，使他们更多地承担课程开发的责任。

---

① Marsh, C., Day, C., Hannay, L., & McCutcheon, G. (1990). *Reconceptualizing School-based Curriculum Development*. London: The Falmer Press, 57.

本章小结

课程变革是当今时代学校教育发展中的重要课题，也是深化教育改革、推动制度创新的重要方面。我国在进入 21 世纪之后在基础教育领域积极推动大规模的课程改革运动，提出了众多的改革理念和政策措施，在很多领域颠覆了学校教育实践的传统做法，有助于培养适应社会发展需求的未来公民。课程改革的过程对教师的专业发展具有积极的促进作用，使教师有机会提升课程意识、更新课程观念并培养课程研究与开发的技能。在课程改革的过程中，教师的课程参与具有重要的意义，尤其是在校本课程开发领域，教师作为主体参与校本课程开发的过程，对于提升校本课程的质量、满足学生多样的学习需求、促进学校特色发展与学生个性化发展具有重要意义。

关键概念

课程变革　课程改革　教师专业发展　校本课程开发

复习思考题

1. 课程变革有哪些基本的模式？在每一种模式中，课程变革需要经历哪些阶段？

2. 我国世纪之交推进的课程改革提出了哪些基本的举措？如何理解这次课程改革对深化素质教育改革的意义？

3. 课程改革给教师带来了哪些影响？如何理解课程改革对教师专业发展的促进作用？

4. 教师可以从哪些方面参与课程改革？

本章阅读书目

1. 崔允漷. 校本课程开发：理论与实践. 北京：教育科学出版社，2000

2. [加] 迈克·富兰. 变革的力量：透视教育改革. 北京：教育科学出版社，2000

3. 吴永军. 课程社会学. 南京：南京师范大学出版社，1999

4. 杨明全. 革新的课程实践者——教师参与课程变革研究. 上海：上海科技教育出版社，2003

5. 张华. 课程与教学论. 上海：上海教育出版社，2000

6. 钟启泉等主编. 为了中华民族的复兴，为了每位学生的发展——《基础教育课程改革纲要（试行）》解读. 上海：华东师范大学出版社，2001

主要参考文献

［美］Allan A. Glatthorn．校长的课程领导．上海：华东师范大学出版社，2003

［美］凯利．课程理论与实践（第五版）．北京：中国轻工业出版社，2007

［美］奥恩斯坦．课程：基础、原理和问题．南京：江苏教育出版社，2002

［美］巴格莱．教育与新人．北京：人民教育出版社，1996

白月桥．课程变革概论．石家庄：河北教育出版社，1996

北京大学哲学系外国哲学史教研室编译．西方哲学原著选读．北京：商务印书馆，1981，1982

［古希腊］柏拉图．理想国．北京：商务印书馆，1986

［美］彼得·诺思豪斯．领导学：理论与实践．南京：江苏教育出版社，2002

毕淑芝，王义高主编．当代外国教育思想研究．北京：人民教育出版社，2002

［美］布鲁纳．布鲁纳教育论著选．北京：人民教育出版社，1989

陈侠．课程论．北京：人民教育出版社，1989

陈旭远主编．课程与教学论．长春：东北师范大学出版社，2002

陈扬光．课程论与课程编制．福州：福建人民出版社，1998

陈友松主编．当代西方教育哲学．北京：教育科学出版社，1982

崔允漷．校本课程开发：理论与实践．北京：教育科学出版社，2000

［美］阿姆斯特朗．当代课程论．北京：中国轻工业出版社，2007

［法］德尼兹·加亚尔，贝尔纳代特·德尚．欧洲史．海口：海南出版社，2000

邓艳红主编．课程与教学论．北京：首都师范大学出版社，2007

［美］杜威．经验与自然．北京：商务印书馆，1960

［美］杜威．我们怎样思维·经验与教育．北京：人民教育出版社，1991

［美］杜威．学校与社会·明日之学校．北京：人民教育出版社，1994

［美］杜威．民主主义与教育．北京：人民教育出版社，1990

［美］小威廉姆·多尔．后现代课程观．北京：教育科学出版社，2000

冯生尧主编．课程改革：世界与中国．广州：广东教育出版社，2004

［奥］弗里德里希·希尔．欧洲思想史．桂林：广西师范大学出版社，2007

高时良．中国教育史纲．北京：人民教育出版社，1991

高孝传等主编．课程目标研究．北京：教育科学出版社，2001
龚鹏程．中国传统文化十五讲．北京：北京大学出版社，2006
顾明远主编．教育大辞典．上海：上海教育出版社，1990
郝德永．课程研制方法论．北京：教育科学出版社，2000
何兆武，陈启能主编．西方近代社会思潮史．济南：山东教育出版社，2001
［美］亨德森，霍索恩．革新的课程领导（第二版）．杭州：浙江教育出版社，2005
华东师范大学教育系，杭州大学教育系编译．现代西方资产阶级教育思想流派论著选．北京：人民教育出版社，1980
黄甫全主编．课程与教学论．北京：高等教育出版社，2002
黄光雄，蔡清田．课程设计——理论与实际．南京：南京师范大学出版社，2005
黄政杰．课程设计．台北：台湾东华书局，1991
［瑞典］胡森主编．简明国际教育百科全书·课程．北京：教育科学出版社，1991
［美］吉拉尔德·古特克．教育学的历史与哲学基础．长沙：湖南教育出版社，2008
靳玉乐．现代课程论．成都：西南师范大学出版社，1995
［美］凯瑟琳·坎普·梅休等．杜威学校．上海：华东师范大学出版社，1991
［捷］夸美纽斯．大教学论．北京：教育科学出版社，1999
［古罗马］昆体良．昆体良教育论著选．北京：人民教育出版社，1989
［美］理查德·塔纳斯．西方思想史．上海：上海社会科学院出版社，2007
［美］Leigh Chiarelott．情境中的课程——课程与教学设计．北京：中国轻工业出版社，2007
李方主编．课程与教学基本理论．广州：广东高等教育出版社，2002
梁漱溟．东西文化及其哲学．北京：商务印书馆，2003
廖哲勋．课程学．武汉：华中师范大学出版社，1991
廖哲勋，田慧生．课程新论．北京：教育科学出版社，2005
［法］卢梭．论科学与艺术．北京：商务印书馆，1960
陆有铨．现代西方教育哲学．郑州：河南教育出版社，1993
［英］洛克．人类理解论．北京：商务印书馆，1981
［英］罗素．西方哲学史（上卷）．北京：商务印书馆，1997
［美］莫琳·T·哈里楠．教育社会学手册．上海：华东师范大学出版社，2004
［加］迈克·富兰．变革的力量：透视教育改革．北京：教育科学出版社，2000
孟宪承主编．中国古代教育文选．北京：人民教育出版社，1985
吴明海．欧洲新教育运动的历史研究．北京：教育科学出版社，2008
裴娣娜．教育科学研究方法导论．合肥：安徽教育出版社，1995

[美] 威廉·派纳等. 理解课程：历史与当代课程话语研究导论. 北京：教育科学出版社，2003

[英] 齐格蒙特·鲍曼. 立法者与阐释者：论现代性、后现代性与知识分子. 上海：上海人民出版社，2000

[美] 乔治·J·波斯纳. 课程分析（第三版）. 上海：华东师范大学出版社，2007

韩秋红等. 西方哲学的现代转向. 长春：吉林人民出版社，2007

瞿葆奎主编. 教育学文集·课程与教材（上册）. 北京：人民教育出版社，1988

[法] 萨特. 存在主义是一种人道主义. 上海：上海译文出版社，1988

单中惠. 现代教育的探索——杜威与实用主义教育思想. 北京：人民教育出版社，2002

邵瑞珍主编. 教育心理学. 上海：上海教育出版社，1997

施良方. 课程理论——课程的基础、原理与问题. 北京：教育科学出版社，1996

[英] 斯宾塞. 斯宾塞教育论著选. 北京：人民教育出版社，2005

孙培青主编. 中国教育史. 上海：华东师范大学出版社，2009

[美] 泰勒. 课程与教学的基本原理. 北京：人民教育出版社，1994

王天一，夏之莲，朱美玉编著. 外国教育史. 北京：北京师范大学出版社，1993

王炳照等编. 简明中国教育史. 北京：北京师范大学出版社，1994

王道俊，王汉澜主编. 教育学. 北京：人民教育出版社，1989

王本陆主编. 课程与教学论（第二版）. 北京：高等教育出版社，2009

王鉴主编. 课程论热点问题研究. 桂林：广西师范大学出版社，2008

王思斌主编. 社会学教程（第三版）. 北京：北京大学出版社，2010

王文科. 课程与教学论. 台北：台北五南图书出版公司，1994

汪霞. 课程理论与课程改革. 合肥：安徽教育出版社，2007

[英] 威廉·博伊德，埃德蒙·金. 西方教育史. 北京：人民教育出版社，1985

吴康宁. 教育社会学. 北京：人民教育出版社，1998

吴式颖主编. 外国教育史教程. 北京：人民教育出版社，1999

吴永军. 课程社会学. 南京：南京师范大学出版社，1999

夏之莲主编. 外国教育发展史料选粹. 北京：北京师范大学出版社，1999

杨明全. 革新的课程实践者——教师参与课程变革研究. 上海：上海科技教育出版社，2003

杨明全主编. 课程概论. 北京：北京师范大学出版社，2010

有宝华. 综合课程论. 上海：上海教育出版社，2002

张东荪. 认识论. 北京：商务印书馆，2011

张岂之主编．中国传统文化．北京：高等教育出版社，2010

张华．课程与教学论．上海：上海教育出版社，2000

张焕庭主编．西方资产阶级教育论著选．北京：人民教育出版社，1979

张洁等主编．心理学．北京：北京师范大学出版社，2010

张世英．哲学导论（修订版）．北京：北京大学出版社，2008

［日］佐藤学．课程与教师．北京：教育科学出版社，2003

赵敦华．西方哲学简史．北京：北京大学出版社，2001

钟启泉主编．国外课程改革透视．西安：陕西人民教育出版社，1993

钟启泉，李雁冰主编．课程设计基础．济南：山东教育出版社，2000

钟启泉，崔允漷，张华主编．为了中华民族的复兴，为了每位学生的发展——《基础教育课程改革纲要（试行）》解读．上海：华东师范大学出版社，2001

钟启泉等主编．普通高中新课程方案导读．上海：华东师范大学出版社，2003

钟启泉编著．现代课程论．上海：上海教育出版社，2006

钟启泉主编．课程论．北京：教育科学出版社，2007

Apple，M. (2004). *Ideology and Curriculum* (third edition). New York & London：Routledge Falmer

Bagley，W. C. (1913). *The Educative Process*. London：Macmillan Company

Beck，R. H. (1965). *A Social History of Education*. London：Prentice-Hall，Inc.

Bobbit，J. F. (1918). *The Curriculum*. Boston：Houghton Mifflin Company

Bode，B. H. (1938). *Progressive Education at the Crossroads*. New York：Newson & Company

Brundrett，M. & Rhodes，C. (2011). *Leadership for Quality and Accountability in Education*. London：Routledge

Bruner，J. S. (1960). *The Process of Education*. Cambridge：Harvard University Press

Childs，J. L. (1956). *American Pragmatism and Education*. New York：Henry Holt and Company，Inc.

Cherryholmes，C. H. (1988). *Power and Criticism：Poststructural Investigations in Education*. New York：Teachers College Press

Curtis，S. J. &Boultwood，M. E. (1964). *A Short History of Educational Ideas*. London：University Tutorial Press

Henderson，J. G.，et al. (2007). *Transformative Curriculum Leadership* (third edition). New Jersey：Pearson Education，Inc.

Fullan，M.，et al. (1991). *The New Meaning of Educational Change* (second edition). London: Cassell Educational Limited

Higginson, J. H. (1979). *Selections from Michael Sadler: Studies in World Citizenship*. Liverpool: Dejall & Meyorre

Giroux, H. A., Penna, A. N., & Pinar, W. F. (1981). *Curriculum & Instruction: Alternatives in Education*. Berkeley, California: McCutchan Publishing Corporation

Gordon, P. & Szreter, R. (1989). *History of Education: The Making of a Discipline*. London: The Woburn Press

Grundy, S. (1987). *Curriculum: Product or Praxis?* London: The Falmer Press

Jacobs, H. H. (1989). *Interdisciplinary Curriculum: Design and Implementation*. Alexandria: Edwards Brothers, Inc.

Jackson, P. W. (1992). *Handbook of Research on Curriculum*. New York: Macmillan

Lawton, D., et al. (1978). *Theory and Practice of Curriculum Studies*. London: Routledge & Kegan Paul

Longstreet, W. S. and Shane, H. G. (1993). *Curriculum for a New Millennium*. New York: Allyn & Bacon

Mager, P. F. (1984). *Preparing Instructional Objectives* (second edition). Belmont, California: Pitman Learning

Marsh, C. J. (2004). *Key Concepts for Understanding Curriculum*. London and New York: Routledge Falmer

Marsh, C., Day, C. Hannay, L., & McCutcheon, G. (1990). *Reconceptualizing School-based Curriculum Development*. London: The Falmer Press

Martin, R. J. (1994). *Changing the Educational Landscape: Philosophy, Women, and Curriculum*. London: Routledge

Null, J. W. (2003). *A Disciplined Progressive Education: The Life and Career of William Chandler Bagley*. New York: Peter Lang Publishing, Inc.

Schubert, W. H. (1986). *Curriculum: Perspective, Paradigm, and Possibility*. New York: Macmilan Publishing Company

Schwab, J. J. The Practical: A Language for Curriculum. *In Westbury, I. & Wilkof, N. J. (Eds.)* (1978). *Science, Curriculum, and Liberal Education (Selected Essays)*. Chicago: University of Chicago

Oliva, P. F. (1992). *Developing the Curriculum*. Boston & Toronto: Little, Brown and Company

Ornstein, A. C. & Hunkins, F. P. (1998). *Curriculum: Foundations, Principles, and Issues* (third edition). Boston: Allyn and Bacon

Pinar, W. F., et al. (1995). *Understanding Curriculum: An Introduction to the Study of Historical and Contemporary Curriculum Discourses*. New York: Peter Lang Press

Pinar, W. F. (2012). *What Is Curriculum Theory?* (second edition). New York: Routledge

Power, E. J. (1962). *Main Currents in the History of Education*. New York: McGraw-Hill, Inc.

Posner, G. J. (1995). *Analyzing the Curriculum*. New York: McGraw-Hill, Inc.

Posner, G. J. & Rudnitsky, A. N. (2006). *Course Design: A Guide to Curriculum Development for Teachers*. Boston: Pearson Education, Inc.

Beck, R. H. (1965). *A Social History of Education*. London: Prentice-Hall, Inc.

Stenhouse, L. (1975). *An Introduction to Curriculum Research and Development*. London: Heineman

Schubert, W. H., et al. (2002). *Curriculum Books: The First Hundred Years* (second edition). New York: Peter Lang Publishing, Inc.

Schwarz, G. & Alberts, G. (1998). *Teacher Lore and Professional Development for School Reform*. Bergin & Garvey Press

Reynolds, J. & Skilbeck, M. (1976). *Culture and the Classroom*. London: Open Books

Tanner, D. & Tanner, L. (2007). *Curriculum Development: Theory into Practice* (fourth edition). New Jersey: Pearson Education, Inc.

Hewitt, T. W. (2006). *Understanding and Shaping Curriculum: What We Teach and Why*. California: Sage Publications, Inc.

Tyler, R. W. (1949). *Basic Principles of Curriculum and Instruction*. Chicago: The University of Chicago Press

Walker, D. F. & Soltis, J. F. (1992). *Curriculum and Aims*. New York: Teacher College, Columbia University

Wiles, J. & Bondi, J. (2007). *Curriculum Development: A Guide to Practice*. Pearson Education, Inc.

Young, M. F. D. (1998). *The Curriculum of the Future: From the "New Sociology of Education" to a Critical Theory of Learning*. London: The Falmer Press

Zais, R. S. (1976). *Curriculum: Principles and Foundations*. New York: Harper & Row, Publishers, Inc.

图书在版编目（CIP）数据

课程论/杨明全著. —北京：中国人民大学出版社，2016.3
新编21世纪教育学系列教材
ISBN 978-7-300-22685-9

Ⅰ.①课… Ⅱ.①杨… Ⅲ.①课程-教学理论-高等学校-教材 Ⅳ.①G423

中国版本图书馆CIP数据核字（2016）第056795号

新编21世纪教育学系列教材
课程论
杨明全 著
Kechenglun

出版发行	中国人民大学出版社		
社 址	北京中关村大街31号	**邮政编码**	100080
电 话	010－62511242（总编室）		010－62511770（质管部）
	010－82501766（邮购部）		010－62514148（门市部）
	010－62515195（发行公司）		010－62515275（盗版举报）
网 址	http://www.crup.com.cn		
经 销	新华书店		
印 刷	北京昌联印刷有限公司		
规 格	185 mm×260 mm 16开本	**版 次**	2016年3月第1版
印 张	21.75	**印 次**	2022年10月第3次印刷
字 数	429 000	**定 价**	39.00元

教学支持说明

（教学课件）

中国人民大学出版社教育学科秉承“出教材学术精品，育人文社科英才”的出版宗旨，多年来，出版了大批高质量的教育学、小学教育、学前教育专业教材和学术著作。

我们为本教材制作了相应的 PPT 教学课件，任何一位采用本书作为授课教材的教师均可免费获得该课件。为了确保该课件仅为授课教师获得，烦请您填写如下材料，并将相关信息通过 E-mail 发送给我们，我们将在收到相关信息后通过 E-mail 给您发送该课件。欢迎您加入我们的 QQ 群（教育新视野交流群，群号为 159813080），或登录我社官方网站（www. crup. com. cn），注册并认证成为教师会员，以获得更好的服务。

我们的联系方式：
地址：（100872）北京市中关村大街甲 59 号文化大厦 1202 室
中国人民大学出版社
电话：（010）82502724　62514775（传真）
E-mail：ggglcbfs@vip. 163. com
QQ 群：159813080

兹证明__________大学/学院__________院/系__________专业__________学年第__________学期开设的__________课程，采用中国人民大学出版社出版的____________________（书名、作者）作为本课程教材。授课教师为__________，授课班级共______个、学生______人。授课教师需要与本书配套的教学课件。

联 系 人：____________________
通信地址：____________________
邮　　编：____________________
电　　话：____________________
E-mail：____________________

系/院主任：__________（签字）
（系/院办公室章）
______年______月______日